U0910578

曾经沧海

——李德生调中央工作前后

瞿定国　刘先廷　著

中共党史出版社

图书在版编目(CIP)数据

曾经沧海:李德生调中央工作前后/瞿定国,刘先廷著.—北京:中共党史出版社,2013.1

ISBN 978-7-5098-1995-1

Ⅰ.①曾… Ⅱ.①瞿… ②刘… Ⅲ.①李德生(1916～2011)—传记 Ⅳ.①K827=7

中国版本图书馆CIP数据核字(2012)第304140号

责任编辑:陈海平　徐玉凤(特邀)

出版发行:中共党史出版社

社　　址:北京市海淀区芙蓉里南街6号院1号楼

邮　　编:100080

网　　址:www.dscbs.com

经　　销:新华书店

印　　刷:北京汇林印务有限公司

开　　本:170mm×240mm　1/16

字　　数:447千字

印　　张:34

印　　数:1—4000册

版　　次:2013年1月第1版

印　　次:2013年1月第1次印刷

ISBN 978-7-5098-1995-1

定　　价:58.00元

前言

李德生是一位参加过举世闻名的二万五千里长征的革命老战士，又是在动乱岁月里中国政坛上升起的一颗新星。在20多年的革命战争岁月里，他身经百战，曾6次负伤而大难不死，从战士成长为一军之长，颇具传奇色彩。在十年动乱之初，他奉命率部"三支两军"不久就被调到北京参加中央的领导工作，同时还兼任地方许多职务。党的十大选举了新的中央领导机构，李德生名列其中，成为5名中央副主席、9名中央政治局常委、21名中央政治局委员之一，进入党的最高领导核心。李德生在"文化大革命"中的这种经历堪称特殊，不禁使人们产生了许多悬念、许多猜想，产生了想要了解他的愿望。在党的十四大期间，南京军区一位领导同志曾用赞赏的口吻开玩笑地问过他："老李！你在'文化大革命'中，与林彪、江青两个反革命集团都打过交道，怎么没有陷进去？你是怎么'爬'出来的啊？"这个提问，反映的正是人们都想了解他的愿望。

1998年春，因参加协助这位革命老前辈整理一本军事方面的理论性书稿，使我们有机会走近这位具有特殊经历的老将军，为我们了解这位传奇式的人物提供了便利条件。在数年的接触中，在我们面前站立的李德生，是一位平易近人的长者，似一位回归大别山的纯朴老农。他谈到战争年代，谈到动乱岁月，像述说远去的与他无关的故事。只是在谈到特别有趣、特别精彩的情节时，他才轻轻一笑，显示他心中的慰藉；而在谈到过去牺牲的战友时，则神情凝重，表露出无尽的怀念之情。

在战争年代，李德生虽然多次负伤，但长期以来一直保持着健康的体魄。1990年，他在74岁高龄时，因病退出了工作岗位。经过精心治疗，基本康复。1997年，他决定结合自己的军事实践搞一本关于军事理论的思考论著。同时，也同意对其在“文革”中的经历加以梳理。他认为，自己有责任把亲身经历的事情写出来、讲出来，供后人研究参考。为此，他特意与国防大学、军事科学院和12军的领导同志商量，组织了写作力量。我们两人就因此而担负了为这位老前辈写作的任务。在李德生的西山寓所，从1998年春天到2000年夏天，他与我们参与写作的同志谈话30余次。于是，他想论述的军事理论问题，在我们的头脑里逐渐明确起来。与此同时，他在动乱岁月里的经历和活动，在我们的思想中也积累了大量的资料。

李德生作为一名军队的高级干部、一军之长，奉命带领部队参加了安徽的“三支两军”。在消除派性、促进两派联合、稳定安徽局势、减少动乱损失等方面，他做了很有成效的工作。他调到中央工作后，除了参加中央政治局的集体活动外，主要是在国务院业务组和军委办事组工作。他到军委办事组，是毛泽东“掺沙子”把他掺进去的，为的是打破那里的板结“土壤”。在党的九大，他进入中央政治局，当选为候补委员。在党的十大，他被选为中共中央政治局委员、常委、党的副主席。八大军区司令员调动时，他离开北京到东北，任沈阳军区司令员。李德生在中央工作期间，先后经历了同林彪、江青两个反革命集团的斗争，参与和经历了那个大动乱年代的许多重大事件。在李德生的革命生涯中，这是他的一段极为特殊的经历。

中国共产党是一个郑重的党，历来能够自己发现并纠正自己的错误。中共十一届六中全会一致通过的《关于建国以来党的若干历史问题的决议》庄严宣布：“‘文化大革命’是一场由领导者错误发动，被反革命集团利用，给党、国家和各族人民带来严重灾难的内乱”，应予彻底否定。

但是，被否定的东西并不一定对今后的历史毫无影响。总结打败仗的经验，可以为今后打胜仗提供借鉴。邓小平曾经辩证地指出："我们根本否定'文化大革命'，但应该说'文化大革命'也有一'功'，它提供了反面教训。没有'文化大革命'的教训，也不可能制定十一届三中全会以来的思想、政治、组织路线和一系列政策。"[①]况且，在否定"文革"总的错误的指导思想的同时，在看到林彪、"四人帮"集团祸国殃民的同时，还应看到，各级领导干部和广大人民群众同林彪、江青两个反革命集团的斗争，以及对"文化大革命"错误的抵制。正是有了这种斗争和抵制，才使动乱造成的破坏受到了一定程度的限制。按照胡绳的说法，就是在"文革"时，不光有"文革"，还有反"文革"的倾向。这个历史事实也是应该肯定的。

李德生原来是大别山的放牛娃，是在共产党领导的革命战争的战火中锤炼出来的，是在作为党的集体智慧结晶的毛泽东思想照耀下成长起来的。他不只一次地向我们讲述毛泽东在我党我军历史上的伟大功绩、对中国革命的巨大贡献。他对毛泽东充满了崇敬之情，但我们也发现他对毛泽东却不搞崇拜，不搞迷信。在那动乱岁月里，他对林彪、江青两个反革命集团保持着距离，进行过斗争，对"文化大革命"极左思想有过忧虑，有过抵制，虽然方式不是"二月抗争"式，而是以周恩来采取的那种"缓和"方式进行的。

如今，"文化大革命"已经成为远去的历史。但是，对"文革"的研究与思考并未终止。为了总结可资借鉴的经验教训，我们用还历史以真面目的意愿，经过采访、查阅、整理、推敲、修改，耗时十数载，将李德生——这位动乱岁月亲历者所经历的诸多事件，实事求是地系统地再现出来，其中有一些是鲜为人知的。我们想，这应当是一件很有意义的事情。

---

① 《邓小平文选》第3卷，人民出版社1993年版，第272页。

目　录

第四章 参加党的九届二中全会 /192

第五章 奉命坐镇空军 /252

第一章

参加“三支两军”

1966年5月16日，毛泽东亲自发动和领导的“文化大革命”正式开始了。当时，李德生和他率领的12军正在苏北地区执行保卫海防的任务，时刻准备歼灭敢于来犯的敌人。“文化大革命”的风暴，很快席卷了全国。苏北地区红卫兵运动和群众组织的活动也很快兴起，社会秩序日趋混乱。时隔不久，毛泽东发出了人民解放军要参加“三支两军”的指示，要求解放军介入地方“文化大革命”。这样，12军在原有任务的基础上，又肩负起“三支两军”的任务。

最初的介入

李德生介入“文化大革命”，是从1967年初开始的。

当时，“文化大革命”已进入第二个年头。这年1月，先是在上海，然后在全国掀起了一场由造反派夺取党和政府各级领导权的狂暴行动。

安徽的造反派在夺权以后，尖锐地提出了军队应当支持他们的“革命行动”问题。1967年1月21日，安徽省群众组织计划召开大会，批斗省委负责人，要求军队支持，保护会场。为此，南京军区党委于当天给中央军委写报告说：“顷接安徽军区报告，首都第三造反司令部驻安徽联络站等单位向安徽军区提出，22日到23日，在合肥召开15万到20万人大会”，“要安徽军区派出三百到四百名部队警卫会场。他们提出，如派部队就是支持“文化大革命”，如不派就是不支持文化大革命，并限安徽军区21日14时前答复。是否派部队，请速指示。”

毛泽东当时判断说，有一大批反党反社会主义的资产阶级代表人物，混进了党里、政府里、军队里和各种文化界。甚至赫鲁晓夫那样的人物，也睡在我们的身旁。因此，毛泽东发动和领导了“文化大革命”。到1967年初，“打倒刘、邓、陶”的大标语已经贴遍全国，造反派正在揪斗各地“刘少奇的代理人”。中共安徽省委第一书记李葆华也被作为“刘少奇的代理人”揪出来批斗。

在接到南京军区党委报告的当天，毛泽东就作了批示：“林彪同志，应派军队支持左派广大群众。”并且指出：“以后凡有真正革命派要求军队支持、援助，都应当这样做。所谓不介入，是假的，早已介入了。”[①]第二天，毛泽东在接见军委碰头会议人员时，又要求他们“真正站在革命派方面，像唱戏一样，要亮相”。他批评许多军区把“造反派”讲得一无是处，要求军队“能够公开支持的，就公开支持，时机不成熟的，就半公开支持”。[②]

1月23日，经毛泽东批准，中共中央、国务院、中央军委、中央文革小组发出《关于人民解放军坚决支持革命左派群众的决定》。《决定》传达了毛泽东的上述指示，强调指出：“问题不是介入不介入的问题，而是站在哪一边的问题，是支持革命派还是支持保守派甚至右派的问题。人民解放军应当积极支持革命左派。”同时，要求“坚决镇压反对革命左派的

① 《建国以来毛泽东文稿》第12册，中央文献出版社1998年版，第197页。

② 《中国人民解放军》上册，当代中国出版社1994年版，第241页。

反革命分子、反革命组织，如果他们动武，军队应当坚决还击”。重申军队不得做一小撮党内走资本主义道路当权派和坚持资产阶级反动路线顽固分子防空洞的指示。25日，《解放军报》发表社论《人民解放军坚决支持无产阶级革命派》，提出“不能折中，不能调和，不能中立”，“应该鲜明地、积极地支持无产阶级革命左派”。毛泽东的指示和中央的决定下达后，军队开始大规模地介入地方的“文化大革命”。

事实上，从1966年下半年军队就已经在一定程度上介入了地方“文化大革命”。当时，由于“文革”造成的混乱，严重危及一些核心、要害部门和机要单位的安全，根据中共中央的决定，在全国范围内，先后对边防沿海、交通要道、专政机构、机密要害部门、国防工厂、重要仓库等单位，或建立军事管制委员会，或派出军代表（必要时派出部队），实行军事管制，进行保护。此后，毛泽东又不断地给军队增加了新任务。

1966年12月，中共中央、国务院决定对大、中学校师生进行短期军政训练。毛泽东提出，派军队干部训练革命师生的方法很好。训练一下和不训练大不一样。这样做，可以向解放军学政治、学军事、学“四个第一”（指人的因素第一，政治工作第一，思想工作第一，活的思想第一——引者注），学三八作风，学三大纪律八项注意，加强组织纪律性。[①]以后，毛泽东又提出，大学、中学和小学高年级每年训练一次，每次20天。1967年3月7日，毛泽东在天津延安中学的一个报告上批示：“军队应分期分批对大学、中学和小学高年级实行军训，并且参与关于开学、整顿组织、建立三结合领导机关和实行斗、批、改的工作。”[②]到了1967年，鉴于“文化大革命”可能影响即将开始的春耕生产，中共中央于2月20日发出《给全国农村人民公社贫下中农和各级干部的信》，要求动员一切力量，立即为做好春耕生产而积极工作，并且建议人民解放军大力支持、帮助春耕生产。根据党中央的指示，中共中央军委于2月23日发出《关于军队大力支援地

① 《建国以来毛泽东文稿》第12册，第161页。
② 《建国以来毛泽东文稿》第12册，第236、250页。

方抓好春耕生产的指示》，号召全体干部战士立即动员起来，协助驻地农村，抓好春耕生产。要求省军区、军分区和市、县武装部，把抓好春耕生产作为当前的工作重点。

3月18日，中共中央又发出《给全国厂矿企业革命职工、革命干部的信》，宣布中共中央关于“人民解放军大力协助地方，支持工业生产工作”的决定。在这以前，毛泽东曾提出，军队“要协同地方管农业，对工业也要管……不能坐视工业生产下降而置之不理”。后来又要求对电台、金库、监狱、粮食等部门由军队派干部去领导管理。

根据毛泽东的指示，中央军委于3月19日作出《关于集中力量执行支左、支农、支工、军管、军训任务的决定》，要求军委各总部、各军兵种机关的“大鸣、大放、大字报、大辩论，暂告一段落，立即投入支左、支农、支工、军管、军训的工作。”从此，“支左”成为“三支两军”的首要任务，而且是其核心内容。

正是在上述背景下，12军奉命担负起驻地苏北淮阴、盐城地区的16个县（市）、385个公社的工厂、农村、学校的“三支两军”任务。

12军是1961年10月奉命由浙赣线移防苏北的，担负的任务亦由机动作战变为保卫海防。

苏北是个老区，早在1927—1935年间，在中共淮盐特委和各县县委领导下，饱受压迫剥削的农民就进行了多次武装暴动。抗日战争时期，在党中央和中共中央中原局领导下，经过新四军、八路军和广大人民群众的艰苦奋战，建立了巩固的苏北抗日根据地。解放战争时期，苏北地区广大军民与国民党反动派进行了新的较量，作出了新的贡献。

12军在移防苏北的数年来，认真贯彻落实了上级关于“团结苏北人民，长期固守苏北海防”的指示，继承和发扬了人民解放军军政一致、军民一致和拥政爱民的优良传统，军政、军民关系和战争年代一样，一直是良好的。

“文化大革命”兴起后，淮阴、盐城地区的红卫兵运动，由破四旧进入了全国大串连，由大串连进入了夺权，全国形势大同小异，存在的问题也差不多。“文革”初期，这些地区的群众组织纷纷成立，仅淮阴一地就有1000多个组织。由于当时上面被认为有两个司令部：无产阶级司令部、资产阶级司令部，所以群众组织也相应地划为两派，非“革”即“保”。为了证明自己是革命派，各组织之间互相争斗，唯我独革，以大欺小，打砸成风，抢权夺印，千方百计地要压倒对方。同时，这些组织否定一切，打倒一切，把领导干部全部视为走资本主义当权派，给他们戴高帽，衔稻草，挂牌子，搞喷气式，游街示众，似乎“谁的力量大谁就是左派，谁先捉住当权派谁就是左派”。在这种所谓的“革命”形势下，工厂停工，学校停课，交通堵塞，加上苏北出现50年来未遇的大旱，运河、淮河断航，社会秩序混乱。

作为军长，李德生的主要精力一直都放在如何抓好部队建设、加强战备、保卫苏北海防上，因此，猛一担负起“三支两军”的任务，一下子还转不过弯来。对于什么是左派，谁是左派，怎么个鉴别法，怎么个支持法，心中还无底数。可以说，那时他对“文化大革命”真的还是处于“很不理解”的状况。

1967年2月28日，李德生在南京军区召开的一次会议的小组会上，作了这样一个发言。

他说，“文革”开始以后，军区无力指挥部队，一打电话，上面就说简单一点，你们独立思考。部队不理解的东西越来越多，可就是得不到上面的指示。他提问说，军事院校一些人对老干部仇恨那么大，斗争得那么残酷，这到底是为了什么？他建议对阎红彦自杀要具体分析；对陶勇的死，要组织人去调查。他气愤地说，有的人指责陶勇过去搞人海战术，说他是杀害了多少万人的刽子手，那么我们这些人也都是刽子手了？这是在替谁说话！

李德生在发言中，还对南京军区步兵学校一些人批斗郭兴福的错误行径进行了斥责。他说：郭兴福的那套教学方法贯彻了少而精、二百米硬功夫，贯穿了毛泽东思想，是群众路线的教学方法。他摸爬滚打，吃大苦，耐大劳，在练兵中表现是突出的。现在一些人逼郭兴福游了几次街，走还不行，还要逼他爬着游街。太不像话了！

李德生对"停课闹革命"、"停产闹革命"，也是持否定态度的。他认为，即使"文化大革命"搞得很好，如果生产提不上去也要变成政治问题、大问题。

尽管李德生当时还有不理解的地方，但对毛泽东亲自发动和领导的这场"文化大革命"，在总体上却是从正面认识的。对于"文化大革命"中出现的混乱现象，他认为只要坚持按毛泽东的指示办事，也是可以解决的。

因此，部队介入"文化大革命"前后，李德生十分强调部队学习毛泽东著作，用毛泽东的指示统一思想。在八届十一中全会以后，12军及时召开了学习毛主席著作先进单位、积极分子代表会议。他在会上强调，要把部队学习毛主席著作的群众运动推向一个新的高潮，进一步加强革命化建设，真正把我军办成毛泽东思想大学校。1967年1月9日至17日，12军又召开了团以上三级干部活学活用毛主席著作讲用会。大多数团以上干部在会上都作了发言。李德生在会议的总结讲话中认为，"这次会议毛泽东思想红旗举得高"，有助于今后"把团以上干部活学活用毛主席著作群众运动推向新阶段"。

李德生对群众工作一直是很重视的。12军担负"三支两军"任务后，他把"三支两军"任务当作军队支持地方工作的传统的继续和发展。1966年底，12军召开群众工作会议。李德生在会上指出，群众工作是我军的一项最伟大最光荣的政治任务，是我们军队的一项根本职责，是我军的"老根本"，如果"把老根本都丢掉了"，那是不行的。他强调："各级党委要把群众工作提高到我军的根本任务的位置上来，要摆到党委的议事日程上来，真正地既把我军办成毛泽东思想大学校，又帮助驻地群众办成毛泽东思想大学校，这是我们的总方向，总目标。"

根据上级的指示精神，结合苏北的情况，12军确定了进行"三支两军”工作的思路：(一)做宣传，搞调查；(二)支持左派；(三)保卫重点单位；(四)支农救灾。

在部署工作时，李德生要求团以上领导干部要注意以下几个问题：一是认清形势，跟上形势，经常保持清醒头脑；二是大力搞好正面教育，千方百计地稳定部队，绝对保证在任何情况下不出问题；三是解决好对突出政治与完成各项任务的关系的认识问题，把各项业务工作做得更好；四是切实加强行政管理教育工作，严格组织性、纪律性；五是大力加强党委本身的革命化建设。

在苏北的“三支两军”工作中，12军认真贯彻了党的群众路线。就“支左”而言，要“支左”，就必须先要识别出哪一派是“左派”。如何识别呢？按当时的标准，就要看哪一派“紧紧把握了斗争大方向——批斗‘走资派’”。但是，谁是“走资派”呢？这一派群众组织揪斗的“走资派”，另一派群众组织则认为是“革命派”，谁说了算数呢？因此，12军明确规定，所有参加“三支两军”的人员，一定不要轻易表态，在没有弄清谁是“左派”之前，不能只支持一派，更不能支一派压一派，而要深入两派群众，耐心细致地做好思想教育工作，消除他们之间的对立情绪，坚决制止武斗。

在支农工作中，12军把救灾作为重头戏来抓。当时淮阴地区遭受了50年来未遇的旱灾，灾民达50万之多。12军派出工作组到农村了解情况，并组织干部战士帮助灾民恢复生产，进行生产自救。当时，苏北地区没有铁路，交通运输是以水运为主，约占75%，公路运输占25%。由于出现了50年没有的大旱，江河(运河、淮河)断流，而公路又被造反派所控制，连客运也中断了。在这种情况下，部队为救济灾民，先后派出60辆汽车运输粮食，30辆汽车保证淮阴发电厂发电，从而保证了人民群众生活的基本需要。

同时，12军还派出部队保护银行、重要仓库和国家机密档案，保证了人民和国家的安全，圆满地完成了任务。

1967年5月下旬，12军党委召开扩大会议，对部队参加“三支两军”工作进行了总结。会议进一步学习了毛泽东有关的指示，传达了军委扩大会议、军区党委扩大会议精神，并且紧密联系“三支两军”的实际，采取自己想问题、摆问题、自己回答问题的方法，认真讨论了部队在“三支两军”中最关心、最需要解决的问题。

5月31日，李德生在会上作了总结发言。他强调，搞好“三支两军”工作，一定要深入群众，善于走群众路线，充分发挥革命群众的智慧。“三支两军”人员，要甘当群众的勤务员，虚心向他们学习，遇事同他们商量。对待群众组织之间的分歧，“只能采取团结、协商，求大同、存小异的方法来解决，不能支持一方，打击一方”。同时要求部队既要抓好繁重的“三支两军”任务，又要“千方百计地带好部队，提高部队的战斗力”，“在斗争中活学活用毛主席著作，促进思想革命化”。

为了圆满完成上级赋予的任务，李德生提出要建立抓好“三支两军”和抓好部队本身工作的两套班子。各级党委与同一地区的友邻单位，一定要加强沟通。对支左问题上的意见分歧，必须用讨论研究的办法求得解决。绝不可自行其是，各树一帜，把分歧暴露在群众之中。“三支两军”的部队要作适当调整，相对集中，保证重点。支农部队以公社为点，要加强城镇的支左、支工、军管、军训，着重加强学校工作。“部队生产、施工、训练等任务也要抓紧抓好，力争提前和超额完成”。

在军党委的有力领导下，12军的广大“三支两军”人员，坚持调查研究，实事求是，绝不轻易为群众组织定性，没有走把“支左”变成“支派”的那条路，因而在苏北没有出现严重的派性和武斗。部队本身也在“三支两军”的实践中，经受了考验，加强了团结，取得了经验，没有陷入到社会上的派性中去，从而为稳定苏北地区的形势发挥了积极作用，也为今后承担新的艰巨任务奠定了良好基础。

紧急赴京受领任务

1967年夏季，正当12军在苏北的“三支两军”工作不断取得进展的时候，南京军区给李德生发来一个紧急通知，说是周恩来总理要他在7月29日赶到北京，受领“三支两军”的新任务。

当晚，12军召开常委会，李德生向军里其他领导同志通报了军区通知内容后，立即乘车赶赴离淮阴市最近的白塔埠机场。

车轮飞转。李德生的脑海也像车子快速地向前奔跑一样，在紧张地转动着、思考着。他想：周恩来为什么一改过去逐级下达任务的传统做法，却要他一个军长直接到中央受领任务呢？李德生凭直觉已经感到，新的任务肯定是中央特别关注的，是相当急迫的，很可能是与“文化大革命”有关的。

到了机场，北京来接他的专机已经做好起飞的准备，正在等候。李德生见到安徽省军区司令员严光已在那里，他们相互打了招呼。原来严光也是前去北京的。这时，李德生已经预感到，中央很可能要调12军到安徽去执行新任务。

飞机起飞后，李德生与严光进行了交谈。

严光是1931年参加中国工农红军的老同志，打仗时失去一条腿。“文革”初期，他为省委主要领导讲了几句话，被造反派告状，中央文革就说他是“保皇军”、“绊脚石”。造反派得到了上面支持，闹得更凶了。从严光那里，李德生知道了不少安徽的情况，感到安徽的“文化大革命”是复杂的、严重的，几乎是令人难以理解的。

在不久前，主持军委日常工作的林彪，曾经于3月20日在军以上干部会议上讲过对“文化大革命”形势的看法。他说，“文化大革命”是损失最小最小的，而得到的成绩是最大最大的。这个讲话在全国范围流传甚广，对“文化大革命”运动起了推波助澜的作用。

李德生在得知安徽的情况后，心里想，林彪的这些话，怎么与下面的实际情况有这么大的距离呢？他百思不得其解。

李德生等人乘坐的伊尔—14型飞机，经过近3个小时的飞行，降落在北京南苑机场。前来接应的同志把李德生送到京西宾馆住下。这时，武汉地区的所谓七二〇事件刚发生不久，武汉军区司令员陈再道也住在京西宾馆受到保护。

到了北京，看到的一切，听到的一切，使李德生更为震惊，更为忧虑。在京西宾馆周围，一辆辆满载着造反派的大卡车，架着高音喇叭来回转悠，声嘶力竭地叫喊着："打倒七二〇事件的凶手陈再道！""打倒带枪的刘、邓路线！""揪出军内一小撮走资本主义道路的当权派!"对于这些口号，李德生不仅不赞成，而且很反感。在他主持下，12军的干部战士参加上级规定的有关游行时，是不准喊这类口号的。历史事实表明，这种公然把矛头指向军内的行径，是有预谋的。

后来，李德生又看到在中南海周围搭满了各种各样的帐篷，设立了各种名目的揪刘（少奇）指挥部，把中南海围得水泄不通。从1966年8月八届十一中全会毛泽东写了《炮打司令部》的大字报以后，批判"资产阶级反动路线"的锋芒就集中指向了刘少奇。想不到时隔一年，批判刘少奇已经演变成为直接揪斗了。全国人民心目中最神圣的党中央所在地，居然被造反派"兵临城下"，李德生心情沉重，有一种莫可名状的感觉。

事后，李德生了解到，这是江青、康生、陈伯达等人趁毛泽东不在北京时策划的阴谋。他们企图通过造反派冲进中南海，揪斗、抓走刘少奇、邓小平。但由于受到周恩来的严厉批评和坚决阻止，他们的阴谋才未能得逞。

这时，李德生更加意识到，周恩来等中央领导同志如此紧急地把他召来北京，很可能与改变"文化大革命"中的这种混乱形势有关系。

1967年7月29日周恩来的台历上记载：下午4时"见安徽军管会"。在这一天，作为即将接任安徽省军管会主任的李德生，按照事先的通知，来到了人民大会堂北大厅。

周恩来已在那里等候着。

"李德生同志，你赶来了，很好！很好！"周恩来见李德生进去，带着急促而又热情的神态对他说。

“请总理作指示!”李德生向周恩来敬礼后说。

周恩来把手臂向前一伸,说:“我们到福建厅去谈吧。”

于是,李德生跟随周恩来走进了福建厅。

在福建厅,李德生见到了李富春副总理、杨成武代总参谋长,还见到了姚文元。他们是参与向李德生交代任务的。

周恩来首先向李德生介绍了安徽的基本情况。

“文化大革命”以来,安徽成立了许多群众组织。在上海“一月风暴”的影响下,一些群众组织于1967年1月26日夺了安徽省委的权。由于夺权是部分群众组织干的,没有按照毛泽东提出的实行革命的大联合。因而“夺权派”说自己的“1·26夺权好得很”,而没参加上夺权的群众组织则指责他们说“1·26夺权好个屁”。从此,安徽从上到下形成了对立的两派,前者自称为“好派”,而称对方为“屁派”。两派都互相指责对方是“反革命”、“保皇派”,并且发生了打人、抓人,发“通缉令”,甚至动刀动枪的武斗,企图搞垮对方,“一统天下”。这就使安徽的问题涉及的面非常广,形势越来越混乱,解决起来甚为困难。

1967年春,为了缓解群众组织在夺权过程中产生的矛盾,毛泽东决定对几个最乱的省、市、自治区实行军管。3月27日,中央决定在安徽成立以南京军区副司令员钱钧为首的军管会,“把省的领导权掌握起来”。后来因钱钧身体不好,改由南京军区副司令员廖容标主持军管会的工作,把省的领导权掌握起来。

这时,安徽对立的两派矛盾日益加深,对立更为严重。他们以“文攻武卫”为口号,导致武斗不断升级,愈演愈烈。在合肥、淮南、安庆、芜湖等地区,一场一触即发的大规模武斗又在酝酿之中。

周恩来在介绍了安徽的基本情况后,以非常焦急的心情对李德生说:“党中央对安徽的形势非常担心,非常着急,在这紧急时刻,派12军去安徽,是毛主席亲自决定的。”

李德生看着周恩来由于过度劳累而呈现的疲倦面容,心里有一种说不出的滋味，他点点头，表示理解党中央派12军去安徽的决定，并希望周恩来总理对如何搞好安徽的工作多给指示。

周恩来接着说：安徽武斗太厉害，已影响到中央指示的贯彻执行，军管会指挥不灵，难以控制局面。你回去紧急动员一下，立即带部队去安徽。

周恩来还交待说，去了以后不要陷到派性里去，要广泛听取意见，深入调查研究，把情况搞准确，最重要的是要做好群众工作，总起来说就是制止武斗，消除派性，促进联合，稳定局势，抓革命，促生产。

听了周恩来对12军赴安徽如何执行“三支两军”任务的具体指示后，李德生感到尽管这个任务是艰巨的，但是心里还是踏实了一些。

周恩来讲完后，李富春副总理也作了指示。他说：有着3000多万人口的安徽是农业大省，但工业的比重也很大。淮南的煤，是华东、特别是上海工业生产和电力的命脉。合肥、马鞍山产钢铁，铜陵产铜，它们都是工业原料的重要生产基地。目前武斗升级，工厂停产，工人离开自己的岗位去打派仗，搞武斗，已直接影响到国家经济建设。他强调说：12军到安徽以后，一定要想法尽快制止武斗，让工人回到生产第一线，恢复生产。

杨成武代总长最后讲话。他主要讲了12军到安徽后兵力部署的基本要求，部队开进的顺序和方式，并规定只带轻武器，重型武器装备暂时留在苏北，组织留守处看管营房和武器装备，继续抓好农副业生产和管理好家属子女。同时明确了将安徽省军区独立1、2师划归12军指挥；所有驻皖部队的“三支两军”工作由12军统管；安徽的“三支两军”由党中央、中央军委直接领导，有关“三支两军”的问题，直接向党中央和中央军委请示报告。他还强调要处理好军政军民关系，搞好军内军外团结。

李德生参加革命几十年来，当面直接受领周恩来等中央领导同志下达的任务，这还是第一次。他像在战争年代到上级首长那里受领紧急作战任务一样，当即表态说：“坚决完成党中央、毛主席交给的任务，坚决按照总理和各位首长的指示去办”。

由于12军原来在苏北是担负保卫海防任务的，所以李德生对这一任务由哪个部队来接替十分关心。于是，他又向周恩来等中央首长请示：“我们军是否还继续担负苏北的海防任务？我们军都去安徽执行‘三支两军’任务了，万一有情况怎么办？”

周恩来略加思考，判断性地说：“仗，恐怕十年打不起来。”然后又明确告诉李德生：“苏北的防务问题与南京军区商量一下，可以由别的部队来担任，有的可以交给民兵去管”。

周恩来对战争打不打得起来的判断，与当时一贯强调的有些不一样，这使李德生感到很新颖。但他想得更多的是，免除了12军的防务，意味着中央对12军新的期待，是要12军集中精力去搞好安徽的“三支两军”工作。这也说明，新的工作比海防任务更加繁重、艰巨。当天夜里，李德生躺在床上，辗转反侧，难以入眠。在他脑海里一直飘浮着一个问题：中央如此重视安徽的“文化大革命”，我们12军应该怎样去努力完成呢？

据李德生当时所知，在介入“文化大革命”的部队中，因处理两派群众之间的矛盾以及群众组织与支左部队之间的矛盾不当而造成严重后果的，似已不是个别事例，最为典型的当数青海省的“二·二三事件”。1967年2月23日，青海省西宁市驻军因认定群众组织“八·一八红卫战斗队”是反动组织而开了枪，打死群众169人，打伤178人，导致群众和部队的严重对立，局势一下难以收拾。事件的直接责任者青海省军区副司令赵永夫亦被隔离审查达10年之久。此一事件当时被林彪、“四人帮”一伙定性为“反革命政变”，并以此作为“打倒带枪的刘邓路线”，把矛头指向军队的根据。武汉地区的七二〇事件固然为中央文革一伙人所导演，但与驻军在谁是左派的认定上与中央文革不一致不无关系。

想到上述事例，李德生的心情愈感沉重，对12军应该怎样避免发生错误，更好地完成中央赋予的任务，他感到压力很大。李德生反复琢磨着中央领导同志接见他时的讲话，特别是周恩来指示的内容。周恩来在接见中有一句话是：总起来说就是制止武斗，消除派性，促进联合，稳定局势，抓革命，促生产。李德生觉得，这已经把12军到安徽要抓好的几项主要工作及其先后顺序，讲得很清楚了。按照周恩来的思路，当务之急就是要紧紧抓住坚决制止武斗、稳定局势这个关键性的问题。因为武斗成风，势必造成局势失控。中国援越物资以及苏联的援越物资在南方被抢，就是武斗造成的。而制止武斗按过去常规做法，已经不灵了，必须采取新的措施。

李德生进一步想到，“文化大革命”是要打倒“走资派”，部队介入“文化大革命”是要支持“左派”。而周恩来在交代任务时，并没有提要揪“走资派”，也没有提要支哪一派。他从周恩来的指示中明确了两个问题：第一，谁是安徽的“走资派”，可能是一时很难搞清楚的问题，最后要听中央的，省以下的那是地方造反派在捣鼓的事，部队可以暂时不去管他；第二，安徽的两大派群众组织都在揪斗所谓的“走资派”，都宣称自己是有资格夺权的响当当的“左派”，部队没有根据和理由去支持一派压制一派。李德生认为，两派广大群众是好的，如果制止了武斗，再把做两派的联合工作放在首位，事情可能好办一些。因为这样就避开了当时很难把握和处理的“谁是走资派”、“谁是左派”这两个问题，而这就有可能走出一条解决安徽问题的路子来。

李德生解决安徽问题的思路，是符合当时的客观实际的，是有可能付诸实施的，也是与毛泽东当时的某些思考相吻合的。1月23日，毛泽东虽然批发了中共中央、国务院、中央军委、中央文革小组《关于人民解放军坚决支持革命左派群众的决定》，但就在前几天1月18日晚，他对去看望他的陈再道说：你们想一想，一个工厂，这派工人这么左，那派工人就那么右吗？这一派是革命的，那一派就不革命？你们相信吗？[①] 这番话表明，毛泽东也感到很难在两派群众组织中去划左派，而应考虑做两派群众的联合的工作。

① 董保存著：《钓鱼台往及追踪报告》（上），中央文献出版社2010年版，节347页。

组织部队开进

李德生返回部队后，首先向军党委常委传达了周恩来等中央领导同志的指示，然后召开了团以上主要领导参加的军党委扩大会，下达任务，统一思想，部署计划；接着，紧急收拢部队，边进行思想动员，边进行行动准备。

几年来，12军部队的各项工作，特别是党的工作、思想政治工作抓得是比较扎实的，干部的精神面貌发生了很大的变化，部队具有较好的素质。“文化大革命”初期，部队在苏北执行“三支两军”任务，上下团结，思想统一，令行禁止，步调一致，特别是军党委本身，团结状况很好，能够充分发挥领导核心作用，保证了各项任务的顺利完成。李德生认为，所有这些，都是部队到安徽执行“三支两军”任务的有利条件和有力保证。

根据当时安徽的形势和部队的具体情况，军党委会对去安徽“三支两军”的任务作了如下区分：军部率第91团及工区机关和工程建筑第141团负责省直暨合肥市，军部位合肥市；第31师（欠第91团）负责蚌埠市、蚌埠铁路分局、淮北市和宿县地区，师部位蚌埠市；第34师（欠第101团，该团留守苏北范集农场担负生产任务）负责淮南市和六安地区，师部位淮南市；第35师（欠第105团，该团留守苏北陈家港担负守备任务）负责芜湖市、马鞍山市和安庆地区，抽调少数人员去池州和徽州地区，师部位芜湖市。对划归12军领导的安徽省军区独立第1师、第2师的任务作了如下区分：独立第1师负责阜阳地区“三支两军”工作，独立第2师主要担负内卫任务。军区后勤14分部驻铜陵市。12军的各部队以及原驻皖的第二炮兵、60军、68军的部队，分别负责各该地区的“三支两军”工作。按照党中央和中央军委的指示，安徽全省的“三支两军”工作，由12军统一领导和组织实施。

12军的广大指战员，对安徽是有很深厚的感情的。在解放战争时期，由于革命斗争的需要，12军就曾三度出入安徽。屈指算来，现在是12军第四次进入安徽了。前三次出入安徽的情况是：

第一次是刘邓大军的千里跃进。1947年8月，李德生所在的第6纵队（12军的前身）作为中路军的组成部分，从鲁西南的菏泽地区出发南下，冲破敌人的围追堵截，越过黄泛区，强渡汝河、淮河，最后进入鄂豫皖三省交界的大别山地区，胜利坚持了大别山地区的斗争。

第二次是淮海战役。1948年秋，李德生所在的第6纵队和第2纵队、陕南军区第12旅等部队，在豫西南一起执行牵制敌人的任务。蒋介石为挽救徐州以东的黄百韬兵团，命令黄维兵团由豫西东援徐州。刘伯承、邓小平当即调整部署，命令“6纵并指挥12旅尾击由（河南）确山向（安徽）阜阳、太和出犯之黄维兵团，配合我主力在徐州外围之歼敌作战”。追击部队风雨无阻地连续急行军，终于赶在机械化的黄维兵团的前面，在安徽蒙城北面布防，堵住了黄维兵团的去路。在华野歼灭黄百韬兵团之后，中野也将黄维兵团合围，经过华野和中野的合力进攻，终将黄维兵团歼灭，黄维本人也被生俘。淮海战役结束后，6纵在安徽蒙城地区整训。在部队整编时，中央军委正式授予6纵为中国人民解放军第二野战军第3兵团第12军的番号。李德生所在的第17旅被编为该军第35师，李德生任师长。

第三次是渡江战役。李德生率第35师在长江北岸的安徽枞阳，进行渡江训练，并从这里胜利渡江，千里追歼逃敌。

李德生回忆起这段历史，眼前呈现出安徽人民大力支前的动人场景。12军与安徽人民的战斗情谊是令人难以忘怀的。如今，中央命令12军到安徽执行“三支两军”任务，又要第四次和安徽人民战斗、生活在一起了。

从8月6日起，12军部队按照部署，分别采取铁路和摩托输送的方式，由苏北驻地出发，向安徽各主要地、市以及武斗最严重的地区开进。12军守卫苏北海防的任务，奉命交与江苏省军区和第60军181师。

在组织部队向安徽开进之前，李德生派军司令部炮兵室副主任王灿章、作战训练处参谋刘亨镕先去合肥，要求他们尽快掌握情况，及时向他报告。第二天，两位打前站的同志很快向李德生报告了以下几件事：

一件事是王灿章、刘亨镕在去合肥途中，因路况太差，王灿章的头部撞在吉普车的前遮阳板上负了伤，头部缠满了纱布，进入市区后，造反派看到车上有个负伤的解放军，赶快询问是不是被另一派打伤的，似乎要从中找到打派仗的借口。

再一件事是在省军管会的大门口聚集了好几百人开追悼会，层层叠叠的花圈码得老高，哀乐不停地播放着，播音员激昂地在控诉对方杀害了“战友”。在军管会门前开追悼会是有用意的，显然是要指控对方，借以鼓动“复仇”情绪，并把矛盾推给部队。

还有一件事是合肥街头已贴满了“热烈欢迎毛主席派6408部队（12军时代号——作者注）来安徽支左”的大幅标语。本来，上级规定12军入皖后的代号应改为“南字126部队”，以与原驻皖部队的代号取得一致。听了他们的汇报后，李德生决定不改代号，并立即请示南京军区，获得批准。因为在群众已贴出大标语的情况下，若仍改代号，可能引起误解，为派性所利用。

打前站的同志出发不久，李德生也率军部轻便指挥所提前向合肥开进。为了便于沿途亲自看到真实情况而不暴露身份，李德生特意乘坐了一辆旧吉普车。当他进至合肥南郊104医院时，就被造反派的岗哨拦住，说是前面正要进行武斗。李德生下车观察了一下，看到两派都构筑有武斗据点，双方武斗人员分别戴着不同字样的袖章，有的据点拉上了铁丝网，有的楼顶架有机枪。李德生还没有来得及进行劝说，双方便乒乒乓乓地打了起来，幸好打的时间不长，且双方都没有伤亡。后来弄清，这是安徽的造反派要给12军来一次“考验”，看看部队对武斗到底是什么态度。

李德生目睹了这一切，更感到制止武斗是当务之急。于是，他按照预定计划，组织指挥后续部队乘坐100多辆卡车，浩浩荡荡地开进合肥，他要用强大的声势震慑住那些搞派性、搞武斗的造反派。他命令部队不管遇到什么样的武斗，都要不怕自己遭到伤亡，坚决把两派人员隔开，并且要做到骂不还口，打不还手，更重要的是不论在什么情况下，都不能开枪。12军络绎的车队，严整的军容，浩然的正气，受到了合肥市群众的热烈欢迎。人们自发地涌向长江路两旁，热烈鼓掌，喊口号，放鞭炮，表示由衷的欢迎之情。他们感到平息武斗有望了。

8月9日，第34师到达淮南市；第35师到达芜湖市；9月6日，第31师到达蚌埠市。他们也都受到当地人民群众的热烈欢迎。

广大群众热烈欢迎解放军的动人场面，极大地鼓舞了部队搞好“三支两军”的信心，增强了指战员们坚决制止武斗的责任感。

制止“八·八”武斗

李德生到达合肥后，立即成立了由军参谋长林有声负责的“三支两军”办公室，开展制止武斗、消除派性、增强群众组织的团结等工作。

原来在安徽参加“三支两军”工作的部队比较多，只有和他们搞好团结，才有利于制止武斗，稳定局势。为此，李德生首先请安徽省军区领导同志介绍情况，在听取情况介绍的过程中，他对省军区的领导同志再三地讲：安徽支左，你们是第一梯队，我们12军是第二梯队，两个梯队团结一致才能把工作搞好，才能把中央指示落到实处。李德生的看法得到了省军区领导同志的理解和支持。他们为12军开展工作提供了许多重要情况和有利条件。与此同时，李德生还指示12军驻各地部队，要认真听取军分区、人武部和其他驻皖部队的情况介绍，主动搞好沟通和团结。

经过紧张的调查研究，讨论分析，李德生和12军的其他领导同志，对造成严重武斗的原因得出了这样的共识：因为“夺权”形成了两派，因为争利而出现两派对立，因为对立加剧爆发武斗，因为想一统天下、消灭对手又使武斗不断升级。“文化大革命”中出现的那些恶性演变就是由这样一个关系链引起的。因此，“要解决这个问题，只能倒着来，也就是首先制止武斗，再实现联合，然后组织‘三结合’，‘把领导权掌握起来’”[①]。李德生认为这是具体落实周恩来的指示，解决好安徽问题的基本思路。

待各部队按规定的部署展开后，李德生立即召开了驻皖各部队有关领导人会议，传达了周恩来等中央领导同志对安徽“三支两军”工作的指示，明确了全省“三支两军”工作的领导关系，讨论了搞好安徽“三支两军”工作的基本思路，提出了制止武斗、稳定局势的具体要求，强调制止武斗是当前工作的一个关键问题。如果武斗制止不了，其他一切也都谈不上。

驻皖各部队表现出我军特有的高度的组织纪律性和执行指示的自觉性。他们立即按照统一部署和要求，积极开展工作。

李德生将上述情况向周恩来作了报告。

周恩来对12军部队执行任务坚决，行动迅速，提出的制止武斗措施有力，表示满意。他指出，安徽的驻军很多，海、陆、空军都有，搞好各友邻之间，部队内部上下之间的团结，非常重要，只有思想统一，行动一致，才能有力地制止武斗，稳定局势。

美国作家斯诺在1972年版的《漫长的革命》中，谈到毛泽东与周恩来的关系时，曾说他们两人是“共生”的关系。认为周恩来的“无私的献身精神，使他成为毛的不可缺少的‘另一个我’”。斯诺的这个看法，与李德生当时内心的想法是十分近似的。从组织关系上说，12军去安徽执行“三支两军”任务，正是由周恩来代表毛泽东直接部署的。

从这个时候起，李德生在“三支两军”工作中所采取的每一个重大步骤，都及时地向周恩来作了报告，并且得到了他的指示和支持。

12军进驻安徽后，对立的两派群众组织都认为这是“毛主席派来的部队”，都表示欢迎，这是他们的共同点。但他们也都有各自的想法和打

① 《李德生回忆录》，解放军出版社1997年版，第353页。

算：原来得到支持的一派，希望继续得到支持；原来认为是受压的一派，希望得到公平对待。但是，12军究竟是什么态度，他们还不得而知，因而双方酝酿已久的一场武斗，仍在加紧准备。他们想通过武斗来试探一下12军到底支持谁。很快两派的武斗便在进驻合肥市的主力部队到达的当天，即8月8日傍晚，在合肥市六安路小学和安徽工学院附近爆发了。这就是当时在安徽省有很大影响的"八·八"武斗事件。

李德生接到报告后，立即抽调几十名机关干部和3个连队，不携带武器，前去制止武斗。派出的部队迅速赶到武斗现场，只见双方已经壁垒森严，有一派甚至将灌满汽油的大油桶，推到安徽工学院的一栋楼下，随时准备烧楼，而楼上则是另一派的群众。这时，12军的指战员们赤手空拳，高举着《毛主席语录》，喊着口号，英勇无畏地插到两派武斗火线中间，组成人墙，把两边的武斗人员隔开。干部战士用高音喇叭宣传政策，劝阻两派参加武斗的人员，收起武器，不要开枪。碍于军队的人墙，双方都停止了射击，但却在继续对峙着。

部队经过整整一夜的大力宣传和积极工作，形势才开始有所缓和，直到第二天凌晨，这场大武斗才被最后制止住了。12军制止武斗的这种特有方式，使许多参加武斗的人员深受感动。

制止武斗，首战告捷。这是使安徽局势从混乱走向有序的良好开端。它表明12军不仅有决心，而且有能力解决安徽问题。12军不支持派性的公正态度，得到了广大人民群众的称赞和支持。

但是，不是所有人从此都改邪归正了。8月18日，周恩来接见安徽赴京代表团负责人，严肃地批评他们不听劝告，印制、张贴有关打、砸、抢的材料和图片的行为。他指出：把这种东西在北京贴出来，对外国记者是最好的材料。"文化大革命"搞成这个样子，这对我们国家没有什么好处。

就是被周恩来批评过的一些人，仍在暗中积极策划着新的武斗。在他们看来，武斗似乎是左派的重要标志，不搞武斗就当不了左派。

据此，12军党委于11月再次发出指示，要求驻安徽各地的部队，一定要采取一切手段，不惜流血牺牲，坚决、迅速、有效地制止各地的武斗！于是，在全省制止武斗的行动迅速展开。根据李德生的命令，驻淮南的部队采用“卧轨”，驻屯溪的部队采用“卧路”的方法，把造反派开出的载满武斗人员的火车、汽车给挡了回去。对于造反派制造事端、挑衅部队的行为，干部战士们冷静处置，不上其当。有的战士即使挨了打，也不还口还手。

12军就是用这种英勇无畏的英雄气概和不计个人安危与屈辱的可贵精神，迅速在全省范围内制止了武斗。许多军、师、团领导，以对党、对人民的赤胆忠心，不顾生命安危，带领指战员深入武斗中间地带和据点，艰苦细致地做两派人员的思想工作，制止了多次大规模武斗和一些别有用心的人煽动不明真相的群众到部队进行打、砸、抢的事件，保护了部队的武器弹药，稳定了安徽的局势。34师还奉中央军委命令，于1968年2月在津浦线上执行护路任务，打击不法分子，保证了铁路大动脉的畅通，保护了人民生命财产的安全。

“一碗水端平”

全省各地武斗逐渐被制止，按照周恩来的思路，这是解决安徽问题的第一步。这一步走得虽然极其艰难，但毕竟是通向成功的起点。广大群众是满意的，12军的同志也有欣慰之感。

这时，中央任命李德生为安徽省军事管制委员会主任兼安徽省军区司令员，12军政委张文碧兼任安徽省军区政委。为防止武斗死灰复燃，李德生等领导同志团结驻皖各部队，开始了从思想层次上消除造反派派性的工作。

这项工作是这样进行的：对两派群众组织，12军派出大批干部、战士，一方面向这些组织的群众，大力进行宣传教育；一方面重点做好两派头头的工作，争取使他们的认识和态度有所转变。

为此，李德生亲自到两派的总部去，召见他们的头头，集体地、个别地和他们谈话，耐心地做思想教育工作。在造反派总部，李德生看见他们的“战士”们，着装五花八门，各类武器也不少，不但有枪支、还有手榴弹，也有冷兵器匕首、大刀、梭镖等，活像一群“绿林好汉”。有的造反派甚至拿着子弹上了膛的手枪，在李德生等人面前晃来晃去，一副傲慢自大的样子。李德生的随行人员严肃地指出：“把你的家伙收起来吧！万一走火伤人，你负得起这个责任吗？”对方理屈，只好听从。

在刚到造反派总部做头头们的工作时，李德生总要受到一些人的围攻。面对这种情况，他总是以自己的冷静教育他们也要学会冷静。他既严肃地指出他们的错误，又耐心地晓之以理。要求他们作出保证，绝不允许再挑起武斗。当他们慢慢地了解了李德生的诚意后，态度就好多了，甚至热烈鼓掌表示欢迎。在交谈中，他们往往向李德生诉起苦来，讲另一派如何欺侮、压制他们，希望李德生能支持他们这一派的“革命行动”。

李德生在和各群众组织头头接触多了以后，对他们的思想情况以及他们对“文化大革命”的态度心中有了数。其实无论他们哪一派，都受极左思潮的影响很深，那种“怀疑一切、打倒一切”、“唯我独左”的思想，往往左右着他们的言论和行动。他们几乎有着共同的错误看法：“领导干部大都是走资派”，“别的组织都是保守派”，而自己这一派则是“响当当的大左派”。他们头脑中的这些错误观念如果不消除，派性就会蔓延，武斗就可能死灰复燃。李德生认为，消除他们的错误观念，是群众工作的难点，也是思想工作攻坚战的重点。

李德生从实践中体会到，要打好这场思想的攻坚战，首先要取得各派头头和群众的信任；而要取得他们的信任，则必须做到“一碗水端平”，切实防止支一派，压一派；亲一派，疏一派。为此，李德生强调，在12军、安徽省军区和所有驻皖部队中，要组织学好中央解决安徽问题的指示，特别是学好针对安徽情况的“九条”和“五条”，以确保在部队中统一思想，统一行动。实践已经证明，只有参加“三支两军”的各部队，上上下下都是“一派”，才能做好两派群众的联合工作，才有可能收到双方都能满意的效果。

上面讲的“九条”和“五条”，是在12军进驻安徽之前，中共中央于1967年3月27日和4月1日先后发布的。这两个文件对运动中的若干政策问题作了明确规定。文件指出，立即成立军事管制委员会，“把省的领导权掌握起来”。“要通过各项工作，实现真正的无产阶级革命派大联合，筹备‘三结合’的临时权力机构”。在“军管会下成立‘抓革命、促生产’的两个班子，把无产阶级“文化大革命”领导起来，把工农业生产、财贸工作和救灾工作管起来”。要求各群众组织“都要整风，双方都着重进行自我批评。有原则上的不同意见，要正常进行讨论、辩论，不准打、砸、抢、抄、抓，不准武斗”。强调“宣布一个群众组织是反革命组织，应经过中央批准”；“不得把群众打成‘反革命’，不准乱捕人”，“被打成‘反革命’的，应一律平反，被捕的，应一律释放，通缉令，应一律取消”。

毛泽东在发布的“五条”中还亲自加写了这样一段保护犯错误学生的话：“许多外地学生冲入中南海，一些军事院校冲进国防部，中央和军委并没有斥责他们，更没有叫他们认罪、悔过或者写检讨，讲清问题，劝他们回去就行了。而各地把冲军事机关一事，却看得太严重了。”

12军进驻安徽后，立即发布了一个通告，明确表态，坚决按照中央关于解决安徽问题的“九条”和“五条”指示精神办事，对各种群众组织一视同仁，公平对待，绝不偏向哪一边，谁对就支持谁，绝不含糊；谁有了错误都要批评、处理，绝不迁就。李德生也在许多场合明确表示，G派(即好派)、P派(即屁派)，都拥护毛主席，都拥护以毛主席为首的党中央，那么，大家就都是革命派。12军的表态，不仅是对两派群众组织，而且是对全省人民的表态，也可以说是12军开展“三支两军”的“宣言”。如果说在苏北时12军是在悄悄地视“支左”为“支群”的话，那么这时则是大张旗鼓地理直气壮地“支群”了。当时有人把李德生这种说法称之为“和稀泥”理论，然而正是这种“和稀泥”的表态，为解决安徽问题找到了突破口。

12军是否能够实现诺言呢？安徽的两派群众都在高度注视着。为了显示“一碗水端平”的精神，更好地掌握两派群众组织的动向，李德生分别在两派总部派驻了联络组。开始，两派头头并不欢迎联络组的到来。他们有顾虑，认为这是部队在监视他们的行动，因而也很警惕。经过一段时间的接触和工作，双方的距离拉近了，特别是两派组织的头头感到，联络组来了也有好处，这样便于与“三支两军”领导同志和指挥机关的直接沟通。于是，他们改变了态度，对联络组表示欢迎。

有一次，一派头头向联络组告状，说另一派夜间抓走了他们七八个人，其中还有女学生，请求部队出面干预，要对方放人；否则他们就不客气，要采取报复措施。李德生听了汇报后，认为部队必须干预，因为此事如果属实，不及时处理就是纵容非法行为，还可能很快导致一场武斗。于是，他立即指示联络组告诉告状的一派，此事我们一定要认真处理，并指示派驻另一派的联络组立即查清事情真相。开始，抓人的这一派矢口否认，但联络组掌握了情况，连关押人的地点也搞得一清二楚，在事实面前，他们不得不承认。于是，李德生立即派了几名得力的干部带着部队，去要被抓的人。鉴于造反派越轨和过激的事常有发生，李德生十分担心被抓的人被打伤，特意指示要带医生、护士一同前往，以便万一发生意外情况时进行救护。幸好，经过一番耐心的政策教育和晓以利害的说理斗争，12军终于救出了被抓的学生，并对抓人的这一派进行了严厉的批评和警告。由于问题解决得及时，被抓的一派没有采取报复行动，从而避免了事态的进一步扩大。

不久，又发生了一件事。在一派组织的游行中，有一个人被另一派的人开枪打死了。顿时游行队伍群情激愤，高喊口号，要为死者报仇，矛盾随时有被激化的可能。如不果断处理，后果不堪设想。在确凿的证据面前，部队强令打死人的一方交出凶手。在12军同志严厉的追查下，该派的头头只好认错，将杀人凶手抓起来，押送到公安部门监禁处理。

“一碗水端平”，不仅表现在对两派过激行动的公平处理上，而且贯穿在平时的工作中。例如：凡是由一派召开的会议，组织的活动，李德生等只答应派驻该组织的联络组成员列席，借以了解情况，其他人则一律拒绝邀请，不去参加。对两派各自提出要打倒的领导干部，凡是中央没有明确表态的，不论在公开场合或私下交谈，李德生都不表态，不跟他们喊打倒的口号。召集两派头头开会时，双方出席的人数和级别一律对等，等等。

由于李德生在两派问题上及两派发生的一些事情的处理上，做到了坚决、果断、公平，所以广大群众拍手称赞，两派也都无可挑剔。

在全省武斗被制止后，李德生又抓了在思想层次上制止武斗的问题。为此，12军又大张旗鼓地宣传毛泽东的指示和有关法令法规，并以此规范大家的行动，从而刹住了一些人搞打、砸、抢的歪风，控制了一些不法分子随意抓人、杀人的情况，社会秩序渐趋正常。

经过艰苦细致的工作，终于形成了这样的社会氛围和舆论压力：谁再搞武斗谁就会失去人心，失去部队的信任与支持，遭到广大群众的反对与谴责。

坚决收缴武器

造反派手中的武器，为武斗提供了方便，增加了社会的混乱。

在制止武斗的过程中，李德生思考着如何处理造反派手中的武器问题。

1967年9月5日，毛泽东批发了《中共中央、国务院、中央军委、中央文革小组关于不准抢夺人民解放军武器、装备和各种军用物资的命令》，即“九·五”命令。这无疑是为“三支两军”送来了一柄尚方宝剑。

七二〇事件创造了“揪军内一小撮”的恶劣先例，造反派的矛头一下子指向了军队。幸亏毛泽东发现得及时，制止了“揪军内一小撮”错误的蔓延，并把中央文革的成员、骨干分子王力、关锋、戚本禹先后投入监狱。但是，在江青7月22日“文攻武卫”口号的鼓舞下，冲击军事单位，抢夺军械武器和物资的事件，并未杜绝，反而有加剧之势。因此，中共中央在1967年8月10日下达了《关于派国防军维护铁路交通的命令》，并在处理湖南、江西问题的若干决定中强调："不管哪一派，今后都不准以任何借口夺取解放军的枪支，抢劫军火仓库和各种军事物资。"8月25日，中共中央及有关部门又下发了《关于开展拥军爱民运动的号召》，指出："人民解放军和所拥有的各种武器、装备和物资，是不容侵犯的。""除紧急情况，经过中央特许的以外，所有群众组织现有的武器和军用物资一律封存，或者上交。"

"九·五"命令把上述精神以"命令"形式发布，意在强调它是必须执行的，是不能打折扣的。命令强调：任何群众组织和任何人，不管属于哪一派，不许以任何借口抢夺人民解放军的武器、弹药、装备、车辆、器材、物资，不许抢夺军火仓库、军用仓库和国防企业，以及火车、汽车、船舶上装载的武器、弹药、装备、车辆、器材、物资；军队所有机关、部队、院校等单位，不准将武器、弹药、装备、车辆、器材、物资等发给任何组织、任何人；已经抢夺的人民解放军的武器、弹药、装备、车辆、器材、物资应一律封存，限期归还；今后如有违犯此命令者，当以违犯国法论罪；对再有抢枪行为者，部队经劝阻、警告无效后有权实行自卫反击。

李德生决定，坚决贯彻"九·五"命令，立即收缴武器，给武斗来一个釜底抽薪。他指示部队，一定要抓住这个有利时机，采取多种形式，大造舆论。于是，军管会迅速将"九·五"命令翻印，在大街小巷广为张贴；部队和群众组织都出动宣传车，从早到晚流动广播；组织两派头头深入学习"九·五"命令，充分发动群众清查群众组织和个人手中的武器，派出大批收缴武器的小分队，深入到群众组织各据点，动员他们缴出各种武器。

但是，在"八·二五"号召和"九·五"命令发布以后，仍有一些人置中央的命令于不顾，蓄意制造事端，把矛头指向军队。1967年11月28日，李德生向周恩来报告说，合肥农垦学校、部分合同工打砸军管会，这伙人已经在军管会闹了半个多月，副政委、副司令员被打昏，后勤部长被拉去游街，今天又冲到军部，占领军首长办公室，门窗、东西全部被打乱，现合肥市秩序也不好。李德生请示，能否按中央“九·五命令”抓几个坏头头。当天周恩来即批示：“以电话告李军长，先进行政治工作；不听，宣布‘九·五’命令，进行分化，要他们交出祸首凶手；再不听，待其直接行凶，当场将凶手逮捕。对胁从者晓以大义，宣布一律不究，但如再犯，仍将当场逮捕凶手祸首。”①

周恩来批示的下达，使李德生心中有了解决冲击军队这类问题的“底牌”。他指示部队，按照周恩来的指示，反复宣传“九·五”命令，晓以利害，政策攻心。经过半个多月的工作，造反派大闹军管会的事件终于得到解决。

经过声势浩大的宣传教育，夜以继日地紧张工作，制止武斗、收缴武器取得了明显成效。仅1967年9月至11月的3个月内，12军及驻皖部队共收缴各种枪支近3万件，火炮290门，车辆51台，以及大批弹药和各种武斗凶器，为稳定安徽局势消除了隐患。

更为可喜的是，在这次收缴武器的行动中，两派群众还自行揭发了操纵武斗的坏头头，将他们扭送到军管会看管起来。

12军和兄弟部队在安徽制止武斗、收缴武器的情况，在新华社《国内动态》上刊登以后，党中央和毛泽东很快就看到了。

9月13日，毛泽东亲自将这份动态批转全国。这样，安徽制止武斗、收缴武器的做法，很快便在全国范围内传开了。

两派倒旗联合

在制止武斗、收缴武器取得明显成效之后，安徽两派的对立情绪和气氛已经有了很大的缓解。李德生认为，实施解决安徽问题的第二步，即

① 《周恩来年谱》(1949—1976)下卷，中央文献出版社1997年版，第203页。

实现两派联合的条件已经成熟。于是，决定尽快促使两派实行大联合。

正当李德生着手进行促进两派联合工作的时候，毛泽东关于大联合的指示下达了。

1967年7月至9月，毛泽东视察了华北、中南和华东三个地区，调查了河北、河南、湖北、湖南、江西、浙江、上海等省市的“文化大革命”情况。针对群众之间的分裂和对立，毛泽东号召实现革命的大联合。指出：在工人阶级内部，没有根本的利害冲突。在无产阶级专政下的工人阶级内部，更没有理由一定要分裂成为势不两立的两大派组织。他要求：两派要互相少讲别人的缺点、错误，别人的缺点、错误，让人家自己讲，各自多做自我批评，求大同，存小异。这样才有利于革命的大联合。他强调，要正确对待干部，团结大多数干部，认为这是实行革命三结合，巩固革命大联合的关键问题，一定要解决好。

这些指示，都说明当时毛泽东已从理论上和实践上把两派大联合的问题，提到了相当的高度。

当军管会分别向两派的代表提出实行大联合的主张后，已经得知毛泽东批示精神的两派，不但同意开会，而且还主动提出倒旗联合，并肩游行。

1967年9月19日，两派组成了大联合委员会。

在毛泽东最新指示的指引下，在安徽驻军的积极支持下，由“三支两军”办公室主任、12军参谋长林有声主持，经过周密的组织准备，两派各组织10万人共20万人，于9月20日在合肥市体育场召开了“拥军爱民”群众大会。

大会开得很成功，气氛很热烈。

会后，两派各排成4路纵队，共8路纵队，并肩在合肥市内举行了大游行。游行队伍途经省委、四牌楼、三孝口，沿途的大街两旁挤满了群众，他们对两派的大联合表示热烈欢迎。

这次活动，是在军队“三支两军”办公室的引领下，由两派群众组织自己具体组织的，声势浩大，秩序井然，两派协力，群众欢迎，效果甚好。

事实清楚地说明，两派的联合是符合潮流的，是深得民心的。实现联合的条件也是成熟的。省军管会通过省报《安徽日报》，用整版篇幅，刊登了有关两派联合的大会报导和两派群众并肩游行的照片。

周恩来等中央领导同志知道后，指示李德生将这一天的报纸，加印20万份，派人乘飞机送到北京，由中央分发全国，推广安徽的做法。

在两派实现大联合的基础上，工人界成立工代会，学生界成立红代会，职员界成立职代会，各系统、各单位分别成立相应的大联合委员会。从此，造反派组织一律倒旗、倒牌，自行解散。

合肥的形势很快影响到全省。

原来武斗很厉害的华东地区最大的煤矿基地淮南市，也停止了武斗，上缴了武器，解散了造反派组织，工人也回到生产岗位上参加生产了。

12军党委写了关于“安徽两大派倒旗联合，长江路上并肩游行”的报告报送中央，周恩来立即将这一报告批转全国。

毛泽东得知这一消息后，专门请当时正在中国访问的刚果（布）总理努马扎莱去淮南参观。据说，这位外宾开始不想去，因为他知道“文革”中中国到处有武斗，淮南的武斗更厉害，他有些顾虑。但他在李先念副总理的陪同下到了淮南，参观了市容和煤矿生产情况以后，很有感受。由此，他得出结论，中国的“文化大革命”确实带来了混乱，许多地方常有武斗，但局面似乎还是可以控制的。毛泽东安排刚果（布）总理访问淮南这件事，不仅肯定了12军制止武斗、促进生产的做法和成效，而且进一步促进了安徽局势的稳定，也使外宾乃至国际上了解了中国的真实情况。

但是，李德生也清醒地认识到，任何工作都不是一劳永逸的，消除派性这个痼疾更是如此。两派组织上的大联合，并不等于思想上完全解决了问题。即使思想上已经解决了问题，但在新的情况下仍有可能发生新的问题。在一定的条件下，事物的曲折和反复，是符合规律的现象。

实际情况的确没有出乎李德生的预料，实现大联合以后，各级组织机构里原两派的有些头头，仍然在用派性眼光看问题，为本派争地位，争利益，私下里的派别活动仍然比较活跃。

为了从思想上真正解决问题，李德生组织力量，于当年年底举办了全省的省、市(地区)、县直到公社的，原两派组织的大、中、小头头及部分骨干分子参加的毛泽东思想学习班，社会上称之为“万人学习班”。当时，毛泽东思想是全国公认的指导思想，是统一两派思想的唯一的强大的思想武器。通过学习毛泽东和党中央的有关指示及有关文件；提倡并鼓励联系实际各自作自我批评，认识本派的错误、缺点；围绕发生过的重大事件，讲过程，讲内幕，讲责任，交出坏人、凶手；并在此基础上，由各派主要头头现身说法，痛陈错误，狠批派性，但不指责对方，从而达到了教育群众的目的，收到了较好的效果。

举办毛泽东思想学习班，有效地消除了群众中的派性思想，增强了组织纪律观念，清理了混在造反派中的坏人，同时对造反派的某些头头进行了政治审查，这就为尔后成立“革命委员会”打下了良好的思想基础和组织基础。

成立“三结合”的革委会

刹住武斗风、两派实行大联合，使安徽各地区的局势迅速好转，按照中央的部署，李德生不失时机地进入了解决安徽问题的第三步：酝酿“三结合”，成立革委会。

安徽干部的状况大体上是这样的：“文化大革命”开始以后，安徽各地的群众组织在打倒一切极左思潮的影响下，把一大批久经考验、忠于党、忠于人民的老干部都作为“走资派”、“黑帮”、“叛徒”，大肆进行揪斗、抄家、罢官，致使许多老干部受到了极大的人身摧残、折磨和人格侮辱。两派群众组织开始对立、武斗之后，安徽各级的某些领导干部，由于历史的和现实的原因，不是组织上参与了这一派，就是思想感情上倾向于那一派。因此，这就出现了一个非常复杂的矛盾现象：往往是一派要打倒的人，却是另一派要坚决保护的人。

针对这种情况，12军进驻安徽后，即和驻皖兄弟部队的广大“三支两军”人员，遵照毛泽东关于“正确对待干部”、“要扩大教育面，缩小打击面”、“要解放一批干部”的指示，想方设法地解救和保护老干部。在实际工作中，他们采取住院治病、到毛泽东思想学习班或五七干校学习等方法，将一些老同志调离本地区、本单位保护起来。对少数受迫害的老干部，还让他们住进部队营房加以保护。当一些老干部被无故关押揪斗时，部队人员一方面进行劝阻和制止，另一方面设法为他们提供生活方便，保护他们的人身安全。当时，李德生指示，将省级领导干部秘密集中在合肥市江淮旅社(现为华侨饭店)西小楼保护起来。江淮旅社是当时合肥市除迎宾馆稻香楼之外的一座较好的宾馆。为防止走漏消息，避免造反派冲击，12军还专门抽调了一个连队负责警卫和服务工作。按照李德生的指示，各地、市、县也采取了相应措施，保护好老干部。即使对那些被两派群众组织扭送到部队的背负“黑手”、“后台”、“战斗指挥”等罪名的老干部，也由部队集中看管。这样，既避免了造反派的随意批斗，又使他们在生活上得到了应有的保障。

由于“三支两军”人员采取的保护措施得当有力，从而使安徽省、地、市、县的一大批领导干部得以免除“牛棚”之灾，少吃了许多苦头。安徽省原省长黄岩得到“解放”后，在70年代初，曾对叶剑英元帅的家人说，安徽省的老干部，由于12军和李德生同志的保护，吃的苦头最少，“解放”得最早。原安徽省一位副省长说：若不是6408部队的同志千方百计地保护我，照顾我，我这条老命早完了，我所以能有今天，全是军队同志保护的结果，我衷心感谢解放军同志。

安徽解放干部的工作开始后，又出现了新的矛盾。有的群众组织错误地认为，解放干部是否定他们的成绩，“前功尽弃”；同时又担心解放出来的干部会报复他们。由于两派打倒的对象不一样，所以，不少地区为了解放一个干部，常常争论不休而无结果。这一派提出要解放，那一派则不同意。为加快解放干部的速度，李德生决定在合肥举办“万人学习班”，除统一双方的思想，克服派性，实现思想上的联合外，解放干部也是一个重要议题和目标。

被打倒或靠边站的干部解放出来后，两派最关心的是各有几人进革委会，哪些干部进革委会。为正确处理这些问题，李德生将全省各地(市)、县的三方人员(即两派头头、干部和军管人员)全部集中到省里来，一起参加“万人学习班”，让省里的各派头头分别做好本派的工作，解决各自的矛盾。这种形式，对推进实现“三结合”，成立全省的各级革委会，起到了积极作用。

李德生考虑，仅仅停留在各派自己做自己的工作这一步还是不够的，为了更好地解决两派头头对干部的正确看法，解决陷入派性的干部如何取得群众的谅解和信赖等问题，军队主要领导还应亲自出面，做艰苦细致的工作。在这方面，12军的副政委宋佩璋、王翀、潘启琦等领导同志做了大量工作。对一些难度特别大的单位和人员，李德生就亲自出面找他们谈话，讲清道理，交代政策。可以说，这些领导同志参加的是一场克服极左思潮、无政府主义思潮的攻坚战。由于有了前一段打下的基础，这时的工作就好做多了。通过办“万人学习班”，除中央任免权限内被“打倒”的干部外，省里解放了80%以上的干部，许多地、市级领导干部也得到解放。

1968年4月10日，安徽省军事管制委员会向中央写了关于成立安徽省革命委员会的报告，并提出了委员、常委、正副主任人选。4月14日，中央同意了这个报告，任命李德生为省革委会主任，廖成美、宋佩璋、李任之、杨效椿、徐文成、张秀英（女）、张家云（女）等为副主任。与此同时，李德生还担任了安徽省党的核心小组组长，后来成立中共安徽省委时，李德生又担任了省委第一书记。在全国29个省、市、自治区中，安徽省成立革委会的时间是比较晚的，排名在第21位。如果不是12军抓紧解决了解放干部的问题，省革委会成立的时间可能更晚了。

安徽省革委会成立后，李德生因势利导，加快了各地、市、县革委会成立的步伐。他把一些难度大的县的两派代表人物，召集到合肥来开会，办学习班，做工作，效果很好，进展很快。“文化大革命”期间，安徽的行政区划共有9个地区、10个市、70个县。到8月上旬，已有51个县成立了“三结合”的革委会。解放了的干部，在革委会里基本上有职有权，发挥了积极作用。

但是，李德生也清楚地认识到，在“三结合”的革委会中，原来对立的两派群众组织代表，派性还比较严重，总想把自己这一派的人多弄一些进革委会，否则心里就不平衡。至于刚结合进去的领导干部，有的还有这样那样的顾虑，工作不大胆，怕再犯错误。于是，李德生提出，军队“三支两军”任务并不因为革委会的成立就结束了，革委会成立后，还有不少艰苦的工作等待我们去做。要教育革委会中各方面的代表，增强无产阶级党性，克服资产阶级派性，真正站在无产阶级的党性立场上来。对结合的领导干部的工作，只能撑腰，不能拆台，要充分发挥他们在革委会中的骨干作用。同时，也要加强对军队干部的教育。要使革委会中三个方面的代表真正拧成一股劲儿。

安徽省革委会成立后，地方政权恢复行使职权，安徽省军管会随之撤销，各级大联合组织也随之全部解散。工人回厂做工，农民回乡种田，学生开始复课，社会秩序得到了进一步稳定。

轰动全国的芜湖事件

安徽省省革委会成立后，全省形势的发展是不平衡的，皖南重镇——芜湖就是问题较多的地方。1968年6月26日，竟然爆发了轰动全国的芜湖事件。时任安徽省革委会主任的李德生当即明确表示：“芜湖事关全局，如不解决，将波及全省。”

芜湖事件的起因是这样的。

外因：1968年3月23日，北京发生了杨、余、傅事件：人民解放军代总参谋长杨成武、空军政治委员余立金和北京卫戍区司令员傅崇碧突然被打倒。这一事件是江青一手制造的。它的发生，像1967年的所谓“二月逆流”和七二〇事件一样，鼓励一些别有用心的人把矛头再次指向军队，也鼓励着一些野心家利用权势消灭异己。3月27日，北京大学以聂元梓为首的新北大公社，用武斗战胜了其对立面北大井冈山派。这一以武斗消除对立局面的荒唐举动，却得到了中央文革某些人的支持。于是，清华大学的蒯大富立即起来仿效，从4月23日开始，在清华园挑起了首都地区规模最大、持续时间最久的大武斗，以达到逼中央承认、支持自己，压垮对立一派的目的。7月，工人、解放军组织的毛泽东思想宣传队进入清华，蒯大富扬言“以死一拼”，打死、打伤多名工人、解放军。7月28日，毛泽东亲自出面制止武斗，武斗才停息。但在北京刮起的这股歪风，在毛泽东出面制止前已经刮到了安徽。

内因：“文化大革命”初期，芜湖的两派群众组织，因为夺权发生矛盾，最后发展成为一场大武斗，双方都有较大伤亡。其中一派在芜湖待不住了，只好跑到安庆、马鞍山、铜陵、合肥等地活动，但时刻准备杀回来。在合肥，有的人把被打死的人抬着游行，到省里告状。后来两派的代表被召集到北京谈判，但未解决问题，对立情绪越来越严重。当时，芜湖的派性在全国是出了名的。“九·五”命令公布后，芜湖群众组织“三筹处”所属的四个组织，一直拒绝交出武器，继续搞打、砸、抢、抄，扰乱社会。从1967年12月以来，他们三次冲击部队，抢走大批武器弹药，抢占军管会大楼，使军管会无法办公。为此，李德生于12月10日晨1时半将上述情况报告周恩来，并提出：为打开芜湖局面，搞好大联合，拟宣布这四个组织为坏组织。当天，周恩来复电告李德生：以安徽军管会名义向这四个组织搞打、砸、抢、抄的小集团提出书面警告，要他们按照中央“九·五”命令，立即停止这种非法行为，将武器封存上交。如仍不听劝告，继续犯法，军管会将执行中央命令，依法处理。[1]

周恩来还在李德生报告的记录上标明“万急”，批示：急送伯达、康生、江青、富治、法宪，此事必须立即给以答复，我已与李德生同志通了电话，要他先以安徽军管会名义向芜湖“三筹处”所属四个组织提出书面警告，要他们按照中央军委命令执行。

李德生接到周恩来的电话后，迅速将周恩来的指示传达给这些组织，大造舆论，反复做工作，这才使他们略有收敛。

当江青等人制造的杨、余、傅事件的消息传到安徽之后，一些派性严重、品质不好、没有被结合进革委会的干部及群众组织的头头，乘机制造谣言，煽动对立情绪，挑拨军民关系，破坏革委会的权威，于是，逐渐趋于稳定的安徽芜湖再次动荡起来。

6月26日，造反派数百人公然冲击驻芜湖部队的领导机关。27日，他们动手大肆抢枪，阻止他们这种非法行为的战士遭到围攻、殴打，两派还分别占领了市里的制高点，将部队包围起来。28日，他们的暴力行动又进一步升级，解放军的一名司机被打死。29日，他们更为疯狂，冲击电台，砸开监狱，放走犯人。以后，他们又冲击海军驻芜湖机关，抢走机密海图，还先后聚集2000多人，冲击空军雷达站和导航台。

为了尽快制止芜湖两派的反军行为，李德生派省“三支两军”办公室主任、军参谋长林有声带工作组去做工作。但是，那些闹事者好像中了魔，不让工作组接近，根本不听劝阻，继续冲击部队，抢夺枪支。一周内共抢走各种枪支800多支，子弹、炮弹近10万发，抢走和砸毁汽车34台。部队1300多名干部、战士被打，其中被打伤的就有200多人。驻芜部队的所有大小单位几乎都遭到了打、砸、抢。这表明，驻芜湖部队不但无法执行任务，连自身的安全也都成了问题。

势态发展到如此严重的地步，驻芜湖的35师发来急电，请示处理办

---

① 《周恩来年谱》（1949—1976）下卷，第205页。

法。李德生说，他带部队到安徽“三支两军”以来，这件事使他最感棘手。按照事件的性质来看，显然已经构成严重的犯罪，部队即使采取武力镇压也不为过。但是，考虑到“文化大革命”这一特殊的时空条件，不能按惯常的方式处理这一问题。1967年9月5日周恩来在北京与李德生谈安徽问题时，曾经专门嘱咐他：在执行“九·五”命令时一定要慎重，不要出问题。自卫反击，特别是开枪，要报军以上领导机关批准，收缴群众手中的枪支时，不要轻易把群众组织宣布为反动组织。这次芜湖事件受外因影响很大。许多群众误以为冲击军队是上面有人说了话的，有人支持的，所以才参加了抢枪活动。在这种情况下，轻易定性，会涉及许多人，带来不良后果。周恩来的指示，使李德生在危局面前保持着沉着冷静。他想：错误的东西总是站不住脚的，绝大多数群众是通情达理的。据此，他决定对事件进行冷处理。他指示部队，遇事要沉住气，不要草率从事。

但是，当时部队受了造反派的许多窝囊气，所以有些同志包括个别领导同志，认为按照中央“九·五”命令，是可以开枪的。特别是南京军区司令员许世友，这位对党忠心耿耿、性格刚烈的传奇式老将军，在听到造反派冲入军营打、砸、抢的消息时，也曾气愤地说，如果他们再胡作非为，不听劝阻，必要时可以开枪，也可以把部队撤走。但许世友也从未正式下过这样的命令。他的这些话，也只是他对“文化大革命”看法的一种反映，也是他那特殊性格的强烈表现。

李德生很理解部队的情绪，因为在“文革”前从未发生过地方有什么人敢抢军队武器的事，只有“文革”中才会出现这种新问题。他在思想上十分明确，搞打、砸、抢的人中裹挟有好人，不到万不得已时，绝不能开枪。只要不开枪，就可以争得主动，下一步棋就好走了。否则，就有人钻空子，矛盾会激化，后果会更为严重。因此，李德生指示驻芜湖的部队，绝不准向群众开枪！要开展强大的政治攻势，从多方面向造反派展开有力的工作。

“单刀赴会”

李德生向驻芜湖部队下达指示后，还是有点不放心，他决定亲自去芜湖摸摸情况。这时，芜湖的两派也都提出要李军长亲自去处理这一事件。

在芜湖如此混乱的情况下，什么事情都可能发生。从安全考虑，当时军队许多同志都不主张李德生到那里去。但是李德生心想，既然两派都要求我去，说明他们还是承认我这个省革委会主任的。于是，他便带着省革委会的少数同志，包括进入“三结合”的两派头头，轻车简从，前往芜湖。

在路上，随行人员问起到芜湖后的工作方案，李德生对他们说，首先要调查研究，摸清情况。要根据了解到的实际情况去决定办法，不能先入为主，带着框子去干，那样是办不好事情的。

进入芜湖后，李德生见到的是一幅“战争”景象，大街小巷，壕沟遍地，堡垒林立，两派群众枪炮相对，剑拔弩张，气氛紧张。只见到处是荷枪实弹的武斗人员，街上行人稀少，几乎所有的店铺都关了门，这和他前次到芜湖见到的情况已经完全两样了。李德生来到35师师部，听了师领导同志的汇报后，得知芜湖已经失控，两派头头已经相互对立到不可能坐在一起商讨问题了。于是，他决定分头进行说服教育工作。抢枪、冲击部队的事，暂时放一下，慢慢处理。

李德生指令他从省里带来的两派群众组织的头头，分别到各派去做工作。他和35师政委、芜湖地区革委会主任于永贤，分别找当地两派主要头头谈话，听他们谈情况，把事件的真相搞清楚。

李德生到芜湖的消息不胫而走，很快就在社会上传开了。对李德生的到来，各派、各群众组织反应不尽相同。有的自知理亏，武斗行动有所收敛。有的为抬高身价，引起李德生的注意，反而更加活跃。有一派最好斗的群众组织，据点设在一所中学的二层楼上，刀枪林立，森严壁垒。该派头头叫嚷：“我们欢迎李军长来谈判。但只要军长一人来，不准任何人同行。”

他们这一苛刻而无理的要求，几乎激怒了李德生周围所有的同志。大家认为，这些人武斗斗红了眼，失去了理智，手里又都拿着枪，军长一个人单独前往，实在太危险。要是万一出了事，谁能负这个责任？李德生在听了大家的意见后，稍作考虑，还是决定亲自去一趟，来个“单刀赴会”。他认为，即使是再好斗的群众组织，也不敢对他这个军管会主任怎么样。他对大家说，现在矛盾的焦点正在这个组织，要是这个最好斗的组织都能放下武器，不再武斗，那芜湖地区的整个问题就能得到解决。况且，其他各派群众组织也都在瞪大眼睛看着我们有没有这个魄力和能力解决问题。至于我个人的安全问题，大家不要担心。既然他们提出要我接见，就表明他们还承认必须通过我们才能解决安徽问题、芜湖问题。因此，我想他们是不敢随便加害于我的；即使有人有这个念头，他们也会考虑此事可能引起的后果。退一万步讲，即使他们真的把我打死了，那也不要紧，打死了我，坏人就能彻底暴露，问题就好解决了。这是久经沙场考验的李德生的肺腑之言。在任何困难和危险面前，李德生总是身先士卒，勇往直前，从没有打过退堂鼓。他在战争年代6次负伤都是前驱伤，这就是最好的证明。在抗日战争时期，身为团长的李德生，先是化妆进入日军坚固设防的马坊据点侦察敌情，后又亲自率领大刀队勇猛攻克据点。李德生说，我们能够打下这个据点，主要是靠一个“猛”字，靠勇敢，靠不怕牺牲。李德生正是这种精神的优秀体现者和坚定实践者。

李德生说服了大家，便驱车前往那个武斗据点。

这个武斗据点真还像个“据点”，它设在一座大楼的二层楼上，门窗、楼梯、通道全以麻袋、砖石堵塞起来，窗户全部改造成工事，架上步枪、机枪，随时准备开火。只在二层的一个窗口设置了一副竹梯，供进出据点之用，不用时就把竹梯收起来。从建筑外表看，弹痕累累，斑驳不堪，俨然是经过了一场战争的洗劫。

李德生的吉普车开到了这个据点的楼底下，同行的干部看到如此情景，说什么也不让他一人上去。李德生向大家示意，没关系，并要警卫员王楚林向据点上面喊话，说李军长来了，快把梯子放下来。

那些武斗头头原本估计李德生不敢到他们那儿去，那样他们就可以进一步提出一些苛刻条件。但是，他们打错了算盘，李德生不仅真的去了，而且是自己一个人进据点。李德生的行动出乎他们的意料，他们一时间不知该如何是好。待他们定下神来，只好从窗口放下梯子。李德生沿着竹梯向上攀行，到了窗口，他们立即殷勤地将他扶到里面。接着，李德生的警卫员也跟着进到了据点里，他们也未加阻拦。这些武斗头头看到李德生神态自若，气宇轩昂，一下子就心虚了。

李德生坐下来后，环视了一下周围，大家都在凝视着他。李德生严厉地批评了他们抢枪搞武斗、违反中央“九·五”命令的行为。他们没有道理可讲，嗫嗫嚅嚅，只好把责任推到当地驻军身上，说部队有偏向，使他们受压，向李德生诉起苦来。

李德生对他们说：“如果对部队有意见，可以坐下来谈，部队真有错误、缺点，可以改正嘛，怎么能抢枪、武斗、冲击部队呢！你们现在先要交出武器，承认冲击部队、抢枪的错误，再坐下来讨论问题。”

经过李德生的严厉批评和悉心教育，这些造反派头头的态度有了转变，原来气焰很嚣张的人也赶紧低下头来，并把武器藏到身后面去了。他们表示：“我们听李军长的，愿意交出抢夺的武器。”

李德生看到他们有了认错的表示，于是便因势利导，表扬他们说：“你们知错能改，改了就好嘛！”

随后，他们带着李德生“参观”了据点。李德生边看边批评说：“你们的行为后果是严重的，造成了工厂不能生产，学生不能上课，市民无法过正常的生活。”他们无理可说，不仅不再申辩，而且都一一认账。

李德生在“据点”里转了一圈，又从窗口竹梯上下来。楼里的武斗头头在向李德生告别时再次表示：“我们听李军长的！”

第二天，他们就交枪了。

解决芜湖事件有了一个良好的开端。

武斗现场喊话

李德生从此行中体会到：任何时候敢于迎着艰险，迈出最困难的一步，往下的路子就好走了。这个以武斗出名的组织的问题得到了解决，就为平息芜湖事件迈出了最困难的然而却是通向成功的一步。

接着，李德生便带着少数随员，查看了芜湖市所有的主要武斗据点。据点里的气氛，与战争年代真是别无两样。那些武斗头头们，不论男女都是腰别双枪，如临大敌，紧张地忙碌着什么。通道口和一些重要的房间门口，还布置有哨兵。他们警惕地注视着周围的一切。

在每一个据点里，李德生都要对造反派的错误行为进行严厉的批评，同时晓之以理，教育他们知错、认错、改错。当时，这些造反派虽然违反规定，武斗伤人，但同时也想得到部队的支持，做革命的“左派”；不少年轻的娃娃还是真想革命的，但他们把打、砸、抢、冲误认为是革命行动了。因此，对李德生的批评教育，还是能听得进去并且表示愿意改的。

一天，李德生乘车去察看武斗据点，路上正好遇到两派武斗，枪声不断，气氛紧张。随行的同志出于对他的安全考虑，建议绕道走，以避免无谓的伤害。

李德生斩钉截铁地回答：“不能绕行，必须前去制止。”

随行的同志让李德生一定要留在车里，让他们去处理；否则，一旦出事，谁也负不起责任。

李德生坚定不移地表示：“越是这种时候，越需要我亲自去。”

车子开到了两派中间。李德生让警卫员将吉普车的帆布篷打开，他在车上站了起来，亲自拿着喇叭喊话，要求两派停止武斗。武斗双方怎么也没想到李德生会在这样的时候、这样的地点、这样的情况下出现，更没有想到李德生会不顾个人安危在武斗现场两派中间喊话。对李德生的到来，他们先是惊讶，继而敬佩，又怕伤害了他，于是赶快停止了射击，并凑拢过来，围在汽车旁边听李德生讲话。

接连几天，李德生与芜湖驻军和革委会的领导同志，走遍了两派的主要武斗据点，向他们宣传政策，批评他们的错误行为。经过广泛的宣传、教育、说服，大造舆论，争取了群众，孤立了坏人，芜湖事件逐渐平息下来。

李德生通过各个渠道调查了解，搞清了整个事件发生的全过程。原来，芜湖事件是由几个头头在幕后操纵、策划的一个有计划、有步骤的行动。其矛头是指向军队的。他们的如意算盘是：第一步，把枪抢光，解除部队武装；第二步，抢砸汽车，使部队失去机动能力；第三步，破坏通信设备，使部队失去联络和指挥工具；最后，把部队赶出芜湖。只要赶走了部队，他们就可以推翻刚建立的革委会，把“权”夺回来，按照他们的意志控制安徽为所欲为了。

回到合肥以后，李德生分别在省革委会常委会和12军党委会上，详细介绍了芜湖事件的来龙去脉。大家一致的意见是，必须对这种猖狂的行为给予坚决的回击，对幕后策划者给予惩处，绝不能让它死灰复燃，扩散开来。

6月30日，省革委会召开紧急常委扩大会议，各地、市革委会（军管会）负责人，各部队负责人，各群众组织的代表参加。李德生等在会上揭露了芜湖事件的真相，分析了芜湖事件的危害，动员全省广大群众，发起强大的政治攻势，像刮一场十二级台风一样，声讨这一事件。从7月2日起，全省展开了声势浩大的群众运动，合肥市开了10万人大会，其他地、市、县也都开了大会，给予12军和驻芜湖部队以极大的支持。

就在处理芜湖事件的过程中，中央先后就广西和陕西一些地方出现的问题，发出“七·三”布告和“七·二四”布告。这两个“布告”是对部队的极大支持，是打击冲击部队、抢夺枪支的不法分子的有力武器。

“七·三”布告指出，最近两个月来，在广西柳州、桂林、南宁地区，连续发生反革命事件。中央认为，这是一小撮阶级敌人破坏无产阶级专政、破坏抗美援越斗争、破坏无产阶级“文化大革命”的反革命罪行。为了迅速予以制止，中央号召广西无产阶级革命派和广大革命群众，在广西革筹小组的领导下，努力实现以下各点：一、立即停止武斗，拆除工事，撤离据点。首先撤离铁路交通线上的各据点。二、无条件地迅速恢复柳州铁路局全区的铁路交通运输，停止一切干扰和串连，保证运输畅通。三、无条件地交回抢去的援越物资。四、无条件地交回抢去的人民解放军武器装备。五、一切外地人员和倒流城市的下乡上山青年，应立即返回本地区、本单位。六、对于确有证据的杀人放火、破坏交通运输、冲击监狱、盗窃国家机密、私设电台等现行反革命分子，必须依法惩办。

“七·二四”布告指出，最近以来，在陕西省的一些地方，连续发生反革命事件。中央认为，这是属于一小撮阶级敌人破坏无产阶级专政、破坏无产阶级“文化大革命”、破坏国家社会主义建设的反革命罪行。为了迅速予以制止，中央特再重申：(一)任何群众组织、团体和个人，都必须坚决、彻底、认真地执行伟大领袖毛主席亲自批准的“七·三”布告，不得违抗。(二)立即停止武斗，解散一切专业武斗队，教育那些受蒙蔽的人回去生产，拆除工事、据点、关卡。(三)抢去的现金、物资，必须迅速交回。(四)中断的车船、交通、邮电，必须立即恢复。(五)抢去的人民解放军的武器装备，必须立即交回。(六)对于确有证据的杀人放火、抢劫破坏国家财物，中断交通通讯，私设电台，冲击监狱、劳改农场，私放劳改犯的现行反革命分子以及幕后操纵者，必须坚决实行无产阶级专政，依法惩办。

李德生指示所属各部队，以中央关于解决安徽问题的指示和上述两个布告精神，在全省范围内展开了声势浩大的声讨芜湖事件、声援芜湖驻军和革命群众的活动。

李德生还从合肥、蚌埠、淮南、马鞍山、铜陵等地区，抽调大批军队、地方人员，组成强大的军、干、群宣传队伍，派到芜湖大造声势。他们采取领导带头、分片负责的办法，运用多种形式向群众宣传，特别是向那些参加闹事的武斗人员进行宣传教育，使他们认识自己的错误，改正错误。

在此基础上，省革委会于7月15日又召开了一次全省范围的芜湖问题报告会，到会4000多人，进一步提高了广大干部和群众的认识，使大家认清了芜湖事件的真相和性质。

当时的《安徽日报》先后发表了《敌人利用派性，派性掩护敌人》等多篇揭露和批判资产阶级派性与坚决执行党的政策的社论，《人民日报》和中央人民广播电台，进行了转载和广播。

这时，毛泽东对武斗已经非常反感。他在1968年7月28日接见北京院校造反派头头聂元梓、蒯大富、韩爱晶、王大宾、谭厚兰等所谓的“五大领袖”时，严肃地批评了他们大搞武斗的错误，下达了关于制止武斗的指示。毛泽东指出，你们脱离群众，群众就是不爱打内战。有人讲，广西布告只适用广西，陕西布告只适用陕西，在我们这里不适用。那现在再发一个全国的布告，谁如果还继续违犯，打解放军，破坏交通、杀人、放火，就要犯罪；如果有少数人不听劝阻，坚持不改，就是土匪，就是国民党，就要包围起来，还继续顽抗，就要实行歼灭。

通过宣传，毛泽东的指示迅速传遍了安徽，立即产生了巨大的威力，使芜湖的形势迅速改变。那些受蒙蔽而犯错误的群众很快觉悟过来，深感痛心，纷纷反戈一击，掀起了一个揭发芜湖事件内幕、检举坏人和自动上交武器的高潮。短短几天中，武斗停止，工事平毁，专业武斗组织解体，武器弹药(包括以前隐藏的)全部交出。芜湖市邮电、交通、社会秩序恢复正常。在李德生的领导下，部队未动一枪一弹，靠大造舆论，批判派性，做思想工作，解决了芜湖问题。

处理芜湖事件的情况，安徽省革委会和12军党委联名向中央写了报告。8月4日，经毛泽东阅批后，中央将这个报告转发全国。中央指出：

> “安徽省革命委员会和十二军党委遵照毛主席一系列最新指示，认真分析了形势，采取了有力措施，特别是他们抓住了‘七·三’布告作为强大武器，在全省掀起了一个声势浩大的

宣传‘七·三’布告、声讨芜湖地区一小撮反革命分子罪行的政治攻势，团结、教育和保护了广大革命群众，彻底揭露和孤立了阶级敌人，迅速稳定了该地区的革命局势。

“安徽的经验进一步表明，‘七·三’布告、‘七·二四’布告是毛泽东的伟大战略部署，它是推动各地区无产阶级文化大革命向前迅猛发展的有力武器，对全国各地都有普遍指导意义。只要把‘七·三’布告、‘七·二四’布告的宣传同本地区、本部门、本单位的阶级斗争结合起来，持续地开展强大的宣传攻势，放手发动群众，充分做好政治思想工作，就能使‘七·三’布告、‘七·二四’布告深入人心，家喻户晓，收到立竿见影的效果。”

中央对12军解决芜湖问题的做法的肯定，给了安徽人民以极大鼓舞、鞭策和教育，推动了安徽全省形势的发展。面对胜利，8月11日李德生在12军党委扩大会议上，向参加“三支两军”的人员提出：“我们不能有半点的丝毫的骄傲自满，更需要的是谦虚谨慎，这是给我们更高的要求，更高的希望，我们要紧紧地按毛主席的指示去办事。”

芜湖问题解决后，又出现了安庆问题。尽管情况也很复杂，两派群众对立情绪很大，有的提出要反省革委会的“右倾”，把矛头指向解放军，甚至扬言“人不能与狗搞联合”，继续策划抢枪，搞武斗。但李德生已经有了解决芜湖事件的经验，心中有了底。他非常重视用中央的指示精神做工作，统一大家的思想。在安徽省革委会召开的紧急会议上，他着重宣传了“七·三”、“七·二四”布告精神，并且旗帜鲜明地指出：对两个布告，是拥护还是反对，是执行还是抵制，是真革命或假革命的试金石，是革命或反革命的分水岭。责令那些还在搞武斗的地区和组织，都要按照两个布告的要求，“立即停止武斗，解散武斗组织，全部上交武器、弹药、装备和物资，巩固和发展革命的大联合和革命的三结合”。12军副政委宋佩璋、副军长李长林和35师副政委张友复都亲自到群众组织中去，做耐心细致的思想工作，坚决果断地处理武斗事件，使安庆问题也得到了较好的解决。没有多久，全省各地市县革委会全部成立，形势重新稳定，从此再也没有出现过大的反复。

许世友来到12军

李德生率12军军部进驻合肥以后，曾多次接待他的直接上级南京军区司令员许世友。

“文化大革命”初期，对党、对毛泽东一贯忠心耿耿的许世友，认为扫除一下文化领域的污泥浊水，是必要的。然而，“文化大革命”斗争的矛头不久便指向了各级领导干部。上海“一月风暴”之后，军内外的造反派串连在一起，开始冲击南京军区机关，并扬言要抄军区首长的家。武汉“七·二〇事件”以后，许世友更是被“升格”为“带枪的走资派”、“大军阀”，要被打倒。与此同时，东海舰队司令员陶勇的所谓“自杀”，南京军区空军司令员聂凤智被打掉8颗牙齿还差点被丢到长江里去，叶剑英元帅等老一辈开国元勋又被诬为“二月逆流”，这类消息不断传来，使得许世友坐卧不安，心急如焚。

许世友茫然了。他认为朝中出了奸臣，才会出现混乱局面。一天，他在南京人和街11号的家被抄了，连上将礼服也被扎得乱七八糟。军内外造反派还串通一起，从军区机关大院到紫金山战备指挥所，到处“追杀”他，搞得他有班上不了，有家归不得。许世友气愤已极，但又无可奈何。他对身边的工作人员说：老子惹不起他们，还躲不起吗？于是，在与李德生联系上后，他撤出了南京，转往大别山。李德生派出部队将许世友接应到合肥时，12军的领导同志都在稻香楼宾馆的西苑门前迎候。

许世友、李德生都是河南新县人，是地地道道的老乡。他们两人同在鄂豫皖革命根据地先后投身革命，参加了红四方面军的铁流三千里西征和长征。12军的前身是鄂豫皖的红4军，许世友是这个军的第一任军长。

他们两人不仅是老战友、老上下级关系，而且两人的脾气很合得来。李德生后来调中央工作，出任解放军总政治部主任，许世友也是起了大力推荐作用的。

许世友对李德生和12军政委张文碧说，我的身体不行了，经毛主席和军委批准，到后方医院休息一段时间。

李德生和张文碧向许世友汇报了在安徽“三支两军”的情况。许世友对造反派给安徽造成的混乱非常气愤。他说：“现在这么乱，今天打倒这个，明天打倒那个，再乱下去，我就到大别山去打游击。”“大别山地形我很熟，山里什么都有，也饿不死。”他还对李德生说，如果不行，你们就把部队撤走；再不行，你们就开枪。

李德生知道，许世友的这些话显然是“气话”，但也说明他对“文化大革命”打倒一切的现象是非常不满的。李德生明白，12军是周恩来代表中央直接部署调到安徽来的，部队的一切重大行动必须听从毛泽东、周恩来的指挥。

在冷静下来以后，许世友对李德生等也理智地强调，一定要把各项工作做好。他说：“你们要把部队抓好，把军管会搞好、生产搞好。其他乱了没大关系，只要部队不乱就有办法。生产搞好了，有饭吃，群众就不会造反。”

吃过午饭，李德生、张文碧挽留许世友在合肥住几天再走，许世友表示：“你这里也不安全，三十六计走为上。”于是，他直奔大别山去了。

1967年8月，在武汉七二○事件影响下，聚集在南京地区的军内外造反派，不断滋事。他们举行武装游行示威，冲击军区机关，殴打解放军干部战士，甚至赶走担负警戒任务的哨兵。他们还成立了“揪许指挥部”，准备召开万人批许大会。周恩来得悉这些情况后立即表态说：“许世友同志是毛主席司令部的人，中央对许世友要保的，不准你们揪许世友，如果有人要揪的话，我一小时赶到南京，这不是我个人的意见，这是毛主席的指示精神!”在周恩来的亲自干预下，揪许大会才没有开成。

许世友虽然在大别山里的军区后方医院养病，但对上述情况却一清二楚。情急之下，他决定北上去找毛泽东反映情况。

许世友乘车又来到了合肥，李德生陪他吃早饭，两人边吃边聊，许世友想到自己身为大军区司令，如今却像个逃亡者，弄得有家不能归，情绪十分激动。这位经过千锤百炼的钢铁硬汉，此时竟然流出了委屈而又痛恨的泪水。

李德生对他说：毛主席正在南方巡视，估计不久会采取新的决策，扭转目前的形势。

许世友听了以后，决定暂不去北京，重新返回大别山，再等待一段时间后再说。

李德生再次向许世友表态说：许司令在山里有什么事情要办，可以告诉我们，我们一定照办，办好。后来，李德生根据许世友的要求，派人给他送过电话机等需要的物品。

毛泽东巡视到上海以后，接见了各方人士，突然提出要见许世友。上海市革委会立即派张春桥去合肥，接许世友到上海来见毛泽东。张春桥奉命坐飞机到了合肥，向许世友说明了来意。许世友对张春桥十分警惕。他让李德生同张春桥寒暄周旋，自己单独对安徽省军区的领导布置：“主席派张春桥来接我，是真是假，我一时还难说清。我对主席是忠忠忠，而对这个四只眼，我还不太放心，万一半路上我被他们杀了，你们帮我办两件事。”许世友说的两件事：一是如果他被害死了，请照顾好他的几个孩子，让他们上学、当兵都行；二是十天之内如果没有他的消息，赶快派人到上海去将他的遗体运回他的老家新县埋了。

许世友在对张春桥的高度警惕中，终于到达上海，得到毛泽东的接见。接着，又到北京参加国庆观礼。在这以后，对许世友来说，可以说是佳音不断，好戏连台。1968年春，他就任江苏省革委会主任。1969年党的九大，他又当选为中央政治局委员……

一个“五·一六”分子也没有抓

清查“五·一六”（“五·一六”组织或分子的简称）被称为是“文化大革命”中的重要“战略部署”，它要清查的是所谓把矛头“三指向”（即指向“无产阶级司令部”、人民解放军、“新生的革命委员会”）的反革命分子，然而其结果却是伤害了数以万计的干部和群众，制造了难计其数的冤假错案，后患是无穷的。

在贯彻执行这一“战略部署”过程中，李德生表现出政治上的稳重和独特的智慧，那就是在他主管的地区和军队单位中，既开展了此项工作，清查了“五·一六”，又没有抓一个“五·一六”分子。李德生这种政治上的勇气来源于思想上作风上的实事求是和出以公心。在他看来，实事求是是我们从事任何工作立于不败之地的法宝。

所谓“五·一六”，原指北京市的一个名为“首都五·一六红卫兵团”的群众组织。他们从1967年1月起，就打着贯彻《五·一六通知》的旗号，建立秘密组织，进行秘密活动，多次散发、张贴攻击周恩来的传单。1967年所谓“二月逆流”发生后，社会上一些人又开始“炮打周恩来”，诬其为“二月逆流的总后台”。在江青一伙的煽动和操纵下，1967年社会上刮起的一股“反周风”，一度有愈演愈烈之势。

5月17日，即《五·一六通知》公开发表的第二天，江青把南开大学红卫兵从旧报纸上弄下来的敌人伪造的“伍豪等脱离共党启事”，送给林彪、周恩来、康生。“伍豪”是周恩来的化名，江青此举矛头所向再清楚不过了。为此，周恩来写信给毛泽东，说明此事纯系敌人伪造。毛泽东批示交文革小组各同志阅存。时隔8个月，1968年1月16日，毛泽东又明确指示：“此事早已弄清，是国民党造谣污蔑。”①

① 《建国以来毛泽东文稿》第12册，中央文献出版社1998年版，第463页。

“五·一六”的反周活动，引起了毛泽东的关注。1967年5月29日，他在外交部唐闻生、王海容反映社会上攻击周恩来情况的来信上批示：“极左派的观点是错误的，请文革同志向他们做说服工作。”①反周活动也遭到了广大红卫兵群众的反对。5月24日，首都红卫兵代表大会发表声明指出：不要对周总理有任何怀疑，攻击周总理将被视为反革命行为。

根据毛泽东的指示，中央文革派出陈伯达等人做工作。陈文达解释说：周总理是毛主席司令部的人，是毛主席、林副主席之下总管事务的参谋，反对周总理是严重的政治问题。但“五·一六”仍我行我素，活动频繁。6月30日至7月1日，他们召开了“首都五·一六红卫兵团第一届代表大会”，并正式宣布成立“首都五·一六红卫兵团”。武汉七二〇事件后，他们又到处散发“20个为什么”、“揪出二月黑风的总后台”等攻击周恩来的传单。与此同时，中央文革成员王力发表了把斗争矛头指向周恩来的“八·七讲话”，挑动外交部姚登山等人夺外交部的权，导致发生了火烧英国代办处、围攻苏联驻华大使馆等严重的涉外事件，损害了中国在国际上的形象。

这时还发生了另一件大事，就是《红旗》杂志第12期借纪念建军节之际，发表了林杰起草、关锋审定、陈伯达签发的社论，提出：“要把军内一小撮走资本主义道路的当权派揭露出来，从政治上和思想上把他们斗倒斗臭。”在这篇社论的影响下，全国立即掀起了“抓军内一小撮”的恶浪。

在毛泽东的战略构想中，“文革”的主要对象是刘少奇等“走资派”。这个问题尚未完全解决，就又冒出来了“打倒周恩来”和“揪军内一小撮”，这无疑是乱了套。不听招呼的王、关、戚和“五·一六”，显然已蜕变为异己力量。

为了抑制怀疑一切、打倒一切的极左思潮，毛泽东决定批判和打击

① 《建国以来毛泽东文稿》，第359页。

“五·一六”反革命集团。1967年9月8日《人民日报》发表了姚文元的《评陶铸的两本书》一文。毛泽东在文章中加了一段话，指出：“五·一六”的组织者和操纵者是一个搞阴谋的反革命集团，干的是“炮打无产阶级司令部”和人民解放军的罪恶勾当，应予彻底揭露。后来毛泽东在1970年会见美国友好人士斯诺时进一步明确指出：1967年7月和8月两个月，天下大乱，全面内战，到处分两派，相互打。这样一来，少数坏人就暴露了，“这个敌人叫‘五·一六’”。

根据毛泽东的指示，王、关、戚和“五·一六”首要分子被抓了起来，各院校“五·一六”组织也被全部摧毁。应该说，到这时，原本意义上的“五·一六”问题基本上得到了解决。

江青一伙狡猾地利用了毛泽东关于打击“五·一六”的指示。1967年9月5日，她在接见安徽来京代表的会议上说：“五·一六”这个反革命组织是以极左的面貌出现的，它集中目标反对总理，实际上他们对我们一些好人都整了黑材料。这个“实际上”，这个“一些好人”，表明他们把反对林彪、江青和对当时的革委会有所怀疑和持反对情绪的人，都视为炮打无产阶级司令部的人。他们的这种做法，还可造成错觉，使人们以为在全国范围内反对周恩来的人很多，为他们以后的“倒周”做铺垫。这个中央领导的“九五讲话”，在安徽全省到处散发和张贴，影响很大。李德生看了江青等人的讲话后陷入了深思，这样搞要牵扯多少人啊！

1968年中央成立清查“五·一六”专案领导小组，陈伯达任组长，谢富治、吴法宪为领导小组成员。在林彪、江青一伙的控制和导演下，一个清查“五·一六”分子的运动迅速在全国展开，清查“五·一六”集团的斗争不仅严重扩大化，而且演变成为全国性的两派群众组织之间的大混战，数以百万计的人遭到残酷迫害。李德生告诉笔者，当时有的地区抓了一二十万“五·一六”，甚至有的大军区副司令也被打成了“五·一六”，在京西宾馆的一次会议上，这位副司令气得拍了桌子，发了脾气，质问有关领导为什么把他打成“五·一六”？

在这种复杂形势下，李德生时刻关注着安徽地区清查“五·一六”运动的情况。当他得知霍邱、皖南等地，不从本地实际出发，不听统一布置，对清查“五·一六”闻风而动，搞了扩大化，就立即召开全省会议，坚决予以制止，防止了这种现象的蔓延。

这时，安徽省负责清查的有关部门，几次向李德生请示，说是别的地方行动快，已经抓了多少多少，有的地方从下到上都抓出了“五·一六”分子，我们怎么办？

李德生答复说：要认真细致地清查。对反党、反周总理的“五·一六”分子，一个也不放过。在没弄清事实以前，一个也不能抓。后来，经过给少数头头和活动分子办学习班，搞内查外调，结果发现安徽没有“五·一六”分子。

这时，又有人问李德生怎么办？他回答说：没有“五·一六”就是没有“五·一六”，还抓什么“五·一六”？

就这样，在李德生的指导下，安徽省有关部门从实际出发，在清查“五·一六”运动中，一个“五·一六”也没有抓。

然而事情并没有到此为止。时隔两年，到了1970年1月24日，林彪、江青对抓“五·一六”又作出新的指示，强调要把“五·一六”彻底搞出来，要彻底清查“五·一六”。

1月31日，中共中央发出《关于打击反革命破坏活动的指示》，要求进一步开展在全国清查“五·一六”运动。3月27日，中共中央发出《关于清查“五·一六”反革命阴谋集团的通知》，要求把类似“五·一六”那样的反革命秘密组织都清查出来。通知指出：清查“五·一六”分子时出现了两种偏差：一方面是“有些人认为根本不存在‘五·一六’反革命集团，对清查‘五·一六’极为抵触，甚至为他们翻案，是完全错误的”。另一方面是清查“五·一六”出现的扩大化倾向，“目前有的单位在过去公开的群众组织中也大抓‘五·一六’，有的单位十分之一以上的人都被打成‘五·一六’分子”。李德生参加了讨论这一通知的中央政治局会议，清查“五·一六”要防止扩大化的问题，引起了他的“特别警惕和注意”。

1971年2月8日，经毛泽东批准，中共中央作出《关于建立五·一六专案联合小组的决定》，以统一中央和地方有关部门的“五·一六”专案的清理、审查和核实。《决定》强调，在清查中，要防止扩大化，要重罪行，重人证、物证和旁证，要区分敌我矛盾和人民内部矛盾，认真执行“给出路”的政策，清查的重点在北京。毛泽东还曾指出：“反革命‘五·一六’阴谋集团是一个秘密组织，数量很少，很快就发现了，揭发得早，头子关起来了。不要乱挖，面不要太宽了。批判还是要批的，但不要搞逼、供、信，逼、供、信靠不住。”①

毛泽东的指示和中央对清查“五·一六”分子出现偏差的批评，使李德生更清醒地认识到掌握党的政策的重要性，对如何把握清查“五·一六”的度心中更有了数。因此，在清查“五·一六”的过程中，李德生自始至终地采取了十分审慎的态度，不看风向，不赶浪潮，严防扩大化。做到有一个就抓一个，没有就一个也不能抓。身兼军地多个领导职务的李德生，无论在地方还是军队，在整个运动期间，一个“五·一六”也没有抓。总政文工团在恢复工作中，还吸收了被诬为“五·一六”而未作结论的文艺人才入伍。有关同志感慨说，如果不是李德生任总政治部主任，这是不可能做到的。

李德生不仅在清查“五·一六”中，而且在整个“三支两军”工作中，凡涉及对人对事的处理，他都特别慎重，坚持严格掌握政策，实事求是，凭事实说话，对任何人、任何事都不随意下结论。本着这个精神，李德生在自身的权限内，既没有定性一个“走资派”，也没有抓一个“叛徒”、“特务”。即使被江青点了名的，他也没有跟着跑，没有随风倒，而是最终让事实来作结论。

政策和策略是党的生命。毛泽东在1972年7月2日批示“照发”的关于

① 《建国以来毛泽东文稿》第13册，中央文献出版社1998年版，第45页。

陈伯达罪行的审查报告中说：煽动极左思潮的林彪、陈伯达“是反党乱军、挑动武斗的罪魁祸首，是‘五·一六’反革命阴谋集团的黑后台”。这就清楚地表明，不能随便把对某领导有意见的人打成“五·一六”分子。李德生从实践中进一步体会到，严格掌握政策，是稳定局势、做好各项工作的根本前提，是万万不可疏忽大意的。

落实“促生产”的要求

早在苏北“三支两军”时，李德生就根据许世友司令员的指示，在抓革命的同时注意了抓生产问题。当时他的看法是：“文革搞的很好，如果生产提不上去，也要变成政治问题、大问题。”这个话，李德生在一些会议上多次讲过。

12军到安徽“三支两军”之前，周恩来、李富春交代任务时对“抓革命、促生产”提出了许多要求。李德生到达安徽后，对他们的指示，进行了认真的落实。他常对各级干部讲：“民以食为天呀！”

首先是从组织上加强了对工农业生产的组织领导。在省革委会，分工副军长娄学政专管生产指挥组的领导工作。

其次是提出了安徽省工农业建设的目标。李德生组织机关在调查研究的基础上，制定了全省经济建设的近期目标和远景设想。

再次是重点抓了骨干企业的生产问题。如在淮南、合肥、马鞍山等煤炭、钢铁生产基地，先后召开了“抓革命、促生产”的誓师动员大会。对那些生产长期处于瘫痪的“老大难”单位，派得力的人员前往，集中力量加以解决。同时，还先后组织了将近40万知识青年、干部、医务工作者、城镇居民，奔赴农业生产第一线，掀起了一个面向农村、支持农村、建设社会主义新农村的热潮。

由于“抓革命、促生产”需要大批有经济工作经验、熟悉工农业生产的人来抓，所以李德生指示，尽快查清那些被打倒或靠边站的干部的问题，在省里权限范围内能作结论、任命的，基本上都解放了出来，把他们放到经济工作岗位上去，让他们组织指挥工农业生产。

与此同时，12军广大“三支两军”人员，在全省各地积极宣传党中央“抓革命、促生产”的方针，帮助地方恢复工农业生产，开展“工业学大庆”、“农业学大寨”运动，维护社会秩序、工作秩序和生活秩序。

在工业方面，李德生等领导同志对淮南、淮北的煤矿，合肥钢铁厂、马鞍山钢铁厂、铜陵铜矿、安徽纺织厂、安庆石油化工厂、芜湖造船厂等大型企业的生产，十分重视。其中，安庆石油化工厂是新建的，填补了安徽没有炼油厂的空白，解决了安徽公路运输车辆和农业机械燃油不足的困难。在实际工作中，由于李德生等军地领导同志对大型厂矿给予很大的关注，从而使这些厂矿的生产得到恢复，并逐渐有了发展。

在农业方面，由于安徽是农业大省，革委会成立后，从1968年开始，李德生就组织力量大兴水利，大搞农田基本建设。皖北农业地区交通非常不便，很多地方生产的粮食运不出来，煤炭和日用品运不进去，特别是阜阳地区，农民吃的是地瓜干，烧的是地瓜藤，喂牲畜也是地瓜。为了改变这一地区的贫穷落后面貌，李德生抓了影响经济发展的主要矛盾——交通运输落后的问题，报经国务院批准，由国家调拨钢轨，省里组织施工力量，修筑了200多公里的濉溪到阜阳的铁路，连接徐州，使皖北地区的交通状况有了改善，促进了经济的发展。在皖西，修筑了金寨到霍山的公路，解决了大别山革命老区的交通问题，使山区农副业产品能够很方便地运出来。

李德生通过抓先进带后进、抓后进促先进的方法，推动农业发展和农村建设，在全省抓了20个后进大队作试点，都由领导干部带领工作组，挂钩蹲点给予帮助，直到改变后进面貌为止。到北京工作后，李德生每次回安徽都要专门到这些点上和其他生产队去考察。他还让蹲点的同志多次到北京汇报情况，交流经验，研究巩固和发展的问题。这一措施不仅改变了后进大队的面貌，总结了发展农业生产的经验，而且大大促进了全省农业生产的发展。

各部队还派出大批干部、战士，深入到工农业生产第一线，与广大工人、社员一起并肩劳动，先后参加了淮南煤矿的夺煤大战（第34师部队）、马鞍山钢铁公司的钢铁会战（第35师部队）、修筑濉阜铁路和开挖新汴河工程建设（第31师部队）以及支持农村社队的抢收抢种、抗旱排涝等，同时，派出大批医疗队深入工厂、农村，建立合作医疗体系，为广大群众看病治病。

经过几年的艰苦努力，安徽省的工农业生产总值，从1967~1968年连续下降，转变为从1969年起逐年上升，每年增幅达10%左右，市场供应也有明显改观。从当时全国的情况来看，安徽恢复工农业生产的速度和成绩，是全国较好的省份之一，曾受到国务院领导同志的多次赞扬。1968年9月，李先念副总理陪同外宾来淮南访问参观时，对淮南的形势和部队“三支两军”工作，再次给予了充分的肯定和表扬。

尽管李德生注意了抓生产，也取得了一定成绩，但在林彪、“四人帮”极左思想的影响下，那种只革命不生产的邪气，并不能从根本上解决，这就不能不给生产带来负面影响。1999年安徽省出版的《党史纵览》第1期刊载了这样一个材料：“文革”10年中，安徽的粮食总产量一直徘徊在200亿斤左右，农民人年均收入在60元上下（实际需要100多元），排除价格的因素，农民实际生活水平下降了30%。当时全省的28万多个生产队，其中只有10%左右能勉强维持温饱；67%的生产队人年均收入低于60元，40元以下的占20%左右，大批农民的生活仍处于困境中。只是在粉碎“四人帮”，特别是党的十一届三中全会以后，经过拨乱反正，重新确立了马克思主义的思想路线，把全党的工作重心转移到以经济建设为中心的轨道上来，上述情况才有了根本转变。说“文革”并未促进生产力的发展，是正确的。但是，有一个事实必须看到，如果不是由于李德生领导12军广大指战员积极参加生产活动，安徽农民的人均收入肯定比60元还要少。也就是说，在那个人均60元的收入中，还包含有军队“支农”的心血。

加强部队自身建设

俗话说，打铁先要自身硬。要完成复杂的“三支两军”任务，军队本身必须团结一致，同心协力，想到一起，干到一处。李德生狠抓了这一条，并且把它变成了12军上上下下的共识。

在执行“三支两军”任务中，12军提出并坚持了“边战边建，在战中建，用建来推动战”的方针，部队既经历了风雨，见了世面，受了锻炼，又增强了自身建设，保证“三支两军”不断取得新的成绩。

在加强部队自身建设中，李德生特别注重狠抓团以上党委和部队的思想革命化。

为此，他认真组织了关于毛泽东思想和党中央指示的学习，强化了党委的集体领导和民主集中制，统一思想认识，统一工作行动：坚持搞好内外团结，反对任何分裂行为；坚持党性原则，反对派性活动，坚持出以公心，反对图谋私利；不断排除“左”的和右的干扰，对社会上一切企图破坏军队团结的言行予以坚决抵制。同时，着力抓好基层党组织建设和思想政治工作；在“三支两军”人员中，强调顾大局，识大体，谦虚谨慎，努力学习，提高认识，防骄破满，鼓励大家把各项工作搞得更好。1968~1969年，部队进行了两次大的作风纪律整顿；1969年，团以上机关派出228个工作组，深入到所属375个连队，对基层党支部普遍进行了整顿。通过上述措施，12军军党委及师、团党委，在“三支两军”工作中，团结一致，没有陷入派性，没有出现分裂；基层党组织充分发挥了团结核心和战斗堡垒作用，广大干部战士服从命令，听从指挥，表现出了很强的政策纪律观念，经受了锻炼和考验。在“三支两军”中，12军共有8名战士（第31师2名，第35师6名）在制止武斗中英勇牺牲，1名战士（第34师）在夺煤大战中光荣献身，还有很多同志因公负伤，充分表现出12军广大指战员为了人民的利益而赴汤蹈火的高尚品质。

1968年8月，12军党委召开扩大会议，传达南京军区政工会议和军区第三届毛泽东思想积极分子代表大会精神。在会上，政治委员张文碧作工作报告，总结了上半年工作，提出了下半年任务。李德生专门就在“三支两军”中加强部队自身建设的问题作了发言。指出，部队到安徽执行“三支两军”任务，部队建设的内容更丰富了，有利条件更充分了。在安徽比在苏北，部队得到的锻炼更深刻一些，更全面一些，更大一些。中央首长也指出，到安徽对部队在政治上的锻炼会更大。部队在安徽经受了考验，完成了党中央交给的任务。在制止武斗中，部队敢于插到两派武斗这个火网中间去，这个影响是很大的，在人民中间的影响是很深刻的。广大群众对12军是很关心的，对12军许多方面有很好的评价。12军同安徽广大群众很快建立起了血肉关系。

1969年6月，根据党中央的部署和南京军区的命令，12军部队除少数单位和部分在地方担任领导职务的干部，继续执行“三支两军”任务外，其余部队和人员陆续撤回。后来又根据中共中央、中央军委1972年8月《关于三支两军若干问题的决定（草案）》和1977年6月党中央关于解决安徽省委领导问题的指示精神，12军于1977年7月全部撤回了在安徽地方工作的干部。

1969年9月16日至26日，12军在合肥市召开了第五次党代表大会。李德生当时已调京工作，没有出席这次大会，但在会前，他于9月15日给大会主席团和全体代表写了一封信。信中对12军第四届党代表大会以来三年的工作，作了充分肯定。同时，对自已几年来深入部队调查研究、抓好典型、总结经验不够，作了自我批评。要求大家认真总结三年来12军在群众斗争中建军的经验，充分讨论在新形势下加强部队革命化建设，狠抓根本的落实措施，把会议开好。这次大会总结了上届党代会以来的三年中，在安徽执行“三支两军”任务的情况，加强部队自身建设的经验，确定了今后工作的重点。

1969年7月，李德生调到北京工作后，仍兼任安徽省委第一书记、省革委会主任，日常工作由安徽省军区政委宋佩璋主持。1973年底，李德生调沈阳军区任司令员，由宋佩璋接任他在安徽的职务。从此李德生就再未过问安徽的事情。1974年底，他也不再兼任12军军长。

12军在安徽执行“三支两军”任务近三年的时间里，在安徽省人民的支持下，在所有驻皖部队的共同努力下，力所能及地排除了“文化大革命”中一些“左”的东西，对制止武斗、消除派性、保护老干部、恢复工农业生产、稳定局势起了积极的作用，减少了一些损失。但是，正如邓小平所指出的：“关于‘三支两军’问题……只讲一句话不好，光戴高帽子不好，一定要讲两句话。第一句话：当时军队不出面不能维持局面，出面是正确的，‘三支两军’是起了积极作用的。第二句话：‘三支两军’给军队造成的危害是很大的，带来了许多坏的东西，对军队的威信损害很大。比如派性，还有一些‘左’的东西，相当大的成分是从那里来的。”①“坏东西”主要是由林彪、江青一伙制造的，部队也难以避免其恶劣影响。

毛泽东对大造舆论的肯定

大造舆论，是12军在安徽“三支两军”的主要经验。这一经验，在中共八届十二中全会上曾被毛泽东所肯定。

1968年10月31日，在八届十二中全会的开幕式上，当周恩来宣布分组名单念到李德生的名字时，毛泽东问：“哪个叫李德生？”

周恩来介绍说：“李德生同志是安徽的省革委会主任、12军军长。”

接着，周恩来向李德生招手说：“请你站起来。”

李德生当即站起来，戴好军帽，向毛泽东、周恩来敬礼。

就这样，李德生与毛泽东开始了平生以来的第一次面对面地对话。

毛泽东微笑说：“不认识你呀，你这个同志。安徽的事情办得不

① 《邓小平文选》第2卷，人民出版社1994年版，第381页。

错啊！”

他接着又问：“你是哪个地方人？”

李德生回答说：“我是河南省新县人。”

周恩来问：“跟许世友同志是一个县的吧？”

许世友正好坐在李德生的前边，接过去说：“我同李德生是一个县的。”

毛泽东又问李德生多大年纪，他答道：“52岁。”

毛泽东向大家说：“我看安徽的事情办得不错。我们不是通报了他那个整芜湖吗，芜湖整得不错嘛。那个芜湖问题可复杂了。”

毛泽东又问李德生：“你们是怎么搞的啊？”

许世友司令员说：“主要是毛主席批示的‘七·三布告’起了作用。”

许世友回答后，毛泽东仍然看着李德生。李德生意识到这是要让他谈谈自己的看法。于是，他接着回答一句：“就是大造舆论。”

这个话听起来很简单，但它是李德生和12军在安徽一年工作经验的高度概括。他们在工作中，无论是制止武斗，促进联合，解放干部，还是“抓革命、促生产”，尽管工作千头万绪，很多很复杂，但他们从不靠下命令，也不支一派压一派，而是扎扎实实地做艰苦细致的群众思想工作，发挥部队的模范作用。所有的结晶，集中到一点，就是李德生讲的“大造舆论”。

李德生的话引起了到会同志们的笑声。毛泽东也笑了。

毛泽东联系党和军队的历史经验，谈起了舆论的重要性。他说：“是啊，就是要造舆论。我们共产党人闹革命几十年了，就是靠造舆论。不然的话，怎么能拉起红军、八路军、新四军、解放军，搞那么多队伍。不做群众工作，你没有群众，也就没有军队，没有党，没有无产阶级政权。”

李德生从1930年参加革命队伍以后，经历了土地革命战争、抗日战争、解放战争和抗美援朝战争，虽然读过毛泽东的书，听过传达他的指示，但一直在基层工作，在野战部队工作，极少有机会见到毛泽东本人。1955年任军长以后，去北京开会、学习的机会多了，但也只是在毛泽东接见照相时见过他。在会上，与毛泽东面对面地直接对话，对李德生来说，这还是头一回。李德生感到高兴，也感到有愧，因为安徽的工作，虽然取得了一些成绩，但还存在不少的问题，需要下大力去解决。

当毛泽东问到芜湖事件是怎么解决时，直觉告诉李德生，回答必须简明扼要，抓住问题的本质。于是，他便脱口而出，说了“就是大造舆论”这句久积于心的话。李德生所说的“大造舆论”，就是大力宣传毛泽东思想，大力宣传中央正式下达的文件精神，使之家喻户晓，人人皆知，用以统一思想和行动，为有效地解决安徽问题奠定良好的基础。

事实上，在李德生接受去安徽“三支两军”的任务后，心里就一直在想，安徽的两派都说自己在搞无产阶级“文化大革命”，但为什么在行动上却相互对立、甚至动起了干戈呢？李德生结合长期在军队从事军事、政治工作的经验，认为行动上不一致，主要是思想上的不统一造成的。思想是行动的先导嘛！因此，要使他们行动上一致，首先必须使他们思想统一。而要做到这一点，则必须大力宣传毛泽东思想和中央精神，艰苦细致地、扎扎实实地做好群众的思想工作。听任小道消息满天飞，让道听途说到处泛滥，即使你下命令，那也是无法做到行动一致的。于是，李德生便把大造舆论，用毛泽东思想宣传群众、武装群众作为一个解决安徽问题的根本措施来抓。

首先是抓好舆论工具。主要是掌握报纸、电台，搞好舆论导向。这个影响面是很大的。李德生把12军政策水平高、文字功夫好的同志派到《安徽日报》和安徽人民广播电台去工作，及时把毛泽东和党中央的指示精神宣传出去，用以武装大家的头脑。例如，参谋熊德祺负责《安徽日报》的领导工作，搞得比较好。他主持起草的几篇批判派性的社论，不仅在安徽，而且在全国产生了很大的影响。

其次是大力开办毛泽东思想学习班。12军到安徽后，无论是在制止武斗、收缴武器，还是在促使两派联合、成立革委会，以及组织工农业生产等各项工作中，只要有可能，都举办毛泽东思想学习班，组织学习和讨论，统一思想，统一行动。为了解决两派的联合和解放干部问题，还适时举办了县以上造反派头头、支左人员和干部参加的万人毛泽东思想学习班，收到了较好的效果。

第三是组织毛泽东思想宣传队。李德生派遣大批指战员和地方干部，深入工厂、街道，并组织了浩浩荡荡的百万贫下中农毛泽东思想宣传队，开赴广阔的农村，大力宣传毛泽东思想。

第四是抓好大型活动。如实行大联合后两派并肩大游行，组织典型巡回讲演，现身说法，以及召开数千人参加的全省学习毛泽东思想积极分子代表大会，等等。这些活动，形象生动，教育效果好。

安徽是“文化大革命”的一个重灾区，反复较大，乱得厉害，如果不是靠大造舆论，有效地制止武斗，促进了联合，其后果将是不堪设想的。

安徽有几件大事是已经得到中央肯定的，如合肥两大派的联合，芜湖的制止武斗，淮南的坚持生产，等等。但李德生没有想到，在这次会上，毛泽东对安徽省大造舆论的做法，却如此关注和肯定。毛泽东从总结党的历史经验的高度，指出中国革命的胜利前进，军队由小到大的发展变化，都是靠大造舆论取得的。从长期的革命战争和军队建设实践中，李德生深明此理，他在“三支两军”工作中之所以取得了成绩，正是继承和发扬了这一优良传统。

第二章 调到中央工作

李德生是1969年7月正式调到中央工作的。但是，实际上他从列席扩大的八届十二中全会起，就开始参加党中央的高层会议，直接接触中央领导同志，后来又进入中央政治局。可以说，他在八届十二中全会后就参与中央工作了。

李德生正式调到中央工作后，担负了多个职务，同时还兼任安徽省以及南京军区的好几个职务。他肩负的工作任务更加繁重了，接触的面也更宽了。他说，他是满怀对党的忠诚，以更高的革命热情，在新的工作岗位上开始了新的工作。

列席扩大的八届十二中全会

列席扩大的八届十二中全会，李德生事先是毫无思想准备的。

1968年10月，李德生正带领工作组在安徽各地检查生产情况。一天，他突然接到北京的电话，通知他列席扩大的八届十二中全会。

按照通知的要求，李德生将工作做了交代，于10月11日抵达北京，到会议地点前门饭店报到。

参加党的最高层会议，对李德生来说，这是有生以来第一次，他心里充满着光荣感和神圣感。

自党的遵义会议确立毛泽东在党中央的领导地位以来，按毛泽东思想办事，革命就胜利，否则就失败，这已成为全党的共识。在这种思想的长期熏陶下，在李德生这个老红军的心目中，毛泽东理所当然地具有着崇高的地位。当时，他想，能够列席党的高层会议，是自己直接向以毛泽东为代表的老一辈无产阶级革命家学习的好机会。

这次全会由毛泽东主持。从10月13日开始到31日结束，一共开了半个多月，出席会议的共133人。李德生是作为一个省的负责人列席会议的。会议的主要任务是为党的九大召开作准备。这次会议给李德生留下深刻印象的有这样几件事：一是毛泽东关于肯定“文化大革命”的讲话；二是对所谓“二月逆流”的批判；三是讨论通过了关于刘少奇的专案审查报告。除此以外，毛泽东在会上与李德生的两次对话，也是他终生难忘的。其中在开幕式的那一段对话，上一章已作记述，这里不再重复。

这次全会，是在各省、市、自治区都已成立革命委员会，全国实现了所谓“山河一片红”的情况下召开的。然而“文化大革命”带来的动乱并未因此而有所减缓，人们对“文化大革命”的认识也并非完全一致。

毛泽东在10月13日开幕式的讲话中，一开始就提出了怎样看待“文化大革命”的形势问题。他说：究竟“文化大革命”要不要搞？搞的中间是成绩占主要的，还是成绩太少，错误太多？他要求会议对这个问题进行讨论。

接着，毛泽东自己作了回答。他的看法是：“这次无产阶级‘文化大革命’，对于巩固无产阶级专政，防止资本主义复辟，建设社会主义，是完全必要的，非常及时的。”此后，他的这一句“语录”就被广为朗诵和流传，作为统一人们对“文化大革命”认识的依据。毛泽东还说：这次文化大革命错误是有，而错误的主要责任在中央，在我。[1]毛泽东对他亲自发动和领导的“文化大革命”的充分肯定，使李德生和许多与会者一样，不仅认真地聆听了，而且严肃地思考着。

尽管李德生在实际工作中对“文化大革命”带来的许多问题，思想上仍然是不解的、困惑的，但经过学习和讨论，他还是把自己的思想统一到了当时具有绝对权威的毛泽东的思想认识上。

在开幕式上，毛泽东讲话后，周恩来宣布分组名单。

参加全会的人员共133人，除毛泽东、林彪不编组外，其余131人以各省、市革命委员会为基础，编为6个组。李德生编在第6组，并被指定为小组召集人之一。

在全会召开前一天的分组名单中，召集人原本没有李德生。10月13日早晨6时，由周恩来起草并与陈伯达、江青、康生等一起署名给毛泽东的报告中说：昨天晚上，中央文革碰头会遵照主席指示，将分组名单商讨，并指定了各组召集人。在这个报告中的第6小组共21人，召集人是董必武、叶剑英、粟裕、周恩来、叶群。但后来周恩来在八届十二中全会上宣读的召集人名单却不是这样。为什么会有这样的变化呢？原来是“四人帮”一伙玩弄的阴谋。他们要把所谓搞“二月逆流”的人分散到各个组中去，以便于他们组织对这些老革命家的批斗。在这种情况下，由老革命家担任召集人自然是不可能的了，而由陈锡联、刘建勋、李德生等有关省革委会的主要负责人作为小组召集人，则较易为各方面所接受。

当周恩来念分组名单念到第6小组召集人李德生的时候，引起了毛泽东的注意。这可能是因为李德生来自安徽，而毛泽东对安徽的“文革”情况，一直是很关注的。另外，在解放战争初期转战陕北时，毛泽东曾用过“李得胜”的化名（与李德生的名字音近似），这可能也是一个原因。

毛泽东问哪一个是李德生，在问了年龄、哪里人、与许世友是不是

① 《周恩来年谱》（1949—1976）下卷，第263页。

老乡之后，毛泽东下了很重要的断语。他说：“你们芜湖的事情办得不错啊！”“造舆论造得好。”“我们干革命这么多年还不就是造舆论吗！”

八届十二中全会给了李德生与毛泽东见面、认识、交谈的机会，也给了李德生直接听取毛泽东评价安徽“文革”工作的机会。这次会议对李德生后半生的革命生涯产生了重大影响。

从10月15日起，全会开始分小组讨论毛泽东对“文化大革命”的评价。

在讨论中，林彪、江青一伙乘机组织了对所谓“二月逆流”的批判。陈毅、叶剑英、李富春、李先念、徐向前、聂荣臻等（谭震林未获准参加会议）被分到各小组接受批斗。与此同时，林彪、江青等人还挥舞大棒，对朱德、陈云、邓子恢、王稼祥等同志进行了攻击，往他们头上扣了“一贯右倾”、“老机会主义”等政治帽子。

毛泽东对“文化大革命”的肯定，以及会上对“文化大革命”持有异议者的批判，使得对“文革”赞颂性的评价成为这次全会的主流。

所谓“二月逆流”，社会上早已传得沸沸扬扬，但李德生并不知其详。通过全会的批判，李德生才具体了解到“二月逆流”的大体经过：

1966年底，江青在清华大学抛出了一个“在1967年我们就要在各个战线发动全面的总进攻”的动员令，林彪支持江青。1967年1月3日，林彪死党邱会作控制军队院校的群众组织头头，发起召开批判叶剑英、陈毅的10万人大会。1月4日，江青又大闹政治局，诬蔑贺龙是“坏人”。与此同时，他们还鼓动军内外的造反派冲击军事机关，揪斗一些领导人。刚刚上任的全军文革组长徐向前和叶剑英、聂荣臻三位老帅，不同意这种做法，认为这样会搞乱军队。为此，在1967年1月19日下午的军委碰头会上，与江青、陈伯达、康生、姚文元等人，就军队要不要开展“四大”（即“大鸣、大放、大字报、大辩论”）问题，展开了激烈的争论。老帅们坚持军队不能乱，不能搞四大；江青等人则强调军队不能特殊，并指责总政治部主任肖华反对林彪，破坏文化大革命。20日上午，军委碰头会在京西宾馆继续举行。江青一看肖华不在，就气势汹汹地问："总政治部主任怎么不见了？他躲到哪里去了？"后来肖华到了会，讲了他头天被抄家的经过。徐向前听后气得拍了桌子。叶剑英说，肖华是我保护起来的，住到了西山，如果有罪，我来承担！说话间也气得拍了桌子。

这就是林彪、江青一伙所说的"大闹京西宾馆"。

时隔不久，从2月8日起，周恩来在怀仁堂召开中央政治局碰头会议。出席会议的有：李富春、陈毅、叶剑英、徐向前、聂荣臻、谭震林、李先念、余秋里、谷牧、陈伯达、康生、张春桥、姚文元、王力、关锋等。主要研究抓革命、促生产问题。在9日的会上，陈伯达说，被撤职的全军文革组长刘志坚是叛徒，了解刘志坚历史的徐帅当即批驳了陈伯达的诬陷，于是双方争论了起来。在11日的会上，老帅们气愤地批驳了康生、陈伯达搞乱军队的错误做法。叶剑英责问陈伯达："你们把党搞乱了，把政府搞乱了，把工厂农村搞乱了，你们还嫌不够，还一定要把军队搞乱。这样搞，你们想干什么？"徐向前拍着桌子说："军队是无产阶级专政的支柱，你们这样把军队乱下去，还要不要这个支柱？难道我们这些人都不行啦？要蒯大富这类人来指挥军队吗？"[①]16日，斗争更加激烈。谭震林质问张春桥为什么要整上海市委第一书记陈丕显，指责他们的目的是将老干部一个一个打光。他说：这一次是党的历史上斗争最残酷一次，超过历史上的任何一次。他还说：我从来没有哭过，现在哭了三次。哭都没有地方哭，想来想去，自己不该那么早参加革命，不该活到65岁，不该跟着毛主席。陈毅表扬说：谭老板，你说话真有水平。他指出，陈伯达他们就是要搞修正主义。他还讲了自己和周恩来在延安都挨过整的历史情况。认为口头上拥护毛主席的人，实质上并不是那么回事。历史不是已经证明谁是真正反对毛主席的吗？余秋里在谈到整老干部问题时也拍了桌子。李先念说，"现在是在全国范围内大搞逼供信"，从《红旗》第十三期社论（首次提

① 《周恩来年谱》(1949—1976)下卷，第125页。

出“对资产阶级反动路线必须彻底批判”)开始,“老干部统统打倒了”。对此,周恩来也责问说:《红旗》第十三期社论,这么大的问题,你们也不跟我们打个招呼,送给我们看看。①

这就是林彪、江青一伙所说的“大闹怀仁堂”。

在怀仁堂召开的这次会议后,张春桥、姚文元、王力立即将老帅们的言论向江青作了汇报。江青一听,觉得有机可乘。经过商议,他们连夜到毛泽东那里告了老帅们的状。张春桥还汇报说周恩来对《红旗》第十三期社论没有送他审查有意见。毛泽东当即表示:党章上没有规定社论要经过常委讨论,并让张春桥同周恩来谈一次话,要把中央文革小组当成书记处看待,党和国家的重大问题,要先提到文革小组讨论。②

2月19日凌晨,毛泽东召集会议,参加会议的有周恩来、康生、李富春、叶剑英、李先念、谢富治,叶群代表林彪也参加了会议。会上,毛泽东大发脾气,严厉批评陈毅、谭震林、徐向前等,指责他们是“翻案”,是“复辟”。他说:“文革小组错误是百分之一、二、三,百分之九十七是正确的。谁反对中央文革,我就坚决反对谁!你们要否定‘文化大革命’,办不到!叶群同志,你回去告诉林彪,他的地位也不稳当哩!如果‘文化大革命’失败了,我就和林彪一起上井冈山打游击。”“你们说陈伯达、江青不行,那就改组文革小组,让你陈毅来当组长,谭震林、徐向前当副组长。我和林彪马上走!陈伯达、江青枪毙!康生充军!力量还嫌不够,就把王明、张国焘请回来。你陈毅要翻延安整风的案,全党不答应。你谭震林也算是老党员,为什么站在资产阶级路线上说话呢?”③毛泽东提议,这件事政治局要开会讨论,一次不行就开两次,一个月不行就开两个月,政治局解决不了,就发动全体党员来解决。

根据毛泽东的要求,中央政治局于2月25日至3月18日连续召开了7次

① 《周恩来年谱》(1949—1976)下卷,第127页。
② 《周恩来年谱》(1949—1976)下卷,第127页。
③ 刘武生著:《周恩来的晚年岁月》,人民出版社2006年版,第141页。

“政治生活批评会”，江青一伙打着贯彻毛泽东指示的旗号，以“资产阶级复辟逆流”（后称“二月逆流”）对陈毅、谭震林、徐向前及李富春、李先念、叶剑英、聂荣臻等老一辈革命家进行了火力凶猛的批判。周恩来也作了自我批评。从此以后，中央政治局即停止了活动，中央文革小组实际上取代了政治局。原由周恩来主持、各副总理及有关负责人参加、处理党和国家大事的中央碰头会也被中央文革碰头会取代。中央文革碰头会名义上由周恩来牵头，但成员大多是江青一伙，后又增加吴法宪等人。

以上就是所谓的“大闹京西宾馆”、“大闹怀仁堂”事件，它们被江青一伙扣上“二月逆流”的罪名而在全国传播开来。

在4月召开的军委扩大会议上，林彪、江青一伙又兴风作浪，对徐帅等人发起进攻，勒令他们作检讨。周恩来在讲话中，却把“二月逆流”改称“二月的乱子”。认为此事“错在对群众的关系上”，“主观上是拥护主席”，“想搞好，但立场有时没有站对，思想方法旧，所以连犯错误，我们应该给以帮助”，“几位同志的自我批评，也算是一种经验的总结”，“希望你们既能沉得住气，一知错就改，又能勇于负责”。[①]周恩来的苦口婆心、出言皆善、委曲求全的态度，着实令这些老同志佩服之至。

事实表明，毛泽东虽然主张狠批“二月逆流”对“文化大革命”的态度，但他与林彪、江青一伙的态度是有根本区别的，他不同意把“二月逆流”一棍子打死。4月30日，毛泽东把几位老同志请到家里开“团结会”，五一节又把他们请上天安门城楼，向世人亮相。这就缓解了老帅们面对的巨大压力。

但是，事情到此并未结束。1968年3月24日，林彪、江青又制造了杨、余、傅事件。康生马上又无中生有，硬说杨、余、傅的总后台是“二月逆流”。

对于林彪、江青一伙用无限上纲的手段制造出来的所谓“二月逆

① 《周恩来年谱》（1949—1976）下卷，第147页。

流”，“三老四帅”一直很不以为然，很生气。所以，在八届十二中全会上，林彪、江青一伙借毛泽东再次肯定“文化大革命”之机，并经毛泽东批准，又分组对他们进行了批判。朱德到华北组，叶剑英到中南组，陈毅到华东组，其他老同志也都分别到了一个组。但是，毛泽东唯独没有同意谭震林参加这次会议。

分组讨论进行了几天以后，精于运用“最”字技巧的林彪，在10月20日的会上发表了讲话，抛出了“成绩最大最大最大，损失最小最小最小”的“名言”，赞颂“文化大革命”。对于他们认定的否定“文化大革命”的“二月逆流”，林彪则宣称是“八届十一中全会以来发生的一次最严重的反党事件”，是“资本主义复辟的预演”。这就为“二月逆流”定了性质。康生也跟着添油加醋，给“二月逆流”强加的罪名是：“反毛主席”，“否定延安整风”，“为王明路线翻案”。江青更是倒打一耙，反诬陈毅、叶剑英、徐向前等人“乱军”。黄永胜、吴法宪则诬蔑朱德是“老右倾机会主义分子”，“是个黑司令”。在林彪、江青一伙的鼓噪下，会议掀起了肯定“文化大革命”、批判“二月逆流”的高潮。

在讨论九大代表产生的原则和方法问题时，林彪、江青一伙提出：搞“二月逆流”的人不能当九大代表，企图把一批老革命家排除在党的集体领导之外。在讨论全会精神的传达时，张春桥甚至提出，对“二月逆流”的几个人要点名，企图在广大群众中间把一批老革命家搞臭。

在林彪、江青一伙的鼓噪并以组织的名义施压下，所谓“二月逆流”的老革命家不得不一次又一次违心地作了检讨。

不仅如此，那些不是“二月逆流”的老同志，如朱德、陈云、李富春等老革命家，也在大会上作了自我批评式的表态。在闭幕会上，当毛泽东问他们还有什么话要讲时，他们怀着对毛泽东的深厚感情，表明了自己的态度。朱德说：照新的章程办事，改正过去的一切错误，跟上毛主席的路线。陈云说：我有生之日，坚决听毛主席的话，跟毛主席走。李富春说：坚决改正错误，重新做人。

在这次全会上，毛泽东也就“二月逆流”问题讲了这样一段话：这件事嘛，要说小，就不那么小，是件大事。要说那么十分了不起呢，也没有什么十分了不起。他们有意见要说，几个人在一起，又都是政治局委员，又是副总理，有些是军委副主席，我看也是党内生活许可的。他们也是公开出来讲的。不是两个“大闹”嘛，一个是大闹怀仁堂，一个是大闹京西宾馆。他这个“大闹”嘛，就证明是公开出来的嘛，他没有什么秘密嘛！所以，我说嘛，事情是相当大一件事，不是一件小事，但是说那样大，天就会塌下来呀，或者地球就不转了呀，我看也不一定，地球还是照样转。毛泽东这一段话，对“二月逆流”的性质和影响进行了分析。他还说，九大代表，“二月逆流”的同志们不参加，我看就是个缺点。对于党内一些老同志，要一批二保三看。他强调说：“我对‘二月逆流’的人不一定恨得起来，九大的政治报告中不要讲‘二月逆流’。”显然，毛泽东虽然不允许别人对“文化大革命”有不同的看法，但也不同意林彪、江青一伙的扩大打击面的过火做法，不同意把老帅和老总们一棍子打死。

李德生清晰地记得，10月16日周恩来在第6小组对所谓“二月逆流”问题的发言。他说，我在这次运动中也没有经验，关键是对待群众的态度。对群众的态度1966年10月中央工作会议毛主席讲了的，但有些人回去就是怕群众。不仅是部长，我还奉命把各省、市、自治区负责人找到北京来，当时黄火青、欧阳钦、谭启龙、江华、张平化、韦国清、杨尚奎、刘俊秀、叶飞、江渭清、张体学等不少人，叫他们自己反省错误。我有事不能去，叫谭震林、李先念同志找他们谈。在中南海，谭震林、李先念、李富春、余秋里、谷牧他们在一起开会，军队方面有徐向前、聂荣臻，有情绪。主席指示我保的最多，余秋里、谷牧，部长们十多位。余秋里被抓后，我去报告主席，主席交代我保他。[①]

李德生注意到，周恩来在发言中，连“二月逆流”这个词都没有使用，

① 《周恩来年谱》(1949—1976)下卷，第263页。

只是认为老帅们不过有点情绪。这与林彪、江青等人的杀气腾腾、猛烈攻击、欲置人于死地而后快形成了鲜明的对照。

李德生目睹了江青等极左派对老一辈革命家们的攻击，聆听了周恩来在小组会上的发言，有一点使他思想上更为明确起来，那就是在贯彻毛泽东指示的时候，应该学习周恩来那种分析问题、待人处事入情入理的态度和作风。

毛泽东在这次会上，还讲了我党我军历史上的一些经验教训，并询问了参加会议的一些他不认识的同志的情况。在询问到青海张江霖的情况以后，毛泽东说，所以不要以为四方面军出了什么张国焘哇，就没有好人，好像红军就没有了好人了，我们在座的还有多少四方面军的同志啊。他还说：我就不相信，过去中央苏区出了王明就没有好人啦，陕北出了高岗就没有好人啦，才没有那回事呢！毛泽东讲的这些话，显然是在批判“打倒一切”的极左思潮，是在教育大家不要因为出了一两个有“问题”的人，就把我们党、我们军队看成一团漆黑。曾经作为四方面军一员的李德生，听了毛泽东的这些话以后，感到十分亲切，打从心里拥护。

批判“二月逆流”，气氛一直很紧张。10月31日，中共八届扩大的十二中全会闭幕。气氛再次紧张起来。会议批准了中央专案审查小组《关于叛徒、内奸、工贼刘少奇罪行的审查报告》，作出了把刘少奇“永远开除出党，撤销其党内外一切职务”的决定，从而使对刘少奇的这个全国最大的冤案，在党的组织原则上变成了合法化。事实证明，这些都是错误的。

这个所谓的《审查报告》是在江青、康生、谢富治等人主持下用伪证写成的，而且是经过林彪同意的。在这次全会召开前，9月16日，江青操纵的“刘少奇、王光美专案组”整理上报了三本所谓刘少奇的“罪证材料”。江青在这些材料的批语中，诬陷刘少奇是“大叛徒、大内奸、大工贼、大特务、大反革命”，是“美国远东情报的代表”。9月29日，林彪批道：“完全同意”。同时，还不忘对江青的吹捧，写了一句：“向出色地指导专案工作并取得巨大成就的江青同志致敬！”事实清楚地表明，刘少奇冤案是林彪、江青两个反革命集团，为了他们不可告人的目的，相互勾结、联手制造出来的。

李德生告诉我们，在会上没有投赞成票的只有中央委员陈少敏一人，她伏在桌上拒绝举手。后来她也因此而遭到了林彪、江青一伙的残酷迫害。陈少敏曾对人说：开除刘少奇同志出党，我没举手。康生非常恼怒向我呵斥：陈少敏，你干什么！为什么不举手？我回答说：这是我的权利！在奉命传达八届十二中全会精神时，陈少敏竟然仍然称呼“少奇同志”，结果又被江青等人批判了一顿。在开除刘少奇党籍这个大是大非的问题上，曾经被毛泽东誉为“白区的红心女战士、无产阶级的贤妻良母”的陈少敏，像在战争年代一样，表现出了她那峥峥铁骨的革命精神。

对开除刘少奇党籍的问题，其他许多与会老同志虽然在不同场合表示了怀疑和异议，但在强大压力下，最后还是投了赞成票。李德生也投了赞成票。他说，我不了解刘少奇的历史，也不了解他在中央工作的情况，面对专案组提出的刘少奇的种种罪行材料，虽然感到情况复杂，也有某种疑惑，但却无法有根有据地提出不同的意见。

后来胡耀邦谈到刘少奇冤案这件事时说过：“在这个问题上，我们大家都犯过错误，都举了手；就是陈大姐没有举手，没有犯错误！”李德生很赞同这个看法。他说，胡耀邦同志讲得对。类似这样的经验教训，自己也应该好好总结。

会上，林彪、江青一伙还鼓噪着要开除邓小平的党籍，但由于毛泽东的反对，他们的阴谋才没有得逞。在筹备这次会议时，毛泽东就说过：有些干部，错误是有，但今后可能还是要做工作的。在10月13日的开幕会上，毛泽东明确指出：“邓小平这个人，我总是替他说一点话，就是鉴于他在抗日战争跟解放战争中都是打敌人的，并没有查出他有别的历史问题。”在闭幕会上，毛泽东又说：“邓小平，大家要开除他，我对这个问题还有一点保留，我觉得这个人嘛，总是要使他跟刘少奇有点区别，事实上是有区别的。要开除一个人很容易，作个决议，我看还是慎重一点为好。”[①]作为长期在刘伯承、邓小平指挥下战斗和工作的李德生，感到毛泽东讲的这些话很实事求是，听起来很入耳。他深信，邓小平总是要出来工作的。他期盼着这一天的到来。

全会还通过了《关于九次代表大会代表产生的决定》和《关于〈中国共产党章程(草案)〉的决定》，并决定在适当的时候召开党的九大。

这次全会为什么要扩大呢？李德生从会议上了解到，这与当时的形势有关系。“文化大革命”初期，许多中央委员被错误地打倒了，具体情况是：第八届中央委员97人，十一中全会以后去世10人，被批判、被打倒47人，能到会的仅40人，不足半数。为了解决这个问题，从候补中央委员中补选10人为中央委员。他们是：黄永胜、许世友、刘建勋、李大章、吴德、刘子厚、陈锡联、张达志、韩先楚、潘复生。这10人并非按惯例依次递补的，而是经过所谓“无产阶级司令部”商定的。候补中央委员98人，除递补为中央委员的10人外，被批判、被打倒79人，能到会的仅9人。以上两项合计虽仅59人，但超过了半数。从当时“文化大革命”形势发展的需要出发，有些虽不是中央委员、候补中央委员但又必须参加会议，这样就只好开扩大会了。

这样，中央文革小组成员，军委办事组成员，各省、市、自治区革命委员会和各大军区主要负责人共74人，都被扩大参加了会议。这部分被扩大的人员不仅比到会的中央委员、候补中央委员多，而且他们同中央委员一样有表决权。李德生说，奇怪的是，事后发现列席者中竟有一人不是中共党员。这当然是在那个动乱年代的一种极不正常的状况。

李德生虽然是第一次参加中央的会议，但党的组织原则他是清楚的。当时他就对被扩大的人员也有表决权感到不好理解，他想这也许是在“文化大革命”这一“新事物”中出现的“新办法”吧！

---

① 冯都：《毛泽东是如何看重和保护邓小平的》，《党史信息报》2007年2月14日。

出席党的九大

八届十二中全会结束半年之后，李德生作为党的九大代表又从安徽来到了北京，出席党的第九次代表大会。

九大从1969年4月1日开始至24日结束，历时20余天。出席大会的代表共1512人，代表党员2200万人。大会共有三项议程：（一）林彪代表党中央作政治报告；（二）修改中国共产党章程；（三）选举党的中央委员会。

这次会议展现了毛泽东领导地位的稳固和林彪政治地位的上升。

大会开始后，首先通过大会主席团名单和选举大会主席。毛泽东第一个发言说："我推举林彪同志当主席。"林彪马上从座位上站起，大声说："伟大领袖毛主席当主席。"毛泽东又说："林彪同志当主席，我当副主席，好不好？"林彪赶忙摆手："不好，不好！"并提出："毛主席当主席，大家同意请举手！"于是，与会者齐刷刷地把手举了起来。毛泽东环视了一下会场，看到代表们对他的热烈拥护，就同意当主席，并提议林彪当副主席，周恩来当秘书长，大会也一致通过。

毛泽东为什么要考虑召开党的九大呢？李德生说，这从毛泽东的两次讲话可以找到答案。一次是1967年11月5日，毛泽东同"中央文革小组"成员进行的谈话。他说："关于九大问题，第一批反映已经出来了，综合一下，通过各地，继续征求意见；打了一年多仗，搞出了不少坏人，现在要打出一个党来；党员要那种朝气蓬勃的，死气沉沉的、暮气沉沉的就不要加入这个党，文化大革命就是整党、整团、整政府、整军队，党、政、军、民、学都整了；要吸收新鲜血液，要吐故纳新；党纲要修改，不要写得太长；邓小平要批，但要把他同刘少奇区别一下。"[①]毛泽东的这番话，说明了他想通过"文化大革命"解决什么问题，也说明了党的九大的任务主要是什么。

---

① 《党的建设七十年》(1921—1991)，中共党史出版社1992年版，第447—448页。

另一次是1968年10月13日毛泽东在八届十二中全会开幕式上的讲话。在那次讲话中，毛泽东再次提出了“文化大革命”搞多久、什么时候结束的问题。当时毛泽东设想：进行“文化大革命”，估计大概要三年。按照这一设想，从1966年5月开始的“文化大革命”，到1969年夏季就差不多了。毛泽东的这种估计是有根据的，因为到1968年9月，全国29个省、市、自治区的革命委员会已先后建立，而正在召开的扩大的八届十二中全会马上就要从政治上和组织上对刘少奇的“问题”作出结论，“文革”的主要任务很快就要完成了。由此可见，毛泽东决定召开党的九大，是想宣告“文化大革命”的目的已经达到，应该结束了，把党建设好。

1969年4月1日下午3时，党的九大第一次全体会议在人民大会堂开幕。

李德生从主席台上发现了一个令人惊诧的现象：毛泽东坐在正中央，在他左边就座的是林彪、陈伯达、康生、江青、张春桥、姚文元、谢富治、黄永胜、吴法宪、叶群等“文化大革命”中青云直上、名声大振的人物；在他右边就座的是周恩来、董必武、刘伯承、朱德、陈云、李富春、陈毅、李先念、徐向前、聂荣臻、叶剑英等功勋卓著、久负盛名的老革命家。这种座次的排列，好像给人以这样的印象：“左派”就坐在左边；而被“左派”看成是“老右”的则坐在右边。不明真相的人，一定会认为这是林彪、江青一伙搞的小动作。其实不然，后来李德生才了解到这是周恩来提出的方案，并经过毛泽东批准的。周恩来为什么要提出这个方案呢？其寓意肯定是很深刻的，不过没有昭示于众罢了。李德生说，历史已经表明，那些坐在毛泽东左边的“左派”们，统统都是地地道道的“极左派”、“大右派”；而那些坐在毛泽东右边的“老右”们倒是真左派、求实派，是令全国人民敬仰的老一辈无产阶级革命家！坐在毛泽东左边的那些人，成了林彪、江青两个反革命集团的骨干，落了个身败名裂的下场；而在毛泽东右边落坐的人则继续为党和人民的事业增添了新的辉煌。

在无限热爱的基础上产生强烈的个人崇拜和“左”的狂热，在党的九大上达到了高峰，形成了这次代表大会的突出特点。

毛泽东主持大会开幕式并讲了话。他强调:“我希望我们的大会,能够开得好,能够开成一个团结的大会,胜利的大会。”毛泽东在十几分钟的讲话中,回顾了党的历史,总结了党的历史经验。他指出:第七次代表大会在延安开的,开了一个团结大会。那个时候,也有党内分歧,因为有瞿秋白、李立三、王明的错误。有人建议不要选王明路线那些人到中央,我们不赞成,说服他们选举。结果,就有几个不好了,王明跑到国外反对我们,李立三也是不好的,张闻天、王稼祥犯了错误,就这么几个。其他一些,这些人,我们不知道他们不好,他们的政治历史我们不清楚,也选进来了。经过八大到现在,搞得比较清楚了。在政治路线上、组织路线上、思想方面,都搞得比较清楚。①

毛泽东的讲话,博得全场经久不息的掌声和“毛主席万岁万万岁”的热烈欢呼声!会议期间,毛泽东还在各种不同场合作过多次讲话,也都出现了这种热烈欢呼的场面。

开幕式后,林彪代表党中央作政治报告。这是代表大会的“重头戏”。报告以“无产阶级专政下继续革命”理论为主线,全面系统地肯定了“文化大革命”的理论和实践,并以“左”倾观点重新塑造了党的历史,歪曲了党的领袖和党的关系。它第一次把以阶级斗争为中心的错误指导思想,正式规定为“我党在整个社会主义历史阶段的基本路线”。报告提出了“认真搞好斗、批、改”和“落实党的各项政策”的任务,并再一次批判“二月逆流”是党内最大的一次“反党活动”,是为“刘邓翻案”。于是,各小组在讨论政治报告时又展开了对几位老同志的批判。

向大会提交的党章修改草案,对党的理论基础马克思列宁主义、毛泽东思想作了歪曲的解释,砍掉了党员的权利,并且违背党的组织原则和政治原则,在总纲中明文规定林彪为“毛泽东同志的亲密战友和接班人”,使林彪在我们党内的地位空前提高。把林彪作为接班人写入党章,是江

① 《建国以来毛泽东文稿》第13册,第23—24页。

青提出并坚持的。江青说，把林彪写入党章，“可以使别人没有觊觎之心”。张春桥第一个表示赞成。

4月2日至14日，大会分组讨论林彪所作的政治报告和党章修改草案。

4月14日下午，在毛泽东主持下，九大召开第二次全体会议，通过《政治报告》和《中国共产党章程修改草案》。接着，由周恩来、陈伯达、康生、黄永胜、王洪文、陈永贵、孙玉国、尉风英、纪登奎等9人先后在大会上发言。

周恩来的大会发言，给李德生留下了难忘的印象。周恩来表示，完全拥护毛泽东在开幕式上的讲话、林彪所作的政治报告和新党章。他对林彪在建国前和建国后特别是在“文化大革命”中的历史功绩作了肯定，对林彪成为毛泽东接班人的正确性和合理性作了说明。当时，林彪的野心和阴谋尚未发展到后来那样严重的地步，也没有充分暴露出来。李德生认为，周恩来为了顾全大局，加强党的团结，推进党的事业发展，当时讲了这样一番话，是完全正常的，是可以理解的。

给李德生印象深刻的还有纪登奎、孙玉国的发言。

纪登奎时任河南省革命委员会副主任。当纪登奎发言时，毛泽东扭头向主席团座席上寻找。也许是在主席台上没有找到纪登奎，他便把头扭了过来，询问周恩来：纪登奎同志在哪里？

周恩来指着主席台前面的代表席，答道：纪登奎同志在下面。

纪登奎由座位上向主席台走去，毛泽东微笑地看着他，亲切地说：请你讲话。然后又面向全体代表说：他叫纪登奎，是我的老朋友，山西人，长期在河南工作，受了一点灾难就是了。多灾多难啊！

听了毛泽东对纪登奎的介绍，会场上响起了一片热烈的掌声。

纪登奎在10分钟的发言中，主要讲了他正确对待群众批斗的问题，说“文化大革命太好了，对我教育太深了”，“群众对我整了一下，大有好处”。

“文化大革命”是毛泽东亲自发动和领导的，并且为他一再肯定，说

“它是必要的、正确的”。纪登奎的这种表态，正好印证了这一点，因而理所当然地受到了毛泽东的赞赏与信任。不久以后，纪登奎就由河南省革委会副主任晋升为中央政治局候补委员，以后又晋升为第十届中央政治局委员、国务院常务副总理、北京军区第一政治委员等要职。此后，毛泽东还曾把纪登奎列为中央领导接班人的培养对象。那是在九届二中全会以后的事了，当时林彪的接班人地位在毛泽东的思想中已经开始动摇。他在与林彪的一次谈话中，明确提出：要培养接班人，我们都是60岁以上的人了，要培养60岁以下，30岁以上的人。像李德生、纪登奎等人。但是，后来因有人对纪登奎有不同的看法，毛泽东又表示：纪登奎这个人接班，今后还要再看一段。

孙玉国是黑龙江省合江军分区公司边防站站长，是作为珍宝岛前线官兵的代表增补为九大代表的，他本人也是珍宝岛自卫反击战中的战斗英雄。孙玉国的发言尤为引人注目。因为当时中苏两国在边境地区不断发生武装冲突，在九大前一个月，中苏两国边防部队在珍宝岛地区进行了激烈战斗。在战斗中，我军广大官兵不畏苏联边防军火炮、坦克、装甲车的疯狂袭击和进攻，英勇奋战，一不怕苦，二不怕死，勇敢顽强，机智果断，以鲜血和生命捍卫了伟大祖国的尊严。孙玉国向大会介绍了前线官兵许许多多可歌可泣的动人事迹，全体代表受到了极大的鼓舞和振奋。毛泽东也高兴得站起来热烈鼓掌，与孙玉国亲切握手，并发表了即席讲话，强调要发扬近战传统，发扬五十米精神，准备打仗。

通过参加党的九大，李德生认识了纪登奎、孙玉国。李德生没有想到的是，以后又与纪登奎一起调到中央工作，并与他在北京军区共事。后来李德生调到沈阳军区，又与孙玉国共事。

4月24日，大会选举党的第九届中央委员会。共选出170名中央委员，109名候补中央委员。其中，原为八届中央委员、候补中央委员的只占19%。许多对党、对人民赤胆忠心、久经考验、贡献卓越的老革命家被排斥在外，而一些在“文化大革命”中起家的造反派头头、帮派骨干，如王洪文、姚文元及江青、张春桥，原来都是普通党员，由于在“文革”中“表现突出”，而一下子在党内跃上了高位。

但是，这并不表示所有代表对“四人帮”都是满意的，这从他们的得票情况上可以看得出来。江青、陈伯达、张春桥、姚文元等人不仅未获全票，而且有的代表还在他们的名字上打“×”。这个“×”可是反映了一些代表们的思想感情。当时参加投票的代表1510人，风头正健的江青获得1502票，少了8票。李德生说，对这8票，江青是很看重的，事后曾秘密做过调查。当时有的小组整理的简报说，有的代表对给江青等人的名字上打“×”“极为愤慨”，认为这是“阶级斗争的新动向”。周恩来不同意这样无限上纲，经请示毛泽东后，没有印发这样的简报。这就维护了党的组织原则，保护了党员的合法选举权利。后来周恩来在5月10日的中央政治局会议上，谈到这件事时说：(少几票)没有什么关系嘛，(不必)斤斤计较一两票！头上有几个“×”那又算什么？①

事实表明，党的九大的召开，并没有如毛泽东所期望的那样解决“文化大革命”的结束问题，反而带来了新的矛盾——江青一伙与林彪一伙的矛盾，成了新的一轮斗争的开端。“文化大革命”越出了毛泽东为它预设的纯洁意识形态和打倒走资派的轨道，违背了毛泽东的主观愿望，它像一头野牛冲向新的荆棘丛生地。这肯定是毛泽东所始料不及的。

《关于建国以来党的若干历史问题的决议》正确地指出：党的九大使“文化大革命”的错误理论和实践合法化，加强了林彪、江青、康生等人在党中央的地位。九大在思想上、政治上和组织上的指导方针都是错误的。

进入政治局

由于在“文化大革命”中按照毛泽东的指示建立的新政权，都是“三

---

① 《周恩来年谱》(1949—1976)下卷，第294页。

结合”的形式，所以军队参加“支左”的干部不少人成了地方革命委员会的成员。这样，在党的九大选出的中央委员、候补中央委员中，军队干部所占比例就超过了八大时的比例。李德生就是在党的九大被选为中央委员，并在九届一中全会上被选为中央政治局候补委员的。

在九届一中全会召开之前，会议秘书处将中央政治局委员、候补委员的候选人名单，印发给大家酝酿讨论。李德生一看，在政治局候补委员候选人名单中有他的名字。在这以前，李德生对此一无所知，毫无思想准备；加上过去从未挑过这样的重担，唯恐担当不起。于是，他便去找南京军区许世友、沈阳军区陈锡联两位司令员。为什么要找他们呢？因为李德生看到在政治局委员候选人名单中也有他们的名字，而且他们都是自己的老领导，又是八届中央委员，对中央的情况熟悉。李德生希望他们能向中央反映自己的意见。

李德生找到两位司令员，开门见山地说：“你们是了解我的，我干不了这样重要的工作。请你们同毛主席、周总理说说，不要选我了。”

许世友、陈锡联两位司令员听了李德生的话，相互看了看，十分郑重地说：“这是毛主席、党中央的安排，我们怎能去说这个话。”

两位司令员毫无商量余地的回答，使李德生无法再说什么。

“这是毛主席、党中央的安排”，这句话在当时那种特殊的历史条件下，具有多么大的分量！他们表示不能替李德生去反映意见，实际上也是要李德生放弃自己的想法，服从组织的安排。

4月28日，九届一中全会选举了新的中央领导机构：中央委员会主席毛泽东，副主席林彪；中央政治局常务委员会委员5人：毛泽东、林彪（以下按姓氏笔画为序）陈伯达、周恩来、康生；中央政治局委员21人：毛泽东、林彪、（以下按姓氏笔画为序）叶群、叶剑英、刘伯承、江青、朱德、许世友、陈伯达、陈锡联、李先念、李作鹏、吴法宪、张春桥、邱会作、周恩来、姚文元、康生、黄永胜、董必武、谢富治；中央政治局候补委员4人：纪登奎、李雪峰、李德生、汪东兴。

这个选举结果清楚地表明，在党中央领导机构中，追随林彪、江青大搞极左的人（后来证明他们是林彪、江青两个集团的骨干和亲信）已经占了半数以上，掌握了更大的权力，强化了他们的地位。这个情况预示着，我们党今后将面临着新的激烈的斗争。

选举结果是由周恩来宣布的。当他念到李德生的名字时，毛泽东说："我再看看李德生同志。"

李德生马上按周恩来的示意站了起来，并摘下了帽子，以便让毛泽东看得更清楚些。

毛泽东把李德生上上下下打量了一番，微笑着问道："多大年纪了？"

李德生回答："53岁。"

毛泽东自言自语地重复着说："啊，53岁！53岁！53岁！"

李德生见毛泽东把眼光从自己身上移开去，便自动坐了下来。他心想，毛主席特意提出要再看看我，并再一次询问我的年龄，表明他老人家对我这名老红军战士寄予了新的期望。他暗自下定决心，一定更加严格要求自己，好好完成党所赋予的工作，绝不辜负毛主席对自己的期望。

毛泽东在九届一中全会上讲了话，再次肯定"文化大革命"的重要性和必要性。他说："看来，无产阶级'文化大革命'不搞是不行的，我们这个基础不稳固。"他以工厂为例，分析说："据我观察，不讲全体，也不讲绝大多数，恐怕是相当大的一个多数的工厂里头，领导权不在真正的马克思主义者、不在工人群众手里。"过去领导工厂的不是没有好人，但是，"他是跟着刘少奇那种路线走"。在毛泽东的眼里，国内问题严重得很。事实表明，毛泽东的这种分析是不合乎实际的，是错误的。他还强调："社会主义革命还要继续。这个革命，还有些事没有做完，现在还要继续做，比如讲斗、批、改。过若干年，也许又要进行革命。"他号召："团结起来，为了一个共同目标，就是巩固无产阶级专政，要落实到每个工厂、农村、机关、学校。”[1]

毛泽东还讲了要准备打仗的问题。他强调，无论哪一年我们都要准备打仗。他要求，要有物质上的准备，“不要造手榴弹都要中央配发材料。手榴弹，到处可以造，各省都可以造。什么步枪、轻武器，每省都可以造。”他强调说，主要的“是要有精神上的准备”。“精神上的准备，就是要有准备打仗的精神。不仅是我们中央委员会，要使全体人民中间的大多数有这个精神准备。”[2]

毛泽东之所以强调要准备打仗，是因为当时的国际形势正在发生变化。一方面，战争的危险仍然存在，不能放松警惕。1968年8月，以苏联为首的华约部队突然袭击捷克斯洛伐克；11月，苏联领导人勃列日涅夫公然提出社会主义国家“有限主权论”。1969年3月，又发生了珍宝岛事件。与苏联在我国北部陈兵百万的同时，我国南部边疆的压力也并未减轻。1969年1月上台的美国总统尼克松新政府，虽然声称要“体面地结束越南战争”，但他这话的具体含义有待认真解读。在这种形势面前，毛泽东发出了“要准备打仗”的号召，在全国掀起了大规模的战备高潮。但是，与此同时，毛泽东、周恩来等老一辈革命家也在从战略上考虑，战争是否可以推迟和避免的问题。他们认为，美国由于陷入越南战争，在苏美争霸中处于不利地位，必然要找新的出路。于是，探讨同美国接触的可能性就提到了日程上。正因为这样，后来才有了根据毛泽东的指示而成立的几位老帅参加的“国际问题研究小组”。下面将有专节记述这个问题，这里就不展开了。

九届一中全会结束后，4月28日召开了中央政治局第一次会议。根据毛泽东的建议，周恩来提议，会议通过了中共中央军委成员名单：主席毛泽东；副主席林彪、刘伯承、陈毅，徐向前、聂荣臻、叶剑英；委员有丁盛、王秉璋、王树声、王效禹、王辉球、韦国清、叶群、皮定均、刘丰、刘

① 《建国以来毛泽东文稿》第13册，第36—37页。
② 《建国以来毛泽东文稿》第13册，第38页。

兴元、刘贤权、许世友、陈士榘、陈先瑞、陈锡联、李天佑、李作鹏、李雪峰、李德生、吴法宪、张达志、张池明、张国华、张春桥、邱会作、杨得志、杜平、肖劲光、郑维山、冼恒汉、袁升平、梁兴初、黄永胜、曾绍山、曾思玉、彭绍辉、韩先楚、粟裕、温玉成、谢富治、谭甫仁、潘复生等。

会议还通过中央军委办事组组长为黄永胜，副组长吴法宪，成员（以姓氏笔画为序）为叶群、刘贤权、李天佑、李作鹏、李德生、邱会作、温玉成、谢富治。

5月27日，中共中央发出通知，向全党全军宣布了上述名单。

党的九大以后，李德生不仅进入了中央政治局，而且进入了军队的最高领导层。这不仅表明他肩上的担子越来越重了，而且也意味着他将面临着越来越复杂的斗争。

调京工作

中央政治局第一次会议结束以后，李德生即和出席党的九大的安徽代表回到合肥。

当时，李德生考虑到，自己当选为中央政治局候补委员之后，工作任务将会是繁重的，但是他认为自己主要还是应该根据党的九大精神，立足于安徽，把各项工作搞得更好，特别是要下大力按原定部署着重抓好经济建设。至于中央的工作，很可能就是到北京参加一些高层会议，或临时接受中央赋予的某一单项任务。李德生没有想到的是，仅仅过了两个多月，情况就发生了变化。

1969年7月下旬的一天，李德生正在开会，秘书进来要他去接周恩来的电话。李德生走出会议室来到电话机旁，接过电话，这时周恩来已经在那一头等着了。周恩来直截了当地说："德生同志，中央决定，调你到北京来工作。"

李德生听了周恩来传达的中央决定后，感到很突然。他在电话中向周恩来汇报说:“总理啊,我长期在军队,经验不多,比较适合在下面工作,是否请中央再考虑一下,我仍在安徽工作?”

周恩来答复说:“这是中央决定了的。请你尽快到北京来,来之前给中央办公厅打个电话,好安排飞机去接你。”

李德生放下电话,心情逐渐平静下来。他想,作为一个军人,对于上级的指示命令,应当无条件地执行。自己已经申述了意见,中央没有采纳,就不能再讲价钱,再有个人的任何考虑了。天大的困难,总不是不可逾越的,还有党,还有群众嘛!

于是,李德生简要地交代了一下工作,向地方的领导同志打了招呼,于7月28日中午乘坐中央派来的飞机赶到北京。

李德生下了飞机,刚到京西宾馆安置下,中央办公厅就打来电话通知说,周恩来下午3时在中南海怀仁堂接见他。

李德生准时来到怀仁堂,周恩来已经在那里审阅文件。他见李德生进来,就起身与他握手,亲切地让他坐下。周恩来对李德生说:“德生同志,毛主席、党中央决定你到中央来工作。现在想征求一下你的意见。你主要是在军委工作呢,还是主要在国务院工作?”

李德生长期在基层工作,养成了这样一种习惯,那就是不大愿意老是蹲在机关,总想下去多研究点新情况、新问题,干点新的工作。他总觉得,只有这样,工作才能有所作为,有所前进;自己也才能受到锻炼,得到提高。当时李德生在安徽工作已近两年,抓经济建设,抓工农业生产,刚开了个头,感到很有兴趣,很有抓头。

李德生回答说:“我在部队时间长了,愿意干地方的事。”

周恩来听了微微一笑,说:“中央已经决定了,你除了参加政治局活动外,还参加国务院业务组和军委办事组的活动,同时仍然兼着安徽省、安徽省军区和12军的职务。”

一听说中央已经决定,李德生便没有再说什么了。

接着,周恩来向李德生介绍了参加中央政治局活动的特点和要求,谈了国务院业务组和军委办事组的有关情况，鼓励他大胆工作。

周恩来还问李德生准备带几个工作人员来，家里有些什么人，什么时候把家搬到北京来？

周恩来考虑问题这样具体、细致，对下属如此关心，实在令李德生感动。当然，一贯严于律己的李德生是不会为这些个人小事去麻烦日理万机的周总理的！

李德生向周恩来提出：“我从安徽来的时候很仓促，很多事情没有具体交代，整个工作也要部署一下，可不可以回去几天？”

周恩来说：“准你一个月的假，回去安排一下，事情办完了，很快就回来。”

在接见过程中，周恩来那从容稳重的态度，平易近人的作风，温和亲切的谈话，使李德生感受到，周恩来既是一位为全党全军尊崇的领导人，又是一位可以信赖和推心置腹的长者。听了周恩来的一席谈话，真是胜读十年书啊！

然而，中央的工作毕竟不同于一个军、一个省的工作，何况当时正是林彪、“四人帮”篡夺了党和国家的相当一部分权力、“文化大革命”走向极端疯狂的时刻。李德生问自己：中央工作范围那么大，头绪那么多，情况那么复杂，责任那么重，困难那么多，应该从何处开始入手呢？想着想着，顿时有“丈二和尚摸不着头脑”的感觉。

从中南海驱车返回京西宾馆的路上，李德生把自己的感觉向秘书李有明说了，秘书也觉得到了北京，连接个电话也不知道该怎么应对。李德生深深感到，自己面临着的首先是一个需要很好学习、锻炼的问题。他为自己定下了一条宗旨，就是要坚持边学习、边工作、边锻炼、边提高，特别是要向毛主席、周总理学习，要在实践中锻炼。

毛泽东单独接见

李德生要向毛泽东、周恩来学习的愿望，很快就实现了。到北京不久，一天，周恩来通知李德生说，毛主席要接见他。李德生非常高兴，即随周恩来一起到了毛泽东那里。

李德生同周恩来进了室内，周恩来对毛泽东说："主席，德生同志来了。"

毛泽东抬起头来看看他们，李德生赶紧举手向他敬礼。只见毛泽东身着一身半旧的浅色睡衣，坐在沙发上。伟人的神态和气质，使李德生敬仰之情油然而生。毛泽东放下手里的书，同李德生握手，然后拍拍身边的沙发，要李德生坐在他的身边。李德生等周恩来在毛泽东的另一侧落坐后，才坐了下来。

李德生环视室内，看到陈设十分简朴：半圈沙发加茶几，沙发后面放着书柜。书柜里装满了书，其中有好多线装书。桌子上、茶几上也有一些打开的书，或夹了纸条的书。

这是李德生第一次受到毛泽东的单独接见，在这位人民军队的缔造者和伟大领袖面前，李德生的心情未免有点紧张。

毛泽东大概是看出了李德生拘谨的样子，随手拿起周恩来放在桌上的老花镜戴了一下，然后问李德生："你是不是也要戴眼镜了呀？"

李德生没有想到毛泽东的第一句话不是问工作、问经历，而是问一件生活小事，这使他的心情放松了下来，态度自然地回答说："看书的时候，也要戴花镜了。"

接着，毛泽东对李德生说："你是12军的，是南京军区的。我了解你，不是通过南京军区，而是通过其他同志了解的。他们都说你不错。"

毛泽东的话使李德生感到吃惊，原先他以为，毛泽东之所以了解他，大概就是前面提到的安徽那几件制止武斗、促进联合的事，因为那些事是毛泽东批转全国的。他怎么也没有想到毛泽东还通过其他同志了解了自己。像李德生这样一个军长，一个省革委会主任，在全军全国该有多少啊！

毛泽东向李德生询问了安徽的一些工作情况，李德生作了汇报。在汇报中，毛泽东偶尔也说到安徽的一些史地典故和历史名人。周恩来有时也插话谈到一些对安徽形势的看法。李德生觉得毛泽东、周恩来对安徽历史和现状的了解，其深刻性远远超过了他这个革委会主任。当时的情景真使人感到，似乎不是李德生在向毛泽东、周恩来汇报情况，而是他们在向李德生介绍安徽情况，共同研究怎样做好安徽的工作。

这是李德生调到中央后第一次受到毛泽东接见。李德生两眼注视着毛泽东，热切地盼望他对自己今后怎样搞好工作作指示、提要求，而且是越多越好，越具体越好。然而，毛泽东思路纵横驰骋，完全不像李德生想像的常规的工作方法。他谈起了党在历史上同“左”、右倾机会主义路线斗争的情况，又仔细询问李德生平常爱读什么书。

李德生看到毛泽东房间里那么多书，顿感惭愧。他回答说：“主席，我文化程度不高，除了学文化，就是读一些军事理论方面的书。”

毛泽东说：“你打了好多仗，但是光读军事书籍不行，还应该读点历史、文艺、科技方面的书。”接着问道：“你看过《红楼梦》吧？”

“看过，只是断断续续的，没有从头到尾完整地看一遍。”李德生如实地回答。

“要读《红楼梦》，要把它当历史读。”毛泽东指示说，并向李德生介绍了自己读《红楼梦》的经验：“我是读了五遍才能开讲的。”

这时，李德生心里想，毛泽东对《红楼梦》都读了好几遍，而自己要把它读出点味道来，从中领会那段复杂的历史，就更应该反复认真地去读才是啊。

在谈到学习历史时，毛泽东提出：“《天演论》和《通鉴纪事本末》也要看。”“《通鉴纪事本末》是中国历史的简明读本，我喜欢看这本书。看一遍不行，要看五遍。”

这是李德生第一次当面聆听毛泽东谈历史。后来，在政治局会议上，李德生常常听到他旁征博引，讲秦始皇如何统一六国的故事，讲汉王刘邦和吕后的故事，讲灌婴和周勃的故事，评说范文澜和郭沫若的历史著作的得失。毛泽东讲这些典故，李德生总感到他是有感而发，是有着具体的或广泛意义上的针对性的。

等毛泽东的思绪从历史回到了现实，周恩来向毛泽东汇报了对李德生的工作安排。

毛泽东听完周恩来的话，把眼光转向了李德生，似乎在征询他的意见，或者是要他表个态。

于是，李德生提出：“主席，我感到职务太多，担子太重，担心干不下来，安徽省和南京军区的工作是不是可以免掉。”

毛泽东立即把手一挥说：“不要免，一个也不要免。南京的不要免，安徽的也不要免。”

这时，周恩来鼓励李德生说：“德生同志，就按主席的指示，大胆地工作吧。”

毛泽东、周恩来给李德生压重担，显然是要让他接受更多的锻炼，积累更多方面的工作经验，以便今后承担更重要的任务。

毛泽东明确指示说：“你是一边工作，一边学习。三分之一时间在北京工作，三分之一时间读书学习，三分之一时间到下边搞调查研究。”

毛泽东的这番谈话，是李德生事先怎么也没有想到的。过去他听传达说，毛泽东集中讲某一个问题时，爱引用“不唱天，不唱地，只唱一本香山记”。这次，毛泽东对李德生是不讲工作任务，不提工作要求，只谈一个学习问题。毛泽东鼓励他向书本学习，向历史学习，向实践学习，向群众学习。而毛泽东不同意免除他在安徽的职务，正是便于他到下面搞调查，在实践中提高自己。

列宁说的“学习，学习，再学习”这一句话，李德生在红军时代就是熟知的，一直是努力照着去做的，而且得益匪浅。听了毛泽东的这番谈话后，他想到自己对现实中的很多东西不懂得、不理解，就更加领悟到，对他这个从军长岗位调到中央工作的人来说，认真学习是太重要了。在中央工作，要想把工作搞好，要想克服困难，毫无疑义，首先是应该努力学习。只有这样，才能使自己视野广阔，思路清晰，不致为狭隘的经验主义、脱离实际的教条主义所束缚。后来李德生从实践中进一步体会到，“学习，学习，再学习”，这恰恰是在中央工作最重要最基本的条件。

自从毛泽东这次接见以后，李德生就把毛泽东提出的“三个三分之一”当做座右铭。他请总政宣传部的一位同志给自己辅导讲解毛泽东让他学习的《通鉴纪事本末》。通过学习，李德生感到，以史为鉴，不仅可以“知兴替”，而且对现实斗争中的一些问题，往往感触更深，有一种豁然开朗的感觉。当然，简单对号，牵强附会，也会走入歧途。李德生体会到，把学习到的知识，融会贯通，去指导实践，收效才会好。运用之妙，是一门艺术，是领导干部必须努力把握好的一门艺术。

后来在批林批孔中，“四人帮”诬蔑李德生上了林彪的贼船，总政机关也有人出来贴大字报，说李德生学这些古籍知识是想当皇帝。如此奇谈怪论，真是令人啼笑皆非。不过，在“文化大革命”“左”的思潮盛行的年代里，捕风捉影、乱加联系、随便上纲的事，实在太多了。李德生认为自己受到这些攻击和诬蔑，也是不足为怪的，没有什么了不起。

李德生到北京工作之后，多次在政治局会议上听毛泽东讲话，也曾多次被毛泽东召见交待工作，向他汇报情况，涉及的问题，范围相当广泛。然而，毛泽东给李德生留下的最深的印象之一，还是他经常谈的学习问题。毛泽东那深邃的思想，渊博的知识，精辟的见解，博大的胸怀，使李德生受到的教育，真是振聋发聩，终生难忘。

但是，比较起来，李德生见毛泽东的机会毕竟还是较少的，而接触周恩来的机会却要多得多。因为周恩来主持政治局的日常工作，主持国务院业务组的工作，许多活动李德生都是要参加的。有时李德生和周恩来几乎每天都要在会上见面。周恩来对革命事业的赤胆忠心，日理万机的过人智慧，光明磊落的人格魅力，工作指导的严谨缜密，平易近人、和蔼可亲的优良作风，以及他善于处理国际国内事务的高超领导艺术，一直是李德生在工作实践中效法的榜样。

国务院业务组

经周恩来批准，李德生请假回安徽，把全省的重要工作一一作了部署和交代。他要求省委的同志一定要加强集体领导，大胆抓好工作，重大问题要及时与他联系。接着，李德生又到一些地、市巡回检查，并针对各地的工作情况提出了要求。

9月底，李德生回到北京，开始参加中央的工作，也就是开始了边学习、边调研、边工作的实践。按照周恩来与他谈话的要求，李德生首先是要参加中央政治局的活动，其次是参加国务院业务组和军委办事组的活动。

从那一段时间看，李德生感到学习体会最深的，是在国务院业务组。

国务院业务组实际上是总理的工作班子，它是在1967年初“文化大革命”那种特殊情况下成立的。

为什么要成立国务院业务组呢？这得从“文化大革命”开始说起。“文化大革命”发动以后，国务院的几位副总理和许多部委领导很快都被批斗，原有的机构都被砸烂，正常工作无法开展，对国家经济建设形成了严重冲击。周恩来忧心如焚，急谋对策。1966年11月19日，周恩来出席谷牧主持的工交座谈会时，把当时的形势概括为“方兴未艾，欲罢不能，大势所趋，因势利导”四句话，要求大家勇入“苦海”。周恩来提出：要组织国务院业务组，抓工交企业的生产，管理经济工作；工交战线进行“文化大革命”，必须充分考虑企业特点，在党委领导下分批分期进行，坚持八小时工作制，业余闹革命，不得擅自离开岗位，不搞跨地区串连。1967

年初，他在一次中央碰头会上提出，为了贯彻毛主席抓革命、促生产的指示，建议成立一个中央的业务组，专门抓全国各条战线的生产和工作。他的这个建议获得了通过，从此才有了担负国务院日常工作的国务院业务组。业务组在周恩来的主持下，处理国务院的日常工作。

国务院业务组的成员，相当于“文化大革命”前由副总理组成的国务院常务会议的成员。开始时人数比较多，有周恩来、陈云、李富春、李先念、聂荣臻、谭震林、粟裕、谢富治、杨成武、余秋里、谷牧等。这反映了周恩来尽可能多地留下一些老同志开展工作的想法。但是，没有过多久，陈云、李富春等便被迫停止了工作。接着，又发生了所谓“二月逆流”事件，谭震林被批判，也不能工作了。余秋里、谷牧被打成“二月逆流”的“小伙计”和“帮凶”，工作起来也很困难。后来，江青一伙又制造了杨、余、傅事件，杨成武也不能工作了。

1968年3月30日，《人民日报》、《红旗》杂志、《解放军报》发表了《革命委员会好》的社论。社论赞扬了“革命委员会”这一权力机构是“新生事物”，是“一种创造”，还把“精兵简政”作为一条重要经验加以肯定。这篇社论是根据毛泽东的指示精神写成的。社论发表以后，全国上下立即贯彻执行。在这种情况下，周恩来为争取主动，也马上对国务院机构的改组进行酝酿，并研究和制定方案。

隔了一年多，1969年5月29日，根据周恩来的建议，在毛泽东住处召开会议，由周恩来汇报国务院业务组改组，以及国务院各部委合并、撤销、精简和准备成立各单位革命委员会及其领导小组的初步方案，并提出党中央部门进行改革的问题。

毛泽东听了汇报后指示：就照谈定的原则去做，但国务院业务组的人员调整，需等纪登奎、李德生二人到京后，先确定二人分工，再提出正式名单。[①]

① 《周恩来年谱》(1949-1976)下卷，第300—301页。

1969年6月10日，周恩来召集国务院直属各部门负责人（包括在国务院“支左”的军队干部和群众组织代表）会议，传达经中央讨论过的政府各部门精简方案。他在会上正式宣布，国务院业务组增加纪登奎和李德生二人。

7月3日，周恩来给毛泽东的报告中提出，精简后的国务院业务组，拟由周恩来、谢富治、李先念、纪登奎、李德生、李富春、余秋里、粟裕、苏静（时任国家经委、国家计委军管会主任）9人组成，周恩来为组长，李先念、纪登奎为副组长，李震、丘国光（时任卫生部军管会主任）、刘西尧列席。报告还提出，国务院所属原62个部门拟合并为21个单位，全部下放的行政人员计21万人。当天，毛泽东批示：“原则同意。”等李德生和纪登奎到国务院业务组工作的时候，经常参加会议的实际上只有周恩来、李先念、余秋里、谷牧等几位同志了，到1971年又增加了华国锋。这样，改组后的国务院业务组正式组成，随后又进行了分工：

周恩来：外交、科学、统战。

李先念：财政、银行、外贸、外经、卫生、直属口。

纪登奎：农业、商业。

谢富治(李震)：公安、政法。

李德生：参与国防工业(后分管水电和体委)。

李富春：冶金、水电、机械、轻纺。

粟　裕：国防工业。

苏　静：计委、建委、煤炭、石油、化工。

余秋里：铁路、交通、邮电、计划。

新组建的业务组和原来的业务组相比，成员增加了，工作范围和任务几乎包括了国务院的各方面工作，实际上开始起着国务院常务会议的作用。

关于纪登奎、李德生两人的工作安排，周恩来在6月25日、7月3日两次给毛泽东的报告中说，纪、李两同志的分工已在中央有关会议上谈定，他们在党中央除参加集体会议、接受临时任务外，纪固定管理整党建党工作和工、青、妇的革命运动，李固定管理军委办事组的总政工作，二人均参加国务院业务组，并保留在外省和军队所兼的职务。

这里提到的党中央集体会议，指的是中共中央政治局日常工作会议，当时由周恩来、陈伯达、康生、江青、姚文元、黄永胜、吴法宪、叶群、谢富治、李作鹏、邱会作、李德生、纪登奎13人组成。李德生调到中央后，这样的集体会议一般都参加了。通过这些会议，他了解到党内上层的许多情况，学到了不少在下面学不到的东西。

国务院业务组的调整和加强，是周恩来呕心沥血、千方百计运筹的结果。李德生切身体会到，在当时那种特定的历史条件下，周恩来时时刻刻关注的是，怎样使一个大国的政府工作还能艰难地运转下去。

国务院业务组成立后，各省、市、自治区也仿效这一做法，成立了专门抓生产的班子，大多叫生产指挥组，负责制定经济计划，组织指挥生产。一个生产指挥组，要管理农、工、商、林、渔、牧、副等诸多行业，显然是无法适应社会经济发展要求的。但是，有了这个组织，情况毕竟好多了。因为有了它，政府组织领导社会生产和社会经济的职能，才没有完全失去。

九一三事件以后，国务院业务组的成员又有了一些变动：1972年7月，增加了陈云，与此同时，还增加了王震、王观澜；1973年3月，增加了邓小平；在此期间，谷牧又重新参加了国务院业务组的工作。

国务院业务组一直到1975年1月第四届全国人大第一次会议召开时，选举任命了国务院总理、副总理、各部部长之后才宣告结束。

在国务院业务组存在的近8年时间里，它历尽艰难地履行了国务院的基本职责，勉强地完成了各项工作任务。

这里需要提到的是，这时的总理办公室却已是精干得无法再精干了。还在“文化大革命”前两年，周恩来在考虑机关革命化问题时，就打算抓一下国务院的机构精简，其中也包括总理办公室在内。在酝酿过程中，一次，毛泽东对周恩来半开玩笑地说：“你留那么多秘书干什么，让秘书牵着鼻子走！”当时，有一位领导同志的两位秘书在外事工作上出了差错，耽误了一件大事。对此，毛泽东批评说：“秘书太多会误事”。周恩来认为“秘书最多的当然是我这里了”。1964年12月15日，他在中央政治局会议上表示，自己要做一个彻底革命派，那个办公室不要了。1965年初，总理办公室正式撤销，改为总理值班室，把大部分秘书都调走了。在周恩来身边只有两个秘书，一个管内政，一个管外交。“文化大革命”开始以后，周恩来的工作量急剧增加，许多具体事务性工作，也不得不由这位早已患有心脏病且已70高龄的政府首脑亲自动手了。

第一课

李德生第一次参加国务院业务组会议时，感受最深的是上了我党我军优良传统的第一课。

国务院会议厅，坐落在中南海北区，是一座老式四合院。这是国务院举行全体会议、常务会议，商议和决定国家大事的地方。

首先印入李德生眼帘的，是门口两侧挂着的毛泽东手写的“实事求是”、“艰苦朴素”两块匾幅。这8个大字是我党我军优良传统的重要内容，也是李德生所熟悉并实践过的。这表明，这里的主政者是要以此作为处理国家大事的准绳的。

李德生走进会议厅后，见到的是厅内放着几排桌椅，在一个长会议桌的一头中间是周恩来的座位，桌子两侧是业务组成员的座位，后边一两排桌椅，则是列席会议的有关部长和工作人员的座席。会议厅面积不大，座位也不是很多，墙壁已有多年没有粉刷，光线似乎有些暗淡。除了安装有暖气、冷风之外，室内几乎没有搞什么装修。给人的印象，整个室内的布置是很朴素很简单的。作为一个泱泱大国中央政府的议事厅，怎么说也显得不够“标准”，更谈不上气派。

李德生早就听说过，还在1956年，一些部委的领导同志就提出要兴建政府办公大楼，并且选好了地址，做好了规划。在报到周恩来那里以后，他坚决不同意，并且对薄一波讲："我们共产党是为人民服务的，只要我当一天总理，就不盖国务院大楼。"1959年，在筹建人民大会堂等"十大建筑"过程中，有关部门又提出兴建政府办公大楼的计划，周恩来再次对相关部门表示：只要我当总理，你们就要把大兴土木的念头取消，国务院不能带这个头。所以，从新中国成立直到"文化大革命"，这个四合院一直是国务院举行会议的地方。从这个会议厅的简陋，李德生想到周恩来为什么胸前总是别着一枚"为人民服务"的徽章，原来他是把党的为人民服务的宗旨时刻装在心里。

李德生参加中央工作后，到国务院业务组开的会是很多的，参加讨论过的问题也很广泛。据有关资料记载，仅1970年，业务组就召开50多次会议，解决的问题有：讨论和制定了当年国民经济发展计划、准备四届人大、在建和决定新建的重大项目，处理国民经济运转中亟待解决的问题以及国务院机构调整、精减整编等重要事项。周恩来两次主持国务院业务组会议，专门讨论研究水电部和湖北省革命委员会负责人关于修建长江葛洲坝水利枢纽工程的建议和工程设计情况。这些会议李德生大都参加了，还当面受领了周恩来赋予他管水利的任务。

国务院业务组的会议，由于会前一般都有明确的议题，有的还印发了文件，所以李德生在接到通知后总是要认真准备，有所思考，在会上他则注意了解情况，听取发言，并积极发表自己的看法。

李德生对周恩来主持议事的民主方法十分敬佩。每次开会时，周恩来总是先请有关同志简要介绍情况，拿出需要解决问题的几种方案；凡涉及几个部委的事，则请各单位补充相关情况，并提出自己的意见。周恩来十分重视听取各种意见，特别是不同的意见。他总是循循诱导，鼓励大家畅所欲言，发表意见。经过这样有情况、有依据、有解决办法的讨论之后，周恩来才最后归纳，作出决定。国务院业务组成员之间，相互尊重、议事共事的气氛也是很融洽的。因此，李德生觉得每参加国务院业务组的一次会议，就好像住了一期学习班，每次都有收获。特别是周恩来那种遇事和大家商量、发扬民主、倾听意见、服从真理的科学态度和作风，给了李德生很深的感受。

周恩来的廉政作风是众所周知的。国务院业务组在生活小事上也是严格要求、公私分明的。开会时只免费供应白开水。如要喝茶，则自己掏钱买，两角钱一包。除五角钱的夜餐算是加班由公家报销外，平时吃饭记账，每月结账交款。总之，从国家大事到生活小事，业务组都体现了周恩来的廉政作风。

李德生感到，能够在周恩来的直接领导下，在国务院业务组工作一段时间，这真是他一生中的大幸事。由于这一段时间，正是“文革”动荡剧烈的年月，所以许多事情给李德生留下的记忆特别深刻。

为了使国家的日常活动得以正常运转，使人民的衣食住行得到切实保障，周恩来付出了多么大的精力，克服了多么大的困难啊！

为了尽量减少“文化大革命”所造成的损失，周恩来以及许多忠于党的社会主义事业的领导干部，又是怎样作出了坚持不懈的努力啊！

常言道，沧海横流，方显出英雄本色。如同对所有的人民公仆和领导干部一样，周恩来那坚定的共产主义信念，顽强的革命毅力，崇高的思想品德，超人的胆识和非凡的机敏，在李德生的脑海里刻下了永不磨灭的烙印，成为他毕生努力学习、积极工作的强大精神动力。

步履维艰

李德生参加国务院业务组工作后，感到摆在这些负责经济工作领导同志面前的最大问题，是如何排除极左的干扰，处理好革命与生产的关系。林彪、江青一伙动不动就指责别人，是以生产压革命，搞得人们不敢大胆去抓经济工作。周恩来不得不顶逆流，战恶浪，设法打破他们设置的障碍，既抓“革命”，又促生产，以解决人民的生活问题。李德生参加国务院业务组工作以后，耳闻目睹了周恩来领导经济工作的艰难。

李德生了解到，还在1966年10月召开的中央工作会议，即林彪提出“这次‘文化大革命’运动的错误路线主要是刘、邓发起的”那次会议上，毛泽东面临着全国混乱的局面，不得不重申他在“五一六通知”中提出过的“抓革命、促生产”的思想，这对林彪、江青一伙煽动的“停产闹革命”显然是一种制约。周恩来据此立即主持撰写了《再论抓革命促生产》的文章，在11月10日《人民日报》上作为社论发表。社论向人民群众表达了这样的思想：必须保证和维护国民经济的正常运行，才能支撑这场政治运动的发展。社论指出：“国民经济是一个整体，工业生产是一个整体，一个环节扣一个环节，只要某一部门脱节，就可能影响全局”。“工农业生产稍有间断，就会影响到人民的经济生活”。社论批评只强调“抓革命”而不讲“促生产”是错误的。

然而，问题不在于要不要维护国民经济的发展，而在于到底怎样去维护国民经济的发展。在毛泽东看来，发展经济存在着两条路线的斗争。抓生产一定要注意路线问题。正确的路线是必须把“革命”放在第一位，用“革命”去促“生产”，不能为生产而抓生产。“文化大革命”，就是要使人的思想革命化，从而使各项工作做得更好。林彪迎合毛泽东的思想说：“大道理是革命。革命才是第一位的，革命管一切！”变相地宣传他的“突出政治”的那一套。

正因为如此，所以，1966年11月10日，当上海“工总司”制造了沪宁铁路全线中断行车30个小时的安亭事件后，毛泽东在11月16日的中央政治局会议上，却对这个严重事件表示了肯定和支持。

后来李德生亲自听到，毛泽东在党的九大的讲话中说到多数工厂的领导权不在工人手里这个问题时，指出，其表现就是领导工厂的人“是跟着过去刘少奇那种路线走，无非是搞什么物质刺激、利润挂帅，不提倡无产阶级政治，搞什么奖金，等等”[①]。显然，毛泽东在这里强调的正确路线，是以政治挂帅、阶级斗争、斗私批修，不断改变人们地位的办法，提高人的精神状态，造成一种类似革命时期的激动，将战争年代的那种“毫不利己、专门利人”的普遍的献身精神固定化、持续化，从而去推动生产。李德生表示，从战争实践来看，他是十分赞赏人们具有崇高的社会主义道德风貌的，然而他也懂得这种理想并非空中楼阁，而是与社会物质财富的增长同步发展的。李德生从在江苏、安徽两省的地方工作中，也深深感到，没有生产，哪有革命啊！

“文化大革命”的实践表明，我们国家的经济情况并未按照毛泽东的逻辑发展。主张只要抓好革命生产就自然上去了的林彪、江青一伙，认为《人民日报》的社论压制了工人闹革命，诬蔑周恩来是“救火队长”，甚至说“文革中存在着新文革与旧政府的矛盾”。在他们的蛊惑下，红卫兵到处冲杀，停产闹革命风行，“一月风暴”开始的夺权，导致了全面内战的爆发。特别是1966年12月6日，林彪在他主持召开的中央政治局扩大会议上，否定了周恩来让谷牧主持制定的工矿企业要业余闹革命的《汇报提纲》，下发了陈伯达一伙起草的《关于抓革命、促生产的十条规定（草案）》。这个《草案》规定，工人群众可以建立革命组织，可以串联。12月15日，林彪又主持中央政治局扩大会议，通过了《关于农村无产阶级文化大革命的指示（草案）》。这个《草案》又规定，农村文化大革命也要采用大鸣、大放、大字报、大辩论的“四大”方式，实行大民主。与此同时，建国17年来积累起来的组织管理国民经济的政策和经验，被视为修正主义路线而加以批判。例如，把克服生活困难而允许农民有少量自留地批为“复辟资本主义”，鼓吹“穷过渡”；把用经济办法管理经济诬为资产阶级自由化，鼓吹“只算政治账，不算经济账”；把按劳分配说成是腐蚀“工人阶级”，鼓吹平均主义，“吃大锅饭”；把必要的规章制度斥为“修正主义的关、卡、压”，鼓吹要建

① 《建国以来毛泽东文稿》第13册，第36页。

立没有规章制度的工厂，煽动无政府主义，等等。这样一来，就进一步造成了全国大乱，交通中断，生产瘫痪，经济工作简直无法运转下去。

从此以后，在抓革命、促生产的问题上，一直进行着尖锐的斗争。周恩来等国务院的领导同志，为避免造成大的损失，坚持生产绝对不能停。认为生产一停，经济一乱，连革命也无法正常进行。乱中夺权的林彪、江青等人，则认为这是“以生产压革命”，叫嚷要让“文化大革命”席卷每一个领域，渗透每一个领域。他们把革命与生产对立起来，大肆贬低生产的重要性，其矛头是明显指向周恩来的。林彪反革命集团和“四人帮”挥舞的“唯生产力论”大棒，使人们对经济建设、劳动生产无所适从，“谈虎色变”，望而却步，从而把整个国民经济推向崩溃的边缘。

李德生亲眼看到了周恩来作为政府首脑，是如何以极大的智慧和忍耐，一面要对付林彪、江青等人的无理纠缠，排除其干扰，一面又要领导和组织全国人民进行工农业生产和各项建设事业的困难情景。当时，许多国营企业“停产闹革命”，商店里甚至连吃饭的锅碗都买不到。周恩来心急如焚，连夜商讨，采取措施，改变现状。他及时发现并大力扶持湖北省“五小”工业的发展。我国的大型企业马鞍山钢铁厂由于打派仗，生产一度停顿。周恩来每天都要了解这个厂的情况，指示做好工人的工作，消除派性，恢复生产。为了解决人民的吃饭穿衣问题，他利用一切可以利用的机会，协调各方面的关系，推动农业生产向前发展。他主持召开相关工作会议，认真研究并采取具体措施，鼓励大家把生产搞上去，使历史上多灾低产的冀、鲁、豫三省实现粮食自给有余。他主持召开全国粮、棉、油、糖生产会议，把植棉先进单位的代表请到台前，进行鼓励。他十分关心老区的经济建设和群众生活，专门请延安地区各县的同志来京开会，研究和制定改变延安生产落后面貌的规划。1973年，周恩来已是恶病缠身，当他得悉延安地区负责人保证五年内肯定实现粮食翻番时，激动不已，高兴极了，好像他自己的病情也减轻了许多。

李德生对周恩来忧国忧民的高尚情操和置个人安危于度外的革命精

神，感到由衷地敬佩，并决心竭尽所能，以自己的实际行动，努力做好国务院业务组分给他的那一份工作。即使这只能稍微减轻周恩来的负担，他觉得其愿亦足矣。

总算有了个计划

为了熟悉国务院业务组的工作，周恩来让李德生先了解一些有关情况，看看1969年第一季度的国民经济计划。

李德生看了这个计划后，感到很奇怪，为什么没有1969年的全年计划而只有个季度计划呢？于是，他去向李先念、余秋里等同志请教。经他们介绍，李德生才知道，就是这样一个季度的计划安排，也是来之不易的。

原来，“文化大革命”开始以后，在到处向“走资派”夺权和“踢开党委闹革命”的形势下，国民经济一直受到社会动乱的破坏和冲击。1966年下半年，红卫兵组织的成立和全国的大串连，使工业和交通运输业受到了很大损失。好在当时的生产指挥系统还未被完全打乱，所以到1966年底，国民经济发展情况总的说还是可以的。当时，国务院搞了个1967年国民经济发展计划，周恩来审查后上报党中央。但是，在林彪、江青的干扰下，中央一直没有批准下达。所以这一年是有计划而被废弃了，全国经济处于无政府状态之中。尽管周恩来取得毛泽东的支持，采取了一些制止生产下降的措施，但因动乱的局面无法扭转，所以经济形势急剧恶化。到了1968年，连制定年度计划的条件也不具备了。这一年成了历史上从没有过的无年度计划的一年。企业内部的许多行之有效的规章制度，如工业七十条等，都被当成修正主义的“管、卡、压”而遭到批判。党委领导下的厂长负责制、按劳分配原则、利润指标等，也被当作资本主义的东西加以摒弃。在极为困难的情况下，周恩来仍主持国务院部署了华北地区打机井的工作，并对全面发展农业做了安排。但是，这种努力，只是减轻了经济形势的恶化，却并未能从根本上解决问题。

1968年底，周恩来考虑，1969年不能再没有计划了。经毛泽东同意，周恩来批准，召开了全国计划工作会议。当时，各级革委会已陆续建立，国内形势稍趋安定。会议由国家计委、建委军管会的同志负责召集，由中央各部门、各省市自治区军管会的同志和群众代表参加。这次会议以大批判开路，很少讨论计划问题，或者一接触具体问题，便结束了讨论。在这种情况下，1969年的年度计划没有能够搞出来。对此，周恩来非常着急。后来余秋里按照周恩来的意图，组织一些同志搞了一个1969年第一季度的计划安排方案，提出了几个关系国民生计的重要指标。这个方案送周恩来审阅后报请毛泽东审批，毛泽东很快就同意了。这样，1969年一开头，总算是有了一个可供遵循的东西。

李德生了解上述情况后，对周恩来、李先念、余秋里等同志那种以党的事业为重的全局观念，那种以人民利益为最高利益的认真负责精神，无限敬佩，决心在他们的领导下，贡献微薄之力。

1969年，周恩来和国务院业务组开始着手恢复各主要工业部门和其他综合经济部门的工作，加强了从宏观上对国民经济的调控，国民经济有所回升，市场供应情况也有所好转。

1970年是我国第三个五年计划的最后一年。在1969年国民经济有所回升的时候，周恩来就指示李先念、余秋里等同志研究制定“四五”计划，以使全国经济走向正常轨道。他考虑到当时制定详细的“四五”计划的条件尚不具备，于是提出可以先搞一个计划纲要。1970年二三月间，根据周恩来的指示，召开了全国计划会议。会议拟定了《1970年和第四个五年国民经济计划纲要（草案）》。“四五”计划纲要草案，原准备提交九届二中全会讨论的，后来由于陈伯达、林彪在庐山的干扰而被搁置下来了。

按照上述纲要的要求，对1970年的经济建设，中央采取了一系列措施，广大干部表现了很高的热情，从而使内地的战略后方建设很快地铺开了，地方“五小”工业（小钢铁、小机械、小化肥、小煤窑、小水泥）得到了迅速发展，一些重大工程项目相继开花结果。4月24日，我国第一颗人造地球卫星发射成功。7月1日，全长1083公里穿越地质结构复杂的崇山峻岭的成昆铁路建成通车，全长816公里的焦枝铁路也宣告建成。1970年的国民经济取得了较大的进展，第三个五年计划原定的主要目标基本完成。

但是，由于林彪一伙按照“用打仗的观点，观察一切，检查一切，落实一切”的要求，提出了庞大的国防建设计划，邱会作等人先后提出，要搞“独立的完整的国防工业体系”，“要比洋人还要洋”，并宣扬“什么比例不比例，打仗就是比例”的谬论。他们不顾综合平衡，大上军工项目，在经济管理上搞瞎指挥，再加上过急地把中央企事业单位大规模地下放给地方，使经济建设存在着严重隐患。

虽然如此，但经济建设总算是提到了日程上，比叫嚷“以生产压革命”时的停工停产总算是有了一个进步。所以，从1969年起到1973年（即在1974年批林批孔之前）的五年间，我国的经济建设还是在缓慢地稳步回升。李德生亲历了这一过程，参与了中央的领导工作，并为此做出了自己应有的努力。

但是，这时在经济建设中又开始出现新的问题。1970年3月，在纪念《鞍钢宪法》发表10周年之际，鞍钢提出了5年内钢产量翻一番的口号。这一口号得到毛泽东的赞同和全国的响应，于是一场新的经济冒进又在全国迅速展开。到了这一年的11月，毛泽东从实践中有了新的认识。他告诫说，现在要警惕，要防止有些人动不动就要翻一番。周恩来也多次讲计划要留有余地。然而，这些正确的思想并未能阻止计划中高指标的改变，经济建设中仍然存在着严重的潜在危险。

“整顿”序幕

1971年9月林彪叛逃后，在毛泽东的支持下，由周恩来主持中央日常工作。李德生作为国务院业务组成员之一，与周恩来有了更多的接触。

1971年12月16日至1972年2月12日，在北京召开了全国计划会议。会前，周恩来于12月5日在听取国家计划委员会的汇报时，明确提出了“整顿”的主张。他说：现在我们的企业管理乱得很，要整顿。批林必须联系经济战线上的实际，清除林彪一伙干扰破坏造成的恶果。

根据周恩来的指示和会议讨论的意见，全国计划会议起草了《一九七二年全国计划会议纪要》，提出了若干整顿措施，其中包括加强统一计划，整顿企业管理，落实党对干部、工人和技术人员的政策，坚持又红又专，反对“空头政治”，反对无政府主义等。在企业的管理上，明确规定企业要恢复和健全岗位责任制、经济核算制、考勤制度、技术操作规程、质量检验制度、安全生产制度、设备维修管理制度七项制度，企业要抓产量、品种、质量、原材料、燃料、动力消耗、劳动生产率七项指标。会议纪要经周恩来主持讨论定稿后，由国务院报请中央建议批转下发。但是，张春桥却跳出来反对整顿，说“文件长了，不好发”。还认为批林彪的“空头政治”就是批“文化大革命”，从而否定了这份文件。这份文件虽未下发，但是在实际工作中，周恩来并没有因此放弃为整顿而作出的努力。

1973年1月7日至3月30日，全国计划会议在北京举行。在会议上，整顿与反整顿的斗争又掀起了一个波浪。周恩来于2月16日在听取文件起草情况汇报时说：“鉴于1970年大膨胀，72年没有抓”，今年要“经常检查”。他特别强调：“整顿的方针要写清楚”。他还指出要贯彻按劳分配的原则，实行必要的奖励制度；并批评了不说老实话等不正之风。这次会议揭露和批判了林彪一伙破坏国家计划的罪行，讨论了国家计委根据1972年初周恩来对解决“三个突破”（即职工人数、工资总额、粮食销售量突破最高限额）问题的意见而起草的《关于坚持统一计划，加强经济管理的规定》。这个文件从纠正生产建设上存在的极左思潮和无政府状态出发，规定了十条不得违反的纪律。在讨论中，28个省、市、自治区的代表，对这个文件都表示赞成。面对这种情况，张春桥却说：“拿多数压我们，我坚决反对，我们是光荣的孤立。”最后，他利用手中的权力，强令把文件收回。

尽管如此，但文件和会议的精神仍然通过代表们的传达，在实际工作中产生了积极的作用。

李德生从自己接触和亲自参与的事情中，深感周恩来提出的整顿是十分必要的。否则，国民经济就很难从混乱中走出来。

其中一件事是军用飞机生产的质量问题。1971年12月15日，周恩来对外援飞机的质量不合格问题作了如下严肃的批示："歼六40架，原说是为援外装配的。一经检查，便有7架不能交付，占全数的17.5%。只此一端，就可看出我们飞机生产质量下降到什么程度，还不够提起警惕么！"接着他又多次就歼六飞机质量问题作了指示，严令"必须严格执行试飞和全检制度，合格方许出厂"。①

歼六是超音速歼击机，1964年定型生产。1969年开始进行改型设计，性能虽有所改进，但也出现过严重的质量问题。1969年4月12日，周恩来专门召集国防工办、冶金部、一机部、三机部、七机部等部门军管会和抓生产的负责人谈话，对因取消合理的规章制度而导致飞机屡出质量事故，提出严厉批评。他质问：飞机因质量事故影响到战备和援外，影响到安全。你们都是空军来的，怎么能对同志的性命这样不负责任呢？他批评道：你们就是怕事，怕群众。我是早上看到报告的，看后非常难过，军事工厂哪能搞成这样！你们现在还说检验制度正在逐步恢复。什么逐步恢复？你们怎么能这样说话，怎么能用这样的词句？不是逐步恢复，而是应当马上恢复！你们应当下命令嘛！改革不合理的规章制度，合理的还是要保留，一概取消是不符合毛泽东思想的，是不尊重科学的。有些人要把一切制度砸烂，这是极左思潮。对西北、西南、东北都要派人去检查。20年来，毛主席的红线还是主要的，不能否定一切，要一分为二，不然20年的工业生产怎么能发展起来呢！②

到了1971年，歼六又一次出现了质量问题，周恩来指示国防工业办

① 《周恩来年谱》(1949—1976)下卷，第499—500页。

② 《周恩来年谱》(1949—1976)下卷，第291—292页。

公室、第三机械工业部派人去工厂检查落实，看究竟有多少架已生产的歼六飞机符合援外要求。1971年12月26日，周恩来在军委召开的航空产品质量座谈会上要求：各单位一把手要亲自抓产品质量，要对党、对人民负责，对祖国的荣誉和战士的安危负责，要安全第一，重视质量。又说：一架飞机质量不好我心里也不安，我有责任，我要负责。他还提出了“三抓”、“三促”的口号：抓援外，促质量；抓歼六，促其他；抓航空工业，促国防工业和民用工业。在周恩来和叶剑英的领导和督促下，歼六型飞机的质量逐渐有了提高。

1972年10月9日，周恩来就一架援外军用飞机发生空中爆炸事批告叶剑英、李德生等，要求国防部和空军向受援国家表示沉痛反省，并负责运回检查；此外对其他援助军火也要立即暂停使用和严格检查。

根据周恩来的指示，李德生积极协助叶剑英督促有关部门和空军，严肃处理了这一事件，从政治上挽回了影响。

李德生说，他经历的还有一件事，就是关于气象预报的整顿问题。1972年夏，由于对第三号台风预报不及时，造成了人民生命财产的损失。中央气象局为此给国务院写了《关于今年第三号台风预报的初步检查报告》。周恩来看了这份报告，于1972年7月30日在报告上给叶剑英、李先念等写了如下批语：“请你们乘此由国务院业务组将气象局业务抓起来，体制暂时不管。”“总参、海军、空军哪一位管气象？请剑、春、德（注：即叶剑英、张春桥、李德生）三位指定专人参加国务院业务组会议，整顿气象局全国布局。”“凡属空白地区、海岸都要分类补上，对北线西线寒流、东线南线暖流也要管。人不够，要从‘五七’干校调回，或者将转业或遣散走的调回。要打破军民界限，共同协力，军民两用。”周恩来的批语强调要“预防各种气象变化，特别要防气流、大风突变转向。总结经验，并且要考虑到空气中有无新的因素、元素增变”。[①]

① 《周恩来年谱》（1949—1976）下卷，第541页。

这里说的“体制”问题，指的是1969年12月14日国务院、中央军委曾发出通知，将总参谋部气象局与中央气象局合并，称中央气象局，归总参谋部领导。对这种做法，许多同志是不赞成的。当时因为要及时处理台风灾害问题，所以周恩来批示“暂时不管”。

李德生看了中央气象局的报告和周恩来的批示，认为的确应该乘此把气象局业务抓起来。三号台风预报不及时，是因为许多技术人员转业或到五七干校去了。这种情况必须尽快加以改变。

叶剑英也当面向李德生交代，要他具体负责抓好这件事。叶剑英说，要把这个工作抓起来，和军队有关嘛！李德生排除了种种干扰，积极落实了周恩来和叶剑英的指示，将一些被打倒、被批判靠边站的同志调了回来，恢复了他们的工作，从而使气象工作的面貌逐渐有了改观。

分管水电

李德生参加国务院业务组的工作后，按照周恩来的安排，一段时间主要分管水电部和体委的工作。华国锋调来中央后，水电部的工作交给他管，李德生就不管了。

周恩来对水电工作非常重视。他告诉李德生，建国以来，有两件事是他非常关注的，一件是上天，一件是水利。1972年11月21日，周恩来在长江葛洲坝工程汇报会上又讲到：“解放后二十年我关心两件事，一个上天，一个水利。这是关系人民生命的大事，我虽是外行，也要抓。”李德生深知，周恩来关心的这两件事，前者是关系到发展现代科学技术和建设强大国防的问题；后者是关系到为亿万人民群众除害造福的问题。两者都是事关全局的大问题。

尽管李德生觉得让自己具体抓这些工作还没有把握，但看到周恩来日理万机，夜以继日地工作，感到确实不该推辞。李德生心想，水电部门本来是周恩来亲自管的，若有问题可以直接请示他。只要自己肯于学习，周恩来肯定会教而不倦的。

当时主持水电部工作的副部长钱正英，听说李德生分管他们部的工作，就主动上门来汇报情况。钱正英过去在江苏视察水利工程时，曾和时任驻防苏北的12军军长李德生有过接触。可以说，他们已是老熟人了。

钱正英是位著名的水利专家，女中豪杰。她20世纪30年代肄业于上海大同大学土木工程系，40年代参加革命，在解放区从事水利建设，从1952年起就担任新中国水利部副部长，深得周恩来赞赏。她经常是一身普通干部的打扮，身着布制服，脚登力士鞋，显露出一副亲切感人的样子。她对全国水利建设的情况非常熟悉，谈起工作中的情况来具体明了，对许多问题有独到的见解，而且经常辩证地阐述有关水利建设的方案，让人很快就对全国水电形势有清晰的了解。李德生与钱正英接触多了以后，不禁感叹，强将手下无弱兵，周恩来选用的干部，几乎都有各自的特点和专长，又都体现了周恩来那种办事认真、周到、高效、严谨的作风。

1969年11月12日，国务院治淮规划小组正式成立，由李德生、钱正英、彭冲（江苏省）、穆林（山东省）、王维群（河南省）、吴斗泉（安徽省）6人组成，李德生任组长，参与领导了治淮工作。此后，在张文碧部长，钱正英、杜兴桓副部长等的具体筹划下，召开了有关省市领导参加的治淮工作会议，讨论了进一步治理淮河的规划和部署。还专门研究了发展小水电事业的设想和具体措施。钱正英曾对笔者说，当时什么都上纲上线，水电工作也是如此。比如说小水电遍地开花是毛主席革命路线，除此之外，则是资产阶级反动路线。显然，这是不科学的，是形而上学的。而李德生在实际工作中是尽可能地不使业务工作贴上政治标签，坚持按科学办事，敢于纠正实践已经证明了的错误决策。

李德生分管水电部工作时，正是葛洲坝工程紧张的筹建时期。葛洲坝工程是毛泽东十分重视、周恩来亲自组织实施的全国重点建设项目，是当时水电部的中心工作。因此，李德生对葛洲坝工程付出了相当的精力。他从看到的材料中，了解到关于这个工程的一些历史情况。

从1958年以来，周恩来受中央委托，一直亲自领导长江流域规划和三峡工程的前期工作。1958年二三月间，根据毛泽东的意见，周恩来和国务院副总理李富春、李先念一起，率领大批干部和中外专家，在湖北、湖南、四川三省领导同志的陪同下，乘船从武汉出发，沿江而上，历时一周，对荆江大堤和三峡坝址进行了现地考察，并在船上进行了治理长江和有关三峡工程的讨论，听取了各种不同的意见，其中包括苏联专家的意见。3月5日到达重庆后，周恩来于6日对讨论作了总结发言。他指出：以兴建三峡为主体的治理长江流域规划的方针，应是统一规划，全面发展，适当分工，分期进行。他要求，有关部门要正确处理远景与近期，干流与支流，上、中、下游，大、中、小型，防洪、发电、灌溉与航运，水电与火电，发电与用电七种关系。这七种关系必须互相结合，根据实际情况，分别轻重缓急，具体安排。但把三峡工程作为主体的意见是对的。

3月8日至26日，周恩来出席了中共中央在成都召开的有中央有关部门负责人和各省、市、自治区党委第一书记参加的会议。在这次会上，周恩来作了关于三峡水利枢纽和长江流域规划的报告。经过讨论，会议同意周恩来的报告，并提出，从国家长远的经济发展和技术条件两个方面考虑，三峡水利枢纽需要修建，也可能修建，但最后下决心确定修建，以及何时修建，要待各方面的准备工作基本完成以后，才能作出决定。

对三峡工程到底上不上是有争论的，周恩来充分肯定这种争论是有重要意义的。他说，争论是必要的，不争论哪会有这样多的材料回答各方面提出的问题呢？在今后的工作中，应允许有反对的意见，这是我们社会主义的优越性。三峡工程是千年大计，对问题只看一面，很容易走向片面。为了把三峡工程搞得更好，是可以争论的。因为这样才有利于工作，而不是妨碍工作。这是在促进事业的发展，而不是阻碍事业的前进。

周恩来对长江流域的规划工作，是积极而又慎重的。他赞成把三峡工程作为长江流域规划的主体工程，但认为不能操之过急，应注意积累经验，努力创造条件。因此，周恩来在1958年考察长江流域期间，于2月27

日在船上就作出了先上汉江丹江水利工程的重大决策。

1970年丹江口水库建成后，三峡工程的修建问题又提上了日程。周恩来在1970年3月全国计划工作会议上动情地说，兴建长江三峡工程是毛主席的伟大理想，我们一定要在他健在的时候把这件事定下来，不把这件事办好，对不起党，对不起人民。他含着眼泪说，我的年龄也大了。后来，他又对李德生说过，这件事你可接着干。当时，水电部建议先建设三峡下游较小规模的葛洲坝水利枢纽工程，以解决电力发展的需要。

1970年2月，林一山被结合进长江流域规划办公室（“长办”）领导班子，周恩来要他做好组织施工的准备，可时机似乎还不到，毛泽东5月份在武昌时，对湖北省领导兴建三峡工程的请示，仍称：正值备战时期三峡上不了。可此时已峰回路转、柳暗花明。

1970年4月24日，长江流域规划办公室的林一山向李德生报告并报毛泽东、周恩来，再次提出《三峡水利建设时机问题的报告》，认为：三峡建设时机已经成熟，从需要和可能两方面看，应列为国家近期重点建设项目。

根据周恩来的指示，李德生于5月29日在京西宾馆听取了水电部军管会及葛洲坝工程设计组关于葛洲坝工程初步设计要点的汇报后，要求他们赶快写报告向中央政治局委员、李先念副总理汇报。第二天，水电部军管会即向国务院业务组呈送了《关于停建鄂西清江水电站兴建长江葛洲坝水利枢纽的报告》，提出停建清江隔河岩水电站，提前兴建长江葛洲坝枢纽，计划1975年建成。在此基础上，再用八年时间，完成三峡工程。

5月31日，李先念、李德生、余秋里听取水电部军管会主任张文碧、副部长钱正英等关于葛洲坝设计方案的汇报，一致同意先不建隔河岩水电站，提前兴建葛洲坝工程。李先念副总理指示：要继续工作，要报告总理。6月间，改建葛洲坝工程的方案向周恩来作了汇报，他经过缜密思考后认为可行。8月，周恩来又派人给湖北领导同志捎信，要求他们给中央写个关于兴建宜昌长江葛洲坝水利枢纽工程的专题报告。

9月，水电部军管会、“长办”等初步研究了泥沙淤积、工程规模、枢纽布置等问题后，提出了《长江葛洲坝水利枢纽初步设计报告》。年内又提出一份《补充设计简要报告》。

与此同时，武汉军区、湖北省革命委员会向毛泽东主席、中共中央和国务院呈送了《关于兴建宜昌长江葛洲坝水利枢纽工程的请示报告》，要求将葛洲坝工程列入国家“四五”计划。

此后，由周恩来主持，国务院业务组的同志李先念、纪登奎和李德生参加，与武汉军区和湖北省革委会的曾思玉、张体学，“长办”的林一山等同志和水电部的负责人，经过多次反复研究和讨论，逐渐统一了认识。

10月30日，周恩来主持国务院业务组会议，研究水电部和湖北省革命委员会负责人关于先建长江下游较小规模的葛洲坝水利枢纽，以利解决电力发展需要的建议。会议同意该项建议，并提出对工程中的有关问题应作进一步的调查、论证。李先念、李德生、袁宝华、曾思玉等有关部、委的主要负责人参加了会议。

11月，中共中央政治局原则批准兴建葛洲坝水利枢纽，并指令水电部门等有关单位多做水工试验和研究，写一份可靠的水坝工程资料。

同月，武汉军区司令员兼湖北省革命委员会主任曾思玉、湖北省革命委员会副主任张体学专程赴京，向毛泽东汇报关于长江兴建水电站问题。毛泽东在听了在三峡三斗坪地区兴建高坝发电站和在葛洲坝兴建低水头发电站的两个方案后，对后一方案表态说：“有道理。赞成兴建此坝。”并指示他们说：“你们要向周总理请示报告。望你们在设计和施工中，不要把长江变短江，要做到‘三救’，即救船、救木、救鱼等问题。”接着，曾思玉、张体学又向周恩来作了专题请示报告。

此后，国务院连续两次召开专门会议研究。12月1日，国务院业务组李先念、李德生听取有关枢纽工程布置、主要技术总量和施工急需解决事宜的汇报。12月16日，周恩来主持国务院业务组会议，听取有关部门关于葛洲坝工程设计情况的汇报，湖北省负责人在会上作了关于长江葛洲坝水电工程的简要说明。周恩来对曾思玉、张体学等赞誉说：“你们有这么大的雄心壮志，在中国第一的长江上兴建第一个坝，是个为人民造福的好事。中央、国务院一定要支持。坚决完成毛主席的伟大批示。”在汇报过程中，周恩来询问得非常详细，他最后同意水电部的建议，并认为葛洲坝工程可作三峡的实战准备。他指出：葛洲坝工程方案要放在非常可靠、安全的基础上，要加强领导，实事求是，走群众路线，领导和群众相结合；提纲中把可能出现的问题写进去，不能回避矛盾，要暴露矛盾，解决矛盾，允许唱反调，摆明两种不同观点；投资要节约，在目前条件下，在“四五”计划期间，三峡和葛洲坝两个工程不可能同时都上。①

1970年12月下旬，中共中央印发了[1970]140号中央讨论文件，包括《中共中央关于兴建宜昌长江葛洲坝水利枢纽工程的批复(送审稿)》，武汉军区、湖北省革委会的请示报告、工程说明等。12月24日，周恩来在文件空白处向毛泽东亲笔写报告说：

> 去年十月，主席在武汉曾在曾思玉同志提议修三峡大坝时说到在目前战备时期不宜作此想。后来，他们就同水电部、长办转而设想改修三峡下游宜昌附近的葛洲坝低坝，采用迳流发电，既可避免战时轰炸影响下游淹没的危险(低坝垮了至多三亿到八亿五立方米水量的下泄，宜昌到沙市河槽内可以容积)，又可争取较短时间加大航运和发电量(航运单向年达二千五百万吨左右，发电装机可达204万千瓦，保证出力80万千瓦，时间五年可成)。武汉军区和湖北省革委会本年10月就提出报告请中央列入“四五”计划。中央政治局11月会议讨论，原则批准，要他们多做水工试验和研究，并写一可靠的水坝工程资料。我和国务院业务组(先念、登奎、德生三同志均参加)，曾与曾思玉、张体学、林一山等同志和水电部负责人经多次研究

① 《周恩来年谱》(1949—1976)下卷，第420页。

和讨论，认为在“四五”计划中兴建葛洲坝水利工程是可行的。他们所提出的资料和数据，也是经过十年来的地质勘察、水工试验和历史水文记录的积累和分析得来，基本可靠。而在施工过程中，还可精心校正，精心设计，力求避免二十年修水坝的许多错误。至于三峡大坝，需视国际形势和国内防空炸的技术力量的增长，修高坝经验的积累，再在“四五”期间考虑何时兴建。

随信还附有《中共中央关于兴建宜昌长江葛洲坝水利枢纽工程的批复》送审稿。12月26日，毛泽东在他77岁生日的那一天，在《批复》送审稿空白处写了如下批示：“赞成兴建此坝。现在文件设想是一回事，兴建过程中将要遇到一些现在想不到的困难问题，那又是一回事。那时，要准备修改设计。”①

次日，中共中央办公厅发出正式文件，包括4件主要文件及附件，即：1. 毛泽东主席关于“赞成兴建此坝”的批示件；2.《中共中央关于兴建宜昌长江葛洲坝水利枢纽工程的批复》，批准兴建这一工程；3. 周恩来总理为兴建葛洲坝工程写给毛泽东主席的信；4. “解决湘西、鄂西、豫西、川东三线建设和工农业生产用电”，武汉军区、湖北省革命委员会《关于兴建宜昌长江葛洲坝水利枢纽工程的请示报告》及作为附件的《长江葛洲坝水电工程说明》。

葛洲坝是万里长江第一坝，它将要斩断长江，建设起当时国内最大的水电站和保证长江航运畅通的大型船闸。对于这个事关重大的工程，周恩来特别关注。他指示，一定要走群众路线，发动和依靠水电战线的专家与工程技术人员，兢兢业业，周密组织，精心设计，精心施工，务必保证葛洲坝工程按期上马。

12月30日，葛洲坝工程正式开工。

---

① 《周恩来年谱》（1949—1976）下卷，第421页。

在周恩来的领导和指挥下，组织了全国第一流的工程技术人员和施工队伍，开赴工地，进行施工。

周恩来曾多次对李德生等同志说，水利工程是同水打交道的，一丝一毫也马虎不得，一马虎就要出大乱子。要吸取三门峡水库泥沙淤积的教训，解决好大坝建成后可能出现的水从两山泄漏和积沙问题。对这两大问题，尽管在国务院业务组会议上作过多次专门研究，已经选定了解决问题的方案，但周恩来还是反复强调，从设计方案到组织实施还有个实践过程。在实施过程中的每一个环节都不能疏忽，要明确严格的技术鉴定和把关责任制，并且要为今后的水利建设，摸索和创造解决这方面问题的经验。

按照周恩来的指示，李德生和钱正英等水电部的领导同志做了具体布置，并认真抓好落实。

周恩来还要求，要关心施工人员的吃饭、睡觉和安全等问题，并且提出了具体解决的办法。

但是，由于对工程技术的复杂性考虑不够周密，对泥沙的处理不够妥当，施工准备不够充分，因而搞出的设计方案也不够完善。再加上当时那种占统治地位的“左”的指导思想，以及“文化大革命”造成的动乱的影响，一听说毛泽东有批示，大家就一哄而起。施工过程中又不讲科学，主观蛮干，因而施工质量也出现了不少问题，使工作陷于越来越被动的局面。在这种情况下，国务院业务组多次召开会议，听取汇报，研究解决办法。

1971年6月16日下午，国务院业务组在国务院东厢房会议室召开会议，听取有关部门关于葛洲坝枢纽布置修改方案的汇报。会议由李先念主持，李德生和余秋里、华国锋参加。经过边汇报、边询问、边讨论，与会人员统一了认识，大家都表示原则同意这个方案。在会上，李先念和李德生等都插了话，明确表示了他们的态度，提出了自己的看法。

鉴于“文化大革命”在部分干部和群众中造成了对立情绪，李先念特别强调要加强团结。他说，首先，要团结，不要总以为我的意见正确，也可能他的意见正确。不要讲满话，现在讲满话的人不少，把你推到墙角动弹不得。现在有股风，自吹自擂，总是把问题讲得满满的，就那么好，不敢讲矛盾，不敢讲缺点。当然团结不等于和稀泥。

李德生在会上强调指出，要自始至终地看到葛洲坝工程在政治上的意义，要严肃认真地搞好，一定不能出大问题，小问题不可免，大问题不能出。毛主席、周总理都很关心这个工程。参加工程的同志，一定要高举毛主席思想伟大红旗，政治挂帅，尊重唯物论辩证法，尊重客观，尊重实际，最核心的是辩证法。按照这个精神体现主席思想，少走弯路，少出问题。是好就是好，不好就是不好。不要夸张，夸张害人，像淤沙问题，还有许多问题还未实践，没有什么可夸的。我们没有搞过这样大的工程，但解放20年来，搞了不少工程，有了经验积累，肯定有成绩，但也有缺点、错误、漏洞，今后要避免，要总结经验，发现一个问题，解决一个矛盾，就可前进、发展。

为了让大家正确对待工程中存在的问题，鼓起干劲，搞好工作，李德生还指出，今天看来，不该仓促上阵，但不是仓促上阵，今天的问题还发现不了，到明年还是这个情况。有点浪费，才取得这些经验。不付出一点学费也难咯！

在这次会议上，李德生询问了许多技术方面的问题，并对其中一些问题发表了自己的意见。他强调：一定要加强质量管理，注意质量。

对于水电部门提出的葛洲坝枢纽布置修改方案，李德生代表国务院业务组表示：业务组原则上可以同意这个方案，但还要报总理批示。

1971年6月23日，周恩来、李先念、李德生和纪登奎、粟裕、余秋里等再次听取了关于葛洲坝工程情况的汇报。周恩来表示同意上次会议议定的方案。他说，基本上按这个方案做工作，以后设计还会发现很多问题，设计要在现场做，就按主席的批示去办。这个可作为草案，修改后带下去，几个单位共同修改。文字上还要改一下，话要说得留有余地。总之，一个是现场设计，走群众路线，一个是民主集中。他强调指出，治水是我们几千年的民族传统，但我们总结不够。搞水利总是急，考虑不完全，水利太急不行，太急容易出乱子，愚公还移山呢，林县的红旗渠也搞了十几年。

1972年11月8日、9日和21日，周恩来抱病再次召集会议，研究葛洲坝水利枢纽工程问题。他一边吃药，一边听取汇报。与会同志既感动又心疼。

经过论证，大家认为葛洲坝工程在搞好设计的基础上应当继续建设。周恩来在听取各方面对工程的论证意见后，果断地决定立即停工，重新设计，在批准设计后才能复工。同时宣布：改组工程领导机构，成立由林一山主持的葛洲坝工程技术委员会，共9人参加，负责制定工程设计方案和解决建设中的各项技术问题。周恩来一再告诫大家，水利工程是和水打交道，一点也马虎不得，马虎一点，马上就出问题，这是关系到人民生命财产的问题。他以自己一向有的高度负责的精神要求，对这项工程，要抱有战战兢兢、如临深渊、如履薄冰的谨慎态度。①

李德生参加了前两次会议，并作了一些插话，除了询问情况外，主要是批评在施工中不讲科学、主观蛮干、干部不深入第一线等现象，指出这些都是“完全违背毛主席对建设提出的原则”的。

李德生参加过多次关于葛洲坝考察情况的汇报会和葛洲坝工程设计的论证会。周恩来那种兢兢业业、严肃认真、一丝不苟的工作精神和办事态度，给李德生留下了极其深刻的印象。周恩来对一些领导干部说过，砍头事小，葛洲坝事大。他强调说，长江出乱子，不是一个人的事，不是你的事，也不是我的事，是整个国家、整个党的问题。

遵循周恩来的教导，李德生努力学习国务院业务组的作风，努力把方方面面的情况搞详细，搞准确，对各方面的意见都能讲出来。他把各种方

① 《周恩来年谱》（1949—1976）下卷，第562页。

案的利弊得失搞得都比较清楚，为国务院拟定葛洲坝建设方案，积极提供可靠的依据。

在李德生调离北京以后，虽不再管水电部的工作了，但他仍积极关注全国水电事业的发展。1974年9月，在谷牧主持下，审查了设计方案，经周恩来批准，一度停工的葛洲坝工程于1974年底重新开工，从此工程进展顺利。1981年葛洲坝第一期工程基本完成，李德生从电视里看到那宏伟的大坝，屹立在长江宽阔的水面上，气势恢弘，不由得想起周恩来为葛洲坝建设所付出的心血，抚今思昔，感慨万千。

为国家体委说话

1972年，周恩来在国务院业务组会议上提出，要李德生协助他分管国家体委。

在“文化大革命”中，由于当时特定的历史原因，国家体委的领导关系曾有所变化。1970年5月11日，中共中央、国务院、中央军委、中央文革发布命令，将国家体育运动委员会改为国家体育局，归总参谋部领导，对外保留“中华人民共和国体育运动委员会”名称。到了1972年2月19日，国务院、中央军委通知，将原调归总参领导的国家体育运动委员会，改由国务院领导，作为国务院的一个部级单位。李德生正是在这种变动之后接手体委工作的。

李德生在接手体委工作以后，首先遇到的一个问题，就是如何评价“文革”前的体委，以及如何看待贺龙的“问题”。在当时的历史条件下，由于林彪、江青、康生等人的干扰、破坏，对这个问题一时很难得出统一认识。李德生感到，这是一项很复杂、很棘手的工作，必须先把情况搞清楚，再采取有针对性的措施。好在周恩来在1971年就已明确肯定“文化大革命”前17年体育工作的成绩是主要的，这样事情就好办多了。李德生相信，有了周恩来的支持，体委的问题是可以逐步得到解决的。

为此，李德生进行了一些调查，听取了体委主要领导王猛、李梦华等同志的汇报，并查阅了许多历史资料。当时，他得出的结论是，国家体委是国务院主管体育工作的一个部门。新中国成立以来，它坚持的是马列主义路线，执行的是以毛泽东为首的党中央的一系列方针、政策，广大干部群众绝大多数是好的，工作成绩卓有成效。我国的体育运动有了很大发展，像乒乓球等运动项目，在国际体坛上占有很大优势，享有盛誉。国内的群众性体育运动也开展得蓬蓬勃勃，毛泽东关于“发展体育运动，增强人民体质”的号召深入人心，成亿人做操练拳，打球跑步，积极锻炼。“文化大革命”前17年，共计打破一百多次世界纪录和四百多次全国纪录，获得12项世界冠军，培养了1000多万名等级运动员，其中运动健将3338人，还有210人荣获体育运动荣誉奖章，4000多万人达到了劳卫制各级标准，特别是体育战线上的两个标兵——中国乒乓球队和登山队，从默默无闻到成为世界体坛的劲旅，为党为祖国建立了功勋。[①]

李德生当时认为，体育战线上这些成绩的取得，应当说，是认真贯彻毛泽东革命路线的结果，是与国家体委主要领导人贺龙等同志的正确领导分不开的。然而在“文化大革命”开始以后，在极左思潮影响下，体育战线上的成绩全被抹杀和否定。在林彪、江青一伙的干扰、破坏下，贺龙被诬为在体育战线上执行了“反革命修正主义路线”，国家体委的其他一些领导干部也遭到株连，许多著名的尖子运动员、优秀教练员也受到批判。1968年5月12日，以中共中央、国务院、中央军委、中央文革名义发布的“命令”（下文简称“五·一二”命令）说，国家体委(包括国防体育俱乐部)系统，“是党内头号走资本主义道路当权派伙同反革命修正主义分子贺龙、刘仁、荣高棠等完全按照苏修的办法炮制起来的。长期脱离党的领导，脱离无产阶级政治，钻进了不少坏人，成了独立王国”。“为了彻底揭开体育系统阶级斗争的盖子，把坏人揪出来，搞好各单位的斗、批、改，把

① 《怀念贺龙同志》，湖南人民出版社1979年版，第287页。

无产阶级文化大革命进行到底”，“特决定全国体育系统全部由中国人民解放军实行军事接管”。[①]李德生看了这个文件后心想，文件的基本内容是与事实不符的，怎么办呢？在当时的历史条件下，他只有多搞一些调查研究，多做一些具体工作，多向周总理请示汇报吧！

在受领分管国家体委的工作以后，李德生到体委去进行了视察。只见机关里乱糟糟，许多运动项目都被取消了，运动员的训练也基本上停顿了。他一边看一边思考，认为这种状况必须尽快改变，否则，新中国成立后发展起来的体育事业将要与世界拉下更大的差距。

李德生将上述情况向周恩来作了汇报，周恩来指示，要通过批林整风，消除极左影响，澄清大是大非，以统一大家的思想。为此，李德生在进一步作了准备并向周恩来报告后，于1973年1月22日，在全国体育工作会议上讲了话。他在讲话中旗帜鲜明地肯定了新中国成立以来，体育工作是毛主席的路线占主导地位。同时提出：进一步发展我国体育事业的重点项目，大力开展群众性体育活动；抓好青少年业余体育活动；抓好专业队伍的建设和训练，认真贯彻严格要求、严格训练的方针；积极配合外交活动，搞好国际体育交流；在开展友好国家交往中，贯彻友谊第一、比赛第二的方针。

与此同时，李德生对恢复和整顿全军的体育工作也给予了很大关注。“文化大革命”期间，林彪反革命集团鼓吹“体育无用”论，解散了军事体育学院，撤销了八一队和军区、军兵种的体育队伍，使军队的体育工作受到很大的损害。

1971年林彪叛逃事件发生后，一些军队体育工作者痛感解放军的体育工作被林彪摧残得不成样子，纷纷给中央军委写信，给叶剑英写信，要求恢复部队的体育训练。有的还提出，要求军委首长接见，听取他们的汇报。

---

① 国防大学《“文化大革命”研究资料》（中），第115—116页。

在这种情况下，1972年5月12日，总参谋部发出《关于恢复部队军事体育训练的通知》，要求各部队结合实际，突出重点，逐步恢复；要培养一批骨干，带动部队体育训练；要加强领导，严格训练，严格要求。

7月4日，叶剑英在京西宾馆接见了部队参加1972年全国五项球类运动会体育代表团的领导同志及教练员、运动员代表。作为总政治部主任的李德生主持了这次接见。总参、总后的领导同志也都参加了。叶剑英、李德生和总部首长一起耐心听取同志们的汇报，还特别问起，八一队的体育馆现在怎么样了？外面的场地现在还有没有？并且逐一询问了八一队、沈阳部队、武汉部队、空军、福州部队等体育队伍的情况。

在接见中，叶剑英要求，希望大家努力，在今后一两年或两三年内把全军体育活动开展起来。军队体育队伍过去都被砍掉了，这次要恢复。他说：毛主席号召我们“发展体育运动，增强人民体质”。这包括我们军队在内，人民军队嘛!军队本身也要发展体育运动，增强官兵体质。因为我们是战斗队，战斗中对军队体质上的要求在某种情况下是有决定意义的。比如抢占山头，占领制高点与战术要地，这时候体质好的就爬上去了，体质不好的就上不去。叶剑英还进一步从军队的发展上来阐明体育的重要性。他说，军队现代化了，没有好的体质很难完成任务。操作重兵器，没有好的体质就搬不动，坦克、炮兵都要求有好的体质，空军上天一转就头晕，那不行。他还说：战斗力的强弱是各种因素组成的，我们承认打起仗来，不能用球打败敌人，但通过球类活动，配合文娱生活，能增强部队体质，使我们部队团结活泼。连队不要死气沉沉，要有愉快的歌声、活跃的运动，要使整个部队精神面貌更健康，真正体现出是毛泽东思想培养教育出来的革命军队。

李德生完全赞同叶剑英的讲话。他从自己的切身体验中，深感大力开展体育活动的重要性。李德生认为，体育能出战斗力！军队既是战斗队，就要有好的身体素质。在长征时，为什么有些人过不来？一个重要原因，就是他们没有一个适应当时那种艰苦环境的好身体。解放战争后期，追击残敌，常常是几天几夜不能休息，时间就是胜利，速度就是胜利，好身体就是胜利。有了好的身体素质，既能适应南方的酷暑，又能适应北方的严寒。逢山能过山，遇水能过水，几天几夜不吃不睡，同样能挺过来；有了好的身体素质，反应敏捷，机智灵活，技术战术就能得到充分发挥，这样的战士最勇敢，最不怕死，当然就能大大减少伤亡。在现代战争中，机械化自动化程度高了，作战同样离不开体力，离不开人的灵活性和勇敢精神。

李德生要求大家，认真学习和贯彻叶剑英的指示，不仅将体育活动作为增强战士体质的主要方法，更要把它作为提高部队战斗力的一项重要措施。把全军的体育活动进一步开展起来，为提高部队战斗力作出贡献。

在接见之后不久，中央军委发出1973年3号文件，指出发展部队体育运动，增强官兵体质，对加强我军建设和加强战备，具有重要意义，号召全军各级党委必须加强对体育工作的领导，坚决贯彻执行毛主席的无产阶级体育路线，把我军的体育运动推向一个新的高潮。同年10月19日，总参谋部、总政治部、总后勤部联合发出《关于筹建解放军体育学院问题的通知》，确定在解放军军事体育训练大队的基础上，恢复解放军体育学院，院址仍设广州。体育学院列入广州军区建制，接受总部和广州军区双重领导。训练任务、学生选调与分配、训练计划审批，由总参、总政负责。其他党、政、教育工作和后勤供应等均由广州军区领导管理。

在周恩来、叶剑英的关怀下，在李德生的组织实施下，全国、全军的体育活动逐渐恢复和开展起来。1972年，解放军临时组织了一支队伍，参加了全国五项球类运动会。1973年7月15日至29日，总参谋部和总政治部在北京军区举行了全军体育运动项目比赛。参加比赛的有各军区、各军兵种、国防科委和总部的22个代表队，共1085人。7月15日举行开幕式，中央军委和总部领导人出席了大会，第196师进行了刺杀表演，解放军体操队进行了体操表演，北京卫戍区警卫第3师和怀柔县民兵11个方队进行了

1500米武装泅渡表演，空降兵第15军和航空兵第13师进行了水上跳伞表演。5万余人参观了表演。开幕式结束后，按照全军运动会的安排和要求，分别组织了射击、投弹、刺杀、超越障碍等项比赛。在这次比赛中，北京军区代表队获得了较好的成绩，共获得女子射击团体总分第一名、军用手枪慢射第一名，以及个人比赛军用手枪60米速射、女子军用手枪30发慢射、投弹等项第一名和军事三项比赛个人总分第一名。这次运动会始终贯彻了"友谊第一，比赛第二"的方针，达到了检阅训练效果、交流经验、增强团结的目的。

作为分管国家体委的国务院业务组成员和担任总政治部主任的李德生，在全国、全军体育工作中采取的种种措施和一些讲话，引起了江青的不满。后来在政治局讨论体委工作，讨论涉外体育活动时，她总是横加干涉，没事找事，有时到了荒唐至极的程度。有一次，江青莫名其妙地提出体委一位负责同志的名字有问题，说用这样的字作名字，可能有历史问题，甚至有血债，真叫人哭笑不得。在当时的情况下，李德生也无法与她辩解，只好姑妄听之。后来，江青在批林批孔运动中，大搞"放火烧荒"，诬蔑李德生为"大党阀"、"大军阀"，与李德生在分管体委工作和指导全军体育活动中坚持了批判极左思潮亦不无关系。

事实表明，"五·一二"命令是错误的。这是林彪、江青一伙制造的全国体育系统的最大冤案。他们为什么要这样干呢？李德生当时已经察觉到，他们的矛头是指向贺龙的，这个"五·一二"命令就是他们妄图打倒贺龙的严重步骤，也是他们借此发难、把矛头指向周恩来的险恶信号。

历史是公正的。经过党中央批准，"五·一二"命令最终被撤销了，贺龙的冤案也得到了平反。1974年9月29日，中共中央发出［1974］25号文件，为贺龙平反，恢复名誉。但由于"四人帮"还在台上，这个平反是不彻底的。1975年6月9日，在八宝山革命公墓举行了贺龙骨灰安放仪式。周恩来抱病出席，并讲了话。指出："贺龙同志是一个好同志，在毛主席、党中央的领导下，几十年来为党、为人民的革命事业曾作出重大的贡献。在他的一生中，无论在战争年代，或在全国解放以后，他是忠于党、忠于毛主席革命路线、忠于社会主义事业的”。他的逝世“是我党、我军的重大损失”。1982年10月16日，中共中央发出《关于为贺龙同志彻底平反的决定》。《决定》高度评价了贺龙的一生“是战斗的一生，革命的一生，光辉的一生”，肯定他是“我党的优秀党员，久经考验的无产阶级革命家，卓越的军事家，是我军的创始人之一”，是党和国家的领导人。指出：过去加在贺龙身上的一切诬陷不实之词，“完全是林彪、康生等为陷害贺龙同志而蓄意制造出来的谎言”；对贺龙在林彪、江青一伙的诬陷迫害面前所表现出来的“共产党员坚贞不屈的气节和高尚品德”，给予了高度评价。宣布：“撤销原来中发［1974］25号文件和中发［68］71号文件，为贺龙同志彻底平反昭雪，恢复名誉。对林彪、江青和康生强加给贺龙同志的一切诬陷不实之词，全部予以推倒；同时为受贺龙同志冤案所株连的所有同志彻底平反，消除影响”。

协调“乒乓外交”

在外事工作中，给李德生留下深刻印象的是由毛泽东、周恩来创造的“小球带动大球”的“乒乓外交”。那种破冰方式，当时轰动了全世界。从那件事情之后，中美两国和解的步伐有了加快。李德生感到欣慰的是，他曾按照周恩来的指示，负责组织和协调了中国乒乓球代表团回访美国的工作，为“乒乓外交”出了点微薄之力。

党的九大之后，毛泽东把他思考的重点转到了政府的重建，外交工作受到了进一步的重视。当时的国际形势正在发生重大变化，世界范围内的美苏争霸已出现苏攻美守的局面。为了更好地维护世界和平和保卫国家安全，中国的国际战略也由“反帝反修”适时地转向了“联美遏苏”。1971年的“乒乓外交”就是在这种大背景下应运而生的。后来周恩来谈到这次“乒乓外交”时说过：有时候一件简单的事情可以引起战略变化，这就必须掌握时机，掌握形势。事件的必然性往往在偶然性中出现，战略的变化常常从细小的事情中体现出来。李德生从参与“乒乓外交”的实践中，是心悦诚服地认同此理的。

1971年3月28日至4月7日，第31届世界乒乓球锦标赛在日本名古屋举行。经毛泽东亲自决策，阔别世界乒坛六年之久的中国，终于又派出代表团来到名古屋，重新参加世界乒乓球锦标赛。

在名古屋举行的国际乒联代表大会上，中国代表团秘书长宋中因谴责美国支持金边傀儡政权，与美国乒乓球协会主席、参加第31届世界乒乓球锦标赛美国代表团团长格雷厄姆·斯廷霍文展开了激烈争论。但在休息时，斯廷霍文又作出友好姿态，向宋中表示说：“如果美国选手去中国一次，一定能学到许多有用的技术！”后来美国乒乓球队又派出代表拉福德·哈里森来到中国代表团住地，明确提出访华要求。

与此同时，一位自称是“完全的嬉皮士”、19岁的大学生、美国乒乓球运动员格伦·科恩于4月4日在由赛场回住地时，搭乘了中国运动员的大轿车，中国乒坛名将庄则栋主动热情地与他进行了交谈，并送给他一幅绣着黄山风景的杭州织锦。车到目的地后，敏锐的日本记者看到中国运动员的车上出现了一位美国运动员，并且正和中国著名运动员庄则栋在交谈、握手告别，立即拍下了这些镜头。第二天，科恩又回赠给庄则栋一件三色运动衫，并表示了要到中国访问的强烈愿望。这件事立即引起西方新闻界的关注，他们作了广泛而详细的报道。

庄则栋是世界著名乒乓球运动员。他出生于1941年，曾蝉联第26、27、28届世界乒乓球锦标赛的男子单打冠军，并获得了28届男子双打冠军，国家体委曾于1961年、1963年、1965年三次给他记特等功，并授予奖章奖状。庄则栋在名古屋处理与美国运动员的交往是得体的，为后来开展的“乒乓外交”奏响了序曲。

美国乒乓球队的要求报回国内后，周恩来立即召集外交部、国家体委负责人开会，研究是否邀请美国乒乓球队访华问题。会上出现了两种对立的意见，争论不休。最后由外交部、国家体委写了个不准备邀请美国乒乓球队访华的报告上送。周恩来于4月3日将报告送毛泽东审批。开始，毛泽东、周恩来两人也都同意不邀请美国代表团访华的意见，但很快就改变了主意。因为他们对美方的种种姿态作进一步考虑后，认为中美关系已进入一个关键的转折关头，必须抓住这个时机。4月7日，根据毛泽东的批示，周恩来指示外交部电话通知在日本的中国乒乓球代表团，对外宣布正式邀请美国乒乓球队访华。当时的美国总统尼克松获悉后，喜出望外，立即批准。消息一经宣布，立即震动了全世界，其影响之大，远远超过了第31届世乒赛本身。美国国务院发表声明说，这是一个“良好的发展”，并表示“将以欢迎态度看待中国体育队进行任何对应性的访问”。

4月10日至16日，美国乒乓球队由斯廷霍文率领从香港入境访问北京。周恩来14日在人民大会堂亲自接见了美国乒乓球队的全体成员和随团记者。同时被接见的还有加拿大、英国、哥伦比亚、尼日利亚四国的乒乓球队。周恩来与以斯廷霍文为团长的美国乒乓球队的成员一一握手后，引用中国的古语“有朋自远方来，不亦乐乎”，对他们表示欢迎。他说：“中美两国人民过去往来是很频繁的，以后中断了一个很长的时间。你们这次应邀来访，打开了两国人民友好往来的大门。我相信中美两国人民的友好往来将会得到两国人民大多数的赞成和支持。”美国代表团全体成员听了周恩来的谈话后极为高兴，立即报以热烈的掌声。

在会见中，周恩来还回答了那位过肩长发、身着喇叭裤的格伦·科恩提出的如何看待在美国青年中流行的“嬉皮士”运动的问题。周恩来表示，我们赞成任何青年都有这种探讨的要求，这是好事。要通过自己的实践去认识。但是有一点，总要找到大多数人的共同性，这就可以使人类的大多数得到发展，得到进步，得到幸福。周恩来与科恩的这一段谈话，非常深刻，别有风趣，影响很大，给李德生和中外嘉宾留下了难忘的印象。

周恩来的这一善意表态，在美国人民中引起了很大的反响，并且很快得到了美国政府的回应。几个小时以后，尼克松就宣布了对华解禁的一些措施。第二天，几乎世界各大报纸和通讯社都报道了这一重要新闻。美国国务卿基辛格评价说：“这整个事情是周恩来的代表作，与中国人的所有举动一样，它有许多层意义，对这些美国青年邀请的最明显的意义是：它象征着中国已承担了和美国改善关系的义务，而更深一层的意义是，它保证——比任何渠道发出的外交信息都更有分量——现在肯定将被邀请的使节将来踏上的是友好国家的国土。由于这些选手不可能代表某一种政治倾向，这做法更加具有吸引力。这样中国就可以在根本不可能刺激美国评论界的情况下表明它的真意。”①

在这一“乒乓外交”之后，先是尼克松的特使基辛格秘密访问北京，接着尼克松又以总统身份亲自到尚未建交的中国访问，从而开始了中美关系的一个新时代。

不久，中国乒乓球队的回访就提到日程上来了。

1971年12月28日，周恩来在人民大会堂接见美国友好访华团，体委的领导同志以及庄则栋等应邀出席。

在客人没来之前，周恩来开门见山，亲切地对庄则栋说：“小庄，明年4月中国乒乓球代表团应美国的邀请首次访美，这个代表团的团长你来当！”庄则栋连连摇头说：“总理，我水平低，当不了团长！”

周恩来听了笑着说：“年轻人出去锻炼锻炼，犯点儿错误也没关系，我看你行，团长就你来当。我再给你配备两个得力的副团长。”

这时，周恩来向李德生布置了任务，并对大家宣布：“你们出国前的准备和具体事宜，由李德生同志负责。”

没过多久，周恩来告诉李德生要在人民大会堂召集访美代表团的领导和有关方面的人士开会。参加会议的有国家体委主任王猛、庄则栋和外交部的钱大镛，以及刚从体委五七干校回来的李梦华等人。

在会上，周恩来宣布说：“今天，访美代表团的领导正式组成，小庄

① 杨明伟、陈扬勇著：《周恩来外交风云》，解放军文艺出版社1995年版，第245页。

当团长，李梦华、钱大镛担任副团长，李梦华担任代表团的党组书记，小庄、钱大镛担任副书记。”

周恩来再次明确说：“代表团组成后，协调各方面的关系以及各方面的准备工作，由李德生同志负责领导，今后送、迎代表团都由李德生同志出面。”

根据周恩来的指示，李德生布置总政治部机关与外交部、国家体委等有关单位，积极协调，加紧准备。在各方面的重视、关怀和支持下，准备工作进展顺利。

作为代表团团长的庄则栋，为了更好地完成访美任务，一直在抓紧时间学习，了解情况，充实自己。在几个月的时间中，他看了不少关于美国历史、政治、经济、文化等方面的资料，学习了不少东西。

1972年2月，美国总统尼克松首次访华，庄则栋也到机场迎接。在欢迎尼克松的宴会上，外交部礼宾司司长韩叙向尼克松介绍了庄则栋。这时，周恩来在旁边补充说：“他就是即将访问贵国的乒乓球代表团团长。”

尼克松总统高兴地握着庄则栋的手说：“到了华盛顿，我在白宫见你们。”

1972年4月，中国乒乓球队赴美成行后，李德生通过看文件、看电报以及各种媒体的报道，密切关注着代表团的活动，以及美方的安排和态度。

4月12日，美国派一架波音707专机来到加拿大首都渥太华机场，专门迎接结束了对加拿大访问的中国乒乓球队。美国乒协主席斯廷霍文亲自前来欢迎代表团，并陪同代表团登机赴美。飞机起飞20多分钟后就到了美国北部的汽车城市底特律。在机场，代表团受到了美国乒乓球协会的官员、教练员与美中关系全国委员会的领导和有关人士的热烈欢迎。尼克松总统的代表斯卡里致欢迎词，庄则栋致答谢词。当晚，底特律市长举行了盛大的欢迎宴会。

美国接待中国乒乓球代表团的规格很高，安排也很周到。代表团在底特律、纽约、孟菲斯、洛杉矶、威廉斯堡等城市进行访问和友谊比赛后，于4月17日来到了华盛顿。

第二天，代表团接到美方的通知，尼克松总统要在白宫接见大家。但是，当代表团来到白宫外的玫瑰花园时，美方又通知说："总统只接见团长和运动员、教练员。"这实际上是要把代表团降低为民间代表团。因为美方清楚，团长庄则栋也是运动员，而副团长等则是政府官员。鉴于这时美国并未与台湾"断交"，出于斗争策略考虑，代表团对美方的安排也表示了理解。

尼克松总统很快就来到了被接见的中方人员面前，庄则栋迎了上去和尼克松握手，并向他一一介绍了教练员和运动员。介绍完毕，尼克松发表讲话。他说："两个月前，我访问了贵国，受到你们热烈的欢迎。今天，在这里我见到的是来自中华人民共和国第一个访美的乒乓球代表团，非常高兴，我代表美国政府和人民对你们的到来表示欢迎！"庄则栋在致答词中说："自我们代表团踏上贵国的国土，受到了你们热情的欢迎，盛情的款待，处处感受到美国人民对中国人民的真挚情谊。今天，总统阁下在百忙之中接见我们，我代表中国乒乓球代表团对您、贵国政府和人民表示感谢！"应当说，尼克松总统的接见，是代表团到美国访问后的最高潮。尼克松离开后，代表团全体人员参观了白宫。

历史事实表明，庄则栋不仅是中国和世界乒坛上赫赫有名的人物，而且由他而引出的"乒乓外交"，打开了中美关系的大门，为冷战结束和世界和平作出了贡献。庄则栋在政治上、外交上也是有功的。

中国乒乓球代表团圆满完成访美任务后，顺利回到了中国。在首都机场，李德生以极其兴奋的心情和热烈的握手，欢迎代表团全体人员胜利归来。

第三章

在军委办事组

李德生在中央工作期间，除参加中央政治局的集体活动和国务院业务组的工作外，因为还是军委办事组的成员，还要参与对全军的领导工作，主要是分管总政治部，并兼任总政治部主任。当时军委办事组已捏在林彪手里，成员多是林彪的老部下，他们原来是一个山头的。1969年4月，毛泽东决定派李德生参加军委办事组，后来说那是“掺沙子”，这说明毛泽东已开始有意识地防止林彪势力扩张。在军委办事组，李德生近距离接触了林彪的干将们。李德生心想：大路朝天，各走一边。面对复杂的斗争现实，最要紧的是要保持头脑清醒，要光明磊落，要按党的政治原则和组织原则办事；不能随意表态，不要跟着起哄，不要介入非组织活动。不管碰上谁来打与拉，都不动摇。一定要坚持：党性第一，行正坐端。

“军委就是办事组”

军委办事组是1967年8月17日由中共中央、中央军委决定成立的，开始是在中央军委直接领导下进行工作，后来则取军委常委而代之。如同中央文革碰头会一度行使中央常委会的职权一样，军委办事组一度也行使了中央军委办公会议的职权。军委办事组正副组长实际上也就相当于以前的军委正副秘书长，掌握的权力也是很大的。

军委办事组成立时，李德生还在安徽工作。他1969年7月调京并参加军委办事组时，这个组织已经存在了近两年时间。

军委办事组是"文化大革命"的产物，其职责也有一个演变过程。"文化大革命"以前，中国共产党对人民解放军的绝对领导，一直是通过中共中央军事委员会及党在军队中的各级组织来实现的。中共中央军事委员会是人民解放军的最高统帅机关。它领导全国武装力量，负责党和国家的最高军事决策和军事指挥，根据党的路线、方针、政策和国家的安全与发展的需要，确定军事战略，领导军事建设。军委的日常工作由军委秘书长、副秘书长处理。1959年庐山会议错误地批判彭德怀以后，成立了新的中央军事委员会，并设立常委，后又在中央军委常委之下设立一个办公会议，负责军委的日常工作。

"文化大革命"风暴骤起之后，中央军委的工作受到很大影响。军委的几位副主席有的被审查，有的"靠边站"，有的挨批斗。此时的毛泽东把彭德怀、黄克诚、罗瑞卿等军队领导人受错误批判的问题联结到军委办事机构上，一直不主张再设立军委秘书长。他说："秘书长是个怪物。秘书带个长，放屁真是响！黄克诚、罗瑞卿都没有干好，以后，军委不要设（秘书长）了，国务院留一个。"①

没过多久，林彪建议设立军委办事组，说是军委办公会议名存实亡，要有一个机构处理日常事务，按照主席的意思不设秘书长、不搞秘书处，就叫办事组好了，毛泽东表示同意。

1967年8月17日，根据中共中央、中央军委的决定，成立由吴法宪（副

① 尹家民：《"军委办事组"始末》，《党史博览》2003年第11期第16页。

总参谋长兼空军司令员）、叶群（林彪办公室主任）、邱会作（副总参谋长兼总后勤部部长）、张秀川（海军副政委）4人组成的军委办事组，吴法宪负责。9月24日，经周恩来提议，中央文革决定，由代总长杨成武兼任组长，吴法宪任副组长。成员又增加了李作鹏。10月，又增补李天焕（第二炮兵政委）、刘锦平（民航总局政委）为军委办事组成员。

军委办事组正式成立后，于10月15日给周恩来、陈伯达、康生、江青并中央文革小组写了一份报告。报告说："10月4日，我们研究了军委办事组如何进行工作的问题。认为，由于总政目前处于瘫痪状态，军委文革小组目前实际上也处于瘫痪状态，军委办事组是在中央、中央军委、中央文革小组直接领导下，负责处理军队系统驻京机关、部队无产阶级'文化大革命'方面的具体工作。各大军区、省军区的无产阶级'文化大革命'工作，是在中央文革小组直接领导，军委办事组负责办理主席、林副主席、中央文革小组交办的一些有关具体工作。至于部队各项建设、战备工作、行政工作、干部工作等，统由军委常委直接领导进行。提到办事组来的这类问题，均呈送军委常委处理。"从这个报告可以看出，这时的军委办事组还只是处理"文化大革命方面的具体工作"，整个军队工作还是"统由军委常委直接领导进行的"。[①]

为此，杨成武主持的军委办事组，认真贯彻党对军队绝对领导的原则，坚持对军委常委负责，重大问题及时向常委请示报告，并照章办事继续给老帅们送文件、发材料。他明确宣布：军委办事组是在军委领导下工作的，对军委常委负责，主要管军队的日常工作，起办公会议的作用。

没有想到，这却惹恼了林彪、江青两个反革命集团。于是，他们勾结在一起，在1968年3月24日无中生有地制造了所谓杨、余、傅事件，杨成武被"打倒"，他的一切职务包括军委办事组组长都被撤销了。

3月25日，周恩来、陈伯达、康生、江青向林彪报告称："中央文革碰头会议讨论过新的军委办事组名单，拟了五个同志，现先送上，请考虑是

① 王年一：《关于军委办事组的一些资料》，《党史研究资料》2001年第7期第46页。

否妥当，并请在您考虑后，向主席报告请示。名单：黄永胜组长，吴法宪副组长，叶群、李作鹏、邱会作。”当天，林彪批示：“呈主席批示。”毛泽东指示照办。

3月28日，毛泽东、林彪、周恩来接见黄永胜、吴法宪、温玉成。毛泽东问办事组现有哪几个人，黄永胜等回答后，毛泽东说：还可以增加刘贤权。政工小组可以考虑取消。今后军委办事组由林副主席直接捏到手里。

为了让林彪把军委办事组捏到手里，毛泽东还说：“军委办事组要定个制度，至少一周到林彪同志那里汇报一次工作，一次谈一两个钟点。有事无事都要去，除非林彪同志身体不好。过去我们两个处在第二线，让他们去搞，他们也不汇报，搞封锁，实行隔离，隔离不反省。”

林彪为了证明“他们”确实在“搞封锁”，阴阳怪气地说：“不了解情况。”

这时周恩来请示说：“军委常委不要开会了吧？”

毛泽东回答道：“军委就是办事组。军委常委可以不开会了。”

这个回答正合林彪之意，他洋洋自得地说：“把它悬空起来。”

毛泽东对着黄永胜说：“叶剑英说过，杨成武是接班人。现在换了黄永胜，你这个黄永胜为什么不可以接班呢？”

从这以后，军委常委就被悬了起来，军委办事组取代了军委常委，并且完全被林彪捏在手里。

3月30日，吴法宪在军委办事组会上说：“经主席、林副主席、中央文革批准，改组办事组，由总部、军种主要负责人组成，在主席、林副主席、中央文革直接领导下主持军队工作。办事组成员由黄、叶、李、邱和吴5个人组成，将来还可以加一个刘贤权同志，黄为组长，吴为副组长。……李天焕、刘锦平不参加办事组……”4月1日，吴法宪又宣布：军队重要文电，今后不再抄送陈毅、徐向前、聂荣臻、叶剑英、刘伯承等军委常委。4月6日，黄永胜在一次谈话中说：“今后打电报找办事组和林副主席，军委常委不执行权力，办事组代替军委常委。”党的九大以后，军委办事组成员都当上了中央政治局委员和中央委员，他们的权力更有所膨胀。

6月11日晚，黄永胜、吴法宪接见军委办事组全体工作人员。黄永胜说：“军委办事组分两个阶段，以前是杨成武任组长，揭杨后办事组进行了改组，增加了3个同志，李作鹏、刘贤权和我，加上原来的吴、叶、邱，共6人。”吴法宪说：“中央决定，军委停止工作，军委常委工作实际上已集中到办事组来了，起到过去军委办公会议的作用。在主席、林副主席领导下，直接对主席、林副主席、中央文革负责。黄总长来了以后，权力集中了，实际上代替过去军委办公会议的职权。”就这样，几位原来担任军委副主席的老帅对军队的领导权被剥夺了。

1969年1月，军委办事组增加了李天佑。4月27日，军委办事组拟定了一份“军委48人名单”和“军委办事组名单”报毛泽东、林彪。毛泽东批示：“宜加李德生。”林彪批示：“同意主席批示。”这样，李德生才成为新一届中央军委成员，并“掺沙子”到军委办事组。

4月28日，中共第九届中央委员会政治局第一次会议通过了中共中央军委成员名单：主席为毛泽东，副主席为林彪、刘伯承、陈毅、徐向前、聂荣臻、叶剑英；委员有丁盛、王秉璋、王树声、王效禹、王辉球、韦国清、叶群、皮定均、刘丰、刘兴元、刘贤权、许世友、陈士榘、陈先瑞、陈锡联、李天佑、李作鹏、李雪峰、李德生、吴法宪、张达志、张池明、张国华、张春桥、邱会作、杨得志、杜平、肖劲光、郑维山、冼恒汉、袁升平、梁兴初、黄永胜、曾绍山、曾思玉、彭绍辉、韩先楚、粟裕、温玉成、谢富治、谭甫仁、潘复生等。中央军委办事组组长为黄永胜，副组长为吴法宪，成员有叶群、刘贤权、李天佑、李作鹏、李德生、邱会作、温玉成、谢富治等。5月27日，中共中央公布了九届一中全会通过的中央军委主席、副主席、委员名单和军委办事组成员名单。

从上述军委办事组成员名单中可以看出，10人中除叶群外，有7人是四野的，都是林彪的老部下，没有一个是一野、三野的；李德生、谢富治是二野的，如果不是毛泽东“掺沙子”，李德生是不可能进入军委办事组的。事实表明：当时“掺沙子”的人选也是不太好选的。老帅们受冷落，都没有出来工作；老将们受冲击，掺进去也不合适，搞不好还要受林彪的迫害。派进军委工作的人首先应该是不会和林彪搞到一块去，还要有一定的群众基础。毛泽东、周恩来反复考虑，最后决定了几个人，李德生便是其中一位。

李德生1969年9月调到北京后，开始住在京西宾馆，后来又有一段时间住在西山。军委办事组办公地点也在这两个地方。当时经常参加军委办事组活动的，主要是黄永胜、吴法宪、李作鹏、邱会作等人。在工作中，李德生虽与他们接触较多，但总觉得相互之间有很大距离。李德生感到，开会研究问题与在国务院业务组完全不一样，事先不告诉讨论内容，更少印成会议讨论文件。有时讨论的问题打着的是林彪的旗号，说是林彪交办的，但林彪到底有些什么想法和要求，也不作具体传达，李德生并不知其内幕。在讨论中，对一些问题的看法，黄、吴、李、邱往往口径一致，好像事前商量过，只要有一人发了言，其他人也就都同意了，连补充也很少。表决什么问题，不管你同意不同意，反正是要通过的。

在军委办事组工作期间，李德生这个在二野工作很久的人，颇有孤独之感。黄、吴、李、邱在战争年代的职务都比他高，又都是党的九大的政治局委员，因此，从思想上到行动上，李德生对他们都是尊重的。但在工作中他总是感到，这几个人对他好像有所戒备。他们常在一起，谈笑风生，无拘无束，或谈四野的历史，或谈“文化大革命”初期“挨批”的情况，或谈点生活琐事。有时也一起练练书法，写写毛笔字。在他们眼中，好像没有李德生这个人似的，从不主动与他交流情况。李德生脑子里打了一个大问号：这是否只是因为他们几个人原来都一个山头的，都是老熟人的缘故呢？

这时的李德生，只是默默地承受着种种冷漠和轻视。因为他心里想着的是，我是毛主席、周总理派来工作的，我的行为对中央负责，对军委负责，至于个人的失落委屈，且不去管他。有一次，当毛泽东问他情况时，他也没有说自己个人的处境。后来毛泽东似乎知道了一些军委办事组的情况，曾在1970年4月有所指地说过：“搞成清一色，不好，要团结大多数。”

直到“九一三”事件后，李德生才知道，开始提名军委办事组人员时并没有他，是毛泽东在审定名单时亲自加上的。有一次，李德生到叶剑英那里，看到了毛泽东这一批示的原件。李德生参加军委办事组，虽是毛泽东亲自提的名，但并不是林彪集团所欢迎的。他们要搞阴谋活动，回避李德生、警惕李德生也就不难理解了。所以，“九一三”事件后，毛泽东对李德生说过，你算老几，你不是他们的人。

李德生说，他到军委办事组之初，对上层的情况不那么了解，对有些问题看得比较简单，总认为，九大开过了，提出了团结、胜利的路线，今后，就是团结一致去努力工作。渐渐地，他觉察到，事情不像他想的那么简单，在中央领导层的内部，还是有差异、有矛盾的。这个差异和矛盾，在许多情况下，没有人同你讲，要靠自己去体察、去思考。李德生的这段回忆，说明了当时在军委办事组工作的复杂性。正是因为如此，他无论是在参与讨论，批办文件，还是在解决一些工作的矛盾时，总是有难以处置之感，不像过去在下面工作时那么得心应手。

本来，李德生认为，无论是在工作上，还是在生活中，有差异、有矛盾，是客观规律，符合毛泽东的矛盾学说，没有什么可奇怪的。只要开诚布公，许多矛盾是可以解决的，是可以通过工作，通过沟通，通过谈心，达到新的团结和统一的。但是，后来他发现，事情并非完全如此，有的矛盾，你一下子还弄不清它的全貌，处理这种发展、变化中的矛盾，难度可就大多了。更为奇怪的是，有时即使你了解了全貌，矛盾也不是通过工作得到化解，而是交锋之后反而加深。处于这种扑朔迷离的斗争中，他只有谨慎地按照组织原则和政治原则办事。这样，即使有什么差错，也是错在明处。因此，李德生给自己定了个“三不”准则：除了参加正式会议，不随便到处走动；除了发给的文件，不随便打听消息；除了按原则办事，不随便说话批东西。这个“三不”准则，是坚持党性原则的表现，是符合他的性格和品德的。在党的教育下，在长期的斗争中，李德生从来不搞那些拉拉扯扯的事情，这已为他数十年的革命历程所证实。

正是基于上述考虑，李德生在实际工作中，总是遵循毛泽东、周恩来、叶剑英的指示，按照党和军队的优良传统办事，不另搞一套，不卷入那些“是是非非”的争斗中。李德生这样考虑，主要是为了把工作做好，尽量避免犯错误。所以，军委办事组那些人，也都不得不承认，李德生是一个实实在在干工作的人。吴法宪认为，李德生在林彪、江青两个集团的争斗中，不像有的人倒向一边或者两边倒来倒去，而是保持着“中立”的立场。从某种意义上讲，这倒是符合李德生在中央高层活动的实际的。然而当时他并没有意识到，这样做会触犯林彪、江青。后来他才慢慢想清楚，自己在军委办事组受到冷落的根本原因正在于此。

1970年，中共九届二中全会以后，中共中央又先后决定增补汪东兴、纪登奎、张才千、陈士榘为中央军委办事组成员。

1971年9月13日，林彪反革命集团被粉碎。10月3日，中共中央决定撤销军委办事组，成立中央军委办公会议，由叶剑英、谢富治、张春桥、李先念、李德生、纪登奎、汪东兴、陈士榘、张才千、刘贤权10人组成，由中央军委副主席叶剑英主持中央军委的日常工作。11月3日，中共中央就此正式向全党全军发出通知。原为军委办事组成员的李德生，这时又开始在叶剑英的领导下参与军委的工作了。

事实表明，李德生参加军委办事组并不是林彪一伙提的名，是毛泽东在审批军委办事组的报告时加上的；后来林彪一伙要篡夺党和国家的领导权，进行阴谋活动时，十分警惕地避开了李德生。因此，林彪事件后毛泽东在敦促军委办事组的黄、吴、李、邱检查错误时，指出李德生除外。这是个很有意思的过程，既反映了李德生个人历史上的一段曲折，也反映了我们党内矛盾和斗争的激化。当然，较量的结果，最后还是正确路线战胜错误路线，正义力量战胜邪恶势力。这就是历史的辩证法。

战备疏散

李德生参加军委办事组工作以后，遇到的第一件大事就是全国性的紧急战备。

1969年至1970年间，特别是中国共产党九大前后，中国曾出现过一次全国性的、大规模的战备高潮。这种战备高潮的出现，与当时国内外形势的发展有着密切关系。从国内来说，这两年正是毛泽东所设想的“文化大革命”已由“天下大乱”的阶段进入了“天下大治”的阶段，战备工作有了开展的必要条件。从国际上来说，一方面，美苏两个超级大国军事力量的竞争正向着有利于苏联方面发展，美苏争霸出现了苏攻美守的局面。同时，中苏两国关系急剧恶化，意识形态方面的尖锐对立，使苏联进攻中国的危险性日益严重。

据统计，在中苏漫长的边境线上，1964年10月15日至1969年3月15日期间，发生的中苏边界事件达4189起，比1960年至1964年期间增加了1.5倍。[①]其间，1969年发生的珍宝岛事件尤为严重。

珍宝岛事件是1969年3月2日发生的。当天，苏联边防军出动70余人、装甲车2辆、卡车和指挥车各1辆，悍然入侵中国黑龙江省虎林县境内的珍宝岛，首先开枪打死打伤我边防战士多人。我边防巡逻队被迫进行自卫反击，经1小时战斗，给入侵者以歼灭性打击。4日至12日，苏军又多次出动边防军人和直升飞机，连续入侵珍宝岛。15日，苏军使用坦克20余辆、装甲车30余辆、步兵200余人，在飞机掩护下，攻击珍宝岛。我国边防部队和民兵不畏强暴，英勇奋战9个多小时，打退了苏军的3次攻击，给入侵者以应有的惩罚。17日凌晨，苏军70余人侵入珍宝岛，开枪寻衅，并在岛上敷设了1000余枚地雷。下午，又向岛上增派了5辆坦克和20余名士兵，企图在猛烈炮火掩护下，强行拖走在15日作战中被炸坏的T−62型坦克。我国边防部队予以有力的反击，打退了入侵者。在珍宝岛自卫反击作战中，我军共歼灭苏联边防军上校边防总队长列昂诺夫以下官兵230余人，毁伤苏坦克、装甲车17辆，击毁卡车、指挥车各1辆，缴获T−62型坦克1辆，胜利地

① 李可、郝生章著:《“文化大革命”中的解放军》，中共党史资料出版社1989年版，第317页。

保卫了我国的神圣领土和主权。

在抗美援朝战争停战之后，中美之间再没有发生过直接交火事件，而在中苏之间却不断地发生边界冲突，甚至发生了像珍宝岛事件这样的两国建交以后从未有过的极其严重的事件。事实清楚地表明，苏联已经由朋友变成了敌人。与此相反，美国在越南战争陷入泥潭之后，特别是尼克松上台之后，其对华政策明显地出现了缓和成分。国际舞台上正在发生着前所未有的变化。

8月底，我情报机关也获得比较准确的信息：苏联军方确实正在积极谋划对中国实行一次突然性的核袭击。美国《华盛顿邮报》报道说："据可靠消息：苏联打算运用中程巡航导弹，携带几百吨当量的核弹头，对中国的重要的军事基地——酒泉、西昌导弹发射基地以及北京、长春、鞍山等重要工业城市进行外科手术式的核打击。"对此，周恩来曾当面问过柯西金，柯没有回答，也没有澄清。在中苏双方边界谈判中，我方几次提出这个问题，对方也都没有回答。显然，苏联是想从实力地位出发，用原子弹吓人，达到他们的政治目的。

中苏关系不断恶化，进而发展为两国的军事对抗，不断发生严重的边境事件，这种情况自然引起了毛泽东、周恩来等中国党和国家领导人的高度重视和警惕。他们不得不考虑苏联从北方对中国造成的严重威胁和发动战争的可能，并采取相应的战备措施。

1969年2月19日，毛泽东在他的住处召开会议。参加会议的有林彪、中央文革碰头会议成员和李富春、李先念、陈毅、徐向前、聂荣臻、叶剑英等。毛泽东在谈到国际形势时说："国际问题有些怪，美英报纸经常鼓吹苏联要出问题，苏联要在远东搞演习，又不声张。"毛泽东的这一番话，表达出他对来自苏联威胁的担心。

党的九大期间，毛泽东等中央领导人一再强调要加强战备。3月5日，毛泽东在一次会议上提出："要准备打仗。"3月15日，他在中央文革小组碰头会上又具体说到了对付苏联可能发动战争的问题。他要求：一个县成立一个团，全国都要搞，大县三个营，中县两个营，小县一个营。他提出，如果发生战争，要让对方打进来，他打进来，就使我们动员起来，我们的战略是后发制人。他还说，东北、华北、西北要准备一下。准备好了，他不来也不要紧；大敌当前，动员、准备一下有利。

4月1日，林彪在代表中央所作的政治报告指出："我们绝不可因为胜利，放松自己的革命警惕性，绝不可以忽视美帝、苏修发动大规模侵略战争的危险性。我们要作充分的准备，准备他们大打，准备他们早打，准备他们打常规战争，也准备他们打核大战。"

在4月28日举行的九届一中全会上，毛泽东又强调了要准备打仗，并谈到了战略方针问题。他说："人家打来，我们不打出去。我们是不打出去的。我说，不要受挑拨。你请我去我也不去。但是你打来呢，那我就要对付了。看你是小打还是大打。小打就在边界上打。大打，我主张让出点地方来。中国这个地方不小。他不得点好处，我看他也不会进来。要使全世界看到我们打仗是有理的，有利的。他进来了，我看比较有利，不仅有理，而且有利，好打，使他陷在人民包围中间。至于什么飞机、坦克、装甲车之类，现在到处经验证明，可以对付。"①

到了8月，新疆地区发生铁列克提事件，同时又获悉苏联要对中国进行"外科手术式核打击"的情报。于是，根据周恩来的建议，毛泽东于8月28日签发了《中国共产党中央委员会命令》。这个命令，显示出毛泽东要结束国内动乱的决心。命令首先指出了美国、苏联加紧勾结，阴谋侵犯我国的严峻形势，进而要求边疆军民，坚决响应毛泽东"提高警惕，保卫祖国"、"要准备打仗"的伟大号召，高度地树立敌情观念，克服和平麻痹和轻敌思想，充分做好反侵略战争的准备，加强军民联防，随时准备歼灭入侵之敌。从这一基本点出发，命令要求：(一)充分做好反侵略战争的准备；(二)要加强军民、军政、各族人民团结，共同对敌；(三)驻边疆部队指

① 《建国以来毛泽东文稿》第13册，第38页。

战员必须坚守战斗岗位，坚决执行命令；(四)一切革命群众组织，必须实行按系统、按行业、按部门、按单位的大联合；(五)坚决贯彻执行党中央的“七二三”布告，立即停止武斗；(六)绝对不准冲击人民解放军，不准抢夺军队的武器、装备和车辆；(七)要保护交通运输，保证通讯联络畅通；(八)狠抓革命，猛促生产，大力支援前线；(九)坚决镇压反革命分子。①

中央的“八·二八”命令不仅是对边疆而言的，而且是一个全国性的紧急战备动员令。这个命令把战备工作的紧迫性明确地提到了全国人民面前，把战备问题与搞好“文化大革命”紧密地结合起来。强调一定要平息武斗，消灭派性，加强纪律，稳定形势，以适应加强战备的需要。

“八·二八”命令下达后，各省、市、自治区革委会均在8月底和9月初召开各种会议，宣读命令，布置、检查落实各项战备工作，从而使战备工作列入到党政军各级领导的重要议事日程，在全国范围内掀起了新的战备高潮。很快，全国的战备工作就由主要是思想动员进入了全面的具体实施，由主要是部队的工作变成了全民的紧张行动。

在中央发布“八·二八”命令前后，中共中央、中央军委还采取了许多全国性的重大战备措施。主要有：

成立全国人民防空领导小组。8月27日，中共中央、中央军委批准并转发了军委办事组《关于加强全国人民防空工作的报告》，决定组成全国人民防空领导小组，负责对全国人民防空工作进行督促检查。8月28日，全国人民防空领导小组正式成立。由中共中央办公厅、国务院业务组、国家计委、公安部、铁道部、卫生部、北京军区、空军、海军、工程兵、通信兵、总后勤部、防化学兵部、总参作战部各派1名领导干部组成。经毛泽东批准，由周恩来任全国人防领导小组组长。黄永胜(总参谋长)、谢富治(副总理)、吴法宪(副总参谋长)、阎仲川(副总参谋长)任副组长。办事机构设在总参作战部。以后，参加全国人防领导小组的部门增加了国家建委、交通

① 国防大学：《“文化大革命”研究资料》中册，第365—366页。

部、邮电部、财政部、物资总局、商业部、总政治部、第二炮兵、总参动员部、军事科学院等。各单位参加人防领导小组的成员，亦多次调整。全国人民防空领导小组成立以后，各省、市、自治区及大中城市也相继成立了人民防空领导小组。在人民防空领导小组的领导下，全国开展了群众性的大规模的“深挖洞”活动。

建立全国防止敌人突然袭击警报系统。10月7日，为保证在发现敌人突然袭击时，中央能迅速准确地发出警报，全国军队和地方立即转入战时状态，国务院、中央军委转发了总参谋部《关于建立防止敌人突然袭击警报系统的报告》。这一报告规定：向全国发出警报的权力，必须集中于毛泽东主席、林彪副主席；紧急情况授权军委办事组决定，由总参谋部组织实施；局部地区的防突袭警报，授权军区首长决定，同时上报下发。12月23日，中共中央、国务院、中央军委下发了关于防止敌人战略突然袭击警报的使用和要求的几点说明。

加强全国战备通信工程建设。1969年1月29日和2月7日，周恩来两次召见国家机关和总参谋部有关部局的负责人，对通信建设作了重要指示。他说：四机部也好，邮电部也好，在通讯上都是落后的。有线、无线都落后了。最重要的是改变落后现象，中央气象局要和邮电部很好地规划一下，研究解决。他还说，从有线到无线，包括电缆、微波，要赶上去，第一季度就抓。他强调，地下电缆要赶快建成，今年就开始。国防和民用应该结合在一起，搞一个计划。邮电部要考虑如何把地下地上连起来。[①]周恩来的上述指示，是根据当时通信建设的落后状况而作出的。当年1月26日至2月2日，长江和黄河流域曾出现雨、雪、冰凌和大风降温天气，造成架空明线结冰、断线、混线和倒杆的严重现象，致使北京通往济南、青岛、南京、上海、武汉、南昌、福州、广州等地的有线电通信一度中断。根据周恩来的指示，解放军通信兵部和邮电部拟制了《全国地下电缆通信规划》，由中央

① 《周恩来年谱》（1949—1976）下卷，第278—279页。

军委向上呈报。7月初，总参谋部在北京召开全军战备通信工作会议。会议着重研究了战备通信保障计划，加强通信保密措施和全国地下电缆网的建设规划等问题。12月24日，周恩来批准了《全国地下电缆通信规划》。规划提出，由国家专项投资17亿元，在5年内，建成连通29个省、市、自治区的国防与民用相结合、以保障作战指挥为主的地下电缆通信网53000公里。此后，国家把地下通信电缆建设列为专项工程，每年拨出一定数量经费、物资，给予重点保证。1970年一年国防通信网的建设就取得重大成绩，共建成地下通信枢纽18个，连同以往的已建成68个；完成长途地下电缆4500沟公里，超过以往的总和，连同原有的共有8200沟公里；微波通信按计划完成了4500公里；敷设海底电缆812公里，连同以前的共有5000多公里，设防岛屿已全部沟通有线电。①这些设施的相继竣工，基本形成了以地下指挥所为中心的平战结合的通信网，增强了通信的可靠性。

加强民兵战斗骨干队伍建设。6月18日，军委办事组转发了毛泽东关于“打起仗来，要组建地方部队，小县1个营，中县2个营，大县1个团”②的指示。在各军区组建基干民兵独立团、营试点的基础上，11月上旬，中央军委根据斗争形势，为加强作战准备，决定普遍建立独立营、团。11月10日，总参谋部向各军区传达了中央军委的决定。各地遵照中央军委的部署，以县为单位组建了民兵独立营、团。1973年冬，总参谋部、总政治部及时总结了各地的经验，将民兵独立营、团统一改称为民兵武装基干团，并规定：在农村，要以县为单位建团，公社编组营或连。为了适应现代化战争的需要，还在民兵武装基干团内，有计划、有重点地组建了地炮、工程、通信、防化、侦察、卫生等专业技术分队。在大中城市和交通枢纽地区组建了高炮营、团。东北、华北、西北地区还普遍建立了打坦克爆破班。民兵武装基干营、团，是一种较好的战备组织形式，普遍建立民兵独立团、

---

① 李可、郝生章著：《“文化大革命”中的解放军》，中共党史资料出版社1989年版，第258—259页。

② 《当代中国民兵》，中国社会科学出版社1988年版，第68页。

营组织，为开展人民战争创造了良好的条件。

在此期间，作为主持军委工作的林彪，对如何解决对苏的战略防御问题，也作了考虑和部署。他提出要搞好“三防”（防空袭、防突袭、防核攻击）和“两打”（打坦克、打飞机）。根据林彪提出的防御原则，在全国有选择地建设了几个战略指挥中心；加强了防空力量，特别是在东北、华北、西北“三北”地区防空力量的部署；在“三北”地区，特别是在华北地区进行了人工“造山”的试点。林彪还亲自多次外出勘察地形，并检查各项战备工作的落实。9月的一天，在空军司令员吴法宪、北京军区司令员郑维山等人的陪同下，林彪乘机从空中察看了山西平型关、大同、张家口一带的地形，并视察了张家口驻军，对师以上干部讲了话，要求大家加强战备，并具体指示该军，要他们依托张家口地区的地形，修筑几个地下防御工事。

中央发布的“八·二八”命令和全国性的战备活动，在国际上也引起了普遍注意。日、美报刊都认为，中国是在动员全国人民防备苏联的突然袭击，是在实实在在地进行战争准备。

正是在这种情况下，苏联不得不采取缓和姿态。9月11日，应苏联方面的要求，周恩来总理在首都机场贵宾室会见从河内参加胡志明葬礼后来到北京的苏联部长会议主席柯西金，双方举行了长达3个半小时的会谈。鉴于苏联方面重兵压境，甚至以实行核打击进行威胁的现实，周恩来开门见山地表明中国绝不会在任何压力面前屈服的坚定立场。他说：“你们说，你们要用先发制人的手段来摧毁我们的核基地。如果你们这样做，我们就宣布，这是战争，这是侵略，我们就要坚决抵抗，抵抗到底。”同时，他又重申中国希望通过外交谈判解决边界争端的意愿。

在会谈中，中方向苏方提出：一、中苏之间的理论和原则问题争论不应影响两国的国家关系，不应妨碍两国国家关系的正常化。二、中苏边界问题是目前中苏两国关系的中心问题，双方可以通过谈判最终找到解决问题的办法。在解决之前，双方应共同采取如下几项临时措施：(一)维持边界现状;(二)避免武装冲突;(三)在有争议地区双方武装力量脱离接触。

在周恩来提出三项临时措施后,柯西金提议,在边界问题解决以前,双方共同采取的临时措施中还加上一条:双方边防部门有事可预先联系。经讨论,双方商定于近期各派代表团举行中苏边界问题谈判。由此,中苏就谈判解决边界问题达成一致。这是两国关系跌至谷底后的一次转机。

会谈中,双方还讨论了有关保持和发展两国贸易、恢复互派大使等问题。最后,周恩来表示:尽管我们有许多重大的问题没有解决,但是有了个良好的开端,这次坦率会谈,对双方都是有益的。会谈中,双方领导人以"同志"相称,这同当时两国间那种剑拔弩张、山雨欲来的敌对状态形成鲜明对照。

此后,双方又商定10月20日在北京举行中苏边界谈判。始终关注并指导谈判进程的周恩来一再交代中方代表团:缓和边境紧张局势,解决边界问题,恢复睦邻关系,这就是我们的方针。

通过参加一些相关的会议和看文件,李德生对中苏两国总理在北京机场会见的有关情况是清楚的。9月3日,越南党和国家最高领导人胡志明在河内病逝。4日,周恩来、叶剑英率领中国党政代表团在葬礼前赶到河内吊唁,并在当晚返回北京。以后又派出以李先念为团长的中国党政代表团去参加葬礼,李德生是这个代表团的成员。当时,他就得知柯西金曾通过载波电话要求同周恩来通话而为北京的总机守机员拒绝的事。当周恩来、叶剑英赴河内吊唁胡志明时,又与柯西金不在同一时间,因此,两国总理没有可能在河内会面。后来毛泽东作了"准备谈判"的指示,经过外交途径才有了两国总理在北京机场会见这一历史的一幕。尽管当时还难以作出战争是否可以避免的最后结论,但对于中苏关系出现的这种缓和迹象,人们是欢迎的,李德生也是感到宽慰的。

在柯西金回国之后,我国要求两国换文,确定两国达成的谅解,但苏方却托词拒绝。这不能不引起我们的警惕。根据苏联当时的战略动向和一些情况资料,同时鉴于苏联侵占捷克斯洛伐克的历史教训,我方怀疑苏联是在把谈判作为向我方发动突然袭击的一种烟幕，因而保持着高度戒备。9月下旬，根据毛泽东的指示，中央军委召开了全军战备工作会议，重点研究“三北”地区的战备问题。9月22日，周恩来在会上强调：目前国际形势紧张，我们要准备打仗，特别要防止敌人突袭，要严加戒备。[①]9月25日，林彪在会议讲话中提出：“用打仗的观点观察一切，检查一切，落实一切。”事实表明，这些看法尽管把形势估计得过于严重一些，但在强敌当前，作为大国的领导者们，以国家和民族的安危存亡为重，从有备无患来说，则是无可非议的。9月26日，毛泽东又批示：“军队不要松劲”。[②]

在此期间，毛泽东还指出：“中央领导同志都集中在北京不好，一颗原子弹就会死很多人，应该分散些，一些老同志可以疏散到外地。”

10月中旬，中央政治局召开会议，研究如何贯彻毛泽东关于疏散中央领导人的指示。

林彪在会上首先发言。他对苏联从无好感，认为历史上沙俄就贪得无厌，是中国的主要威胁。现在苏联又在中苏、中蒙边境集结重兵，因此必须立足最严重的情况，做好战备工作。

周恩来就几个问题作了重点阐述。他从1689年《中俄尼布楚议界条约》讲起，系统论述了沙俄侵华史。讲到当前的中苏关系，周恩来认为苏方缺乏通过谈判缓和双方紧张关系的诚意，不可低估苏联领导集团的冒险性。周恩来拥护毛泽东疏散老同志的决策，并提出了落实意见。

康生在发言中强调，苏联现在有几个师进驻蒙古，实际上已对蒙古实行了军事占领，其目的就是为下一步对中国发动突然袭击作准备。战争随时可能发生，疏散事不宜迟。

经讨论研究，党中央决定，在10月20日前必须将在京的中央党政主要领导人疏散到京外去。

但江青却与众不同。她对战备似乎没有什么感觉。在康生讲完话之

① 《周恩来年谱》（1949—1976）下卷，第322页。

② 舒云：《林彪“第一个号令”的台前幕后》，《党史博览》2004年第9期，第9页。

后，她说：总理呀！你是不是也关心一下京剧革命呀，我们的工作可真艰难呀！林彪看江青很激动，知道原定的讨论战备问题已无法进行，便宣布散会。

10月15日，周恩来主持中央政治局会议，对疏散工作做了具体安排。

10月17日晚，周恩来与中共中央政治局成员在新落成的首都体育馆观看体育表演后，分批会见了在京的一些老的中央领导人，其中有董必武、朱德、陈云、李富春、陈毅、叶剑英、邓子恢、张鼎丞、陈奇涵、王震等，向他们传达了毛泽东和党中央关于战备疏散的决定。周恩来说：主席根据当前形势，决定一些老同志在20号或稍后从北京疏散到外地。主席指定了每个人的去处。各地安置工作，均由我打电话安排，中央办公厅准备专机和专列。疏散这批老干部的具体组织工作统由汪东兴负责。周恩来还委托陈毅于次日上午在紫光阁向未出席体育晚会的徐向前和聂荣臻作传达。当时中央决定，董必武、朱德去广东；陈云去江西；陈毅去开封；聂荣臻去邯郸；徐向前去石家庄。徐向前考虑自己身体比陈毅好些，石家庄医疗条件较开封好，所以向周恩来提出，自己去开封，让陈毅去石家庄。这件事充分体现了老帅们之间几十年凝集成的深厚的革命情谊。此后，周恩来还向疏散的老同志一再嘱咐，一定要带夫人去，原北京的住处均保留不动。

周恩来对老同志到外地的安置问题十分关心。10月18日，他与江西省革命委员会核心小组办公室负责人通话，要省革委会妥善安置即将去江西的陈云、邓小平、王震及其家属，生活上要给予照顾。次日，他在得知江西省革委会准备把邓小平夫妇安置在赣州时又提出：对邓安排赣州不妥，那里交通不便，山区条件差。应安排南昌市郊为宜，并住两层楼房，独家独院。据此，江西省革委会重新调整了方案，将邓小平夫妇安置在南昌市郊解放军步兵学校内。在10月20日前，周恩来还要时任中共中央办公厅政治部主任的王良恩，转告广州军区和广东省革命委员会负责人，妥善安置即将去广州的董必武、朱德、李富春、张云逸、张鼎丞等，并在生活和医疗保健上给予照顾。之后，又嘱有关方面负责人，对安置在广东、湖北、湖南等地的刘伯承、叶剑英、邓子恢、陈奇涵、徐海东、张闻天等均给予照顾。

根据毛泽东的意见和中共中央的统一部署，在京的一些党和国家领导人、大批党政机关及其干部家属很快就被“战备疏散”到外地。

此时毛泽东已去了武昌，林彪于10月17日乘专机到了苏州。周恩来留守北京主持中央日常工作。毛泽东临走时嘱咐周恩来，让他也早点离开中南海，出城进山。还说他到了武昌就给周打电话。

国际问题研究小组

李德生调到中央工作以后，虽然不管外交，但他多年军人生涯养成的习惯使他十分关注国际形势的变化及其对我国安全的影响。正好这时毛泽东要几位老帅研究国际问题，为中央提出应对措施的建议。这就为李德生提供了极好的学习机会。

毛泽东在使林彪的权力不断扩大的同时，并没有忘记其他几位老帅。在党的九大召开前夕，为了更好地把握国际形势的发展变化，毛泽东于1969年2月19日在其住处召开会议，到会的有林彪、中央文革小组碰头会议成员和李富春、李先念、陈毅、徐向前、聂荣臻、叶剑英等。会上，毛泽东要4位老帅研究国际问题。他说：“国际问题有些怪，美英报纸经常鼓吹苏联要出问题，苏联要在远东搞演习，又不声张。”①毛泽东的这番话，表明珍宝岛事件后他对来自苏联的威胁越来越关注了。到了1972年，随着苏联对中国军事威胁的越来越大，毛泽东说得更明白了：“苏修亡我之心不死”，要准备对付苏修可能发动的大规模入侵。②

---

① 姚建平：《“中苏战争打不起来”——追记四位老帅把脉国际局势》，《党史信息报》2002年10月30日。

② 《毛泽东军事文集》第6卷，军事科学出版社、中央文献出版社1993年版，第408页。

周恩来对毛泽东交待的这一任务十分重视，他委托陈毅具体主持这件事。周恩来对陈毅等人说：主席交给你们这个任务，是因为主席认为还有继续研究的必要。主席的一贯思想是，主观认识应力求符合客观实际，客观实际不断发展变化，主观认识也应随着发展变化，对原来的看法和结论要及时作出部分的甚至全部的修改。所以你们不要被框住。周恩来要求他们：每星期有几天时间专心考虑国际形势。你们都是元帅，都有战略眼光，可以协助主席掌握战略动向，供主席参考。这个任务很重要，不要看轻了。有了比较成熟的看法，请陈总归纳几条送给我，我再转报毛主席。

从3月1日至10月18日，几位老帅在中南海紫光阁武成殿，召开了23次座谈会，给中央上送了几份报告，提出了精辟见解，这对当时中国外交方针的转变，起了极其重要的推进作用。3月下旬，几位老帅研究了珍宝岛反击作战问题。他们站在世界全局的高度，分析了苏联军队突然入侵珍宝岛的原因、目的及其发展趋势，并进而揭示了美苏称霸全球的战略企图，以及与各国之间的矛盾斗争。根据研讨的意见，由叶剑英负责整理了一份《从世界的森林看一棵珍宝岛树》的报告，呈报毛泽东。报告最后对民兵建设、军事训练、军工生产等一系列问题还提出了具体建议。①

此后，几位老帅又进行过多次座谈，并于6月1日由陈毅上送了关于“国际问题研究小组”活动安排情况的报告。根据毛泽东的意图，周恩来对4位老帅的工作做了具体安排。6月2日，他在陈毅的报告上批注指出，毛泽东交给他们的三项任务是：(一)到工厂、学校、公社去蹲点；(二)对国际形势经过阅读材料和集体讨论，提出意见；(三)对国防问题经过阅读材料和集体讨论，提出意见。周恩来还要求外交部和其他外事部门及时将涉外文电分送4位老帅，对4位老帅“蹲点”的工厂也做了细致的交代。总参二部副部长熊向晖、外交部欧美司司长姚广奉派参与了具体工作。

根据周恩来的批示，6月7日下午，陈毅、叶剑英、徐向前、聂荣臻在武

① 《叶剑英传》，当代中国出版社1995年版，第598页。

成殿聚会，进一步开展对国际形势的研究。熊向晖、姚广列席。陈毅开门见山地说：主席指定我们议议天下大事，让我牵头。平时各人看材料，用不着我“牵”。上次我们谈过，材料很多，有价值的不多。一些单位的调研报告，差不多都是上面怎么说，自己做注脚。这种“二路货”可以不看。要重视第一手材料。《参考资料》每天两大本，内容很丰富。香港、台湾的几家报纸杂志，有时透露一些内幕消息。对有用的材料要认真看、过细看。对这些材料要按照主席的教导，去粗取精，去伪存真，由此及彼，由表及里，形成看法，开会的时候交换意见。总理让我们每个月讨论两次到三次。地点就在武成殿，或者紫光阁。时间一般定在礼拜六，下午3点开始，讨论半天。每次开会之前，由我这个“牵头”的人打电话分别通知。我们这个会，就叫“国际形势座谈”，在沙发上“座”而谈之。上次开的会不算，今天重打锣鼓另开张，算做第一回。他说，现在开不得“神仙会”，我们就来个“自由谈”。不拘体、不限韵，鸣放一通。可以插话，可以打断，可以质问，也可以反驳，讲错了允许收回。“自由”不能漫无边际，要抓重点，抓要害。现在北边苏修磨刀霍霍，会不会向我们发动大规模进攻？南边美国虎视眈眈，会不会把侵略越南的战火向中国烧？这是关系党和国家安危的大事，我们要做出明确回答，不能模棱两可，含糊其词。总理的指示很重要：第一，脑袋里不要有框框；第二，要密切注意世界战略格局的发展变化。

这时，几位老帅年事已高，而且头上还戴着“二月逆流干将”的帽子，但他们深知自己所肩负的托付和使命重大，因此置个人的荣辱得失于不顾，以党和国家的安危为重，以高度的政治热情，对国际战略形势，进行了认真的讨论，并提出了正确的对策建议。他们高瞻远瞩，胸怀全局，论述精辟，语言生动，不愧是我党我军的“老帅才”。从6月7日至7月10日，他们共进行了6次19个小时的讨论，写出了题为《对战争形势的初步估计》第一份书面报告，由陈毅定稿，四帅签署，于7月11日上报周恩来。从7月29日至9月16日，4位老帅又举行了10次座谈，对形势的新变化，进行了详细认真的研究，写出了第二份报告——《对目前局势的看法》，于9月17日报送周恩来。

老帅们向中央提出的书面报告，紧紧扣住国际战略中的核心问题，从不同的角度客观地分析了中、美、苏之间的大三角关系。他们认为：在世界范围内，中苏矛盾大于中美矛盾，美苏矛盾大于中苏矛盾。苏美矛盾比较集中在欧洲和中东，反华大战不致轻易发生。老帅们还从历史的角度分析了当前的形势以及如何处置的措施。他们认为，从世界战略格局来看，在处理中美苏“大三角”关系的问题上，可以借鉴中外历史上的经验。诸如东汉三国时期诸葛亮采取的“东联孙吴，北拒曹魏”的战略方针和斯大林从战略上采取与希特勒签订苏德互不侵犯条约的事例，都可以作为参考。因此，他们建议：中国外交必须有所作为，要从战略上利用苏美矛盾，尽早恢复中美会谈，打开中美关系僵持局面。[①]这些报告的基调，同九大政治报告特别是林彪等人对形势的看法是不同的。历史表明，他们的这些看法是客观的、有远见的，为后来中国打开对外关系的新局面作了重要的思想准备。

在报告中，老帅们也一致认为：中央决定加强战备是非常必要的，有备无患嘛！后来他们对毛泽东关于从最坏处着想，让部分老同志疏散到外地的意见表示拥护，并且身体力行，付诸实践。

李德生在调到中央工作以后，与毛泽东、周恩来等中央领导同志，特别是与周恩来接触较多，有不少机会听取周恩来对国际形势的精辟见解。周恩来与几位老帅们的看法真是“英雄所见略同”。还在1967年12军赴安徽执行“三支两军”任务时，李德生曾就苏北防务问题请示周恩来，周恩来除了答复另派部队保卫苏北海防外，又略有所思地说：“仗，恐怕十年打不起来。”李德生听了这个话以后，感到很新鲜，细加琢磨，觉得这是周恩来在启示他，要正确认识国际形势：既要警惕敢于来犯之敌，加强战备工作，提高部队战斗力，又不要搞得过于紧张，似乎战争明天就要到

① 参见熊向晖：《我的情报与外交生涯》，中共党史出版社2006年版，第175页。

来，打乱了正常的工作部署。到了1969年，由于中苏边境武装冲突不断升级，毛泽东、周恩来等中央领导同志则更多地强调战争的危险、加强战备的一面，但并不认为战争马上就要打起来。这一年的3月14日，周恩来接见美国进步劳工党代表团，在回答中苏边境冲突是否有走向大规模的可能性时指出：现在还不能说。他们（苏联）是拿这个东西去动员本国人民和看一看世界舆论。苏联要进攻中国有困难。

在与周恩来接触中，李德生深刻体会到，周恩来特别强调要正确分析和把握国际形势。1969年李德生作为出访阿尔巴尼亚的中国党政代表团的成员，在11月21日行前，曾受到周恩来的接见。周恩来对代表团全体成员指出：只讲美苏勾结，不讲争夺，片面性很大。现在美苏争夺的中心是中东。光看到勾结，看不到争夺，有些问题就不能解释，只有两个阵营的矛盾的提法就是片面性。对国际形势的分析都要分析矛盾，怎么看不到矛盾呢？[①]李德生得知4位老帅的看法后，完全赞同他们的观点，认为这正是站在国际战略的高度，正确分析矛盾的结果。

林彪的“第一个号令”

根据中央的统一部署，在林彪主持下，军队系统紧急动员起来，从上到下开展了各项战备工作。

珍宝岛事件发生后，军委办事组于1969年5月2日至6日在北京召开战备工作座谈会，研究设防等问题。参加会议的有各军区、各军兵种及三总部的负责人。会议由总参谋长黄永胜主持，学习了毛泽东等中央领导同志关于设防和防空降问题的指示，讨论了准备打仗等工作。这次会议纪要，经毛泽东、林彪批准，于6月18日以军委文件下发各大单位执行。

6月20日至7月4日，经毛泽东批准，在林彪主持下，军委办事组在北京

① 《周恩来年谱》（1949—1976）下卷，第334页。

召开了针对苏联可能进犯的“三北”地区作战会议。参加会议的有沈阳、北京、兰州、新疆4个军区主管作战的领导人和各军兵种、三总部及有关部门的负责人。会议研究了防止苏军突然袭击的作战思想准备、作战设想、部署调整和边防斗争等问题，并提出一个庞大的国防建设计划。这次会议纪要，于8月16日呈报毛泽东和中央审批。20日，毛泽东批示：已阅照办。九十月间，总参、总后组织联合检查组赴北京、兰州、新疆军区检查了部队落实军委办事组座谈会和“三北”地区作战会议的情况。

为了加强首都北京的防御，林彪提议将驻守在江苏无锡一带的某军主力急调张家口地区，与早在那里驻守的某军组成一道阻挡苏军可能入侵的“铜墙铁壁”。8月27日，中央军委正式下达了调整驻无锡某军部署的命令。8月下旬至9月上旬，该军主力进驻河北地区（另有1个师于1970年11月抵达）。

9月20日，经毛泽东批准，军委办事组在北京再次召开全军战备工作会议。参加会议的有各军区、军兵种司令员、政治委员。周恩来于9月22日在会议上就国际国内形势问题作了报告。他指出：目前国际形势紧张，我们要准备打仗，特别要防止敌人突袭，要严加戒备。会议研究了苏联的战争动向和对付苏军突然袭击的措施。会议开至月底，因国庆在即，决定休会，各军区负责人即返回驻地。休会期间，军委办事组为检查战备工作落实情况，于11月15日至21日，组织北京、兰州、新疆军区和华北、西北8省市自治区以及空军、总参谋部、总后勤部领导人，赴东北参观落实战备的经验。12月11日至23日，会议继续在北京召开。与会人员认真分析了形势，检查了战备落实情况，交流了战备工作等方面的经验，提出了今后的战备任务。会议最后产生了全军战备工作会议纪要。经毛泽东批准后，军委办事组于1970年1月7日印发全军。

在紧张的战备氛围中，1969年的国庆节快要来到了。此时的林彪，头脑中的战争之弦绷得更紧了，更加重视抓紧战备工作。

9月30日，林彪召集黄永胜、吴法宪、李作鹏、邱会作等军委办事组成员和总参管作战的副总长阎仲川到其住处开会。他说：今天叫你们来，是要谈一下战备问题。这个仗看来八成是打不起来，但要作八成可能打起来的准备。明天就是国庆节。在节日举行大型群众集会，在人们正欢欢乐乐的时候，说不定战争就打响了。如果敌人趁我们过节，对我们来个突然袭击怎么办？苏联设在外蒙的空军基地，距北京只有几百公里，飞机用不上一个小时就到了。如果打导弹，只要几分钟。我刚才坐车到西郊机场去转了一下，看见飞机还一排排地在那里明摆着，似乎没有一点应付意外的准备。这不行，也很危险。因此，要立即采取措施，改变这种等着挨打的状况。第一，北京附近几个机场的飞机，除留下作战值班的以外，其余的一律要在今天夜间转移到外地的机场去；第二，要在机场跑道上设路障，以防止敌空军实行机降；第三，留在机场的值班人员，要全部配发武器，准备打敌人的伞兵。另外，节日的其他战备工作也要搞好。关键是十月一日、二日、三日，一日又是关键中的关键。只要在这关键的几天里不出什么事，问题就不大了。林彪说，这件事他已向毛泽东报告过，周恩来也知道，他们都同意空军要连夜疏散飞机。①

根据林彪的命令，在北京附近的几个机场上停留待命的作战飞机，除少数值班的以外，连夜全部转场，其他有关措施也已落实。当天深夜，吴法宪将上述情况向“林办”作了报告。

林彪还考虑到，如果敌人轰炸北京郊区的水库怎么办？他主张对京郊的几个大型水库——十三陵水库、官厅水库以及密云水库采取必要措施。总参谋部为此与北京市领导进行了联系，北京市感到事关重大，向周恩来作了报告。周恩来要求北京市革委会现场勘察后提出建议。得出的结论是：因水流地区连年干旱，密云水库已处于“半贫水”状态，即使大堤被炸，也不会对北京造成大的危害。10月1日凌晨，周恩来还紧急约见水利部负责人共同研究，也否决了林彪的意见。“前指”将上述情况上报

① 纪希晨：《史无前例的年代》，人民日报出版社2006年版，第348页。

后，林彪没有再问什么。

国庆节总算平安过去了。但林彪抓战备的劲头并没有丝毫松懈。10月5日，他又亲赴张家口视察，要看看那里战备工作的落实情况。张家口附近地形险要、复杂，是北京西北的要塞，是首都安全的屏障。林彪此行搞得很神秘。除了毛泽东以外，连对周恩来也没有打一声招呼。

10月中旬，林彪亲自主持召开了中央政治局会议，研究当前的国际形势和苏联的战略动向。周恩来传达了毛泽东的指示：中央领导同志都集中在北京不好，一颗原子弹就会死很多人，应该分散些，一些老同志可以疏散到外地。根据情报，会议认为，苏联内部确实有一些人，主张对中国的核设施进行一次“外科手术”式的打击。会议决定，立即开始加强战备，由军委办事组部署部队的战备问题。在北京地区的党和国家领导人，不论是否有问题，一律紧急疏散。林彪、周恩来向毛泽东汇报了这次会议情况。毛泽东当即表示：我明天就离开北京，到武汉去。林彪同志也应该离开北京到苏州去。至于恩来，留在北京主持工作，但是必须带领政治局一班人马，撤离到北京西山去。①

10月17日林彪飞抵苏州后，第二天便用电话给北京“前指”发出《关于加强战备，防止敌人突然袭击的紧急指示》，一共六条，主要内容是：一、要防止苏联以10月20日开始谈判作烟幕，实行突然袭击，尤其是19日和20日应特别注意；二、全军各部队特别是“三北”地区的各军区，要立即将坦克、飞机、大炮等重型武器实行紧急疏散，对战备工事、重要目标要采取隐蔽措施；三、要保证通讯联络的畅通；四、加紧国防工业的生产，特别是要迅速抓紧反坦克武器的生产；五、各军区立即组织精干的指挥班子，进入战时指挥位置；六、战略导弹部队要做好发射准备。据吴法宪说，这六条，叶群通过汪东兴向在武汉的毛泽东作了报告，汪东兴回电话说，毛泽东没有提什么意见。

① 《吴法宪回忆录》（下卷），香港北星出版社2007年版，第765—766页。

10月18日晚20时左右，黄永胜在他的西山住处主持军委办事组开会，吴法宪、李作鹏、邱会作、李德生参加了会议。黄永胜传达了林彪从苏州发出的战备指示，并令列席会议主管作战工作的副总参谋长阎仲川向部队迅速传达。阎仲川受领任务后，来到另一间办公室对传达记录进行了整理，考虑到这是“前指”成立后的第一个命令，便将其定名为“林彪副主席紧急战备指示(第一个号令)”。当将整理好的命令送黄永胜审批时，黄的秘书说，黄刚服安眠药，不宜叫醒。阎仲川考虑到离苏联代表团入境只有十几个小时了，战争经验告诉人们，如果对方要发动突然袭击，一般就在这一段时间。事关重大，不宜拖延，即以总参谋部名义，向各军区、海空军和北京卫戍区传达了林彪的指示。指示指出，近两天来，美国、苏联有许多异常活动情况。特别是苏联的所谓边界谈判代表团，预定19日来京，要求全军必须百倍提高警惕，防止苏联搞欺骗，尤其19、20两日应特别注意。命令要求，各军区、特别是“三北”军区对重型武器要立即疏散；沿海军区也应加强战备，防止敌人可能突然袭击；要立即组织精干的指挥班子进入战时指挥位置；各级都要加强首长值班，及时掌握情况。命令还要求迅速抓紧布置反坦克兵器的生产(此条传达给国防工办)。

就在这一天，军委办事组的主要成员黄永胜、吴法宪、李作鹏、邱会作、李德生、刘贤权等进驻既定指挥位置，黄永胜责成阎仲川组织的精干指挥班子亦随之进驻。中共中央和国务院也分别按预定方案组成战时工作班子，进驻既定位置。

接着，阎仲川又以总参谋部名义传达林彪给第二炮兵的“指示”(第二个号令)，要求二炮部队加强本身防护，同时待命，必要时参加战斗。还传达了军委办事组给各总部、各兵种、国防工办、国防科委和总参各有关部局的指示(第三、四个号令)，要求按照国庆期间战备工作要求转入战备状态。凡已组织精干指挥班子、有隐蔽指挥位置的单位，应立即进入指挥位置；全部人员要做好就地疏散的一切准备。

在中苏边界谈判开始前夕，周恩来对防止敌人突然袭击也很重视。

他在认真准备、指导与苏联进行边界谈判的同时，于10月19日上午亲自给北京卫戍区司令员吴忠打电话，了解首都机场及其附近兵力部署情况和一旦发生意外事件时的应急方案。吴忠作了扼要报告后，周恩来指示："你们一定要做到万无一失，要接受布拉格事件的教训。你们特别要把机场调度指挥系统控制起来，部队不一定多，但要精悍。还要注意，我们不首先开枪，所以部队要做两手准备，要配备一些棍棒之类的冷兵器，要挑选一些会武术的战士去执行这个任务。"①当时，北京卫戍区不但在首都机场，而且在北京地区各个军用机场附近，配置了数团齐装满员能够快速机动的地炮、高炮、坦克和摩托化步兵，各部队都制定了反突袭、反空降方案。

林彪的紧急指示下达后，全军立即进入紧急状态，或进入前沿工事，或紧急疏散。19日至20日，许多大中城市也进行了紧急疏散或防空演习。10月23日，总参谋部向各军区、海、空军和北京卫戍区传达了军委办事组《做好疏散部队工作，继续保持良好战备状态》的指示。指示指出，疏散出去的部队，可能还要持续一段时间；天气逐渐转冷，要做好疏散部队的工作，减少非战斗减员，继续保持良好的战备状态。指示要求，所有疏散的部队不要露营，搞好行政管理和物资保障；抓紧时间进行战备训练，保持常备不懈。这样，就使整个国家处于临战状态，战备活动进入高潮。

林彪紧急指示的发布，在国内外造成了很大震动，引起了全世界的严重关注。由于我军频繁调动，中苏、中蒙边境的苏军进入了戒备状态，驻在太平洋地区的美军，也开始全面戒备。与中国接壤的一些国家也相应进入了戒备状态。

李德生说，就是林彪这个指示，黄永胜在布置传达中出了大问题。19日晚，周恩来把军委办事组的黄、吴、李、邱和我找了去。他要了解林彪指示发布前后的情况。

① 阎明著：《往事不忍成历史》，文化艺术出版社2011年版，第43页。

周恩来问：为什么要把林彪指示称“一号号令”？为什么要把林彪指示向地方传达，引起不必要的混乱？黄永胜等人支支吾吾，没有讲清楚。由于如何具体传达，是黄永胜让阎仲川承办的，没有在军委办事组进行讨论，所以李德生也不了解具体情况，无法回答周恩来的提问。但是，李德生已经意识到，这件事办得有问题，显然周恩来事先并不知道。本来，毛泽东离京去武汉前，指定周恩来留京主持中央日常工作。军委办事组干什么事情，黄永胜理应向周恩来事先报告。

当晚，黄永胜从周恩来那里回到西山军委办事组驻地后，立即把阎仲川找了来，大声质问：昨晚发出的那个指示，为什么叫做“一号”？谁是“二号”？阎仲川解释说，后面还有二号、三号呢？黄永胜又问：那你们为什么不提醒下面不要把林副主席的指示扩散到地方上呢？吴法宪说，这事我们当时也没有提醒他们。邱会作说，你们不要那么编号，或用“参作字XX号”就好了！李作鹏若有所思，什么话也没有说。李德生已经意识到其中的问题，便批评阎仲川说：这个事你们可是搞得不好啊！可是生米已经做成熟饭，谁也不好再说什么。

毛泽东对军队的领导权历来是十分重视的。林彪对调动全军进入临战状态的先斩后奏，不能不引起毛泽东的警觉。因此，毛泽东看了林彪下达的指示后，十分不满地说：“烧掉！”在毛泽东看来，林彪绕过自己下达紧急指示，显然是对毛泽东最高权威的挑战。1970年5月，毛泽东对蒙哥马利谈“继承人”问题时说过：什么叫政权？什么叫力量？什么叫权力？没有别的，只有军队。[①]在毛泽东看来，林彪的行动是矛盾性质发生变化的表现。1971年11月，《中共中央关于组织传达和讨论〈粉碎林陈反党集团反革命政变的斗争〉（材料之一）的通知》中指出：“一九六九年十月十八日，林彪曾趁毛主席不在北京，擅自发布所谓‘林副主席指示第一号令’，调动全军进入了战备状态。这样大的事，竟不请示毛主席、党中央，实际

① 周敬青：《毛泽东对林彪接班人地位的确立和废黜》，《党史纵览》2004年第1期。

上是一次篡党夺权的预演。”现今，有些人对是不是“预演”提出了异议，这里姑且不论。但林彪此举事先未得到毛泽东的批准就擅自行动，却是有违党对军队绝对领导原则和动用部队批准权限的规定的。对此，统帅过千军万马的林彪不可能不知道。为此，中共中央、中央军委于10月22日发布《关于部队调动使用权限的规定》，指出，为了预防边境地带有可能造成的军事冲突，要求对中苏、中印边境地区，无论大小部队的作战行动，均需报中央军委，经毛泽东批准后方可行动。

毛泽东、周恩来批评林彪擅自发布紧急战备指示，还反映了毛泽东等中央领导同志与林彪在战备问题上已经出现若干分歧。当时，中央对国际形势的基本看法上应该说是比较一致的。对战争危险性、急迫性的基本判断也不存在什么分歧。但是，在如何进行战备的问题上，实际上存在着两种不同的意见：以林彪为代表的一些人，包括军委办事组的多数成员在内，主张大规模物质力量的动员，不大重视精神动员；他们“反应过度”，策略僵化，强调既必须抗击修正主义，又要坚持反对帝国主义。而以毛泽东、周恩来以及参加“国际形势研究小组”的几位老帅，虽然也认为战争的危险性是严重存在的，必须准备打仗，但认为战备首先是思想上、精神上的充分准备，而且要把战备和各项工作结合起来，并视情况有步骤地展开。1969年12月20日，周恩来在全军战备工作会议上指出：目前国际形势正朝着有利于人民的方向发展，国内现在最重要的是抓战备、抓生产，把革命和战备结合起来。同时，毛泽东、周恩来等认为，在准备防止苏联突然袭击的同时，不应忽视客观存在的可能进行战略调整的空间，要积极探求和缓国际紧张局势、推迟和防止战争发生的问题。他们根据国际政治、军事形势发生的新变化及时进行了战略调整：从反帝反修改变为联美抗苏。毛泽东的战略调整，改变了中国腹背受敌的状况，从而掌握了外交上的主动权。1972年尼克松访华时，毛泽东曾谈到了这一情况。他指出，在外交政策调整方面与林彪存在分歧，林彪反对中国与美国来往。他说：“我们国内有一派也反对我们跟你们往来，结果坐一架飞机跑到外国去了。”①

林彪要砸烂“总政阎王殿”

李德生担任军委委员和参加军委办事组后，主要是分管军队政治工作，并着手恢复总政治部的工作。

为什么有恢复总政治部工作这个任务呢？因为总政治部在1967年年初“文化大革命”开始不久就被“砸烂”了。是谁人砸烂的呢？是林彪和他的干将们。如今，恢复它的人和砸烂它的人坐在了一个办公室，历史与现实竟是如此有趣！

总政治部是全军的政治工作领导机关，负责军队中党的工作和政治工作，直属中央军委领导。自从它在土地革命战争时期诞生后，无论是在战争年代，还是在新中国成立以后，一直在卓有成效地进行工作，在全军享有很高的威信。但是，在林彪1959年主持军队工作以后，总政在一些重大问题上常与林彪的意见相左，因而在“文化大革命”初期便遭到了被“砸烂”的厄运。

新中国成立以后的第一任总政治部主任是罗荣桓元帅。他是一位政治工作巨匠，其业绩在全军有口皆碑。“君今不幸离人世，国有疑难可问谁。”1963年12月毛泽东悼念他写出了这样的诗句，也是全党全军对他的崇高评价。林彪在1959年主持军委工作以后，标榜自己对政治特感兴趣，并陆续提出“四个第一”、“突出政治”等一套“左”的东西。在学习毛泽东著作问题上，他提出“要带着问题学，活学活用，学用结合，急用先学，立竿见影，在‘用’字上狠下功夫”。当时，罗荣桓虽已不任总政主任，但对林彪把毛泽东思想庸俗化、教条化的做法，曾进行过针锋相对的斗争。他说，毛泽东思想是对马列主义的发展，毛泽东思想本身也还要发展，它

① 熊向晖：《试析1972年毛泽东同尼克松的谈话》，《党的文献》1996第3期。

是科学，不是教条。我们要认真读书，但不要本本主义。他强调：要联系中国革命、党的历史，系统地学习毛主席著作，要从根本上学，融会贯通，学习立场、观点、方法，要紧密联系实际，用毛主席思想指导我们的行动。他认为，“理论学习必须联系实际，因为理论是来自实践，而又去指导实践，再为实践所证实、所补充。如果理论离开实践，就会成为空谈，成为死的东西。学毛主席的著作，也不要只满足一些现成的语句或条文，最主要的是了解其实质与精神。所谓带着问题去学毛主席著作，绝不能只是从书本上找现成的答案。历史是向前发展的，事物是多样性的，因此也就不可能要求前人给我们写成万应药方。”[①] 加上过去的一些原因，林彪对罗荣桓是很不满意的。罗荣桓在1960年年底再次出任总政治部主任以后，开始林彪竟不同意他的名字见报。罗荣桓得知林彪的态度后，曾气愤地说：“看来我这个总政治部主任是不合法的。”在“文化大革命”中，林彪一伙还指使“林办”的人散发传单，耸人听闻地攻击罗荣桓“反对学习毛主席著作”。

1956年12月，谭政继罗荣桓出任总政治部主任。他深入实际，调查研究，着重抓了部队的文化教育和理论学习，并十分关注部队的军事训练，受到党中央和中央军委的好评。然而林彪主持军委工作以后，却诬陷谭政“反对毛泽东思想”，“使政治工作方向发生了严重偏差”，并把他打成彭德怀、黄克诚“反党集团”成员，遭受错误批判，降职降薪。1960年9—10月间召开的军委扩大会议，作出了《关于谭政同志错误的决议》。会后，林彪又制造了一个所谓“谭政反党宗派集团”。谭政的总政治部主任职务被撤销，后被平反。

1964年9月肖华继任总政治部主任后也受到了林彪一伙的打击。在1966年8月召开的八届十一中全会上，根据毛泽东的提议，改组了中央领导机构，将原来中央政治局的常务委员由原来的7人，即毛泽东、刘少奇、

① 《罗荣桓传》，当代中国出版社1991年版，第588—590页。

周恩来、朱德、陈云、林彪、邓小平，增加到11人，排列顺序是毛泽东、林彪、周恩来、陶铸、陈伯达、邓小平、康生、刘少奇、朱德、李富春、陈云。林彪名列第二位。全会没有重新选举中央副主席，但会后不久，林彪却又被宣布为中央副主席，而原有的中央副主席刘少奇、周恩来、朱德、陈云却不再被提及。

党的八届十一中全会开始时，肖华因患肝病在青岛疗养，请假没有参加会议，后来又催着他必须参加会议。肖华按中央的要求，赶赴会议并作了书面发言。他写道："我衷心拥护毛主席为首的正确领导，拥护毛主席的正确路线，坚决反对修正主义路线"，而对林彪当接班人一事没有直接表态，这就使林彪怀恨在心。1967年2月肖华重印这个发言时，在"正确路线"之后，加上了"完全拥护中央常委的改组，完全拥护林彪同志作为我们的副统帅和毛主席的接班人"这样两句话。即使如此，林彪仍然难解对肖华的心头之恨。时隔5个月之后，林彪就提出了"砸烂总政阎王殿"的口号。

林彪的这一口号得到了他的几员干将的积极响应，他们出于各自的原因，从一己私利出发，对总政也是恨之入骨的。

原任广州军区司令员的黄永胜，一贯"称王称霸"，独断专行，目无群众，作风恶劣。总政治部曾根据广州军区上报的党委扩大会议材料，将有关情况和对黄永胜的批评意见整理成《政治工作简报》（增刊），以绝密件的形式，向中央政治局和军委常委作过反映。

作为空军的主要领导人吴法宪，在空军领导班子和机关中威信是很低的，但他善于走夫人路线，通过叶群"打内堂"，获得林彪的青睐。1964年春，林彪提出要大学空军，大整机关，促进机关革命化。当时肖华是持反对态度的，曾说："空军的问题不少，经不起检查，大学空军我想不通，要大学空军就大搞卫生。"

在海军，林彪曾赞扬李作鹏等人是"高举毛泽东思想伟大红旗的，拥护毛主席的，是突出政治的，是有革命干劲的，旗帜鲜明的。对海军工作转变做了很多工作，反对罗瑞卿是有功的。”同时诬蔑“苏振华是刘、邓安在海军的钉子，是漏网的彭、黄分子”。对此，肖华有不同看法。他曾批评李作鹏等人“搞桌子底下活动”，并说“苏振华，没有作结论，没有罢官”。

邱会作曾被林彪誉为是“小节不好大节好”的革命领导干部，曾有人向总政治部揭发过他的某些问题。总政对其此类作为，也持批评态度。

总政治部按其职责规定，对黄、吴、李、邱等人进行了应该做的工作，但他们不但不思己过、改前非，反而认为总政在整他们。

综上所述，不难看出，林彪的这些干将们为什么要积极参与“砸烂总政阎王殿”了。因为这既可表明他们是忠于林彪的，在政治上捞取资本，为尔后的飞黄腾达筑好根基，又可伺机销毁保存在总政职能部门的有关他们自己的材料。据揭发，在砸烂总政的过程中，他们利用自己掌握的权力，也确实销毁过有关他们自己的那些不光彩的材料。

“文化大革命”开始以后，林彪大搞极左的一套，对总政越来越不满意，与总政的矛盾也更加突出。

1966年10月，在林彪一伙鼓吹的“踢开党委闹革命”的口号鼓动下，军队院校党委对运动的领导被取消，院校师生纷纷串连，冲击军区，冲击总部机关，揪斗军队领导人。11月，进入北京的军队院校师生已逾10万，其中少数人带头冲击国防部，冲击中南海。在这种情况下，总政治部连续两次在北京工人体育场召集军队院校来京人员大会，积极给予正确引导，力求扭转日益混乱的形势。11月13日，召开了第一次大会，周恩来、陶铸和陈毅、贺龙、徐向前、叶剑英、肖华、杨成武以及军委各总部、各军兵种的负责人接见了与会人员。周恩来、陶铸绕场一周同大家见面后即离去。几位老帅在会上先后讲话。陈毅强调人民解放军不能乱，提醒人们警惕，这样乱下去“可能犯大错误”，表示要给那些过热的头脑“泼冷水”。贺龙在讲话中劝导军队院校师生在大串连中，要遵守三大纪律八项注意，做到不加入、不干涉地方的“文化大革命”，不参与地方炮打司令部的活动，不参加游行，不参加抄家。徐向前重申人民解放军必须保持战斗状态，不能因为“文化大革命”影响军队领导机关的正常工作秩序。叶剑英指出，真理是有限度的，跨过一步就是错误。他批评有些人对毛泽东著作只知背诵，不会行动，变成了教条；批评有些人败坏了人民解放军的光荣传统；批评有些人没有阶级感情，不是无产阶级的军人。叶剑英再一次阐明了中共中央军委对“文化大革命”一些具体问题的基本态度。

11月29日，总政治部又主持召开了第二次大会。陈毅在讲话中表示，光讲好话，不给犯错误的同志以帮助，不够一个共产党员的资格。他反对把有缺点错误的领导干部当成走资本主义道路的当权派；反对因开展“文化大革命”而影响国民经济发展和人民群众生活；反对打击面太宽。同时，认为军队应采取有别于地方的方法进行“文化大革命”。叶剑英义正词严地指出：“冲我们最高统帅部，冲我们国防部，把国防部当成敌人，当成敌人的堡垒来冲，把解放军战士当成敌人来打，还有哪一种比这更错误的啊……严格讲起来，这就是反革命。”①

在工人体育场召开的这两次大会，是对“左”倾方针最直接、最尖锐的公开批评，是对林彪提出的“大乱”主张的反对和否定。老帅们强调的军队必须保持稳定，必须由党来领导，可谓切中了“文化大革命”的要害。

总政治部这种稳定军队的做法，使林彪、江青一伙大为不满。两次大会后，江青在中央文革小组会上指责说：“军队这些接见，是镇压群众。”②1967年1月，林彪与江青两个集团相互勾结，炮制了“彻底揭穿军内一小撮走资本主义道路的当权派”（即“揪军内一小撮”）的口号，还提出要挖“带枪的”“反革命路线”。林彪在军委碰头会上甚至叫嚷：“对老干部有的要烧，不但烧，有的还要烧焦……有的关起来，有的带高帽子，有的抄家，有的贴大字报，有的一般地开会批评。”③正是在林彪、江青的

---

① 李可、郝生章著：《“文化大革命”中的解放军》，第35—36页。

② 《周恩来年谱》（1949—1976）下卷，第90页。

③ 《中国人民解放军》上，当代中国出版社1994年版，第228页。

"导演"下，军队大批领导干部遭到了厄运，总政领导也被残酷批斗。

1967年1月，陈伯达、江青点名"刘志坚是军内资产阶级反动路线的代表"，支持总政治部机关群众造反。1月17日，林彪写信支持解放军报社造反派，说什么"在报社内部革命烈火烧得越旺越好"。5月13日，吴法宪、李作鹏、邱会作等违反周恩来提出的军队文艺团体两派要联合演出的要求，支持一派演出，从而导致武斗事件，反诬陷总政领导是黑后台。事后，林彪、江青等又通过观看演出支持了所谓"三军无产阶级革命派"。7月25日，林彪在天安门城楼上别有用心地对毛泽东和江青的女儿、解放军报社的负责人肖力（即李讷）说："你们要战斗，要突击，彻底砸烂总政阎王殿"。林彪的这几句话传下来后，总政治部机关很快陷入了更大的混乱。一时间，从总政领导到机关干部似乎没有好人了。总政治部主任肖华，副主任刘志坚、梁必业、徐立清、袁子钦、傅钟等都被扣上"阎王"的帽子，依次成了"大阎王、二阎王、三阎王……"正副部长被说成是"判官"，正副处长是"牛头马面"，干事们也由小鬼变成了"厉鬼"。总政治部机关的工作由此陷入了瘫痪，1967年11月21日，经毛泽东、林彪批准，成立在军委办事组领导下的军委政工组、文艺组和军报组。12月8日，林彪在人民大会堂接见了三个小组的全体成员，明确宣布，今后文艺口多找江青、戚本禹，军报组多找陈伯达、姚文元，政工组多找中央文革和军委办事组。从此，军委政工组完全取代了总政治部。

总政治部被"军管"

更为奇怪的是，经过毛泽东批准，林彪等竟于1968年10月派出军管小组，对总政治部实行军管。一个军队的高级领率机关竟然被军管，堪称军队发展史上的"一绝"。由于总政的大印被封存，当时被派出执行"外调"任务的干部，拿的介绍信竟然是以"总政军管小组"名义开具的，使得一些接待单位（无论是军队还是地方的）都感到惊诧不已，表示不好理解。

总政治部被军管后，林彪一伙大造舆论，胡说总政是“一锅黑”，“池浅王八多”，“叛徒特务成堆”，是“一筐烂梨”。他们对20多名副部长以上干部立了专案，长期进行关押；对40多名副部长以上干部进行了反复批斗，责令其写那写不完的检讨。对一般机关干部，则集中到红山口高等军事学院内办所谓“学习班”，限制活动自由，并以“掺沙子”为名，从部队调来一个连队，实行监视和看管。据不完全统计，总政机关和直属单位有767名干部被专案审查，其中17人被迫害致死；副部长以上干部有半数被关押，40多名被批斗；95%以上的总政机关干部和一大批直属单位的干部被下放到全军各部队①，并规定不能当主官、不能到要害部门、不能重用等违背党的干部政策的条条框框。还有一部分干部被以莫须有的罪名复员、转业到地方。这些同志，长期在政治上受到歧视，在精神上受到压抑。

毛泽东为什么要批准对总政治部实行军管呢？从总政军管小组传达的毛泽东的一段话中，我们可以得出某些看法。毛泽东说：对总政要像清华一样，不要把它看成落后单位，不要封锁他们，要向他们开放，要向他们做工作，工作做得好，落后单位还可能赶到前头来。从这一段话，可以明显地看出，毛泽东是把清华大学看成“文化大革命”中的先进典型，而把总政治部看成“文化大革命”中的“落后单位”的。总政治部既然是在大是大非中的“落后单位”，怎么能去履行全军党的工作和政治工作的领导职能呢？这大概是毛泽东批准对总政治部实行“军管”的根本原因吧！怎么办呢？那就“要像清华一样”，通过军管去做工作，使总政“赶到前头来”。

毛泽东的这一段谈话，是他1969年1月28日在听取军委办事组汇报军工生产和军事院校精简整编等问题时讲的。在这个会上，毛泽东肯定了清华大学工人、解放军毛泽东思想宣传队《关于坚决执行对知识分子“再

① 李可、郝生章著：《“文化大革命”中的人民解放军》，第54页。

教育”、“给出路”的政策的报告》，说：那五条不错，可以转发。这里说的五条是：（一）对知识分子的大多数要坚决相信是革命的，但必须对他们进行再教育。（二）对可以教育好的子女要多做教育工作，不要把他们推到敌人那一边去。（三）对犯了走资派错误的人，在他们有了觉悟的时候，要及时解放。（四）对资产阶级学术权威，经过充分批判，要给以出路。（五）对反革命分子要分别情况，区别对待，给以立功自赎的机会。[①]

这次汇报会后，周恩来为中共中央、中央文革草拟了转发清华“经验”的批语。批语指出：这个报告很好，宣传队没有从去年7月27日进入清华后近半年来的实践和斗争，就写不出这样一个报告。现把它转发给你们，供参照执行。1月29日，中央正式转发了这个报告。

林彪在听了毛泽东1月28日的指示后，对军管小组的人说：对，就是要按主席指示办。你们要向总政传达主席这几句话。总政有些人过去都是从部队拔来的尖子，不能看成一锅黑。头头与群众要区别。头头不好，群众多数是好的，当然有个别的叛徒、特务。清华的五条，要给他们看看。林彪的这一番话，貌似在贯彻毛主席的指示，讲政策，实际上还是他那要“砸烂总政阎王殿”政治图谋的再一次表演。“不好”的“头头”，与在此以前讲的总政领导是“阎王”，实际上是一个概念。至于“部队拔来的尖子”的说法，也明确指的是“有些人”，绝不是多数，更不是绝大多数。这与“一筐烂梨”“能挑几个好的就挑几个”的说法，并无多少实质性的区别。

李德生正是在总政治部被“砸烂”的情况下被任命为总政治部主任的。

在李德生到北京来之前政治局就讨论过李德生担任这一职务的问题，当时谢富治表示不同意，说：他是个带兵打仗的人，不是搞政治工作的，不适合做政治工作。毛泽东当面批评了他。李德生的任职命令，直到1970年4月30日才正式公布。到这时，总政治部被砸已有3个多年头了。李

① 《周恩来年谱》（1949—1976）下卷，第277页。

德生感到，恢复总政工作，情况是复杂的，任务是艰巨的，一定要在毛泽东、周恩来、叶剑英等中央领导同志的指导下把它搞好。

总政机关恢复办公

总政治部机关要恢复正常办公，是在毛泽东的亲切关怀下进行的。在一次政治局会议上，毛泽东明确指出，总政恢复办公后，总人数不能超过200人，当前主要做好“承办、批转”工作。这一指示，限定了总政铺多大个摊子，指明了总政近期干些什么。李德生认为，这就是自己负责恢复总政机关工作的方向和要求，心中也就有了一点底数。

1969年，李德生担任总政治部主任以后，首先抓的一件事就是着手解决总政机关干部的配备问题。

毛泽东历来强调选拔任用干部一定要坚持德才兼备，坚持“五湖四海”，不要搞山头主义，不要搞团团伙伙。李德生认为这既是重要的组织原则，更是重要的政治原则。在李德生的任命公布以前，中央已任命黄志勇、田维新两同志为总政治部副主任。于是，李德生与两位副主任等领导同志一起，经过反复研究，确定了一个能体现“五湖四海”的总政机关人员的组成方案，即大体上按从原总政机关选五分之一，原军委办事组政工组选五分之一，各大军区军兵种机关选五分之一，军师机关和团营各选五分之一的比例选调干部。按照这几个“五分之一”选定的正副部长是：秘书长王迪康、副秘书长肖麦萍，组织部长李宝奇、副部长孙子斌，干部部长魏伯亭、副部长王如炎，宣传部副部长栗光祥、翟鸣武、刘永寿，保卫部部长蒋润观、副部长周学臣，群工部部长吕村夫、副部长李平。但这13人中没有从西北地区调来的干部，于是又从新疆军区调来宋英奇任群工部副部长。

接着，又按照毛泽东不超过200人的要求，组织了精干的总政机关。编制方案为199人，既包括主任、副主任，又包括4个打字员，分成一个室

（办公室）、五个部（组织、干部、宣传、保卫、群工）。这样的编制方案维持了一段时间后，又根据形势和任务的变化而逐步有所调整。1971年6月5日，经中央军委批准，将总政直属政治工作处改为直属政治部，相当于二级部，将管理处改为管理局，属总政办公室领导。1972年1月和7月，又先后成立解放军文艺社（含解放军歌曲编辑组）和恢复广州联络局（归总政群工部建制）。1975年3月29日，中央军委批复总政治部请示，同意将总政宣传部分编为宣传部、文化部，将总政群工部分编为群工部、联络部。直到这时，总政机关才大体上恢复原来的规模和水平。

为了保证选调干部的质量，开始，连199人的编制员额都没有配够。由于选调时坚持德才兼备，并且从军以下单位选来的干部多，他们没有搞过“四大”（大鸣、大放、大字报、大辩论），同北京一些机关和群众组织没有什么联系，所以在“九一三”事件之后，按照军委指示，派到驻京单位的观察组、工作组，就比较超脱，没有陷入到派性中去。

在总政机关恢复办公前后，军委办事组对总政工作也作过一些指示。1969年12月25日，黄永胜、吴法宪、谢富治在京西宾馆接见了总政治部全体干部，1970年1月10日，他们又听取了总政副主任黄志勇、田维新的汇报。在这两次接见中，他们对过去军委、总政的领导人彭德怀、黄克诚、罗瑞卿、谭政、肖华等大加攻击，说“他们错误很多，有一点是共同的，都是反党，反社会主义，反毛主席，反毛泽东思想，反林副主席。”他们还指责“总政的一些干部，也犯了错误”。他们强调：“千件事，万件事，最重要的就是抓好突出政治。”黄永胜等人鼓吹的都是林彪、“四人帮”推行的那一套极左货色。

作为中央已决定担任总政主任的李德生，在上述场合也作了一些表态性的拥护发言。这是符合组织原则的，是可以理解的。但他的发言有几点与黄永胜、吴法宪等有着明显不同。

一是黄永胜等人在讲话中有意突出林彪，提出了“忠于林副主席”的口号，但李德生只是按照当时流行的提法讲“三忠于”（即忠于毛主席、忠于毛泽东思想、忠于毛主席的革命路线），既未指责什么人反对“林副主席”，也未借此表忠心要“忠于林副主席”。在这个政治原则问题上，李德生的表态，几乎是与黄永胜、吴法宪等人反其道而行之的，实属难能可贵。

二是黄永胜等人在讲话中有所谓“新总政”、“旧总政”的提法，但李德生则以“原总政”的称谓来替代“旧总政”，对“新总政”则去掉“新”字直接称呼为总政。一“新”一“旧”两字的去除，说明李德生对总政从历史到现实的看法是不同于军委办事组的，也反映了李德生老实做人、谦虚谨慎的高尚品德。

上述两点不同，充分反映了李德生在政治上的敏锐、稳妥和成熟。正是因为这样，他才得以在中央高层与林彪、江青两个反革命集团的复杂斗争中，保持自己的“一身清”。

总政机关架子基本搭起后，李德生就按毛泽东规定的总政当前主要是做好“承办、批转”的指示，开展了工作。1969年11月1日，总政治部正式恢复办公，军委政工组随即撤销。1970年1月14日，总政治部办公室启用新印。随即以总政治部的名义，向全军发出了新年春节拥政爱民的通知，并公开见报。这个通知的发出，实际上宣告了总政治部业已正式恢复正常工作。

正在李德生紧张地忙于总政治部恢复办公之际，“斗、批、改”在全国全面展开，以大批判开路的口号喊得很响。这时，由军委办事组直接领导的总政军管小组的一位负责人给李德生送来几大本所谓“总政阎王殿”的罪行材料。李德生组织几个同志花了几天时间阅读研究，并听取了汇报。这几个同志认为，这些材料相当多的是从大字报上摘抄来的，似是而非的东西很多，不少内容缺乏事实根据。李德生认为，如果按照这套材料搞“大批判”开路，今后总政工作的方向就很难把握了。但在当时的情况下，他也不便于对这些材料明确表态，弄不好就有否定“文化大革命”之嫌。于是，他没有把这份材料退给军管小组，而是把它压了下来，让它束之高阁。这件事当时因为范围很小，所以后来没有多少人知道。

总政治部恢复办公后，李德生首先把总政机关的自身建设放在极其重要的位置。他组织大家认真学习毛泽东关于总政治部工作的指示，按照毛泽东提出的三个三分之一的精神，要求大家认真学习党的方针政策；有计划地下部队调查研究；工作上不能随意向下面发指示，不经研究报批，不得随便答复下面请示的问题；加强部办公会议的集体办公制度。在当时那种特殊情况下，这样的工作方法起到了使总政机关少出差错、不出差错的作用。

李德生十分重视党的建设工作。1970年两报一刊元旦社论《迎接伟大的七十年代》，传达了党和毛泽东的声音："在清理阶级队伍的基础上，要抓紧整党建党。"4月，党中央召开了中央和全军整党建党工作座谈会，推广"六厂二校"的整党经验。"六厂"指的是，北京新华印刷厂、北京化工三厂、北京北郊木材厂、北京针织总厂、北京二七机车车辆厂、北京南口机车车辆机械厂；"二校"指的是北京大学、清华大学。他们的整党经验，是8341部队（中央警卫团）的支左人员搞出来的，一度被树为"样板"，表率全国。在这样的大背景下，总政治部召开了整党工作座谈会，贯彻落实中共中央关于整党建党工作的指示精神，强调要抓紧教育党员，认真解决思想入党问题。尽管当时整党建党工作是以"无产阶级专政下继续革命理论"为指导的，因而从总体上说是错误的，但在地方重新建立了党的各级组织，恢复了大多数党员的组织生活，在军队对广大党员再次进行了"思想入党"教育，增强了党的意识，这一点也还是应当肯定的。

与此同时，总政治部于1970年10月21日发出通知，要求全军在古田会议41周年、1960年军委扩大会议10周年之际，认真重温两个会议的决议，使之"在全军深深扎根，全面落实"。古田会议决议是中国共产党和红军建设的纲领性文献，结合新的历史条件组织学习，对加强部队建设具有指导意义。1960年军委扩大会议决议尽管塞进了林彪的一些"左"的东西，但它总结出的一些具体经验，对部队仍然有借鉴作用。因此，当时总政治部组织部队学习两个决议是具有积极意义的措施。

李德生在主持总政治部工作期间，按照毛泽东的要求，把工作限制在“承办、批转”的范围内，没有对过去总政的工作搞大批判，给予全盘否定；没有继续砸“阎王殿”，纠缠历史旧账；没有大张旗鼓地去宣传贯彻林彪的极左那一套。这是实事求是的，是政治上稳妥的表现。李德生认为，只有这样做，才符合毛泽东多次同他谈的总政治部的任务、工作方法等方面的要求。

“这样训练好”

李德生长期担任军事主官，又是代行中央军委职权的军委办事组成员，他就任总政治部主任以后，在抓好全军党的工作和政治工作的同时，很注意从全局上对军队建设加以思考，十分关心以军事训练为中心的各项军事工作。李德生认为，军事工作就其具体内容、方法和要求来说，与政治工作相比，有很大的不同，是不能相互代替的。应当明确，我军是执行党的政治任务的武装集团，政治任务在很大程度上要用军事手段来完成。因此，军事工作也是一项全局性的工作，做得好坏，直接关系到部队战斗力的提高，关系着政治任务的完成。我军只有坚定不移地做好和落实以军事训练为中心的各项军事工作，掌握完成政治任务的本领，全面提高部队战斗力，关键时刻才能做到党指向哪里就战斗在哪里，就胜利在哪里。正是从这个意义上说，军事工作和政治工作所要达到的根本目的是完全一致的。李德生的这种认识和态度，与军委办事组黄、吴、李、邱等人只是津津乐道“政治可以冲击一切”，形成了鲜明对照。

在李德生的军事生涯中，他一直担任的是各级军事主官，抓好部队的军事训练是其职责使然。20世纪60年代初，在中苏交恶、国民党军经常骚扰东南沿海的形势下，作为12军军长的李德生，着眼于提高我军现代作战能力，亲自下连蹲点，倾注大量心血，总结群众智慧，培养出了郭兴福这样的训练先进典型，创造了“郭兴福教学法”这样的先进训练方法。时任军委军事训练和军事学术研究委员会主任的叶剑英，对郭兴福教学法进行了考察并予以充分肯定，并向军委报告说：“郭兴福教学法是我军传统方法的继承和发扬，是领导培养、群众支持和他个人努力的结果。”军委秘书长、总参谋长罗瑞卿立即把叶剑英的报告上送毛泽东。毛泽东在“把兵练得思想红、作风硬、技术精、战术活，而且身强力壮，一个个都像小老虎一样”几句话下面划了红杠杠，并说“这一条我最感兴趣”。还说：“郭兴福教学法，不仅是我军传统练兵方法的继承，主要是在新条件下的发扬”。在毛泽东对郭兴福教学法作了高度评价之后，1964年1月，中央军委发出指示，号召全军立即掀起学习郭兴福教学法的运动。从此，全军以大练兵、大比武为标志的军事训练进入了一个前所未有的新高潮，部队的战斗力得到迅速提高。

但是，20世纪60年代出现的大练兵、大比武高潮和它带来的部队战斗力的大提高，很快便被身为国防部长的林彪一伙所扼杀，他们把在推广郭兴福教学法时兴起的全军大练兵运动指责为“单纯军事观点”，是“军事冲击了政治”，是推行“资产阶级军事路线”。1964年11月30日，林彪趁毛泽东发动的对文艺的大批判向哲学、经济学、教育学等领域扩展之际，在全军组织工作会议期间提出了“突出政治”的问题。同年12月29日，林彪紧急召见总政领导，指责说：“现在出现了不好的苗头，军事训练搞得太突出，时间占得太多，军政比例有些失调，冲击了政治”。“1965年的工作要突出政治”，“军事训练、生产等可占用一定时间，但不应冲击政治，相反，政治可以冲击其他”。[①]1965年11月18日，林彪提出了“突出政治”的五项原则，强调只要抓住政治思想工作这一环节，其他工作就“自然而然地”带动起来了。他们还规定，其他工作与“政治”发生矛盾时，都要给“政治”让路。[②]在林彪的鼓噪下，“突出政治”成了相当一个时期部

① 《当代中国军队的政治工作》上册，当代中国出版社1994年版，第65页。

② 《当代中国军队的政治工作》上册，第60页。

队建设的指导思想。于是，政治开始冲击军事，军事工作没人敢抓了，部队训练陷入被取消状态，事故不断增加，战斗力明显削弱。遗憾的是，林彪的这一套得到了毛泽东的支持。1965年12月2日，毛泽东在林彪的信和所附兰州军区《关于55师紧急备战中突出政治情况的报告》上批示："那些不相信突出政治，对于突出政治表示阳奉阴违，而自己另外散布一套折中主义(即机会主义)的人们，大家应当有所警惕。"当时，李德生对党的高层内部斗争情况不十分清楚，但他不解的是，部队是要打仗的，抓训练是天经地义的事，怎么现在却变成有罪了呢！

鉴于"文化大革命"给部队训练带来了极大的破坏，不能适应未来战争的需要，毛泽东和中央军委从1969年下半年以来，就十分强调要改变部队训练处于停滞的状况，各部队的军事训练开始受到重视，进入了恢复阶段。

1969年下半年至1970年年初，北京、沈阳、新疆、济南等军区的一些部队，走出营房，进行野营拉练，提高部队能走、会打的本领，取得了良好效果。北京卫戍区13团原计划行军1600公里，后来增加到2000公里。他们还以40%的时间组织夜行军，以25%的行程翻山越岭。还有2个团分别进行了218公里和250公里的长途奔袭训练。通过野营拉练，部队的野战生存能力明显提高。毛泽东对这些部队野营拉练的成果给予了充分肯定。

1970年2月21日，中央军委转发了总参谋部上报的《新疆军区陆军第8师在戈壁滩上野营试点的情况》、《沈阳军区陆军第39军116师"千里野营"总结报告》、《济南军区关于前指拉练情况的报告》等3个文件。毛泽东在总参上报材料的报告上批示："这样训练好"。

1970年11月17日，北京卫戍区给毛泽东呈送了《关于部队进行千里战备野营拉练的总结报告》。报告说，卫戍区自去年7月至今年8月，先后分4批组织了13个团，进行1000里和2000里战备野营拉练，同时组织6个团进驻山区农村，结合战备疏散，进行了以练"藏"、"打"为主的野营训练。在战备教育的基础上，通过野营拉练促进了部队的革命化、战斗化建设，增强了战备观念，提高了干部的组织指挥能力和部队战斗力。11月24日，毛泽东在这个报告上批示：“全军是否利用冬季实行长途野营训练一次，每个军各分两批（或不分批），每批两个月，实行官兵团结、军民团结。”并指出：“如不这样训练，就会变成老爷兵”。[①]12月6日，中央军委转发了毛泽东的批示和北京卫戍区的报告，要求全军迅速掀起冬季长途野营训练的热潮，从当年12月到次年3月，普遍拉练两个月。按照这一部署，拉练的第一阶段侧重进行阶级教育、光荣传统教育和演练行军宿营、侦察警戒、生活管理、做群众工作等；第二阶段可搞一些急行军、夜行军，侧重练指挥、练通信联络、练战术技术、练诸兵种的协同动作和后勤保障。《通知》要求担任机动作战任务的部队，担任守备任务的部队，担负施工、基建和生产任务的部队以及海、空军地面部队，军队院校和大军区以上机关都要根据各自情况组织拉练。

根据毛泽东的指示，全军普遍进行了长途野营拉练，练思想，练作风，练指挥，练战术技术，练走练打，全面锻炼了部队；同时开展拥政爱民活动，密切了军民关系。在短短一年的时间里，部队的军事素质有了很大提高，过去喋喋不休甚至影响团结的“突出军事”、“突出政治”之争消除了，人民群众看到军队重现斗志昂扬、威武雄壮之姿，也高兴地称赞老八路又回来了。截至1971年1月，有3个总部、9个军区、5个军兵种、10个军区空军和海军舰队机关，以及80%的陆军野战部队进行了野营拉练。这在大规模的军事训练沉寂多年之后，作为新的训练高潮到来的前奏，是具有重要意义的。

毛泽东对训练作出如此明确而具体的指示，显然含有对林彪“只搞文不搞武”的批评。作为一个长期带兵打仗的人，李德生深知训练克敌制胜的极端重要性。在李德生看来，毛泽东的批示，具有对“政治可以冲击军事”的否定意义，起码具有限制修正的意义。曾经总结出适合我军实际

① 《建国以来毛泽东文稿》第13册，第155页。

的训练方法——郭兴福教学法的李德生，看到毛泽东重提训练，真是欢欣鼓舞，激动不已。

如果说，在林彪“突出政治”之前兴起的以郭兴福教学法为主要内容的练兵热潮，作为一军之长的李德生倾注了自己的心血，那么在经过训练萧条之后兴起的以野营拉练为基本形式的军事训练，作为总政治部主任的李德生，同样也给予了充分关注。他要求，总政的同志要继承和发扬我军政治工作的优良传统，抓好训练中的政治工作，切实保证军事训练任务的圆满完成和部队战斗力的有效提高。根据李德生的要求，《解放军报》对野营拉练作了广泛报导。年底，总政治部与军训挂钩的文件诞生了：1971年11月，总参谋部与总政治部一起，发布了《关于1970年全军长途野营训练回顾》的文件，总结了冬季全军野营拉练的经验，指出了发生的一些问题和缺点，并对今后如何搞好野营训练提出了具体要求和措施。这个文件总结的主要经验是：(一)坚持坚定正确的政治方向；(二)实行官兵团结、军民团结，发扬我军官兵一致、军民一致的光荣传统；(三)着眼于培养艰苦朴素的工作作风，保持人民军队的本色；(四)严格按照实战要求练走、练打，努力掌握灵活机动的战略战术。这几条经验是具有普遍指导意义的。

李德生在指导全军加强军事训练的同时，还指示总政机关组织了野营拉练，并不顾身边工作人员少、工作任务多的情况，令自己的警卫参谋也去参加机关拉练。在拉练中，总政的部长、处长和干事一起行军，一起训练，不仅体会到应当怎样增强军民团结、官兵团结，而且为指导做好部队训练中的政治工作，增加了感性认识，积累了经验。

林彪的“五·一九”讲话

李德生总政治部主任的任职命令公布后不久，1970年5月19日下午，总政突然接到林彪办公室的通知，说是林彪要接见总政领导和各二级部长。李德生和黄志勇、田维新两位副主任，以及各二级部长，按照规定的时间，一起坐大交通车来到林彪住地毛家湾。秘书、警卫员都没有让去参加。

当李德生带领大家到达林彪住地时，黄永胜、吴法宪早就到了。这是林彪第一次、也是唯一的一次接见李德生和总政其他领导干部。

在接见一开始，林彪逐一询问到会人员的姓名、年龄后，以一连串“新”字说了一番赞扬总政的话。他说：“总政经过文化大革命后，是个新班子，是新气象，已经看到了新的做法，将来会有新的成就，部队里头会出现更新的面貌。”

在接见中，林彪仍然是大肆兜售他的把“政治”推向极端的那一套“突出政治”的货色。

林彪标榜自己一贯对政治有兴趣，年轻的时候就爱搞政治。他说他在东北首先也是搞政治的。他主持军委工作十几年，重视的还是政治。他说：“我这个人是搞军事的，一向分工抓军事工作。但是，我的兴趣是搞政治，搞无产阶级政治，对政治有兴趣。我的职业是搞军事，兴趣是搞政治。”他之所以这样做，他说他是从毛泽东那里学来的。“毛主席一贯搞政治，我是学毛主席的。他的法有效，我也学他的法。地方是搞群众的政治，军队是搞军队的政治，首先是搞思想革命化。”他以不容置疑的口吻说：“政治要摆在第一位，不能摆在第二位，也不能平均一样摆，你们要把这个思想扎下根来。”

林彪以政治工作权威自居，大谈突出无产阶级政治的方法。他说：“上面就是抓政治，全部工作是突出无产阶级政治。”“跟上面，就是跟毛主席，跟毛泽东思想，这是搞政治的办法；抓底下，就是抓基层，抓典型，也是搞政治的办法。还有个中间的问题，本身的问题，就是搞自身革命化，自己要革自己的命。要不断求进步，不要停止，不要后退，这样子才好。”

林彪告诫与会者说：“你们可不能认为搞政治是老一套，没有味道，不要怕人家说你们卖‘狗皮膏药’，不要上当，不要听他们那一套。就要像吃饭一样，饭要天天吃，像呼吸一样，一个人离开了空气几分钟就憋死了，就没有生命了。要把政治当空气一样不能离开，军队才有生气，才有创造，才有战斗力。可不要认为老一套没有用。”“老一套很管事”。

林彪在标榜自己是坚持搞政治第一的同时，却别有用心地攻击别的军委领导同志是搞军事第一，搞技术第一。他还批评说很多问题不找他，不走正道，不走合法的组织路线。他不满地说过去总政保卫部有人专了他的政。

在接见中，林彪再次以颂扬毛泽东和毛泽东思想为名，为自己捞取政治资本。他在大讲“顶峰论”之后，又创造出“中心论”。他说：“对部队无关的问题，对全国无关的问题，对世界无关的问题，向后排，要放在第五等的地位，一等不行，二等不行，三等不行，四等不行，都不能放，稍带一点可以。不能离开中心。中心就是太阳，九大行星围绕太阳旋转，一切工作围绕太阳转。毛主席就是太阳，毛泽东思想就是太阳。其他不能放在首位。”“毛泽东思想是我们部队的灵魂，是活生生的灵魂，是万古长青的，我们要一代一代地永远传下去。”

需要强调指出的是，林彪在接见最后说的一句话是：“那好，新班子，要有新气象，新成就。”但叶群退回来的总政整理的记录稿中，却煞费心机地将这句话改成了“敬祝毛主席万寿无疆！”

林彪的上述表演，充分表明林彪一伙真不愧是“打着红旗反红旗的高手”！

联系到后来林彪在党的九届二中全会上的表演，不难看出，林彪提出的“中心论”只不过是他后来抛出“天才论”的序幕而已。从“顶峰论”到“中心论”，再到“天才论”，都是唯心论，都是林彪一伙为篡党夺权而制造的理论。

在接见中，林彪还暗示，李德生当总政主任，是他选的，是他要找一个军事干部管政治，找一个丘八管秀才。黄永胜、吴法宪、叶群也在一旁帮腔吹捧。林彪说："什么人当主任？我想来想去，要搞一个军事干部。""军事干部中有许多不仅懂军事，也懂政治，他们打过仗，不脱离实际，要偏偏找一个军事干部管政治，找个'丘八'管秀才。司政后都要这样，军事干部为什么不可以？当然，政治干部的大多数是好的。无论军事干部、政治干部，都要靠毛泽东思想做工作，靠政治做工作。""毛主席信任老粗，我也信任老粗。我说这些人粗中有细。他们跟毛主席干革命几十年，听毛主席的指示，读毛主席的书，跟毛主席走。他们上的是革命大学，上的是毛泽东思想大学。"

作为军委副主席，并主持军委日常工作的林彪，与总政干部见见面，讲讲话，应当说是完全正常的事，在组织上是合法的。对于就任总政主任不久的李德生来说，林彪是党章上明文规定的毛泽东的接班人，而且他提出的"四个第一"曾受到过毛泽东的赞扬。毛泽东说："四个第一好，这是个创造。解放军的思想政治工作和军事工作，经林彪同志提出四个第一、三八作风之后，比较过去有了一个很大的发展，更具体化又更理论化了。"这一段当年广为传颂的语录，在李德生的头脑里打有很深的烙印；而对林彪在暗地里搞阴谋活动，妄图抢班夺权，他是不可能知道的。

因此，李德生当时对林彪是很敬重的，对他的讲话也是从好的方面去理解的。在林彪讲完话后，他出于下级对上级应有的尊重，作了这样一个表态："林副主席的接见，是对我们最大的教育，最大的鼓舞，最大的鞭策，我们一定以林副主席为光辉榜样，永远忠于毛主席，永远忠于毛泽东思想，永远忠于毛主席的革命路线。"这就是在林彪接见时李德生讲话的全部内容。九一三事件后，"四人帮"把李德生的这一表态说成是"上了林彪的贼船"的证据，真是令人啼笑皆非。撇开当时的历史条件，用后来的眼光去批判先前的认识，那是"四人帮"诬蔑他人的惯用手法。

尽管如此，李德生对林彪讲话的某些内容还是有感觉的，认为林彪对总政治部的要求，同毛泽东讲的不完全一样，但又觉得这可能是因为他主持军委日常工作，需要讲得多一点、具体一点的缘故。李德生认为，对于这些差异，不敏感不行，过于敏感也不行。因此，他当时想得并不多，也不深，更不可能去想其背后还有什么见不得人的东西。但是，至少有一点他觉得不大对头，这就是他当总政治部主任，在半年前刚到北京的时候，毛泽东、周恩来就同他本人谈过，讲得非常明确，而且毛泽东、周恩来对他的了解也是很具体的，谈话中也未提及林彪对此事的态度。李德生不由得产生了疑问：我当总政主任怎么突然成了林彪选的呢？

后来揭发的事实表明，林彪是很看重“总政治部主任”这个军队政治思想战线上最高指挥员的位置的。在“文化大革命”初期，他曾先后向毛泽东提出由黄永胜、关锋担任总政治部主任，但终因毛泽东没有同意而未能得逞。总政治部被“砸烂”、被“军管”以后，林彪又想从吴法宪、李作鹏中任命一人当总政治部主任。如能这样，他的“四大金刚”，黄永胜掌管总参谋部，邱会作掌管总后勤部，吴法宪或者李作鹏掌管总政治部，这样三总部就全由他控制起来了。然而这样的大事林彪也还不敢公然违背毛泽东的意愿。在一次政治局会议上议论此事时，政治局委员、军委办事组成员谢富治表示，“李德生是带兵打仗的人，不是搞政治工作的，不适合做政治工作。”毛泽东当即批评说：“李德生不合适，你就合适？”此后，林彪一伙又一再拖延，直到1970年4月30日，才向全军公布了党中央任命李德生为总政治部主任的命令。

在林彪接见后的第二天，5月20日，李德生在总政整理好的林彪讲话记录稿上写了“请叶群同志阅示”几个字，报送林彪办公室。5月21日，经过李德生批准，总政治部向军委办事组上报了《学习林副主席接见总政治部副部长以上同志时的重要指示的报告》。7月3日，总政治部又向军委办事组上报了《关于贯彻落实林副主席“五·一九”重要指示的几项措施的报告》，提出了五条措施：一是一切工作围绕太阳转，永远坚持“老一套”；二是抓基层，了解下面情况；三是深入考察，了解干部，配好各级领导班子；四是加强对解放军报社的领导，认真办好解放军报；五是以林彪为光辉榜样，活学活用毛泽东思想，搞好自身的革命化。

鉴于当时党中央和毛泽东、周恩来一再要求，不准随意印发中央领导同志的讲话，林彪的“五·一九”讲话，党中央、中央军委也未批准以“红头文件”正式下发，所以李德生和总政其他领导同志商量后，以总政治部的名义于6月15日通知各大单位，林彪的“五·一九”讲话，“口头传达给军、省军区和相当于军级单位的主要负责同志，并组织大家学习，贯彻执行。学习和贯彻情况不要出简报，可用电话或写信的方法向总政反映”。6月26日，总政治部再次电话通知全军，重申了“不出简报，不发电报”的规定。从上述事实可以看出，李德生完全是按照组织原则办事的，是光明磊落的。但是，在林彪反革命军团覆灭后，“四人帮”竟然利用林彪的这次讲话大做文章，大批李德生，硬说他上了林彪的“贼船”，欲置他于死地而后快。

“军队要谨慎”

1971年年初，总政治部在李德生的主持下，组织全军认真传达和学习了毛泽东的“一·八”批示。

在这个批示中，毛泽东再次强调了党的九届二中全会前后他多次指出的，军队要谨慎，要丢掉打仗有功、“三支两军”有功的包袱。毛泽东说他一生干了两件大事：推倒三座大山，文化大革命。在这两件大事中，军队是立了功的。但若把功劳当包袱背起来，骄傲自满，为所欲为，那就难以继续担负党赋予军队的任务。

毛泽东的“一·八”批示是由济南军区的一个报告引发的。

1971年1月5日，济南军区政治部向中央军委、总政治部写了《关于学习贯彻毛主席“军队要谨慎”指示的情况报告》。报告说，我们在学习贯彻毛主席关于“军队要谨慎”的指示中，主要抓了以下问题（即“三破三立”）：一是破“一贯正确”论，立一分为二世界观。使一些自以为“一贯正确”的同志认识到，“一贯正确”本身就是不正确的，它从根本上违背了唯物辩证法；把自己打扮成“一贯正确”，目的是为了争功，表现是个

“骄”字，实质是个“官”字，根子是个“私”字。二是破“领导高明论”，立群众是真正的英雄的观点。针对有的同志总觉得自己“比群众高明”，好摆官架子，动辄批评训斥，大小事都要他说了算的问题，用毛主席“既当‘官’，又当老百姓”、“绝不许可摆架子”的指示武装干部的头脑，引导大家从谈“文化大革命”的经验教训入手，看官气十足的危害。三是破骄傲有“资本”论，立为人民要立新功的思想。通过学习毛主席关于“老干部过去有功劳，但是不能靠吃老本，……要立新功，立新劳”的教导，进行小整风，展开思想交锋，在灵魂深处搞斗、批、改，自觉放下“战功”与“新功”两个包袱。“许多同志批判了‘船到码头车到站’的半截子革命思想，决心在有限的年龄里，用无限的精力加倍为人民立新功。”

毛泽东看了这个报告后，于1月8日批给林彪、周恩来、康生。批语说：“此件很好，从理论和实践的结合上讲清了问题。请你们看一下，是否可以转发全军。如同意，请总理在一次政治局会议上宣读、讨论、通过，并加上中共中央、中央军委和军委总政治部的几句指示，即可发出。除军（队）外，中央机关和地方党、政机关也要发出。我军和地方多年没有从这一方面的错误思想整风，现在是进行一场自我教育的极好时机了。”①林彪虽然在党的九届二中全会上犯了错误，但毛泽东在批示中，仍然将林彪的名字摆在最前面的位置上。这说明毛泽东还是把林彪当接班人看待的。

毛泽东不仅指出了报告的优点所在及转发它的重要意义，还对报告的文字进行了修改。他在“无限的精力”后面加括号写了一个批注：“改为充沛的精力较好，因为人的精力并不是无限的。”②毛泽东的这种严谨作风，也令李德生折服之至。

1月8日当天，周恩来即批示将济南军区的报告和毛泽东的批示印发政治局成员。第二天，他主持中央政治局会议，讨论了这个文件。与会人员

① 《建国以来毛泽东文稿》第13册，第200页。
② 《建国以来毛泽东文稿》第13册，第201页。

一致认为，当前应以批陈整风的自我教育运动作为推动各项工作的中心。会议还讨论了华北会议的情况。会后，周恩来向毛泽东写信汇报，提出近期将专门召开一两次政治局范围的批陈整风会议。

这个批件，很快就送到总政治部来办理。大家感到这是毛泽东对总政治部的信任和期望，总政治部以军委总政治部的名义出现，已经是多年没有过的事了，而且同中共中央、中央军委联名发通知，也是少见的。李德生连夜组织总政领导和机关讨论起草了通知稿，经过周恩来修改，毛泽东审批“照发”，于1月11日发出。

通知指出：“这一批示对于加强我党、我军思想作风建设，贯彻执行毛主席的革命路线，坚持无产阶级专政下继续革命，具有极其重大的作用。多年来，军队和地方以及中央机关没有从反对居功骄傲这一方面进行整风，有些干部存在居功自恃，骄傲自满，军阀主义，自以为是，一言堂，讲假话，不走正道等歪风邪气，对内对外的大国沙文主义，这对于毛主席的革命路线妨碍极大。”“我们的军队、地方和中央机关，都要以毛主席的批示为纲，利用当前极好时机，开展一场反对骄傲自满，提倡谦虚谨慎的自我教育运动。认真学习马克思主义、列宁主义、毛主席思想，读几本书，密切联系实际，开门整风，学习济南军区报告的三破三立，批判反革命修正主义，开展批评和自我批评，弄通思想，提高觉悟，在毛主席革命路线指引下，团结起来，争取更大的胜利。”

“文化大革命”以来，军队的“三支两军”人员，主要精力都用到了“抓革命”上。济南军区的报告和毛泽东的批示传达贯彻以后，开始转向抓自己头脑的革命即主观世界的改造，这对于加强全党全军的思想政治建设，还是起了很大作用的。即使今天看来，这个批示所强调的反对骄傲自满，提倡谦虚谨慎，要从理论和实践的结合上讲清问题等精神，对于加强党和军队的思想建设，也不无积极意义。

在济南军区的报告之后，8月20日，经毛泽东批准，中共中央又转发了《广州军区三支两军政治思想工作座谈会纪要》。广州军区的这个座谈会是在7月15日至31日举行的，参加会议的有广州军区师、军分区以上单位及南海舰队、广州空军的有关领导同志。会后，广州军区党委向中央、中央军委、总政治部写了报告，并上报了会议纪要。会议纪要反映，三支两军人员中存在着一些错误的思想作风，如骄横跋扈、好大喜功、任人唯亲、打击报复、滥用职权、违法乱纪；有些三支两军人员不尊重不支持已经成立的地方党委，存在着特权思想，等等。会议检查和讨论了在三支两军人员中深入进行路线教育，继续反对骄傲自满、特权思想和资产阶级思想腐蚀的问题，以及适应地方各级党委已经成立的新情况，改进对三支两军人员的组织领导和管理等问题。中央在转发的批语中说："这个《纪要》指出的问题，符合当前三支两军的实际情况，改进措施较好。望你们认真研究，参照执行。""认真研究"这四个字是毛泽东在审阅中央批语时亲自加上的。①

从当年夏季毛泽东南巡沿途谈话情况来看，他当时强调"军队要谨慎"，不仅是针对军队、特别是"三支两军"人员中的"居功骄傲"思想情绪而说的，更深的含义则是对林彪一伙"反党篡军"活动的揭露和警告，强调军队要听党的话，要服从党对军队的绝对领导。毛泽东说，第一军队要谨慎，第二地方也要谨慎。不能骄傲，一骄傲就犯错误。军队要统一，军队要谨慎。我就不相信我们的军队会造反，我就不相信你黄永胜能够指挥解放军造反！军下面还有师、团，还有司、政、后机关，你调动军队来搞坏事，听你的？②

参与解决棘手的新疆问题

李德生到中央工作后，还以相当多的时间和精力，参与解决一些省、市、自治区，如福建、浙江、四川、新疆等地的问题。这些地区的问题往往

① 《建国以来毛泽东文稿》第13册，第241页。
② 《建国以来毛泽东文稿》第13册，第247页。

和部队有关系。还有些地区如河北保定地区、浙江温州地区的问题，李德生也参与过有关的会议和接见，做了不少工作。这些地区派性闹得都很厉害，省里解决不了，就只好到中央来解决。

新疆具有重要的战略地位。当时毛泽东说过，新疆的主要危险来自苏联修正主义。

新疆的问题也比较多，李德生曾多次参与解决新疆问题，并两次前往新疆调查研究，指导工作。

1969年12月，是李德生第一次到新疆工作。那是在他随李先念出访阿尔巴尼亚、罗马尼亚归来途经新疆时，中央让他留在那里作一些调查研究。

当时，新疆已成立革命委员会，主任是龙书金。但是，当地的派性还很严重，武斗时有发生，有些地方的革委会还无法成立，严重影响了工农业生产和人民群众的生活。1969年年初，前往观测“东风三号”中程地地导弹试验情况的人员，在返回途经新疆洛浦县时遭造反派袭击，绝密资料和全部武器被抢。对此，周恩来批示：“这一行动，可能带有反革命性质”，“电话告龙书金同志，先令和田军分区迅速追回绝密文件，要‘新农总’交出主谋人，并动员‘三新’头头（在自治区革委会的）前往协助解决此事。”毛泽东批示：“照总理批示办。”①

同时，当时的“疆独”势力，也在利用新疆的混乱局势从事分裂活动。一个名为“自由土耳其斯坦”运动的组织就妄图颠覆新疆的人民政权。周恩来曾利用有关材料批评教育新疆的领导干部说：“请你们看看敌人是在如何磨刀霍霍，而你们仍在内争不休；这样的对比，不是最好的阶级斗争教育么？”②从这些情况，不难看出当时新疆存在问题的严重性。李德生回到新疆后，住在乌鲁木齐野营地宾馆。他在新疆一共搞了25天的调查研究，跑了天山南北不少地方，到了许多边防哨卡，先后到了伊犁、南疆

① 《周恩来年谱》（1949—1976）下卷，第275页。
② 《周恩来年谱》（1949—1976）下卷，第352页。

地区，还有霍尔果斯兵站，还到了新疆建设兵团，到了石河子8师。主要是看望部队，了解边防情况。新疆军区政治部副主任姜华林全程陪同。

通过调查研究，李德生了解到少数民族地区的不少情况，以及边防工作的现状。把调查情况向中央写了报告，国务院还专门听了他对新疆问题的看法和解决问题的建议。根据李德生汇报的情况，国务院和中央军委迅速调拨了一批北京吉普车和物资器材，解决了边防部队迫切需要解决的一些实际困难。

1972年1月，为清查林彪的“借用力量”一事，中央请新疆党政军领导干部到北京开会，帮助新疆主要领导同志认识错误。李德生参与了此项工作。当时林彪事件已经发生了4个多月。中共中央于1971年11月14日下发了林彪一伙搞的《“571”工程纪要》，里边说新疆是他们进行反革命政变的“借用力量”。而在林彪事件后新疆发生过这样两件事：一是在1971年国庆节时，新疆的报纸还登了林彪的照片，广大群众因没听传达不知道林彪出了事，但自治区领导人是有人知道的；二是新疆10月份召开的党委工作会议、四级干部会议，不批林，而批“两个主义”和“一个王国”（“两个主义”指“山头主义”、“宗派主义”，“一个王国”指“独立王国”）。群众把这些事与“借用力量”联系了起来。1月24日，周恩来和部分中共中央政治局成员接见来京出席新疆工作会议的代表，周恩来说：把批判矛头对准王恩茂的“两个主义”和“一个王国”，是犯了方向、路线的错误；中央的政策还是“惩前毖后，治病救人”，犯了错误改了就好。周恩来强调：现内部最大的问题，是出了林陈反党集团，从“九一三”至今，已经四个多月了，你们还没有自觉地挖思想。在这次讲话中，周恩来谈到邓小平问题时说，林彪就是要把邓搞成敌我矛盾，而毛主席讲邓还是人民内部矛盾，两类不同性质的矛盾不能混淆。又说，听说新疆现在还有人讲“二月逆流”，根据毛主席的指示，叶副主席已经主持军委工作，你们听到那些话，为什么不批驳？最后，他要求代表们多做自我批评，互相帮助，搞好团结。

这次会议开始开得还算正常，但会议后期，江青插了进来，胡乱批评。当时新疆的主要领导同志不买江青的账，顶了她毫无道理的批评。江青大动肝火，指责其“态度不好，拒不认错”。形势急转直下，意见尖锐对立，会议没有达到预期目的，也无法再开下去了。消息不胫而走，传回新疆，从而使派性再次膨胀，生产受到很大影响，局势出现了反复。

为了稳住新疆，做好各方面的工作，特别是统一认识，中央于1972年年底派李德生、王洪文、于桑去新疆，就地解决那里的问题。

毛泽东、周恩来为什么再次指派李德生前往新疆呢？当时在新疆工作过的一些同志认为，可能有这样几点原因：

一是李德生在处理安徽问题时搞得很不错，有经验。当时新疆问题复杂，除了周恩来总理可以进行一些干预外，其他人都无法处理。在这种情况下，李德生受中央委托，率工作组去处理新疆问题，应当说是恰当的，是可以完成任务的。

二是李德生不仅是总政治部主任，而且是代行军委职权的军委办事组的成员。当时新疆是反修前线，边防上问题较多，情况紧张，需要部队坚守。军队内部也存在一些这样那样的问题。李德生的军职使他便于做好部队的工作，协调解决军地之间的某些矛盾。

三是李德生从未在新疆工作过，与新疆没有历史瓜葛。对李德生来说，新疆是一个“全新”的地域，无论是新、老干部，还是造反派头头，与他都没有什么牵连。

李德生历史上虽未在新疆工作过，但他调到中央后，这一次已是第三次参与处理新疆问题了，因而对他来说，新疆也不再是那么陌生的了。

当时，王洪文刚到中央工作，也参与了解决新疆问题。李德生在新疆时说，他是陪王洪文到新疆来“实习”的。看来，这是毛泽东、周恩来的刻意安排，让李德生对王洪文实行“传帮带”，让他在解决新疆问题中得到锻炼和提高。关于这次去新疆的情况，总政治部原副主任华楠向笔者介绍说，1972年年底，中央派了个新疆工作组，李德生、王洪文、于桑三人为领导小组。我参加了。当时去新疆的主要任务，是支持赛福鼎工作，反对派性，维持民族团结，排除里通外国。还有，就是肯定王恩茂的工作。因为当时担任自治区领导职务的一位军队干部，批王恩茂，挑起了派性。王恩茂与少数民族联系广泛，关系好，这样搞就等于批了少数民族。说赛福鼎里通外国，这个也要排除。

在此之前，国务院已经派出工作组到新疆进行了大量调查，总政也有一个工作组在新疆军区部队开展工作。李德生从他们那里了解到不少情况。

新疆的问题是很复杂的。1968年8月29日，周恩来在接见新疆代表时，就要求他们说服群众组织吸收王恩茂参加自治区革委会，认为王还没有走到敌我矛盾上。同年9月1日，成立了新疆维吾尔自治区革命委员会，由龙书金同志任主任，王恩茂、赛福鼎等9位同志任副主任。中央指示："新疆地处祖国西北，战略地位十分重要。"要"深入宣传和坚决执行毛主席亲自批发的'七·三'和'七·二四'布告，紧密团结各族人民，一致对敌。"要"增强无产阶级党性，反对资产阶级派性，批判反动的'多中心即无中心论'"。要"'在革命的原则下，按照系统，按照行业，按照班级，实现革命的大联合'，克服宗派主义、山头主义，巩固和发展革命的大联合和革命的三结合"。要"进一步'抓革命、促生产、促工作、促战备'，争取革命、生产双丰收"。[①]等等。然而这些指示在新疆并未得到落实。1970年1月1日，周恩来在反映新疆一些地区派性纷争、武斗不止、严重影响当地工农业生产和人民生活的材料上批："凡武斗未停，生产上不去，革委会成立不起的地方，屡劝不听，即应实行战备军管"。[②]在1972年1月的中央会议后，新疆又召开了"两委扩大会"和两次"全委会"，批判龙书金的错误，7月龙已靠边不干了，但还是抓住不放。支持他的群众组织属少数派，但仍有相当活动力。

① 国防大学：《文化大革命研究资料》中册，第175页。

② 《周恩来年谱》(1949—1976)下卷，第343页。

李德生到新疆之后，先和自治区、军区以及一些州、县领导同志个别谈话和进行座谈，后与两派群众组织的头头接触，目的是进一步了解情况，把情况摸准，把不同的看法和意见搞清楚，以便有针对性地解决问题。经过一番努力，这个目的基本上达到了。在此基础上，李德生和工作组的同志一起，进行了深入的研究分析，最后形成了以下初步看法：

一、林彪对新疆的工作，有过交代，有过严重干扰。但经过一年多的清查，情况基本搞清。有的同志在这个问题上犯了错误，已经有了初步认识。应当通过深入批林，进一步提高他们以及广大群众的认识。但是，在处理这一问题时，的确存在着“左”的影响，具体表现是，不仅对有错误的干部揪住不放，而且混淆两类不同性质的矛盾。当地批林整风中有句很流行的话，叫“上挂下联，不绕中间”。李德生认为，这种做法显然不符合首先是批林的精神，也不符合客观实际。

二、新疆的群众组织没有实现大联合，派性没有消除，“文革”以来一直存在，从而在民族之间、军地之间、干部之间、群众组织之间，不团结的问题并没有得到彻底解决。李德生认为，在做好团结工作中，对汉族同志、军队干部、老同志要求要更严一些。

三、新疆的经济工作没有提到应有的位置上来。一些大的工厂停产、半停产，人民生活也受到影响。李德生认为，应当把人们的积极性集中到抓生产、抓生活上来。

李德生在许多会议上都讲了话，他总是先讲中央的精神，以之为武器来统一干部和群众的思想，提高大家的认识。他反复从上述三个方面去做各方面人员的思想工作。

在最后召开的自治区三级干部大会上，李德生就批林、团结、生产等问题讲了意见。他还参加了边防工作会议，讲了话。回京以后，李德生对新疆为什么会成为所谓“借用力量”，新疆形势、干部群众思想状况与解决办法等问题，向毛泽东、党中央写了书面报告，得到了毛泽东的肯定。

王洪文参加新疆工作组时，调到中央工作的时间还不久，表现出胆子不大，不敢抢先发言，往往是李德生让他讲他才讲。讲话的内容大多与派性有关，没有什么水平。然而王洪文却不愧是造反派的“头面人物”，也可称得上是“派性专家”。他曾对工作组的同志说，我一看、一听就知道谁是造反派，谁是保守派。王洪文还常玩扑克牌，并把这称作是学习“54号文件”。

周恩来严管亲属不搞特殊

周恩来在工作中对李德生的言传身教，使他终生难忘。周恩来在处理个人的亲属问题上，同样使他深受教育。

周恩来有个侄女，叫周秉建，1968年中学毕业时，毛泽东号召知识青年上山下乡的运动正在开展。她主动和许多知识青年一起，离开北京到内蒙古插队锻炼。临行前，周恩来要求她沿着毛泽东指引的知识分子与工农相结合的道路永远走下去，一定要迎着困难上，绝不能当逃兵。周秉建按照周恩来的要求，认真锻炼自已，表现很好。

1970年12月，周秉建按照正常的程序，在内蒙古军区报名参军，经批准后来到了北京。

知识青年参军本来是政策允许的，但周恩来得知周秉建参军的消息后，怀疑她不是走正路来的，认为可能是北京军区的领导打了招呼才参军的。于是，他和邓大姐商量好后，就派秘书去了解情况，处理这件事。经过调查，并向周秉建核实，得知她确实是通过正常手续，经过报名、体检、政审后才参军的，没有任何首长或机关的同志为她说过话，求过情。但是，即使如此，周恩来还是坚决要求让她回内蒙原生产队去锻炼，并交代李德生帮助处理这件事。

开始，李德生想，年轻人愿意到部队当兵受教育，没有什么不妥之处。何况当兵也是很艰苦的，要经过各方面的锻炼和考验。因此，他向周恩来提出，既然周秉建是按正常手续参军的，那就不要再去变动了。但周恩来没有采纳李德生的意见，反而做他的工作，要他一定要抓紧办好此事。周恩来说，我的亲属可以离开农村到部队，广大知青怎么办，不能搞特殊。李德生心想，当兵是公民应尽的义务，这算什么“特殊”，所以他将这件事拖延了一下，没有及时办理。于是，邓颖超便多次给李德生打电话、写信，要他尽快按总理的意见办理。

后来，有一次周恩来遇到北京军区司令员郑维山时，还向他查问过这件事。周恩来对郑维山说：“我怀疑是你打过招呼。”

在周恩来的坚持下，部队只好让周秉建脱下了军装。周秉建也很理解他伯伯的好意，安心地返回内蒙，继续到农村插队去了。

几年后，周秉建回京探亲，周恩来又要求她“在当地找一个蒙古族青年，在内蒙古安家。”还给她讲了王昭君出塞和亲的历史故事，并且说：“你可以向她学习，做个蒙古族的媳妇。这也是加强民族团结的一种体现。”周秉建遵循周恩来对她的教育和期望，真的找了个蒙古族青年，结了婚，扎根边疆了。

仅仅从这一件事就可以看出，周恩来对自己、对自己的亲属，要求是非常严格的，这对于现在的各级领导同志来说，该是一笔多么宝贵的精神财富啊！

然而周恩来对别人的事，却是在可能的情况下尽其所能给予照顾。当时的国家副主席宋庆龄曾给他写信，提出孙中山先生的一个老部下的孩子，颇有文艺才能，想到总政直属文艺单位工作。周恩来接信后，立即批示李德生办理，并说，宋庆龄同志极少提个人的事，望能给予关照解决，从速办理此事。后来他又多次过问，直到总政将这个孩子从上海接到北京，安排就绪，向他报告后，他才放下心来，并要李德生立即向宋庆龄汇报。

出访与接待

除协调组织中国乒乓球代表团访美之外，李德生还参加了一些接待外宾和出国访问的外事活动，特别是有关军事外交的活动。

1969年7月李德生调中央工作后不久，即随李先念率领的党政代表团出访过阿尔巴尼亚和罗马尼亚，代表团团长是李先念，副团长是李德生，成员有耿彪等同志。代表团是从新疆喀什出入境的。李德生说，当时阿尔巴尼亚向我们什么都要。他们用的车是北京吉普，不用苏联的嘎斯—69。他们还要我们的手枪。后来李德生又同李先念到越南参加胡志明的葬礼。还访问过朝鲜。这些活动使李德生积累了外事活动的经验。

1971年8月15日至31日，应阿尔巴尼亚国防部部长贝·巴卢库和罗马尼亚武装部队部部长杨·约尼查上将的邀请，以总政治部主任李德生为团长、空军副司令员曹里怀为副团长的中国军事代表团一行15人，先后访问了阿尔巴尼亚和罗马尼亚。

访问阿尔巴尼亚(8月15日至22日)期间，阿人民军总参谋长杜米、政治部主任恰科、副总参谋长贝尔拉库、国防部副部长哈斯科、外交部副部长马利列等和群众1500人前往机场迎送，巴卢库接见、宴请了代表团并与代表团举行了会谈，劳动党第一书记霍查、部长会议主席谢胡接见了代表团。代表团访问了地拉那、卢什涅、斯大林城、培拉特、科尔察、发罗拉、都拉斯，并参观了坦克旅坦克洞库、地下机械厂、地下弹药库、飞机洞库、航校、海军基地、海岸炮连阵地、法尔克直升飞机团、“普列—巴尔滋”海军工程等，观看了坦克和空军部队联合演习、侦察分队演习、民兵射击、步兵连进攻演习、征集站集合演习等。

访问罗马尼亚(8月22日至31日)期间，武装部队部第一副部长兼武装部队总参谋长杨·格奥尔基上将、武装部队部副部长兼武装部队最高政治委员会书记扬·科曼上将、武装部队部副部长斯捷里扬·齐尔克上将、米哈伊·布尔卡上将、马林·尼列斯上将等迎送(送行时增加约尼查部长、爱国卫队参谋长保罗·马里内斯库少将等)，机场上举行了欢迎、欢送仪式，检阅了仪仗队；扬·约尼查举行欢迎宴会并与代表团会谈；总统齐奥塞斯库、部长会议主席毛雷尔等接见。代表团参观访问了军事学院、首都机械化部队、曼加利亚海军部队、泽尔奈什蒂山地部队、普洛耶什蒂炮兵训练中心，观看了爱国卫队的射击表演和战术演习，参加了罗马尼亚国庆活动。

李德生说，这两次访问，增进了双方的了解和友谊，是很成功的。同时，也为“九一三”事件发生前夕李德生在丰台向毛泽东的汇报增添了丰富的内容。

此外，李德生还参加了许多来华访问的外国友好代表团、特别是军事代表团的接待和迎送活动，其中又以他去访问过的罗马尼亚和阿尔巴尼亚两国的居多。据统计，仅从1971年9月到1973年6月不到两年的时间里，李德生参加会见、宴请、陪同到外地参观访问的这两个国家的代表团就达8次之多。

第四章

参加党的九届二中全会

《关于建国以来党的若干历史问题的决议》指出："1970年至1971年间发生了林彪反革命集团夺取最高权力、策动反革命武装政变的事件。这是'文化大革命'推翻党的一系列基本原则的结果，客观上宣告了'文化大革命'的理论和实践的失败。毛泽东、周恩来同志机智地粉碎了这次叛变。"在"文化大革命"初期，政治地位不断上升的林彪，后来变成了革命的对立面。在粉碎林彪反革命集团的过程中，本来与林彪集团密切合作的江青一伙，摇身一变站在了与林彪集团进行斗争的一边。而江青集团的重要人物陈伯达却成了林彪集团的干将。与林彪反革命集团的斗争是一场极其严重的斗争。李德生亲历了这一斗争的过程，并积极参加了捍卫毛泽东思想和路线的斗争。

直奔庐山

1970年8月，中国共产党在庐山召开了九届二中全会，人们通常把这次会议叫做又一次庐山会议。在这次会议上，林彪一伙违背毛泽东的意愿，抛出“天才论”，坚持设国家主席。毛泽东严厉地批驳了林彪一伙提出的“天才论”，再次提出不设国家主席的建议。两种意见的尖锐对立，居然发展成为一场激烈的政治斗争。接班人林彪从此出人意料地成了毛泽东的对立面。

庐山会议召开前，李德生正在安徽搞调查研究。当时他丝毫没有料到，庐山会议上会发生那么严重的事情。

1970年7月下旬，李德生向中央请假回到安徽检查和部署工作，先后到达皖北、皖中，与各级干部一起，共同研究如何改变当地贫困面貌、搞好工农业生产的问题。8月15日，李德生到六安的当晚，接到中央办公厅副主任王良恩打来的电话，通知他到庐山参加党的九届二中全会，并征求他的意见，是回北京后再去，还是直接从安徽上山。李德生当即表示，不回北京了，从安徽直接到庐山去。8月16日至18日，李德生抓住会前的短暂机会，在安庆搞了些调查研究，并主持召开了安徽省党的核心小组会议，对筹备召开第三届省党代会及抓好工农业生产等工作进行了研究和部署，使得他在安徽的工作暂告一段落。也就是说，在党的九届二中全会前夕，李德生集中考虑的，是如何把安徽省的工农业生产搞得更好些。

8月19日，李德生和在安徽省的两名候补中央委员郭宏杰、李定山，一起从安庆空军机场乘飞机，前往庐山北面十几公里的九江机场。郭宏杰、李定山都是“文革”中的造反派。郭宏杰后来任过安徽省委书记，李定山任过安徽省委常委，“文革”结束后，他们两人均因“文革”中所犯错误而被开除党籍。

李德生等人到达九江机场后，即换乘汽车直奔庐山。

庐山之美天下闻名。它位于九江市南中国第一大淡水湖鄱阳湖之滨，拥有雄奇挺秀的山峰，变幻莫测的云海，神奇多姿的流水，还保存着众多历史悠久的人文景观。宋代大文豪苏东坡有诗云：“横看成岭侧成峰，远近高低各不同，不识庐山真面目，只缘身在此山中。”

李德生是个不爱游山玩水的人。他虽然是第一次上庐山，但因为这次是来参加中央全会，而庐山又是如此闻名遐迩，他怎能不感到新奇，不给予关注。李德生想到了毛泽东那首七绝《为李进同志题照》的诗：暮色苍茫看劲松，乱云飞渡仍从容。天生一个仙人洞，无限风光在险峰。它以生动流畅亲切的话语，勉励人们莫畏艰险，勇攀高峰去领略人间美景。这样一首寓意高远、哲理深邃的好诗，自然为人们所赞颂。再加上那个“李进”又是毛泽东的夫人江青的化名，在“文化大革命”中，经过“四人帮”别有用心的炒作，这首诗愈传愈广，“无限风光在险峰”的名句已是人们耳熟能详的了。李德生坐在车上，纵目四望，陶醉在那“一山飞峙大江边，跃上葱茏四百旋”的意境中。

到庐山后，李德生没有和军委办事组的成员住在一起，而是被安排在国务院业务组成员的住地。一个平坦的院落的一侧是一个大一点的楼房，周恩来就住在那里。大楼后面山坡上的树林中分布着几幢小楼，李德生住在最靠下面的那一幢，上面是李先念，再上面是余秋里等。每天国务院业务组的几位成员，都在大楼一端的餐厅里一起用餐。

林彪和军委办事组的成员住在河的另一边，是军队疗养院的房子，离国务院业务组同志的住地还有一段距离。因为李德生不仅是国务院业务组的成员，而且也是军委办事组的成员，所以在正式开会前他专门到吴法宪、李作鹏、邱会作等人的住地，看望了他们。这是一种礼节性的拜访，大家见面以后，只是寒暄了一番，没有涉及会议和工作方面的问题。

8月22日下午，中央政治局召开常委会，这实际上是党的九届二中全会的预备会。会议商定了会期、议程、分组及中央在京的值班安排等。毛泽东重复了他在党的九大召开时提出的方针：要把这次会议开成一个团结的、胜利的会，而不要开成分裂的、失败的会。

但是，毛泽东的这个期盼并未实现。林彪与毛泽东在设不设国家主席问题上的分歧空前尖锐起来。

李德生向笔者介绍说，他后来知道的情况大体是这样的：

在预备会上讨论宪法中写不写设国家主席的问题时，五位常委，除毛泽东外，其他四位都提出，根据群众的意愿和要求，应实现党的主席和国家主席的一元化，即在形式上有一个国家元首、国家主席。但是，主张在形式上有一个国家主席的四名常委提出这个问题的目的和侧重点却是各不相同的。

周恩来提出，如果设国家主席，今后接见外国使节等外交礼仪活动可由国家主席授权。

康生说，设国家主席，这是全党全国人民的希望，我们在起草宪法修改草案时也这么希望，但又不敢违反主席关于不设国家主席的意见。处在这一矛盾中，我们感到压力很大。康生把毛泽东和林彪说的意思都说了。从1966年5月的政治局扩大会议林彪得势开始，康生在称颂毛泽东的同时，也都吹捧林彪，直到党的九届二中全会时仍未改变。

陈伯达说：如果这次毛主席再担任国家主席，将对全国人民是一个极大的振奋和鼓舞。

陈伯达讲后，林彪随之加以附和。

但是，毛泽东仍然坚持不设国家主席、也不当国家主席。他很不以为然地说：设国家主席，那是个形式，我提议修改宪法就是考虑到不要国家主席。如果你们愿意要国家主席，你们要好了，反正我不做这个主席。

非常明显，在设不设国家主席的问题上，毛泽东的态度是十分明确的，是持反对态度的。从表面上看来，其他四名常委都与毛泽东的意见不同，但实际上，周恩来只说了个“如果”，并没有强调非设不可；康生虽然同意设，但又说不敢违反毛泽东的意见，仍属商量口气。只有林彪、陈伯达的意见是与毛泽东绝然相反的，是坚决主张设国家主席的。陈伯达在设不设国家主席问题上，完全站在林彪一边。这在此次会议之前已经表现出来。

预备会还研究确定了会议的日程和编组名单。李德生编入华东大组，许世友为大组召集人，大组下面按省分小组，李德生是安徽小组的召集人。安徽小组连李德生在内一共只有3人。8月23日上午，李德生向安徽的九届候补中委郭宏杰、李定山传达了会议议程安排。

林彪发动突然袭击

8月23日下午3时，党的九届二中全会在庐山会堂举行开幕式。到会的中央委员、中央候补委员共253人。毛泽东主持会议。周恩来宣布了会议的三项议程：（一）讨论宪法修改草案；（二）讨论国民经济计划报告；（三）讨论战备问题。他还宣布，会议讨论前两个问题时，黄永胜、纪登奎在北京看家；讨论后一个问题时吴法宪和李先念回北京看家。

周恩来宣布会议议程后，本应是康生代表宪法起草工作小组报告宪法的修改经过，但林彪抢着讲话了。林彪是党的副主席、副统帅、接班人，他讲话似乎是顺理成章的事，代表们并没有感到惊讶。

坐在台下的李德生，和其他同志一样，看到政治局的几位常委毛泽东、周恩来、陈伯达、康生都在主席台上坐着，还都以为林彪的讲话是预先安排的。

林彪一开始就讲：昨天下午，主席召集了常委会，对这次会议作了重要指示。这几个月来，主席对于宪法的问题和人代会的问题都是很关心的。宪法的修改、人代会的召开问题，都是主席提出的。我认为这很有必要，很合时宜。在国内、国外大好形势下开人代会和修改宪法，对于巩固无产阶级文化大革命的成果、巩固和加强无产阶级专政、反帝反修斗争、对国际共产主义运动，都是有深远影响的。

与会同志听了林彪这样的开场白，更认为他的讲话是常委研究决定的，是会议安排的。

接着，林彪便像往常一样，开始“大赞大颂”毛泽东和毛泽东思想。他说：毛泽东同志是当代最伟大的马克思列宁主义者，毛泽东同志天才地、创造性地、全面地继承、捍卫和发展了马克思列宁主义，把马克思列宁主义提高到一个崭新的阶段。毛泽东同志是代表广大劳动人民的根本利益的，毛主席是我们党、政府、国家、军队的缔造者。我们有今天的胜利，决定的因素就是毛主席。

这些话，是林彪在“文化大革命”初期就反复讲过的，特别是在他的《〈毛泽东语录〉再版前言》、党的九大政治报告中，涉及对毛泽东的评价时，用的语言几乎都是相同的，大家都很熟悉。因此，李德生和许多与会同志一样，听了这些话后，并没有什么特别异常的感觉。

林彪继续往下讲，讲到了“天才论”。他强调说：“我们说毛主席是天才的，我还是坚持这个观点。……这次宪法里面规定毛主席的领导地位，规定毛泽东思想是领导思想。我最感兴趣的、认为最重要的就是这一点。”

对于设国家主席的问题，因为毛泽东头一天在预备会议上又一次给予了否定，因此，林彪没有敢直截了当地提出要设国家主席，而是通过讲宪法修改草案，迂回曲折地表达了自己赞成设国家主席的主张。他说：“这次我研究了这个宪法草案，表现出这样一个特点，就是肯定毛主席的伟大领袖、国家元首、最高统帅的地位，肯定毛泽东思想作为全国人民的指导思想。这一点非常重要，非常重要”，是“宪法的灵魂”，“用法律的形式巩固下来非常好，非常好！”

林彪在这里用的“国家元首”这个词，实际上就是“国家主席”这个词的另一种表述方法，是为尔后的阴谋活动留下的伏笔。

林彪说：“毛主席的这种领导可以说是我们胜利的各种因素间的决定因素。……这个领导地位，就成为国内国外除极端的反革命分子以外，不能不承认的。……我们的工作是前进还是后退，是胜利还是失败，都取决于毛主席在中央的领导地位是巩固还是不巩固。”

林彪指责说：“有人说毛主席对马列主义没有发展。从形而上学的观点，认为事物是凝固的，僵死的，而不是活生生的，可变化的，是随着条件的不同而有所不同的。这种观点不符合马列主义的起码原则，是反马列主义的。这点是值得我们同志们深思的，尤其是在中央的同志值得深思。”

林彪的讲话长达一个半小时，李德生感到，坐在台上的毛泽东似乎有点不耐烦了，周恩来、康生显得有些着急，陈伯达则听得很认真。林彪面前虽然放着稿子，但当时并没有印发。像与会的同志一样，李德生很注意地听着林彪的讲话，对他讲话的一些主要观点，印象还是比较深刻的。林彪讲完后，大家以热烈的掌声表示欢迎！

接着发言的是康生。他对林彪的讲话表示“完全同意，完全拥护”；并且提出，在要毛泽东当国家主席、林彪当国家副主席的问题上，“所有意见都是一致的”，“如果是主席不当（国家）主席，那么请林副主席当（国家）主席。如果是主席、林副主席都不当的时候，那么（国家）主席这一章就不设了。”在设不设国家主席问题上，讲得仍然模棱两可。康生在发言中，还传达了毛泽东历次对修改宪法的意见以及修改宪法的经过。

对林彪这位在九大党章上被称为毛泽东的“亲密战友和接班人”的发言，许多同志当时都是从正面理解的，并没有听出其中有什么“弦外之音”，也没有想到林彪坚持在宪法中写上设国家主席是他自己想当国家主席。因为谁也不知道他与毛泽东已产生不可调和的分歧。

李德生当时也是如此，但有点纳闷，他感到在设国家主席的问题上，为什么林彪总是同毛泽东的意见不一致呢？

1970年春以来，毛泽东六次讲过不设国家主席，这些李德生都知道，其中有两次是在中央政治局会上当面听毛泽东讲的，其他四次是在中央政治局会上听的传达或看到的政治局传阅文件。上庐山以前，李德生已经知道毛泽东四次讲过不设国家主席的问题，在他的思想上烙印已经很深了。

1970年3月8日，在武汉的毛泽东提出要召开四届人大和修改宪法的意见，同时改变国家体制，不设国家主席，在修改宪法时删去国家主席的有关条文。当时汪东兴传达时说，毛泽东讲，国家机构究竟设不设国家主席要考虑，要设国家主席谁当好，现在看来要设主席只有林彪来当，但我的意见是不设为好。中共中央政治局会议于当日晚通过决定，接受毛泽东的意见，不设国家主席。李德生参加了这次会议。

3月中旬，毛泽东审阅《关于修改宪法问题的请示》，再次表示不设国家主席。3月17日至20日，中共中央政治局召开由各省、市、自治区革命委员会党的核心小组和各大军区、军委各总部、各军兵种负责人共103人参加的工作会议，再次讨论毛泽东不设国家主席的建议，得到了与会同志的拥护。

李德生是尊重毛泽东的意见的，也相信别人不会有异议了，他以为设不设国家主席的问题就这样定下来了。

谁也没有想到，4月11日，林彪从苏州通过秘书打电话向政治局提出三条意见：一是关于国家主席问题，“仍然建议由毛主席兼任”，“否则，不适合人民的心理状态”；二是关于副主席可设可不设，可多设可少设，关系都不大；三是林彪还表示他自己“不宜担任副主席的职务”。林彪是毛主席的接班人，他的意见当然要引起政治局的重视。4月12日，在周恩来的主持下，中共中央政治局讨论了林彪的意见。多数政治局成员同意由毛泽东担任国家主席，其中包括周恩来。但毛泽东仍坚持自己的意见。当天，毛泽东在上送报告上批示：“我不能再作此事，此议不妥。”[①]

4月下旬，在中央政治局会议上，毛泽东又当面对从苏州返京与会的林彪说：“孙权劝曹操当皇帝。曹操说，孙权是要把他放在炉火上烤。我劝你们不要把我当曹操，你们也不要做孙权。”

李德生听了毛泽东这个讲话。“孙权烤曹操”的典故，给他留下了深刻的印象。他还要总政机关的同志帮助查了《资治通鉴》，了解到这个故事的具体情节。李德生严肃地思考着，现实的“孙权”是谁呢？历史上的孙权后来称了“帝”，那么现实的“孙权”是否也想称“帝”呢？李德生说，他想着想着不敢再想下去了。但是这时有一条他是十分明确的，这就是毛泽东不当国家主席的态度是不可改变的了。

① 《建国以来毛泽东文稿》第13册，第94页。

7月17日，在周恩来主持下，宣布中央修改宪法起草委员会正式成立，由毛泽东任主任，林彪任副主任，委员会成员共57人。在会议的小组讨论中，周恩来在提到修改宪法应注意的问题时，强调要突出毛泽东是中华人民共和国的缔造者，党是我国的核心力量；毛主席是全国武装力量的统帅，林副主席是副统帅，可以考虑不设国家主席、副主席。7月中旬，毛泽东在得知修改宪法的同志们中仍有坚持设国家主席的意见时，再一次提出否定意见说："设国家主席，那是形式，不要因人设事。"

本来，设不设国家主席是个体制问题，不是不可以讨论的。在讨论时，同意设国家主席的同志，多数是从体制上考虑的，是从大局上考虑的。但在威望崇高的毛泽东表示不当国家主席的情况下，一贯顺从毛泽东的林彪却再三再四地说不设国家主席，国家没有一个头，名不正言不顺，与毛泽东的意见形成了尖锐对立。对此，李德生感到真有点难以想通了，他想不清楚毛泽东和林彪之间到底发生了什么。

"文臣""武将"齐上阵

在林彪发言的当天晚上，周恩来主持中央政治局扩大会议，除中央政治局委员、候补委员外，各大军区和各省、市、自治区的主要负责人也参加了会议。会议研究了分组讨论宪法草案和国民经济计划问题。在会上，吴法宪提出，林彪的讲话很重要，要很好学习，是否先讨论一下。一些同志还提出，再听听林彪的讲话录音。周恩来、汪东兴等与会人员、包括李德生在内也都赞成这样安排。

第二天，24日上午，全会各小组收听23日林彪的讲话录音，而后开始讨论。这一讨论不要紧，暴露出林彪一伙坚持设国家主席的"庐山真面目"。李德生后来得知，林彪通过叶群向他的"文臣"、"武将"们统一部署，要他们表态拥护自已的讲话，要从"天才"、"领袖"、"指针"三个方面去讲，"天才从理论角度讲，领袖从历史角度讲，指针从现实角度讲"。

林彪还叮嘱他们不要点张春桥的名，同时不要扩大打击面，牵涉江青、康生两人，否则毛那里通不过。[①]

在林彪的统一号令下，陈伯达在华北组，吴法宪在西南组，叶群、李作鹏在中南组，邱会作在西北组，异口同声地宣讲"天才"问题，吹捧林彪的讲话。他们的共同点是坚持"天才论"，坚持设国家主席，要毛泽东当国家主席。他们声称"刀搁在脖子上也不收回"。并说，谁要是反对这两条，谁就是反革命。他们还暗示党内有股反对毛主席、林副主席的风，中央有人想把这股风往下吹，推翻八届十一中全会的决议，翻历史的案。

林彪一伙的这些活动，使他们与江青集团的矛盾趋于表面化。陈伯达、吴法宪、叶群、李作鹏、邱会作在小组会上的发言，虽未点名，但矛头是指向张春桥，指向江青集团的。因为事先洞悉毛泽东不设国家主席意图的江青集团，出于自身利益的需要，意见是与林彪一伙的主张相反的。

在西南组的小组会上，吴法宪表示拥护林彪的讲话，并把矛头指向张春桥一伙。他用一段马列"语录"说明否认天才的存在是错误的，是想翻八届十一中全会的案，是要推翻林彪的《毛主席语录》"再版前言"。吴法宪手中的马列"语录"稿是陈伯达上庐山后连夜编成的。他意有所指地说："对此，我们绝不能迷迷糊糊的，要警惕和防止有人利用毛主席的伟大谦虚来贬低毛泽东思想。"他还说，他在听到修改宪法中有人否认毛主席是天才时，"气得发抖"。

其实，吴法宪、张春桥之间的矛盾和争吵并非自今日始。早在8月13日于怀仁堂召开的宪法工作小组会上，他们就吵过一架。当时早已了解毛泽东真实看法的张春桥提出，要在宪法草案稿删去"天才地、创造性地、全面地"三个副词，以及"毛泽东思想是全国一切工作的指导方针"这句话。吴法宪认为这是否认毛泽东是天才，便发了火，指责说："要防止有人利用毛主席的伟大谦虚贬低毛泽东思想。"张春桥不服，于是两人便发生了争吵。

① 王海光著：《折戟沉沙温都尔汗》，辽宁人民出版社1997年版，第134页。

比起吴法宪这些“武将”来，“文臣”陈伯达的表现更不寻常。在华北组24日下午讨论林彪讲话时，他首先“带头”发言。他说：宪法中肯定毛主席的国家元首地位十分重要。他在宣讲了经林彪审定的《恩格斯、列宁、毛泽东关于称天才的几段语录》之后说：“我完全拥护林副主席昨天发表的非常好、非常重要、语重心长的讲话。林副主席说，这次宪法中肯定毛主席的伟大领袖、国家元首、最高统帅的地位，肯定毛主席思想作为全国人民的指导思想，这一点非常重要、非常重要。写上这一条是经过很多斗争的，可以说是斗争的结果。”陈伯达摆出捍卫毛泽东权威的架式说，现在竟然有人胡说“毛泽东同志天才地、创造性地、全面地继承、捍卫和发展了马克思列宁主义，把马克思列宁主义提高到一个崭新的阶段”这些话是一种讽刺；有人利用毛主席的谦虚，妄图贬低毛泽东思想；有人怀疑八届十一中全会公报，“想搞历史的翻案”；有的反革命分子听说毛主席不当国家主席，手舞足蹈，非常高兴，像跳舞一样高兴！陈伯达还以理论家的“权威”大谈“天才论”。他有所指地说：“有人说世界上根本没有天才。但是他认为他自己是天才。我们知道，恩格斯多次称马克思是伟大的天才，他的著作是天才的著作。列宁多次称赞马克思是天才。斯大林也称马克思、列宁是天才。我们也称过斯大林是天才。否认天才，是不是要把马克思、列宁全盘否定呢？更不用说要把当代最伟大的天才一笔勾销。我看这种否认天才的人无非是历史的蠢才。”他还武断地下了这样的结论，否认天才，就是否认领袖，就是否认无产阶级专政。

在陈伯达发言以后，编在华北组的汪东兴也发了言。他也建议在宪法中恢复“国家主席”一章，希望毛主席当国家主席，林彪当国家副主席。由于他的身份特殊，他的发言影响之大是可想而知的。后来在毛泽东的批评和教育下，汪东兴多次作了书面的和口头的检讨。在他公开发表的有关文章和出版的书籍中，已对此事作过详细的说明和自我批评。

8月24日，周恩来参加了东北小组的讨论。他在发言中肯定了林彪的讲话对宪法、对计划、对战备有重要意义。他提出，要勿忘过去，警惕现在，教育后代。过去犯错误的不要再犯，要夹着尾巴做人，发现错了就改，真正做毛主席的学生，要把经验教训告诉青年人。[①]

陈伯达的发言，作为华北组2号简报（会议总编号为6号），8月25日一早就发到了与会者手中。简报中写道：大家听了陈伯达等的发言，知道了党内竟有人否认毛主席是当代最伟大的天才，表示了最大、最强烈的愤恨。这种人就是野心家、阴谋家，是极端的反动分子，应该揪出来示众，应该开除党籍，应该斗倒批臭，应该千刀万剐，全党共诛之，全国共讨之。陈伯达是“文化大革命”中当上中央政治局常委的“理论家”。许多人对他的讲话深信不疑，于是，也跟着“起哄”，要求设国家主席，赞同由毛泽东任国家主席，并提出要把反对毛泽东的人“揪出”示众。性格豪爽的陈毅也表态说，不论在什么地方，就是有人在墙旮旯里反对毛主席，我陈毅也要把它揪出来。[②]一些中央委员、候补中央委员还联名写信给毛泽东和林彪，拥护毛泽东当国家主席。一时间，会议呈现出相当紧张的气氛。

李德生所在的华东组，8月24日，因小组召集人许世友有事，所以对林彪的讲话没有进行讨论。李德生和李先念、余秋里等国务院业务组的同志，在余秋里住处讨论修改国民经济计划（草案），晚上还在继续开会。对于陈伯达、吴法宪等人在各小组的行动，李德生当时并不知道。

8月25日上午10时左右，李德生的秘书紧急地给他送来了会议的6号简报。简报写道：“大家热烈拥护林副主席昨天发表的非常重要、非常好、语重心长的讲话。认为林副主席讲话，对这次九届二中全会具有极大的指导意义”。简报说，大家听了陈伯达、汪东兴的发言，“知道了我们党内，竟有人妄图否认我们伟大领袖毛主席是当代最伟大的天才，表示了最大、最强烈的愤慨，认为在经过了四年‘文化大革命’的今天，党内有这种反动思想的人，这种情况是很严重的，这种人就是野心家、阴谋家，是极端的反动分子，是地地道道的反革命修正主义分子”，“应该揪出来示

① 《周恩来年谱》（1949—1976）下卷，第388页。

② 《回首文革》（下），中共党史出版社2000年版，第1022页。

众，应该开出党籍，应该斗倒批臭，应该千刀万剐，全党共诛之，全国共讨之。”简报还说：大家“衷心赞成”小组会上有人提出的“在宪法上第二条中增加毛主席是国家主席，林副主席是国家副主席”和“宪法要恢复国家主席一章”的建议。简报以相当的篇幅登载了陈伯达、汪东兴的发言内容。

李德生看了简报后感到，这份简报的基调，与毛泽东不设国家主席的主张对比太强烈了，这使他不得不紧张地思考起来，许多问题在他脑海中浮现。比如：毛主席已经多次否定了，林彪为什么还要一再坚持设国家主席？陈伯达为什么这么卖力地宣传林彪的主张？陈伯达同张春桥过去常战斗在一起，现在为何又剑拔弩张，势不两立？经过对这一连串问题的思考，毛泽东曾经说过的“党外无党，帝王思想；党内无派，千奇百怪”的话突然出现在李德生的脑际，他觉得这可能就是问题的实质所在。当时，他想，面对如此复杂的斗争现实，一定要按共产党员的标准要求自己，最要紧的就是要听毛主席的话，要有坚强的党性，坚持按党的政治原则和组织原则办事；要头脑清醒，光明磊落，大公无私；不要跟着别人跑，跟着起哄，不能人云亦云，随便表态；不要介入非组织活动，要站稳立场，毫不动摇。

面对会议上出现的要揪斗反毛泽东的人的紧张气氛，林彪一伙得意了，而江青等人却着急了。后来揭发的材料说，林彪在听秘书读了6号简报后笑着说：“听了那么多简报，数这份有分量，讲到了实质问题。比较起来，陈伯达讲得更好些。”吴法宪、李作鹏、邱会作等人则表示要像陈伯达那样，进一步在设国家主席的问题上“加温”。与此相反，8月25日，江青未经联系就心急火燎地带着张春桥、姚文元去向毛泽东告状。他们说：不得了哇，他们要楸人，而且要追查后台。据传，张春桥、姚文元还哭了鼻子。接着，他们三人又来到周恩来处谈了有关情况。

毛泽东“下了一滴酒精”

毛泽东不愿再让林彪一伙高兴下去，很快便采取了扭转会议方向的措施。

8月25日下午3时，毛泽东在住地牯岭紧急召开了有各大组召集人参加的政治局常委扩大会议。

参加这次会议的许世友到得比较早，一进门就向早已在那里的毛泽东敬礼。

毛泽东握着许世友的手说：你摸摸，我的手是凉的，脚也是凉的。我只能当导演，不能当演员，只能在后台，不能在前台，你回去做做工作，不要选我当国家主席。你们让我多活几年多好啊！毛泽东还谈到了三国时孙权劝曹操当皇帝的故事，意在用这个典故提醒许世友，提醒大家，孙权没安好心，现在有人也没安好心。

毛泽东告诉许世友，陈伯达是个坏人。嘱咐他，会上不要揪人，“孔夫子打牌和为贵。”

许世友听了毛泽东的这一番话后，立即表示：“主席不要讲了。”“我通了，我回去做其他人的工作。”

开会时，毛泽东严厉批评了关于天才的提法和坚持要设国家主席的主张。他指出，陈伯达等人在小组会上的发言，违背了党的九大方针。他强调要按党的九大精神团结起来，不要搞分裂，不要揪人。毛泽东批评说：你们如果继续这样，我就下山，让你们开。设国家主席的问题不要再提了，要我早点死，就让我当国家主席。谁坚持设主席，谁就去当，反正我不当！”[①]毛泽东还对林彪说：“我劝你也不要当国家主席。”

李德生认为，毛泽东的这些话表明，他是坚决不同意设国家主席的，自己不当国家主席，也劝林彪不要当国家主席。同时还表明，他对坚持设国家主席的人已有很大的反感。

根据毛泽东的意见，会议决定小组会立即休会，停止讨论林彪在开幕式上的讲话，并收回华北组2号简报。这对林彪一伙来说，不啻是当头挨

① 《李德生回忆录》，解放军出版社1997年版，第400页。

了一棒。林彪一伙只兴奋了一阵子，马上就难以再继续闹下去了。

26日下午，全会停开。各组组长向全体人员传达了政治局常委扩大会议精神。在各组传达了毛泽东的指示以后，全会的形势急转直下，林彪一伙立即陷入了狼狈境地。江青等人也不再紧张了。

许世友在华东组传达了政治局扩大会议精神和毛泽东对他讲的话。这个组的成员大都是许世友的战友或部下。他们对许世友是了解和尊重的。许多同志听了他的传达，思想上豁然开朗，很快认清了这场斗争的性质，避免了糊里糊涂犯错误。许世友还连夜找到华北组的时任北京军区副司令员兼内蒙古军区司令员的尤太忠，向他打招呼，通报了有关情况。尤太忠当即表示，坚决听毛主席的，坚决不同意设国家主席。

在华东组的讨论中，有人提议写封信，向毛主席表个态，大家都赞同，当场你一句他一句凑了几条。许世友让会议秘书李文卿（即他的秘书）整理成文，并签发上送毛泽东并林彪。

这封表态信的主旨非常明确，即一致拥护伟大领袖毛主席关于宪法不设国家主席的英明决定。后面提出四条建议：一是犯错误的人必须向伟大领袖毛主席检讨请罪；二是犯错误的人不能参加中央工作，下放到基层，参加劳动，接受工农兵再教育；三是这些人也不能参加人大常委；四是对错误思想要进行批判。①

李德生因为多次听毛泽东讲过关于不设国家主席、他不当国家主席的意见，这次小组会上，许世友又传达了毛泽东同他的谈话内容，所以李德生的态度是很明确的，坚决按毛泽东的指示办。

从8月26日晚开始，在毛泽东住地一间不大的会议室里召开政治局扩大会议。会上，陈伯达、吴法宪作检讨，周恩来对他们的错误进行了严厉的批评；林彪也对陈伯达、吴法宪轻描淡写地批评了几句。

在这次会议上，毛泽东对林彪的不满也是非常明显的。毛泽东意味

① 李文卿著：《近看许世友〈1967—1985〉》，解放军文艺出版社2002年版，第201—202页。

深长地说，我是一方面军的，可是我身边没有一方面军的人；我是湖南的，我身边没有湖南人。[①]毛泽东还说“一句顶一万句”、“四个伟大”这些提法，是不科学的。他说，不设国家主席，我不再当国家主席，我已经说过六遍，不是一句顶一万句吗，一句顶一句，也有六句了。李德生听了这些话，意识到毛泽东是在批评林彪重用黄、吴、李、邱，搞自己的山头；同时，“一句顶一万句”、“四个伟大”，谁都知道，这是林彪的话，毛泽东批评这些提法，当然也就是在批评林彪了！

28日上午，全会继续进行，以大组为单位，听取政治局常委扩大会议的录音。这个录音放了两遍，与会人员才对事情的原委和斗争的性质，有了比较清晰的了解。

1972年7月，毛泽东在会见法国外长舒曼时，回顾了这次庐山会议的情况。他说，我们开了那个庐山会议，1970年8月23号一天，24号一天，25号半天。第三天下午，我就说不行了，不能干了，下了一滴酒精。一滴酒精下去，细菌就不活动了。[②]毛泽东把坚持设国家主席、搞“天才论”的人说成是“细菌”，充分表现了他对林彪一伙的厌恶。说“一滴酒精下去，细菌就不活动了”，则表示了他的高度自信和他驾驭大局的轻松自如。

学习《我的一点意见》

党的九届二中全会开会时，纪登奎、黄永胜留在北京主持中央工作。原定由李先念、吴法宪回去轮换，后因为吴在会上出了问题，改为李先念、李德生轮换。

29日上午，周恩来通知李德生和李先念第二天下山，回北京替换纪登奎、黄永胜，担任中央值班，让他们两人上山来开会。李德生回北京值班是毛泽东提出的。

① 《李德生回忆录》，第401页。

② 《回首文革》（下），第1044页。

李德生和李先念在周恩来住处接受任务，直到吃过午饭才回来。下午做下山的准备。李德生交待安徽的那两位候补中委，按中央的指示办，认真开好会。

30日清晨，李德生临行前又去见周恩来，问他有什么指示。那时天还没大亮，周恩来正在餐厅吃早饭，李德生坐在他的对面，听他指示。

周恩来说，李先念同志回北京是主持国务院工作，你回去接替黄永胜，主持军委的事，让黄来参加会。

周恩来还问起华东组讨论情况，李德生作了汇报。周恩来没有说什么。

周恩来告诉李德生，林彪先发言他没想到，华北组陈伯达搞的简报，是突然袭击。周恩来这话，使李德生很自然地把陈伯达的问题同林彪联系了起来，从而加深了对庐山这场斗争严重性的认识。

随后，李德生和李先念乘汽车到九江。不久飞机来了，纪登奎、黄永胜下了飞机，李德生等就乘那架飞机返回北京，担任军委的值班。

李德生回到北京的第三天，9月2日，周恩来因参加越南民主共和国成立25周年的外事活动飞回北京。当天深夜，他还约外交部、外贸部和外经部的领导成员开会。9月3日，周恩来即飞返庐山，继续参加党的九届二中全会。

周恩来在飞抵北京时，李德生到机场去接他。周恩来从飞机里出来，手里拿着一份文件，在舷梯上一边走一边大声说道：德生同志，你看一下毛主席《我的一点意见》，庐山的问题就全明白了。他当即把文件交给了李德生。

从机场返回的路上，李德生在车上抓紧时间粗略地看了一下《我的一点意见》，回到机关后又开始仔细阅读。

《我的一点意见》是毛泽东8月31日写的。李德生说，文章点出了事情的性质，严厉而又愤怒地斥责了陈伯达，但对林彪还是采取“保”的态度，给他以觉悟认错的机会。

在这篇700字的短文中，毛泽东一开始就指出那几段称“天才”的语录“是陈伯达同志搞的，欺骗了不少同志”。

在陈伯达搞的称“天才”语录中，有列宁的这样一段话：“在现代社会中，假如没有‘十来个’富有天才（而天才人物不是成千成百地产生出来的）、经过考验、受过专门训练和长期教育并且彼此能够很好地互相配合的领袖，无论哪个阶级都无法进行坚持不懈的斗争。”

毛泽东在谈到这条语录时写道：“这里列举了四个条件。别人且不论，就我们中央委员会的同志来说，够条件的不很多。例如，我跟陈伯达这位天才理论家之间，共事三十多年，在一些重大问题上就从来没有配合过，更不去说很好的配合。”“这一次，他可配合得很好了，采取突然袭击，煽风点火，唯恐天下不乱，大有炸平庐山，停止地球转动之势。我这些话，无非是形容我们的天才理论家的心（是什么心我不知道，大概是良心吧，可绝不是野心）的广大而已。至于无产阶级的天下是否会乱，庐山能否炸平，地球是否停转，我看大概不会吧。上过庐山的一位古人说：‘杞国无事忧天倾’，我们不要学那位杞国人。”

毛泽东在这里用了“炸平庐山”几个字，是有它的背景和含义的。原来，在党的九届二中全会召开前夕，毛泽东要汪东兴先到庐山检查会议安排及安全情况。汪东兴发现在毛泽东住处的山顶，正在突击修建一座直升机机场。经查询，方知是经过林彪批准、由黄永胜下令修建的。按常理，像这样的事，事先必须报告周恩来和毛泽东，并经他们同意后才能进行。而这次他们二人竟然都不知道。后来，毛泽东还了解到庐山周围部署有机动能力很强的空军师，以及有火箭装置的陆军师，这就不能不引起毛泽东的关注和警惕。而庐山会议上发生的事实又表明，陈伯达搞的突然袭击，与林彪控制的“空军”人士有关，与林彪的死党、空军司令员吴法宪有关，吴法宪就在庐山会议上大吵大闹过。因此，毛泽东在1971年南巡时，于8月25日与华国锋谈话时曾经指出：说“大有炸平庐山之势”是有用意的，空军才能“炸平”。

在陈伯达搞的“称天才”语录中，还选用了毛泽东的一段话，即：“马克思、恩格斯、列宁、斯大林之所以能够作出他们的理论，除了他们的天才条件之外，主要地是他们亲自参加了当时的阶级斗争和科学实验的实践……”

毛泽东在谈到这条语录时写道：“关于我的话，肯定帮不了他多少忙。我是说主要地不是由于人们的天才，而是由于人们的社会实践。我同林彪同志交换过意见，我们两人一致认为，这个历史家和哲学史家争论不休的问题，即通常所说的，是英雄创造历史，还是奴隶们创造历史，人的知识（才能也属于知识范畴）是先天就有的，还是后天才有的，是唯心论的先验论，还是唯物论的反映论，我们只能站在马列主义的立场上，而绝不能跟陈伯达的谣言和诡辩混在一起。同时我们两人还认为，这个马克思主义的认识论问题，我们自己还要继续研究，并不认为事情已经研究完结。希望同志们同我们一道采取这种态度，团结起来，争取更大的胜利，不要上号称懂得马克思，而实际上根本不懂马克思那样一些人的当。”

在搞“称天才”的语录时，陈伯达还摘录了林彪从1959年9月在全军高级干部会议上的讲话，到1970年5月19日接见总政副部长以上干部时的讲话中的8条语录。在毛泽东手稿中，原来用括号加有“陈伯达摘引林彪同志的话多至七（八）条，如获至宝”这样一句话，中共中央在转发《我的一点意见》时删掉了。

毛泽东的《我的一点意见》，是他在林彪讲话之后，经过几天的调查研究，掌握了多方面的情况，深思熟虑之后才写的。还在党的九大以后，陈伯达就与林彪接触频繁。在设不设国家主席问题上，他又从“理论上”支持林彪。陈伯达成了林彪集团的成员。因此，毛泽东的文章很有针对性，很尖锐，也很策略地点明了“天才论”的性质，公开斥责了陈伯达，从政治上宣判了陈伯达的死刑。

李德生从一些会议文件中发现，林彪、陈伯达、吴法宪、叶群、李作鹏、邱会作在庐山会议上的表演，有一个特点，那就是打着马列主义、毛泽东思想的旗号，来对抗毛泽东不设国家主席的意见。他们相互配合得很好。有的赤膊上阵，有的不阴不阳，有的引经据典，有的直言不讳，时而紧锣密鼓，时而偃旗收兵。透过他们的表面现象，李德生感觉到在他们背后，似乎有一个共同的什么东西，需要拭目以待。这究竟是怎么回事，他们要达到什么目的，还要调查，还要看发展。

然而，这时的李德生思想上已经有了一个结论性的看法，这就是：凡“目标、利益一致的矛盾，是可以通过讨论、批评得到解决，走上团结统一的。目标、利益根本对立的矛盾，是很难通过党内斗争的方法统一起来的。”后来的事实表明，林彪一伙与党的矛盾正是属于后一种矛盾，只能采取断然措施予以解决。李德生的这一看法，也表明了他当时在政治上的远见。

陈伯达等人虽然依附的是林彪，鼓吹的是林彪的主张，但毛泽东的《我的一点意见》，矛头却只指向陈伯达；而用“我们两人一致认为”的语句，对林彪采取了“保”的态度，这是要给林彪以觉悟的机会，等待他认识错误。

毛泽东在党内具有崇高的威望。他的《我的一点意见》9月1日印发与会代表，全会立即把批判的矛头指向了陈伯达。在批陈的声浪中，陈伯达不得不作出检查。

党的九届二中全会，在完成了会议预定的各项议程后，于1970年9月6日闭幕，并发表了会议公报。李德生因在北京主持军委的日常工作，未参加闭幕会，但他很快得知了会议的内容，看到了有关文件。毛泽东在闭幕会上的讲话给李德生留下了很深的印象。

毛泽东的这篇讲话，对庐山会议上的这场斗争，高级干部的学习以及党内外团结等问题，作了精辟的论述。并再次提出对陈伯达还要再看一看，有些问题再研究一下，赞成只保留他的中央委员。

毛泽东认为，高级干部之所以在那些“称天才”的语录面前上当受骗，原因就在于读马、列不够。他说：“现在不读马、列的书了，不读好了，人家就搬出什么第三版（指陈伯达搞的“称天才”语录中所收恩格斯为马克思《路易·波拿巴特政变记》德文第三版的序言中的话）呀，就照着吹呀，那么，你读过没有？没有读过，就上这些黑秀才的当。有些是红秀才哟。我劝同志们，有阅读能力的，读十几本。基本开始嘛，不妨碍工作。”“要读几本哲学史，中国哲学史、欧洲哲学史。一讲读哲学史，那可不得了呀，我今天工作怎么办？其实是有时间的。你不读点，你就不晓得。这次就是因为上当，得到教训嘛，人家是哪一个版本，第几版都说了，一问呢？自己没有看过。”

为什么高级干部读马、列不够呢？这与林彪长期鼓吹学马、列要“走捷径”是有很大关系的。林彪曾经说过：“马克思、列宁的书太多，读不完，他们离我们又太远。在马克思列宁主义的经典著作中，我们要百分之九十九地学习毛主席著作，这是革命的教科书。”①“学习马列主义最好的方法，是学习毛主席的东西，它是在更高的实践和更丰富的基础上的概括。”②显然，毛泽东强调学马、列，不仅是针对庐山会议上发生的事情而言的，也是对林彪“走捷径”论的批判。

毛泽东在讲到庐山会议时，显示了他一定要把这场斗争进行到底的决心和信心。他仍然以空军吴法宪等人的“闹腾”为背景说：“庐山是炸不平的，地球还是照样转。极而言之，无非是有那个味道。我说你把庐山炸平了，我也不听你的。你就代表人民？我是十几年以前就不代表人民了。因为他们认为，代表人民的标志就要当国家主席。我在十几年前就不当了嘛，岂不是十几年以来都不代表人民了吗？我说谁想代表人民，你去当嘛，我是不干。你把庐山炸平了，我也不干。你有啥办法呀？”

毛泽东在讲到党内外团结问题时，强调了要多团结一些人。他说：“不讲团结不好，不讲团结得不到全党的同意，群众也不高兴。”“所谓讲团结是什么呢？当然是马克思列宁主义基础之上的团结，不是无原则的团结。提出团结的口号，总是好一点嘛，人多一点嘛。包括我们在座的

① 林彪：《关于把学习毛主席著作提高到一个新阶段的指示》，1966年9月18日。
② 林彪：《在全军高级干部会议上的讲话》，1960年10月20日。

有一些同志，历来历史上闹别扭的，现在还要闹，我说还可以允许。此种人不可少。你晓得，世界上有这种人，你有啥办法？一定要搞得那么干干净净，就舒服了，就睡得着觉了？我看也不一定。到那时候又是一分为二。党内党外都要团结大多数，事情才干得好。"

在闭幕会上，周恩来讲了话。他也强调了党内团结问题，指出：要好好学习毛主席的《我的一点意见》，首先在中央委员会内部加强团结。要严于责己，宽于责人，在大的原则问题上不能妥协，不能让步。

全会基本通过《中华人民共和国宪法修改草案》和全会公报，批准国务院关于全国计划会议和1970年国民经济的报告和中央军委关于加强战备工作的报告。会上，党中央宣布对陈伯达进行审查。

读了闭幕会上的文件和决定，李德生深切感受到，对待林彪一伙，毛泽东已经下决心了。据后来披露的材料说，毛泽东在庐山找林彪谈话时，曾引用了"纣之不善，不如是之甚也"这样的话，意思是说像纣王那么残暴的人，也没有表现得这么差劲。但是，毛泽东出于斗争的策略考虑，把斗争矛头主要指向陈伯达，对林彪仍持"保"的态度。所以会议公报中保留了"在毛主席为首、林副主席为副的党中央领导下，'团结起来，争取更大的胜利'"这句话。

在毛泽东只点名批判陈伯达而不点名批判林彪的情况下，周恩来也开始根据庐山会议精神不点名地批判他们了。李德生从后来看到的材料中了解到，周恩来在9月2日从庐山飞返北京与涉外部门的同志谈话中，专门讲了如何正确宣传毛泽东和毛泽东思想的问题。他提出，《参考消息》、《国际共运资料》不要每天都登毛主席语录了，并说已经请示过毛主席。他强调，中央已三令五申，不经中央批准不得出版毛主席语录；引用毛主席语录，一定是中央批准发表的，不能滥用毛主席的威望。有些话不是毛主席讲的，有的没有发表，不能以讹传讹。他还批评说，《毛泽东思想胜利万岁》这本语录，未经中央批准，要清查一下。很显然，周恩来的这些指示，是根据庐山会议批判"天才论"的精神而作出的。

通过参加庐山会议和学习会议文件，李德生已经十分明确，坚持设国家主席是林彪集团的政治纲领，而坚持“天才论”则是他们的理论纲领。林彪一伙的一切行动，都不是孤立的、偶发的，而是在这两个纲领下的自觉行动。

参加三人清查小组

从党的九届二中全会的情况来看，跳出来的是陈伯达，被揪住的是陈伯达，实际上在后面的是林彪一伙。林彪一伙的欺骗性被毛泽东戳穿之后，他们来了个弃将保帅，把什么都往陈伯达身上推，强调自己是上当受骗的。

针对这种情况，毛泽东尖锐地指出，庐山的斗争，是两个司令部的斗争，是路线斗争。一方面，他提出，“对林彪还是要保”；另一方面，又认为，犯了路线、方向错误，为首的，改也难。[①]他还表示，对路线问题，原则问题，他是抓住不放的，是不让步的。但是，林彪到底还进行了些什么活动？还有些什么人卷进了他的圈子？在庐山会议期间，这些问题并没有完全搞清楚，还需要进一步查清。

按照毛泽东的指示，9月10日，周恩来主持中共中央政治局会议，讨论决定：组成由周恩来、康生和李德生参加的三人小组，负责清查陈伯达的问题，具体工作由中央办公厅有关负责人处理。会议还决定，在京的中央政治局委员，除原经常参加议事的周恩来、康生、江青、张春桥、姚文元、黄永胜、吴法宪、李作鹏、邱会作、李先念、纪登奎、李德生12人外，今后如遇有重大政策问题需要讨论，还拟请董必武、朱德、叶剑英三人参加。这一决定，从组织上保证了批陈整风运动的正常开展。

陈伯达原是中央文革小组组长。在1966年8月召开的中共八届十一中

① 《建国以来毛泽东文稿》第13册，第245—246页。

全会上，一下子当上了中央政治局常委。1967年年初，陶铸被打倒，他由党的第五号人物升为第四号人物。在庐山会议上出事不久，1970年10月18日，他因被审查而就地监禁在北京地安门大街米粮胡同。这位第四号人物的政治地位从此一落千丈。

当时，有这样一种普遍的看法：一个人犯了大错误，一定与他的出身有关系。在庐山会议上，陈伯达编语录、称天才，在设国家主席问题上与毛泽东对着干，肯定也是有历史根源的。于是，根据毛泽东的指示，三人小组进行了研究，在1970年年底，由叶剑英具体负责调查陈伯达的历史问题。

叶剑英从1967年“二月逆流”受到批判后便不再参加中央工作，这次调查陈伯达又被毛泽东赋予了任务。叶剑英亲自带领工作组，到陈伯达的家乡福建惠安陈安大厝和厦门鼓浪屿等地进行了调查。然后又去广东、广西等地找有关人员座谈，提审了解陈伯达历史情况的在押人员，查阅敌伪档案报刊，经过反复查证，终于查清了陈伯达的历史真面目。

在1971年4月的批陈整风汇报会上，叶剑英揭发了陈伯达的复杂历史，对他的反党行径进行了批判。1972年7月1日，中央专案组向中央提出了关于陈伯达的反革命历史罪行的审查报告。报告指出：经过广大干部和群众的揭发，专案组的调查，证实陈伯达是一个罪大恶极的国民党反共分子、托派、叛徒、特务、修正主义分子。报告说，对于陈伯达到延安以后直至党的九届二中全会期间的反革命罪行，还在继续审查中。①此后，陈伯达于1973年8月被中共十届一中全会开除党籍，于1981年1月被中华人民共和国最高人民法院特别法庭确认为林彪反革命集团案的主犯，判处有期徒刑18年，剥夺政治权利5年。

李德生早就知道，毛泽东20世纪50年代在北戴河的一次会议上，曾经送给叶剑英这样两句话：诸葛一生唯谨慎，吕端大事不糊涂。这次因为审查陈伯达，李德生初次接触了叶剑英，深深感受到了他的睿

① 国防大学：《“文化大革命”研究资料》中册，第705—706页。

智和精明。

对于陈伯达的批判及其历史问题的清查，本应对林彪及其“武将”起到敲山震虎的作用，然而林彪等人却一直不检讨认错。他们已经意识到，只要后退一步，就会全线崩溃，全军覆没。斗争越来越激烈，最后达到了生死较量的白热化程度。在20世纪六七十年代，毛泽东和党的一些高层领导干部在分析国际形势时，常常引用唐诗中的“山雨欲来风满楼”这一名句，形容战争快要到来了。后来的事实证明，尽管当时国家的安全形势确实不容乐观，但这种估计还是过头了一些。然而，从国内形势来说，从1970年8月九届二中全会到1971年“九一三”事件，即从林彪反革命集团的阴谋活动败露，到林彪等人的最后叛逃这一年多的时间里，党内的斗争倒是真的处在一种“山雨欲来”的状态中。

李德生成为清查陈伯达三人小组的成员之后，从清查工作中，他深深感到，斗争是激烈的，任务是艰巨的。例如，在审查陈伯达时，他发现许多问题与林彪有关，林彪是陈伯达的后台老板，但当时还不能更多地触及林彪。又如，在军委办事组工作中，他既要贯彻党的九届二中全会精神，同林彪的干将黄永胜、吴法宪、李作鹏、邱会作的错误作斗争，但当时又要和他们共事，搞好工作。面对这种情况，怎么办呢？李德生思之再三，得出结论是：坚决按照毛主席、周总理的指示办事，不计得失，不畏艰险，既要敢于斗争，又要善于斗争。本着这个态度，他积极参与了清查陈伯达的工作。

毛泽东书面批评吴法宪、叶群

清查陈伯达的深入发展，越来越涉及黄永胜、吴法宪、李作鹏、邱会作等林彪的几员大将。在中央责令他们检查交代问题以后，吴法宪、叶群等人先后写出了书面检查。

9月29日，吴法宪给毛泽东写了检讨信。信中说：“在党的九届二中全会上，我犯了严重的错误，干扰了主席，干扰了主席亲自主持的二中全会”，

"破坏了主席教导的要把全会开成团结的会、胜利的会的方针"。"主席的《我的一点意见》是一篇最精辟的马列主义的光辉文献","一针见血,深刻地揭露了陈伯达的反动本质,学习后,我受到了极大的教育,使我猛醒过来,认清了陈伯达这个野心家、阴谋家、伪君子、假马克思主义者的真面目和他采取突然袭击、煽风点火,妄图分裂党,夺毛主席、党中央的权的罪恶阴谋","明白自己上了大坏蛋的当"。10月14日,毛泽东对吴法宪的检讨信作了批示和批注,共有10处之多。

吴法宪在检讨信中说,自己有错误的认识和错误的情绪,话匣子打开后,越讲越多,造成了严重的后果,在庄严的二中全会上,讲这样关系全局的原则性大问题,事先没有请示报告,严重的无组织无纪律。对此,毛泽东批注:"作为一个共产党人,为什么这样缺乏正大光明的气概。由几个人发难,企图欺骗200多个中央委员,有党以来,没有见过。"

吴法宪在检讨信中写到,在二中全会上,他将陈伯达在电话中告诉他的"称天才"的语录,打印给了军委办事组几个同志。对此,毛泽东批注:"办事组各同志(除个别同志如李德生外)忘记了九大通过的党章、林彪同志的报告,又找什么天才问题,不过是一个借口。"

毛泽东还在吴法宪信中讲到"有人利用伟大领袖毛主席的伟大谦虚……"这句话旁边批注:"什么伟大谦虚,在原则性问题上,从来没有客气过。要敢于反潮流。反潮流是马列主义的一个原则。在庐山,我的态度就是一次反潮流。"

10月13日,叶群给毛泽东写了检讨信,检讨她在党的九届二中全会上支持陈伯达鼓吹"天才论"、设国家主席等活动。10月15日,毛泽东在叶群的检讨信上写了12处批示和批注。

叶群在检讨信中说,自己犯的错误是严重的,是路线性的;并谈到黄永胜、吴法宪几次打电话给林彪和她,反映修宪小组关于"天才"问题的争论情况。对此,毛泽东批注:"思想上政治上的路线正确与否是决定一切的";批评叶群"爱吹不爱批,爱听小道消息,经不起风浪"。

叶群在检讨信中说："掩盖矛盾是不符合辩证法的。由于自己没有提高到政治原则和组织原则来认识这个问题，总是以浮浅之见劝林彪同志不生气，和稀泥，力求息事宁人，结果帮了倒忙。"对此，毛泽东批注："一个倾向掩盖着另一个倾向。九大胜利，当上了中央委员，不得了了，要上天了，把九大路线抛到九霄云外，反九大的陈伯达路线在一些同志中占上风了。请同志们研究一下，是不是这样的呢？"毛泽东还批注："不提九大，不提党章。也不听我的话。陈伯达一吹，就上劲了。军委办事组好些同志都是如此。党的政策是惩前毖后，治病救人，除了陈待审查外，凡上当者都适用。"①

在上述对吴法宪和叶群的检讨批示中，毛泽东点名批评了林彪主管的军委办事组，这就明确地告诉全党，军委办事组犯的是路线错误——当时被认为最严重的错误。这里说的"反九大的陈伯达路线"，指的是一份被毛泽东否定的党的九大报告草稿。党的九大报告，原来是由林彪、陈伯达主持起草的。草稿拿到中央文革讨论时，张春桥说那是一个"唯生产力论"的报告，江青、康生也表示反对。这个草稿被否定后，毛泽东指示张春桥、姚文元另起炉灶，重新起草党的九大政治报告。在这里毛泽东重提此事，显然是在不点名地批评林彪。

李德生对毛泽东在批评"军委办事组"时把自己"外"出来心存感激。他认为毛泽东对情况是了解的，对他也是公正的。在这场斗争中，自己一定要跟上毛泽东思想，"防止一个倾向掩盖另一个倾向"，更好地贯彻党的路线方针政策。

批陈整风

1970年11月7日，作为清查陈伯达问题的三人小组成员之一的李德

① 《建国以来毛泽东文稿》第13册，第137—148页。

生，与周恩来、康生联名致信毛泽东说，经中央政治局会议同意，拟将毛泽东所写的《我的一点意见》，扩大印发至省军级以上党委常委和党的核心小组成员，“以便得到对这一可疑之人的更多的揭发”。毛泽东阅后批示：“略宽为好，如地级、师级；中央应有一指示下达。”[①]11月16日，中共中央下发《关于传达陈伯达反党问题的指示》和毛泽东《我的一点意见》，在党内公开了陈伯达的问题。

中央指示指出：在党的九届二中全会上，陈伯达采取了突然袭击，煽风点火，制造谣言，欺骗同志的恶劣手段，进行分裂党的阴谋活动。毛主席洞察一切，立即写了《我的一点意见》一文，粉碎了陈伯达的反党阴谋，拨正了全会的航向。在毛主席亲自领导下，全会揭露了陈伯达反党、反“九大”路线，反马克思主义、列宁主义、毛泽东思想的严重罪行，揭露了他假马克思主义者、野心家、阴谋家的面目。这是我们党的伟大胜利，是毛泽东思想的伟大胜利。中央决定，首先在党的领导机关内开展批陈整风运动，要求高级干部认真学习马列著作和毛主席著作，以求弄清什么是唯物论的反映论，什么是唯心论的先验论。中央要求，把陈伯达在党的九届二中全会上的反党行径扩大传达到“党的地区级核心小组成员、部队师级党委委员和同级党员负责干部以及中央各专案组人员”，“号召全党同志站在马列主义立场上，同陈伯达划清界限”。中央指示还指出，陈伯达历史复杂，是一个可疑分子，中央正在审查他的问题。各单位在传达时要号召了解他的情况和问题的同志，进行检举和揭发，并将材料妥送中央。

从此，假马列成了陈伯达及其后台的代名词。毛泽东与陈伯达的斗争被视为真马列与假马列的斗争。能否积极揭发陈伯达成了是否站在马列主义立场上的试金石。中央指示下达后，全党开展了“批陈整风”（对外称“批修整风”）运动。全党同志站在马列主义立场上，对陈伯达进行了揭

① 《周恩来年谱》（1949—1976）下卷，第408页。

发批判。

李德生主持总政治部指导和部署全军贯彻执行中央指示，并指示总政有关部门收集贯彻执行情况。

12月10日，北京军区第38军党委给军委办事组并中共中央送了一份关于揭发陈伯达反党罪行的报告。报告揭发了陈伯达千方百计地突出自己，反对毛主席；不择手段地插手军队，搞宗派活动，妄图乱军夺权；在处理保定问题中，大搞分裂，挑动武斗，镇压群众，破坏大联合、三结合等罪行。报告说："我军于1967年初奉命调华北以来，越来越感到，陈伯达的手伸得很长，活动反常，手段恶劣。"从这个报告不难看出，一些造反派把矛头指向38军，与陈伯达的活动不无关系。

38军何以会有此报告呢？早在1967年38军奉调进驻保定后，他们就积极促进当地两派群众的大联合，但总是感到有人插手保定的"文革"运动，把矛头指向38军。时任38军政委的王猛，在1969年7月23日周恩来召集的白洋淀防汛护堤紧急会议上的一番发言，道出了个中奥秘。王猛说："我们38军在保定别无他求，唯一的愿望就是早日实现两派大联合，部队返回军营，搞好战备训练，履行中央赋予的战略预备队职责。我们身在保定，一切受制于人，保定问题出在保定，但根子不在保定，总觉得后边有一支无形的'大手'在拽住保定不放，拖住38军不放，企图达到把38军赶走的目的。其实，即使把38军调走，撤掉我这个政委的职，也解决不了根本问题。我认为关键是实现两派的联合……"①对陈伯达插手保定"文革"、打击和排挤38军的行径，王猛和38军党委进行了坚决的抵制和斗争。1970年庐山会议后，王猛于11月11日主持召开军党委会，建议以军党委名义向中央和毛主席揭发陈伯达的反党罪行。报告很快写好上送中央。

38军的这个报告引起了毛泽东的重视。因为北京军区就在党中央的身旁，对首都负有护卫的责任，关系到党中央和毛泽东的安全。因此，毛

① 王鼎华：《被周恩来点将入主国家体委的王猛》，《中华儿女》2008年第1期。

泽东特别关心北京军区的情况是在情理之中的。12月16日，毛泽东在这个报告上作了如下批示：“林、周、康及中央、军委各同志：此件请你们讨论一次，建议北京军区党委开会讨论一次，各师要有人到会，时间要多一些，讨论为何听任陈伯达乱跑乱说，他在北京军区没有职务，中央也没有委托他解决北京军区所属的军政问题，是何原因陈伯达成了北京军区及华北地区的太上皇？林彪同志对我说，他都不便找38军的人谈话了。北京军区对陈伯达问题没有集中开过会，只在各省各军传达，因此没有很好打通思想，全军更好团结起来。以上建议，是否可行，请酌定。”①毛泽东的批示，不仅批评了北京军区及华北地区对陈伯达的迎奉，而且明显地含有追查陈伯达活动的性质。按毛泽东后来的说法，他此举就是“抛石头”了，这块石头是砸向林彪一伙的。

众所周知，陈伯达此前是个红得发紫的人物。他是政治局五个常委之一，中央文化革命小组组长。1967年3月，中央碰头会批判了“二月逆流”之后，林彪宣布：中央文革小组代替政治局，军委办事组代替军委常委会。从此，中央文革便居于一人之下，国人之上，权力极大。作为中央文革组长的陈伯达几乎成了毛泽东思想的化身，指导“文化大革命”的权威，他是想到哪里就到哪里的！北京军区和华北地区的领导出于对中央的尊重，对陈伯达也只能听之任之。但是，当在党的九届二中全会上毛泽东认定陈伯达的“天才论”包藏祸心之后，陈伯达过去的行为都成了需要追查的问题。陈伯达担任了要职，手中有极大的权力！而这职务和权力是在林彪宣布中央文革小组代替政治局后才得以扩大的。透过毛泽东的追问，人们已经看到，陈伯达的后台就是林彪！

在毛泽东作出上述批示的当天，周恩来主持中央政治局会议，讨论这个批示，一致拥护毛泽东的意见。会议商定，先约北京军区党委郑维山、李雪峰等八名常委于18日前来中央开会，向他们传达毛泽东的批示，并商

① 《建国以来毛泽东文稿》第13册，第161页。

量召开北京军区党委会议的问题。

12月18日，周恩来主持中共中央政治局扩大会议，向列席会议的北京军区和北京卫戍区负责人传达毛泽东对38军批示的内容。到会者表示拥护毛泽东关于召开北京军区党委扩大会议的建议，以集中讨论对陈伯达问题的认识和进行揭发。政治局会议决定，先以三天的时间召开北京军区党委常委会，以便初步统一认识，达到打通思想、更好团结的目的。

在部署北京军区进一步揭发陈伯达的问题时，毛泽东对他的后台——林彪进行了旁敲侧击。12月18日，即周恩来主持政治局扩大会议的那天，毛泽东会见了美国友好人士斯诺。在会见中，毛泽东第一次对"文化大革命"的消极方面和个人崇拜现象作了分析，并且又一次不指名但却明显地批评了林彪。毛泽东一方面认为谁都"需要一点个人崇拜"；另一方面又说："现在就不同了，崇拜得过分了，搞许多形式主义。什么'四个伟大'（伟大导师，伟大领袖，伟大统帅，伟大舵手），讨嫌！总有一天要统统去掉，只剩下一个Teacher，就是教员。因为我历来是当教员的，现在还是当教员。其他的一概辞去。"毛泽东还谈到"文化大革命"中有两个东西他很不赞成，一是讲假话，二是虐待俘虏。①这实际上是在揭露"文革"的消极面。这一番话说明，毛泽东对林彪的批判已经提到了议事日程。

毛泽东的这个谈话，当时在一定范围内作了传达。李德生听了传达以后，不仅在思想上对如何正确认识个人崇拜问题有了提高，而且对林彪的言行开始有所警惕。不仅李德生如此，当时还有不少同志也都处于这样一种状况。

接着，毛泽东开始着手清除他"讨嫌"的东西了。有一次，毛泽东同政治局的同志谈话，严厉地批评了种种形式主义的表现，气愤地说，你们把人民大会堂的"语录"统统取下来，不取下来，我再也不进人民大会堂了。他

① 《建国以来毛泽东文稿》第13册，第174—176页。

对李德生说，你还是总政治部主任，你去负责办这件事，办好了给我报告。众所周知，《毛泽东语录》是林彪精心指导出版的，高举红宝书的形象是林彪首先示范出场的。毛泽东对“语录”表示气愤，用意十分明显，是在告诉大家要与林彪划清界线。在周恩来的指导下，李德生与中央办公厅的领导同志一起，妥善地办理了这件事，并向毛泽东作了报告，毛泽东表示满意。后来，李德生又指示京西宾馆，仿照人民大会堂的作法，全部取下了毛泽东“语录”，换成了国画。此后，李德生还根据周恩来的指示，布置总政查封了政治学院群众组织编印的《毛泽东思想胜利万岁》的“语录”小册子。

“你先去参加华北会议”

1970年12月19日，中央办公厅的电话打到了安徽，要李德生立即回北京，说是毛主席要找他谈话。李德生这次回安徽，是为了总结1970年的工作，部署1971年的工作，研究准备召开安徽省第三届党的代表大会。李德生这次到安徽已有一个多月，到了一些地区，召开了各种座谈会，了解到不少情况。

李德生接了电话后，改变了原定的活动计划，第二天即乘中央派来的飞机，从合肥返回北京。下了飞机，直接乘车到达毛泽东的住处——中南海游泳池。

这次李德生去见毛泽东，心情已不那么紧张了。因为他到北京工作后，与毛泽东已有过多次接触。毛泽东渊博丰富的学识，热情和蔼的态度，幽默风趣的谈话，使李德生切身感受到，他不仅是伟大的中国人民的领袖，同时也是一位可亲可敬的长者。

毛泽东简要地询问了李德生去安徽的活动情况后，对他说：

“中央确定你到北京军区当司令员。”

对这一任职，李德生一点思想准备都没有。他心想，我现在担任的职务已经够多的了，再管一个大军区的工作，恐怕精力顾不过来，担心完不成任务，有负党中央和毛泽东的委托。

于是，李德生请示毛泽东："总政的事还管不管？"他的本意是想说总政的事是否可以不管了？可是急切之中，没有措好词，说成了这个样子。

毛泽东非常干脆地说："管！但要把主要精力放在北京军区，把屁股坐在北京军区，兼管总政的工作。"

李德生望着毛泽东，聆听他的交待。

毛泽东再一次重申，总政主要是搞好"承办批转"。毛泽东还向李德生具体地谈了总政在历史上的作用和历届总政主任的情况。

毛泽东的这番谈话，使李德生明白了如何去"兼管"总政的工作。

最后，毛泽东说："你先去参加华北会议，等公布了北京军区司令员的命令后，就到职上任。"

从毛泽东那里出来，李德生回到了总政机关的办公室。坐下不久，中央办公厅就送来了《毛泽东对周恩来同志关于开好华北会议请示的批示》。

周恩来关于开好华北会议的请示报告，是12月19日送给毛泽东的。报告说：昨晚政治局会议传达和讨论主席对38军报告的批示，参加会议的还有华北地区和北京卫戍区的一些负责同志。会上，大家一致拥护主席要北京军区党委召开扩大会议的建议，认为这次会议应集中讨论北京军区和华北地区对陈伯达问题的认识和揭发，人要多一些，时间要长一些。为开好这个会，打通思想，更好团结，政治局同意在人到齐、开大会之前，先以三天时间开北京军区党委常委会议，初步统一认识，利于接受大家批判；同时，由黄永胜、李作鹏找38军到会同志谈话，指出他们的报告是好的，起了推动作用。在会上，要通过揭发批判来达到团结。

毛泽东当天看了这个报告后，写了如下批语：

"照办。

要有认真的批评，从批评达到团结的目的。建议李德生、纪登奎二同志参加会议。

永胜、作鹏应同德生、登奎一道参加华北会议。

这次会议在全军应起重大作用，使我军作风某些不正之处转为正规化。同时对两个包袱和骄傲自满的歪风邪气有所改正。”[①]

毛泽东批示中所说的“两个包袱”，指的是当时在部队中存在的“打仗有功”、“三支两军有功”的骄傲情绪。

李德生认真阅读了毛泽东的批示，反复领会它的精神。李德生觉得毛泽东强调华北会议“在全军应起重大作用”，说明开好这次会议，事关重大；毛泽东指定黄永胜、李作鹏参加会议，显然是在敦促他们作出批评与自我批评，以便挽救他们。

华北会议（内含北京军区党委常委会议和党委扩大会议）从12月22日开始，至翌年1月24日结束。参加会议的有北京军区所属各单位及北京、天津、河北党、政、军领导干部449人。开会的地点是京西宾馆。毛泽东指定周恩来、李德生、纪登奎三人领导会议。后来周恩来向毛泽东建议，说这是一个军队的会议，没有军委办事组的人参加不好。于是，毛泽东又批准黄永胜、李作鹏参加，组成了五人会议领导小组，由周恩来负责。

这次会议以小会（北京军区、天津市、河北省委负责人参加）、中会（省、市、军以上干部参加）、大会（与会全体人员参加）三种形式进行。会议按照毛泽东对38军报告的批示，围绕陈伯达在庐山会议上的阴谋活动、华北组第2号简报等问题，进一步揭发批判了陈伯达的罪行。

周恩来对这次会议抓得很紧。会前，他找华北地区的领导人李雪峰、郑维山、解学恭、吴德等同志谈了话，要求他们作检讨，揭发陈伯达。

陈伯达的问题涉及李雪峰。因为李雪峰调任河北省委书记、省革委会主任时，陈伯达与他一起去过河北。陈伯达在唐山讲话说冀东党有大问题，使许多人受到迫害，制造了一起大冤案；再加上庐山会议时陈伯达又是在华北组讲话并出了简报的。因此，会议开始的几天里，因深入揭发批判陈伯达的罪行而严厉批判了北京军区主要负责人郑维山、李雪峰、

① 《建国以来毛泽东文稿》第13册，第188页。

刘子厚、陈先瑞等同志的所谓严重错误，对他们作了不适当的、过火的批判。后来，郑维山于1979年7月13日向中共中央、中央军委提出申诉，要求对此给予澄清。经过查证，中共中央于同年12月6日发出《关于为所谓“华北山头主义”平反的通知》。《通知》指出：“问题的实质”是林彪、“四人帮”出于反革命的政治需要，千方百计地要把过去曾在华北工作过的老一代无产阶级革命家和当时北京军区的一些领导同志打倒，以便实现他们篡党夺权的阴谋。中央正式宣布：所谓‘晋察冀山头主义’、‘华北山头主义’、‘林陈反党集团经营多年的山头主义窝子’、‘坏人当道’等，纯系诬蔑不实之词，应予彻底推倒。中央的这个《通知》，澄清了北京军区的一个重大是非问题，解决了遗留多年的一桩大冤案，为李雪峰、郑维山等人平了反，卸掉了压在一大批老同志肩上的包袱。

1970年12月21日和24日，周恩来主持召开中共中央政治局会议，听取了李德生和纪登奎及黄永胜、李作鹏的汇报，将会议的情况进行了梳理。政治局会议认为，华北会议还未形成认真的批评和彻底的揭露的精神，要求参加会议的政治局成员在几个主要小组会上继续做工作，打通思想，突破缺口，以影响大会。12月25日，周恩来就华北会议情况写信给毛泽东和林彪，认为目前会议还处在学习和表态阶段，估计形势打开，将在今年年底、明年年初；同时，汇报了中央政治局讨论的意见。毛泽东阅批：同意。

在华北会议召开的过程中，周恩来及时给予指导。李德生当面聆听了他的指示，并与其他会议领导人一起认真贯彻落实。1971年1月1日，周恩来根据毛泽东的意见，转告黄永胜、李作鹏、纪登奎、李德生，要他们两三日内将华北会议开会经过和揭发情况作一系统报告送阅。1月4日，周恩来主持中共中央政治局会议，听取了他们四人的汇报。会议认为，华北会议已进入高潮，在这种情况下，需注意加强领导，减少对立，以利团结。当夜，周恩来给毛泽东和林彪写信，汇报政治局讨论情况，进一步提出：对郑维山同志和北京军区仍应一分为二，在经过“认真的批评”之后，“从批评达到团结的目的”。“否则，定性在先，非打成‘三反’不可，那就不会实事求是，不合主席对‘这次会议在全军应起重大作用’的要求。”①

1月5日下午，周恩来到毛泽东处开会。毛泽东就开好华北会议、团结全军方针问题讲话，并要求予以落实。当夜，周恩来又约军委办事组成员开会，研究贯彻落实的具体办法。第二天，周恩来先后向中共中央政治局成员和华北地区党、政、军负责人传达毛泽东开好华北会议的意见，并就落实毛泽东的意见、扩大华北会议范围等事作出安排。

在此期间，中央军委召开批陈整风座谈会，各大军区、军委各总部、各军兵种和军委直属院校负责人和有关业务部门143人参加会议。自1月9日起，出席军委座谈会的全体成员均参加华北会议。从此，已经开了一个月的军委座谈会与华北会议便合在一起开。

在华北会议进行期间，有两件事出乎李德生的预料：一是黄、吴、叶、李、邱五人一直不讲话，既不批陈，也不揭发问题。二是江青飞扬跋扈，两次到大会上去发言。

在讲话中，江青主要不是揭发批判陈伯达，而是大讲特讲“华北山头主义”，胡乱点名，横加指责。说什么：“从聂荣臻开始，华北的山头主义有历史性。聂荣臻、徐向前、杨成武、郑维山、一个班底紧接着一个班底”，是“坏人当道”。她诬蔑聂荣臻“从1937年就搞山头主义”，是“华北山头”的“黑后台”。她还以“莫须有”的罪名，点了北京军区其他几位领导同志的名，甚至让军区一名副政委和一名军长站了起来，搞得气氛很紧张，以致有两位军职干部和两位师职干部犯了心脏病，有的还送进了医院。李德生虽然感到这是一种极不正常的做法，但作为大会具体负责人的他，还有纪登奎，对于江青这种特殊人物的胡搅蛮缠，都苦于一时找不到对策，只好将有关情况向周恩来作了汇报。

周恩来了解到这些情况后，于1月9日就江青的讲话稿写信给她说：“我勾掉的几处，有的案尚未结，有的牵连太多，与主题无关，可以去

① 《周恩来年谱》（1949—1976）下卷，第426—427页。

掉。”对点名问题，周恩来指出：“这样点名，未经讨论，恐不恰当。”但江青不听，引起了与会者的反感和不满。后来，毛泽东看了根据录音整理的江青两次讲话稿后，批示：“不要放听，也不要印发，可作内部材料保存。”这样，才制止了江青讲话恶劣影响的扩散。直到1979年12月中共中央发出为所谓“华北山头主义”平反的通知以后，林彪、“四人帮”长期以来制造的混乱才得以澄清。

在华北会议开了一段时间后，李德生与黄永胜、纪登奎于1月12日向周恩来主持的中共中央政治局会议汇报了华北会议的情况，并一起商定了召开大会及结束会的安排。1月19日，周恩来再次主持中共中央政治局会议，讨论华北会议问题。大家认为会议可以准备结束，今后两天内拟续开小组会，再听取大家意见，但也要大家注意自我教育的整风作用。最后，需要人代表中央作会议的总结讲话。在这次政治局会议上，还研究了华北地区军政领导人调整安排的设想，提出了由李德生去担任北京军区司令员的职务。1月20日，周恩来将上述讨论情况向毛泽东和林彪写信汇报，强调即使中央指出原北京军区负责人的错误，也不应与陈伯达放在一起成为所谓“反党集团”。

为了保证华北会议善始善终，毛泽东、周恩来十分重视搞好会议的总结，准备了一个《讲话提纲》。这个提纲是由黄永胜、李作鹏、纪登奎负责组织起草的。先后经过毛泽东、周恩来审改和政治局讨论修改。1月23日，毛泽东再次邀约周恩来、黄永胜、李作鹏和李德生前去谈话，商定《华北会议讲话提纲》。此后，根据毛泽东的意见，又对《讲话提纲》作了修改，并交中共中央政治局会议讨论通过。最后还召集了华北会议及军委座谈会各组负责人参加的政治局扩大会议，进一步征求意见。这个《讲话提纲》获得了绝大多数与会者的赞同。李德生参加了这个征求意见的过程，并积极提出了自己的修改意见。

1月24日，华北会议召开全体人员大会，听取周恩来代表毛泽东和党中央对华北会议所作的总结讲话。周恩来评价华北会议说：这次会议通过对陈伯达的揭发批判，更加认清了他的反党罪行，进一步同他划清了界限。周恩来的讲话系统地揭露并批判了陈伯达，对进一步开展批陈整风作了部署。最后，周恩来说："中央认为李、郑两同志继续留在北京军区和河北省担任原来的领导工作是有困难的。因此，中央决定：将李、郑两同志调离原职"，以后"再由中央另行分配工作"。他同时宣布中央决定：李德生任北京军区司令员，谢富治任第一政委，纪登奎任第二政委。谢富治任北京军区党委第一书记，李德生任第二书记（1972年10月改任第一书记），纪登奎任第三书记。此外，周恩来还宣布了中央关于河北省和内蒙古自治区党、政、军主要领导的任职。周恩来要求，华北会议结束后，北京军区师以上党委，华北地区各省、市、自治区革委会党的核心小组，都要按照中央既定的部署，有领导、有计划、有步骤地进一步开展批陈整风运动，彻底肃清陈伯达的流毒和影响。

周恩来总结讲话后，虽然华北会议的主要议程结束，但李雪峰、郑维山仍在1月26日召开的全体大会上作了检讨。

从1月26日起，军委座谈会转入原定议程，继续进行批陈整风，并分析全军的工作形势，研究1971年的主要工作，于2月14日结束。

在华北会议结束以后，李德生又进一步了解到一个情况。2月4日，郑维山送给他和纪登奎一份材料。那是北京军区第一政委谢富治于1967年8月6日给林彪的一封亲笔信。信上说："中央决定陈伯达负责解决华北地区'文化大革命'的问题，由谢富治、郑维山协助，建议在华北地区担任三支两军任务的海、空军领导同志参加。"林彪在这封信上批示"同意"。同年8月9日，在中央文革小组碰头会上，周恩来和康生又宣布了中央分工的决定，即：周恩来管中南和西北，陈伯达管华北，康生管东北，江青管华东和西南。周恩来在会上表示：作这样的分工，是落实毛主席的最新指示，推动形势发展，实现毛主席争取明年春天或稍晚些时候结束"文化大革命"的战略部署。正是根据这一分工，陈伯达与郑维山等人才有了较多接触。在此以前，他们并无多少来往。李德生了解这些情况后，不禁想到毛泽东为何要批评"陈伯达成了北京军区及华北地区的太上皇"呢?他认为,毛泽东批示的基本精神是要解决当时的政治路线问题,是要查清陈伯达在庐山会议上跳出来背后的阴谋活动问题,而不仅仅在于中央是否分工他"管华北"的"文革"。不管怎么说,华北会议使李德生又一次体会到,党内高层的政治斗争是非常复杂的,自己应当以周恩来为榜样,保持清醒头脑,行端言正,谨慎从事,正确处理党内矛盾,为党的事业多做些有益的工作。

华北会议以后,各大军区及师以上党委都先后召开了"批陈整风"会议或"批陈整风"干部会议,全军部队也进行了"批陈整风"的教育。北京军区则在春节(1月27日是正月初一)过后,2月2日,以军、省军区为单位,分别召开团以上干部会议,军区党委召开机关全体干部和直属单位团以上干部参加的大会,传达华北会议精神,深入批陈整风。会议开了40多天,3月23日,李德生按照华北会议的调子精神作了总结讲话。这个讲话稿,事先经过毛泽东审阅批示"同意",并以中央文件印发。

"重点在批陈,其次才是整风"

在华北会议上,黄永胜、吴法宪、叶群、李作鹏、邱会作五人既不批陈,也不作检讨。从这一点来说,华北会议并没有达到毛泽东预期的目的。因此,毛泽东仍然十分关注他们几个人的动向,继续批评他们的错误。周恩来也多次主持中共中央政治局开会,对他们进行批评教育,责成他们作出深刻检讨。

华北会议结束后,周恩来于2月19日给毛泽东写报告,汇报全国计划工作会议情况等问题,报告中还提到了"批陈整风"的传达问题。对这个报告,毛泽东批示:"请告各地同志,开展批陈整风运动时重点在批陈,其次才是整风。不要学军委座谈会,开了一个月,还根本不批陈。更不要学华北前期，批陈不痛不痒，如李、郑主持时期那样。”[1]对批陈的重视，反映了毛泽东要召开华北会议的目的，也充分反映了毛泽东对林彪及其几员干将的不满。“重点在批陈”，这个“陈”字此时已明显具有“林”的代名词的意味了。

2月20日，军委办事组学习和讨论了毛泽东的这一重要批示，并向毛泽东写了报告。报告说：通过学习和讨论，“一致认为，主席对我们的重要批评完全正确，这是主席对我们的亲切关怀和教育，表示坚决拥护，诚恳接受。”对这个报告，毛泽东批示：“你们几个同志，在批陈问题上为什么老是被动，不推一下，就动不起来。这个问题，应该好好想一想，采取步骤，变被动为主动。”报告说：“这次军委座谈会，由于我们对‘批陈’的重要性认识不足，因此，在‘批陈整风’时，对‘批陈’没有作为重点来进行。这是个严重错误。”毛泽东在这一段话旁边批道：“为什么老是认识不足？38军的精神面貌与你们大不相同，原因何在？应当研究。”报告还写道：“我们坚决执行主席的指示，搞好全军的‘批陈整风’。我们已将主席关于‘开展批陈整风运动时重点在批陈，其次才是整风’的重要指示，向正在开会的各总部、各军兵种作了传达，要求他们首先切实抓好‘批陈’，坚决把反党分子陈伯达从政治上、思想上、路线上、理论上批深搞臭，彻底肃清其流毒，提高全军阶级斗争和路线斗争的觉悟。”毛泽东在这一段话旁边批道：“这些话好。”[2]2月20日，根据毛泽东19日批示精神，周恩来主持中共中央政治局会议，讨论通过《关于扩大传达反党分子陈伯达问题的通知》，并于21日下发。

对毛泽东的上述指示，军委办事组于2月22日晚召集各总部、各军兵种、国防科委、军委直属院校和北京卫戍区主要负责人开会，进行了传达和讨论。2月28日，军委办事组向毛泽东写了关于这次会议的报告。报告说，从1月9日开始的军委座谈会，由于我们没有抓住批陈这个重点，结

① 《建国以来毛泽东文稿》第13册，第206页。

② 《建国以来毛泽东文稿》第13册，第208页。

果会议开了一个月，还根本不批陈，这是一个严重的政治错误，对全军的思想政治建设是一个重大的损失，教训是非常沉痛的。我们军委办事组有几个同志在党的九届二中全会上犯了方向、路线错误，本应在军委座谈会上联系自已的错误，通过批陈进行自我教育，清理思想，但没有这样做，结果造成被动，一错再错。“这几个同志在这次传达会上，对自己过去对反党分子陈伯达有迷信，上了他的当，受了骗，引用了他搞的语录等所犯的严重错误进行了自我批评，表示要在‘批陈整风’运动中认真检查自己。”毛泽东看了这个报告后，于3月1日批示：“已阅，很好。有了主动，力求贯彻。”[①]此后，黄永胜、邱会作、李作鹏也写了书面检讨。毛泽东看后写的批语指出：“我认为写得都好。以后是实践这些申明的问题。”4月11日，毛泽东将吴法宪、叶群二人重新写过的自我批评，批给周恩来：“我已看过，可以了。”并要求连同黄永胜、李作鹏、邱会作的自我批评“向政治局会议报告，作适当处理”。[②]

3月30日，毛泽东又对刘子厚在河北省“批陈整风”会议上的检查作了批示：“此件留待军委办事组各同志一阅。上了陈伯达贼船，年深日久，虽有庐山以来半年的时间，经过各种批判会议，到3月19日才讲出几句真话，真是上贼船容易下贼船难。人一输了理（就是走错了路线），就怕揭，庐山会议上的那种猖狂进攻的勇气，不知跑到哪里去了。”在刘的检查的最后一页上，毛泽东还批示：“这还只是申明。下文如何，要看行动。”[③]

第二天，周恩来即将毛泽东的这一批示以“急件”派专人送军委办事组成员传阅。

通过上述情况，可以看出，在毛泽东、周恩来的批评教育下，黄永胜、吴法宪、叶群、李作鹏、邱会作等人也不得不作出检讨。对此，毛泽东在批语中，虽然对他们的检讨作了某些肯定，但他强调的是要看今后他们

① 《建国以来毛泽东文稿》第13册，第212页。

② 《建国以来毛泽东文稿》第13册，第219、226页。

③ 国防大学：《“文化大革命”研究资料》中册，第520页。

是否“实践这些申明”。由于他们在检讨中，并没有真正批陈，只字不提林彪的问题，所以，毛泽东才提出要把他“上贼船容易下贼船难”的批语，“留待军委办事组各同志一阅”。可以说，这表明毛泽东对黄、吴、叶、李、邱等人虽然还在争取，但并不再抱有什么希望了。

根据党中央的指示，李德生主持总政治部在全军组织传达学习了毛泽东的批示和华北会议精神，并按照中共中央和中央军委的统一部署，开展了批陈整风运动。李德生首先抓了总政治部机关的批陈整风运动。毛泽东作出关于“重点在批陈，其次才是整风”的指示的第二天，即2月20日下午，李德生就向总政临时党委作了传达，当晚又向总政机关和直属单位作了传达。2月21日上午，总政临时党委集体学习和讨论了毛泽东的指示，研究了批陈整风运动的进展情况，着重研究了“批陈”的措施，在集中“批陈”的基础上，视情转入整风。2月24日，经过李德生审批，向毛泽东、林彪、党中央、中央军委上报了总政治部关于“批陈整风”运动的情况报告。

在全军开展的批陈整风运动中，总政治部组织和引导广大指战员学习贯彻了毛泽东“认真看书学习，弄通马克思主义”，“这几年应当特别注意宣传马、列”等指示。在干部中还普遍组织了对马克思、恩格斯、列宁著作的学习，批判了“天才论”，进行了自我教育，提高了识别唯物论与唯心论、真马克思主义与假马克思主义的能力，降低了部队中正在发展的搞“现代迷信”、“个人崇拜”的温度，初步改变了把马克思列宁主义同毛泽东思想对立起来、割裂开来，“多年不读马列”的状况。应当肯定，批陈整风运动，是对部队进行的一次初步思想整顿，取得了一定成绩。然而，在当时的历史条件下，从总体上讲，军队的批陈整风并没有超出“文化大革命”错误理论允许的范围，这也是不可否认的。

向林彪汇报

中共中央为了推动批陈整风运动的发展，决定在4月召开一次批陈整风汇报会。毛泽东还提议，在国庆节前就召开三中全会，然后再开四届人大。

由于林彪当时不在北京，毛泽东向周恩来提出，应将此事先向他这位“接班人”打个招呼，并且特地指定李德生也一起参加。

1971年3月30日、31日，周恩来带着李德生和黄、吴、李、邱一起来到了北戴河。

在距北戴河西海滩两公里的联峰山丛林中，有一座中央疗养院。林彪就住在那个疗养院的62号楼（原为96号楼）。后来林彪就是从这里乘车到山海关机场坐飞机叛逃的。

周恩来向林彪汇报了批陈整风会议的情况，转告了毛泽东对批陈问题的多次批示和谈话，通报了中央拟召开批陈整风汇报会的安排等事项。同时，向林彪介绍了陈伯达的历史情况和他在“文化大革命”中的严重问题，指出：陈伯达搞陶铸，一个常委打倒另一个常委，没有报告主席，是严重的错误。[①]周恩来希望林彪能在4月召开的批陈整风汇报会上讲几句话。接着，黄永胜汇报了战备工作情况，李德生汇报了华北会议情况，纪登奎汇报了国务院的工作情况，最后周恩来又谈了外交工作方面的情况。

周恩来的汇报和谈话，严肃、明确、合理、合情，李德生听后，感动、赞佩之情油然而生。在周恩来汇报过程中，林彪一直阴沉着脸，面孔苍白，毫无表情。不知他究竟在想些什么，实在令人难以捉摸。李德生越看越感到别扭，心里很不是滋味。

---

① 《周恩来年谱》（1949—1976）下卷，第447页。

谈话进行到最后，林彪有气无力地表示“完全拥护”毛泽东自庐山会议以来的一系列指示和工作部署，“完全同意”中央召开批陈整风汇报会议，把批陈引向深入。他对木然在座的黄永胜、李作鹏、邱会作三人的检讨表示“很高兴”，并要求吴法宪、叶群“重写一次书面检讨”。他还表示吃惊，说什么“绝没想到”陈伯达的问题那样严重，这次把陈揪出来，是“很大的胜利”。林彪一句也不讲自己有什么错误，有什么责任，反而为他在庐山会议上的讲话作辩解。他还说他的身体不好，实际上是为不出席批陈整风汇报会找借口。

后来李德生回忆说：“此行的目的，是毛主席要林彪出来参加一下即将召开的批陈整风汇报会，讲几句话，给他个台阶下。”但林彪拒绝这么做。相反，他更加加紧了自绝于党、自绝于人民的阴谋活动。正如毛泽东所说的：错误路线的头子，改也难。

周恩来、李德生等一行于3月31日晚返回北京。4月1日即一起去向毛泽东汇报情况。毛泽东听后，当面指着黄、吴、李、邱，十分严肃地批评说：“你们已经到了悬崖的边沿了！现在是跳下去、推下去、还是拉回来的问题。能不能拉回来，全看你们自己了！”[①]由此可以看出，毛泽东对林彪及其一伙的态度，是彻底失望了。

以黄永胜、吴法宪、叶群、李作鹏、邱会作为主要成员的军委办事组，已经不能适应形势的要求和工作的需要。经毛泽东批准，中共中央于4月7日决定，纪登奎、张才千二人参加军委办事组，为该组成员。这就是后来所说的“掺沙子”。纪登奎、张才千参加军委办事组，使李德生感到，同黄、吴、李、邱作斗争的力量增强了，心里也就踏实了许多。

---

① 李德生：《从“庐山会议”到“九一三”事件的若干回忆》，见《缅怀毛泽东》（下），中央文献出版社1993年版，第126—127页。

中央召开批陈整风汇报会

按照毛泽东的批示，周恩来于4月12日、14日主持召开中共中央政治局会议，商定中央批陈整风汇报会的具体安排和会议文件，主要有：印发黄永胜等五人的检讨及毛泽东的有关批示；印发陈伯达罪行材料及各地有关批陈文章。在与会人员中，毛泽东还特地指定中央军委副主席陈毅、徐向前、聂荣臻也参加。

4月15日至29日，中共中央在北京召开批陈整风汇报会，中央和地方党政军负责人共99人到会。正在参加军委座谈会的143人也出席了会议。会议汇报交流了批陈整风的经验，进一步揭发了陈伯达的罪行，系统批判了陈伯达一伙在庐山散布的种种谎言。会上传达了毛泽东在黄、吴、叶、李、邱书面检讨上的批示，对他们进行了批评帮助，要求他们按照毛泽东的教导，实践自己的申明，认真改正错误。

在4月15日批陈整风汇报会第一次全体会议上，周恩来作了重要讲话。他回顾了党的九届二中全会以来开展批陈整风的过程，说明黄永胜、吴法宪、叶群、李作鹏、邱会作五人几次失掉自我教育的机会，在毛泽东一再督促下，才作出检讨。对于毛泽东批评军委办事组一直批陈不力的问题，周恩来主动承担了自己督促、帮助不够的责任，希望在庐山会议上犯有错误的同志，能够联系实际，搞好自我教育。周恩来强调指出，我们这个会议的目的，是“惩前毖后，治病救人”，从团结的愿望出发，进行批评与自我批评，在新的基础上达到新的团结。周恩来对犯错误者的循循善诱和严于律己的高风亮节，给李德生留下了深刻的印象，使他受到了极大的教育。

在各小组会上，与会同志发言热烈，一致表态拥护毛泽东的指示。一些同志还联系自己在庐山会议上受骗上当的教训，开展了批评与自我批评，表示了在毛泽东思想原则基础上加强团结的愿望。

只是在上述情况下，黄永胜、吴法宪、叶群、李作鹏、邱会作五人，才在会上作了检讨发言。

李德生说，这种做法是符合我们党一贯倡导的“惩前毖后，治病救人”的方针的，有利于在新的基础上实现新的团结。但黄、吴、叶、李、邱几个人，对他们在庐山会议上表现的幕后活动，并没有讲清楚，一些问题仍有待揭露和搞清。

4月19日，林彪回到北京，周恩来当即将中央批陈整风汇报会材料及毛泽东的批示送给他，但林彪仍不表态，实际上是拒绝出席会议。

批陈整风汇报会的另一个重要内容，是要解决一些地区的团结问题。

由于“文化大革命”中，上海的张春桥等人插手浙江的运动，南京军区与浙江的主要领导人之间，长期以来关系比较紧张。对于这个问题，毛泽东在南巡时，亲自给许世友打过招呼，做过工作，对他也有所批评，而且有的话说得比较重。8月31日晚上，毛泽东在南昌与许世友、韩先楚、程世清谈话时，就问许世友：你与上海、浙江的关系有些紧张、有些问题呀？毛泽东批评许世友：据说舟山的问题到现在还没有解决，你这个司令员没有责任呀？那样搞武斗，南萍有责任，但是都是南萍的责任吗？还说：你这个许世友呀，应该高抬贵手，刀下留人。许世友听了这些话后，有点紧张，当即向毛泽东提出：我和浙江南萍的关系请中央派人来调查。后来，毛泽东到了杭州，9月3日在与南萍、熊应堂、陈励云谈话时，又提到了上述矛盾问题。

“舟山还武斗不武斗？”毛泽东问南萍。

“现在不武斗了，但群众组织中派性还很强，政策还不够落实。”南萍回答说。

“舟山主要是中级、上级的问题。有些问题，你们也支持了一下。”毛泽东真是一语破的。

“问题在下面，根子在上面。”这是“文化大革命”中颇为流行的一句话。在这里，毛泽东讲的正是这个意思。他虽然没有点名，但却是既批评了许世友，又批评了南萍。[1]

批林整风汇报会期间，4月19日深夜，毛泽东找李德生去交待说，你去找许世友谈谈，请他出面，抓一下浙江的舟山问题和军队之间的团结问题。做做他们的工作。

4月20日上午，李德生在京西宾馆先向当时担任南京军区司令员、江苏省革委会主任的许世友，转达了毛泽东请他抓一下浙江的舟山问题和军队之间的团结问题。许世友听了很高兴，表示不管多么困难，一定要按毛泽东的指示去办。

许世友诚恳地对李德生说，过去不是没有看出这两方面的问题，没有去抓主要是为了避免嫌疑。一是怕被别人说成黑手，二是怕被别人说成是想抓华东的大权，所以不想管，也不愿多说有关这方面的话。

许世友的话讲得很坦率，他所说的避嫌的两条理由中，两个“别人”，明显的是指张春桥等人。

李德生等许多老同志都知道，许世友对张春桥等人在“文革”中的恶劣表现，非常不满，而且他从来不隐讳自己的观点，敢于当面批评张春桥，义正词严。一次政治局开会时，李德生就听到许世友毫不留情地对张春桥说：你是戴眼镜，夹皮包，会总结，会提高，打起仗来往后跑。还有一次，他对张春桥半开玩笑地说：哎，张秀才，你能指挥打仗吗？给你一个连试一试。本来就是叛徒的张春桥听了这些特别刺耳的话，如坐针毡，六神无主。许世友是个敢说敢当、敢作敢为的传奇式将领，连江青他都敢于当面批评，何况张春桥呢？一次政治局开会时，许世友对江青飞扬跋扈、不可一世的气焰实在看不下去，当即狠批她：你一个戏子有什么了不起！正因为这样，“四人帮”一伙，对许世友是既怕又恨，一直想把他打倒，但终因许世友在全党全军的威望和毛泽东、周恩来的保护，他们没有能够达到目的，其结果只能是搬起石头砸自己的脚。

---

① 汪东兴：《毛泽东与林彪反革命集团的斗争》，当代中国出版社1997年版，第156—157页。

许世友向李德生表示：只要毛主席让我过问，不管有多么困难，我一定按主席的指示去办，凭党性处理好它。他还提出，希望李德生找浙江的同志也谈一下。

接着两天，李德生找到浙江省委第一书记、省革委会主任、省军区政委南萍，浙江省委书记、省革委会副主任、省军区司令员熊应堂，分别转达了毛泽东的指示和许世友的态度。李德生对他们提出要求说：许司令是我们的老首长了，我知道你们对许司令是尊重的。希望你们不要辜负主席的期望，在许司令的领导下，解决好驻军的团结问题，进而解决好浙江问题。他们听了之后，表示很受感动，欢迎许世友来抓浙江问题，认为先解决好军队的团结问题，才能更好地解决地方的问题。

许世友的谈话很诚恳，南萍、熊应堂的态度也很真诚，这就有了搞好团结的基础。许世友他们不怕困难，不再避嫌，李德生觉得自己也不应当避嫌！

李德生和许世友、南萍、熊应堂三人谈完话后已到深夜，随即连夜向毛泽东写报告。他把许世友谈到的避嫌理由以及各人的态度，如实地向毛泽东作了汇报。

李德生的报告于4月24日凌晨5时送出，隔了两个小时，早晨7时，中央办公厅就送来了毛泽东的批示。毛泽东在李德生的报告上批道："事关大局，出以公心，不应当避嫌。我历来认为，同志之间有隔阂，有问题，应当耐心商量，多做谈心工作，不宜急躁，也不应久拖不决。工作不顺利，有中央帮助，总会解决。"毛泽东还批示："林、周、康阅后，退李德生同志存（可转许世友诸同志一阅）。"[①]周恩来的批示是："请德生同志先阅，再请许世友、杜平、张春桥、南萍、熊应堂同志传阅……然后退李德生同志存。"李德生即将毛泽东的批示转给许世友等同志阅看。这就是"事关大局，出以公心，不应当避嫌"这句具有深刻哲理的名言的出处。第二天早

① 《建国以来毛泽东文稿》第13册，第228页。

7时半，周恩来又写信给李德生："昨日至大会堂参加四个小组会，都未遇到你。听说你在西北组，我赶去，你们已散了。现将主席批示给你一阅，并将批示抄三份，一份送张春桥同志，一份送许世友、杜平同志，一份送南萍、熊应堂同志。许告我，他们已谈了，照主席指示办理。门算开了，还要继续做工作。"

"原件退你存。"[①]李德生即将毛泽东的批示转给许世友等同志阅看。毛泽东的这一重要批示，成为当时解决一些地区和单位问题的重要指导思想，在实际工作中起了很大作用；同时也为"九一三"事件后更好地解决浙江问题打下了一个好基础。

在批陈整风汇报会议进行了9天后，周恩来于4月24日给毛泽东写报告，汇报了会议情况。报告写道，从总的方面看，会议加深了认识和检讨。拟从今日起，各组进入批陈整风、自我教育的经验交流。报告还说，在结束会上，拟由政治局出面讲一讲这次会议的收获，归纳几个问题，好向下传达。毛泽东批示："已阅。基本同意。"4月28日，周恩来又将起草的批陈整风汇报会议讲话提纲送毛泽东审查。毛泽东批示："看了一遍，觉得可以。"

4月29日批陈整风汇报会结束时，周恩来在代表党中央所作的总结讲话中，传达了毛泽东的上述指示。周恩来指出："对同志间的不同意见，有些隔阂，大家都应当遵照毛主席的教导，顾全大局，不计较小事，主席说：'事关大局，出以公心，不应当避嫌'。帮助解决问题的人，不应当避嫌，当事人也不应当避嫌。主席指示的办法有两条，'不宜急躁，也不应久拖不决'。总之，应当耐心商量，多做谈心工作。"

周恩来还指出，黄、吴、叶、李、邱在政治上犯了方向路线错误，在组织上犯了宗派主义错误，但错误的性质还是人民内部问题，同反共分子陈伯达问题的性质根本不同。他严肃指出，他们之所以犯这样严重的错误，最根本的原因就是站错了立场，走错了路线。错误的政治路线必然带

① 祝庭勋：《李德生在动乱岁月——从军长到党中央副主席》，中央文献出版社2007年版，第179页。

来错误的组织路线，带来不正之风，最终站到反九大的陈伯达分裂路线上。他说，经过会上同志们的善意批评和帮助，并有个别揭发，五位同志对所犯错误已有了进一步的认识，表示愿意通过实践和学习，改造自己。他强调：对犯错误的同志，只要真正愿意改正，我们就要采取欢迎帮助的态度。我们要从团结的愿望出发，通过认真的批评与自我批评，在马克思主义、列宁主义、毛泽东思想的原则基础上团结起来，争取更大的胜利。

这次会上，还宣布了中共中央《关于把批陈整风运动推向纵深发展的通知》。

“对林还是要保”

庐山会议以来，毛泽东先是揭露了陈伯达，后又批判了黄永胜、吴法宪、叶群、李作鹏、邱会作，却一直未直接点他们的后台——林彪的名，李德生认为，这是毛泽东给林彪一个机会，让他争取主动，自下台阶。但是，从庐山会议到1971年4月的批陈整风汇报会，已达7个多月之久，林彪对他在庐山带头掀起的政治风波，却不表示任何态度，不作丝毫检讨。毛泽东多次给他机会，让他下台阶，他不但不思悔改，反而越走越远，终于发展到走向反革命道路，自绝于人民。

“九一三”事件后查获的罪证材料证明，1971年3月初，林彪在苏州就曾警告林立果等不能“束手待毙”。当时，他还念了南唐后主李煜“几曾识干戈”、“垂泪对宫娥”的词句训导他们。中央批陈整风汇报会期间，林立果、周宇驰一伙在上海秘密据点，多次讨论斗争形势，谋求对策，妄图伺机而动。他们认为，林彪已经失去了毛泽东的信任，“与其束手就擒，不如破釜沉舟”，“在政治上后发制人，军事上先发制人”。他们“准备加快、提前”实行“571”反革命政变计划，阴谋杀害毛泽东。

毛泽东在涉及路线的原则问题上是从来不让步的。经过批陈整风运动，毛泽东从大量揭发材料看出，林彪一伙进行的一系列活动十分可疑，应当警觉。

为此，毛泽东采取了许多重要措施。他除了在北京对中央政治局的成员，用各种不同方式不断打招呼外，还指派周恩来，率张春桥、黄永胜、纪登奎于1971年8月16日再次去北戴河会见林彪（李德生因率代表团访问阿尔巴尼亚、罗马尼亚，没有参加这次谈话）。周恩来除了谈国际形势外，还向林彪通报说，经毛泽东提议，中央决定国庆节前后召开九届三中全会，然后召开四届人大，现在各项准备工作正逐步就绪。

与此同时，毛泽东又于1971年8月中旬到南方视察，调查吹风，讲庐山会议斗争的实质，揭林彪一伙的阴谋，为即将召开的党的九届三中全会造舆论，做准备。

毛泽东在南巡过程中，先后会见武汉、长沙、南昌、杭州等地的党政军负责人，反复打招呼，明确指出庐山这场斗争，林彪一伙搞“突然袭击，地下活动，是有计划、有组织、有纲领的。纲领就是设国家主席，就是‘天才’，就是反对‘九大’路线，推翻九届二中全会的三项议程”。他点出这场斗争的性质和实质，是“有人急于想当国家主席，要分裂党，急于夺权”。他通过讲党内路线斗争的历史，要求大家要搞马克思主义，不要搞修正主义；要团结，不要分裂；要光明正大，不要搞阴谋诡计（以后通称为“三要三不要”——作者注）。毛泽东非常直率地告诉大家，“林彪同志那个讲话，没有同我商量，也没有给我看。”“五个常委瞒着三个，也瞒着政治局的大多数同志”，“可见心里有鬼”。他还说：“这次庐山会议，又是两个司令部的斗争。”“庐山这一次的斗争，同前九次不同。前九次都作了结论，这次保护林副主席，没有作个人结论，他当然要负一些责任。对这些人怎么办？还是教育的方针，就是‘惩前毖后，治病救人’。对林还是要保。不管谁犯了错误，不讲团结，不讲路线，总是不太好吧。回北京以后，还要再找他们谈谈。他们不找我，我去找他们。有的可能救过来，有的可能救不过来，要看实践。前途有两个，一个是可能改，一个是可能不改。犯了大的原则的错误，犯了路线、方向错误，为首的，改也难……”总之，

“庐山这件事，还没有完，还没有解决。”

虽然林彪主管军队工作多年，并在军队中网罗了一批亲信骨干，但毛泽东坚信军队仍然是好的。他充满自信地说，“我就不相信我们军队会造反，我就不相信你黄永胜能够指挥解放军造反！军下面还有师、团，还有司、政、后机关，你调动军队来搞坏事，听你的？”

毛泽东在南巡的讲话中，几次批评林彪的几员大将搞山头主义，说他们几位是井冈山山头一方面军的，对不是一个山头的人态度就不一样。毛泽东在讲到军队工作问题时指出：军队要谨慎，不能骄傲，一骄傲就要犯错误。我很久没有抓军队工作了，现在要抓军队工作。抓军队无非就是路线学习，纠正不正之风，不要搞山头主义，要讲团结这些事情。进城以后，管军队工作开始时是聂荣臻。以后是彭德怀，他是打了胜仗的人嘛。以后就是林彪。他管不了那么多，实际上是贺龙、罗瑞卿管得多。以后是杨成武。再以后是黄永胜当总长，又是军委办事组的组长。办事组里面有一些人，在庐山会议上搞出那么些事来。我看黄永胜这个人政治上不怎么强。第一军队要谨慎，第二地方上也要谨慎。毛泽东严厉地批评了林彪一伙的山头主义。他说：军队要谨慎，首先不要搞山头主义。庐山会议上他们搞的那些语录，李德生同志就有意见。我说李德生这个人好蠢，你不是那个山头的人，别人的山头可以给你呀？好的宝贝怎么给你呢？[①]

毛泽东在沿途找各地负责同志谈话时，一再强调他的谈话不能外传。但是，在李德生组织清查林彪集团罪行时发现，广州军区空军参谋长顾同舟，不听招呼，违背纪律，于9月5日深夜，将毛泽东在长沙讲话的内容密报北京的于新野。于记了15页，并于第二天亲自驾驶直升机到北戴河，将电话记录稿送给了林彪、叶群、林立果。武汉军区政委刘丰违背毛泽东的叮嘱，于9月6日将毛泽东在武汉谈话的内容告诉了李作鹏。李是5日陪同朝鲜军事代表团到达武汉的，他6日回到北京后就立即告诉了黄永胜、邱

① 《建国以来毛泽东文稿》第13册，第242—250页。

会作。当晚，黄永胜又用电话告诉了叶群。两条渠道传来的消息，犹如晴天霹雳，吓得林彪一伙魂丧魄落。他们知道自己的政治生命就要结束了，在惊恐之余，决定下毒手谋害毛泽东。9月7日，林彪指示林立果向“联合舰队”下达“一级战备”命令。9月8日，林彪亲自写了“盼照立果、宇驰同志传达的命令办”的手令。在此前后，林彪、叶群还为南逃广州、另立中央和叛国外逃做了准备。然而林彪一伙的这些阴谋，一次次地被毛泽东挫败了。

8月31日，毛泽东到南昌后，找许世友、韩先楚、程世清谈了两次话，主要是联系党的历史，谈庐山会议的事。在南昌时，程世清曾单独向毛泽东作过汇报，其中提到与林彪办公室有关的一些人和事，情况似乎不大正常。据他反映，周宇驰曾到江西把一辆水陆两用汽车用飞机运走，不知干什么用。毛泽东听了程世清的汇报，进一步引起了警觉。9月2日，毛泽东离开南昌，3日零点到达杭州。

在杭州，毛泽东同浙江省及当地驻军负责人南萍、熊应堂、陈励耘先后谈了两次话，后一次谈话还有空5军军长白宗善参加。9月8日晚上，毛泽东听说，杭州有人在装飞机，不知为什么。还有人指责毛泽东的专列停在杭州笕桥机场支线碍事，妨碍他们走路。这种异常情况，在过去是从来没有过的。毛泽东还从多次接待过他的工作人员那里得知一些可疑情况。毛泽东当机立断，提出把专列转移到绍兴。9月10日下午，他又突然决定离开杭州，也不要人送行。下午4时，列车离开杭州，走了5个多小时，晚上10时前到达上海。

到上海后，毛泽东没有下车，专列停在西郊吴家花园附近专线上。9月11日上午，他在火车上和许世友、王洪文谈了话，着重谈的还是庐山会议的问题，强调要正确对待错误，顶着不好。许世友坚定地表示，庐山会议问题，按毛主席的指示办。谈完话后，毛泽东叫王洪文请许世友到锦江饭店吃饭。汪东兴送走许世友等人后，刚回来，毛泽东就说：我们走。于是，毛泽东的专列飞驰北上，除在南京、蚌埠、济南、德州、天津等站停车外，其他站未停车。9月12日13时10分，毛泽东南巡的专列在丰台站停车。

毛泽东出其不意的行动，打乱了林彪一伙的“时间表”，使他们的阴谋未能得逞。

毛泽东在丰台火车站的特殊召见

毛泽东还在返回北京的途中，就要汪东兴通知李德生和纪登奎、吴德、吴忠到丰台火车站，找他们谈话。毛泽东1970年、1971年连续两年视察外地后，都是在白天返京并在丰台站停车，找人谈话的。据说，这种情况在过去是很少有的。

毛泽东为什么要找李德生等几个人谈话呢？谈什么呢？为什么把地点选在丰台火车站呢？李德生在脑海里一直在想着这些问题，虽然一时得不出肯定的结论，但他也想到了可能与庐山会议的问题有关。

李德生调到中央工作后，为了适应毛泽东、周恩来等中央领导每天从下午开始直到半夜甚至通宵工作的习惯，已将作息时间作了相应调整。这天，大约早晨7点左右，李德生从总政办公大楼回到家中休息，刚睡了三四个小时，就接到中央办公厅的电话通知，于是他赶紧起床，按照规定赶到丰台，等候毛泽东的接见。毛泽东的专列到达并停稳后，汪东兴下车，领着李德生等四人上车去见毛泽东。

毛泽东坐在一张沙发上，正吸着一支烟，吞云吐雾，仿佛在思考什么。他见李德生等进去后，立即站起来，和他们一一握手，并请他们坐下。谈话开始后，汪东兴一直在场。

78岁高龄的毛泽东长途南巡，虽然一路辛劳，但是他的精神依然很好。李德生等坐下后，他开始了谈话。同往常一样，毛泽东的谈话十分风趣幽默。谈话的内容涉及的面很广，涉及的问题寓意深长，令人回味。毛泽东主要讲了党的历史上历次路线斗争的情况；讲了庐山会议的问题；讲了庐山会议后他采取的甩石头、掺沙子、挖墙脚的措施，以及华北会议等问题。中心意思是要大家提高对庐山会议发生的那场斗争的认识。

毛泽东这次谈话的内容，与中共中央1972年3月17日转发的毛泽东《在外地巡视期间同沿途各地负责人谈话纪要》，不仅基本精神是一致的，许多具体内容也是一样的。李德生当面聆听了毛泽东的这次谈话，受到很大教育，终身难忘。为了便于后人学习党的历史经验，李德生觉得有必要将自己亲自聆听过的谈话内容和有关情况，尽可能向我们介绍得详细一些。

谈话开始后，毛泽东首先询问了李德生日前访问阿尔巴尼亚和罗马尼亚的情况，询问了他们对尼克松访华一事的反映。

尼克松当选为美国总统以后，通过各种外交途径，向中国传递信息，表示要派代表来谈中美关系问题。对此，毛泽东于1970年12月18日在同美国作家、友好人士埃德加·斯诺谈话时表示："现在我们的一个政策是不让美国人到中国来，这是不是正确？外交部要研究一下。左、中、右都让来。为什么右派要让来？就是说尼克松，他是代表垄断资本家的。当然要让他来了，因为解决问题，中派、左派是不行的，在现实要跟尼克松解决。"毛泽东还说："如果尼克松愿意来，我愿意和他谈，谈得成也行，谈不成也行，吵架也行，不吵架也行，当做旅行者来谈也行，当做总统来谈也行。总而言之，都行"。毛泽东还提出可由斯诺对外发表周恩来同斯诺谈话的内容。后来斯诺在美国、意大利的刊物上发表文章，透露了他和毛泽东、周恩来谈话的内容。毛泽东愿意与尼克松总统面谈的信息，一时飞遍全球，不仅在美国，而且在全世界引起了很大的反响，成了各国报纸、通讯社的头号新闻。尼克松当即举行记者招待会，表示："我希望，在某个时间以某种身份访问大陆中国，以什么身份出访我还拿不定主意。"美国国务院也宣布："本政府若干时候以来一直是希望同中华人民共和国改善关系的。"1971年7月，美国总统国家安全事务助理基辛格博士秘密访问中国，改变了中美两国在外交上长期隔绝的局面。7月15日双方发表了让全世界都震惊的尼克松总统应邀访问中国的公告。邀请尼克松访华，这是中国外交政策向灵活务实方向的重大转变，是有利于亚洲和世界和平的。

但是，当时的阿尔巴尼亚，无论是内政还是外交，搞的都是原来的那一套，对我们与美国打交道很不理解，甚至多有指责。8月上旬，霍查以阿党中央的名义，写给中共中央毛泽东主席一封长信，全面阐述了阿党的立场，还质问中国这么大的事为什么事先不同他商量。当时，毛泽东曾表示过，同他商量就干不成了。①

李德生向毛泽东汇报了阿尔巴尼亚领导人的态度和意见。李德生说，阿尔巴尼亚领导人认为我们跟美帝国主义打交道，是右的表现。毛泽东听了这句话笑着说："他们是左派，我们是右派。"听到毛泽东的这一评论，大家也都笑了。

接着，毛泽东对阿尔巴尼亚的反映作了分析。他指出：他们存在着某些担心。他们是怕美帝从亚洲撤出来会增加对他们的压力，想要我们把美帝拖住。实际上美国只有两亿人口，经不起在越南的伤亡，所以要撤军。撤军，不一定就会增加对阿尔巴尼亚、罗马尼亚他们的压力。

在李德生汇报出访情况的过程中，明显地感到毛泽东关注的是别的问题，他心里有什么话要给大家讲，于是李德生就尽量地从简并很快地结束了汇报。

毛泽东的谈话转入正题后，高屋建瓴地说：我们的方针是路线正确与否决定一切。人多，枪多，代替不了正确路线。党的路线正确就有一切，路线不正确，有了人和枪也可能会丢掉。路线是个纲，纲举目张。什么是纲，你们会打渔吗？纲就是串鱼网的那根绳子，目就是鱼网上面的一个个眼，你们讲的那个目，三天也讲不完。我今天是讲纲。

为了说明路线是个纲，毛泽东回顾了党的历次路线斗争。他说，我们这个党已经有50年的历史了，大的路线斗争有十次。开头是陈独秀，八七会议后，他同刘仁静、彭述之那些人，81人签名的"列宁主义左翼反对派"，说我们是坏人，红军是破坏分子，以后他们就搞到托洛茨基那一派

① 熊向晖：《我的情报与外交生涯》，中共党史出版社2006年版，第223页。

去了。后头就是瞿秋白、李立三、罗章龙、王明、张国焘。1928年党的第六次代表大会在莫斯科开的，李立三神气起来，搞了三个月，那时总理还未回来。李立三主张打大城市，一省数省首先胜利。李立三搞的那一套，我不赞成。李倒台是在三中全会。

毛泽东继续说，王明倒台是在遵义会议。王明路线的寿命最长，他们借第三国际的力量，把总理封为调和主义，出了《为中共更加布尔什维克化而斗争》的小册子，批评李立三“左”得还不够，非把根据地搞光不舒服，结果基本上搞光了。从1931年到1934年，这四年我在中央毫无发言权。我们党50年的经验，中国人不喜欢分裂。我们党内十次路线斗争，没有一次把党分裂了的。

毛泽东接着谈到了庐山会议，这是他这次谈话的主题。他说，去年庐山会议搞突然袭击，大有炸平庐山、停止地球转动之势。他们先搞隐瞒，后搞突然袭击，五个常委隐瞒着三个，一点气都不透，来了个突然袭击，出简报煽风点火。这样搞总是有个目的嘛！可见这些人风格之低。我那个文章（指《我的一点意见》——作者注），找了一些人谈话，作了一点调查研究，是第五天才写的。天才问题是个理论问题，他们搞唯心论。我并不是不要说天才，天才就是比较聪明一点，天才不是靠一个人靠几个人，天才是靠一个党，党是无产阶级先锋队。天才是靠群众路线、集体智慧。

毛泽东告诉大家，关于天才问题，他曾批评过林彪。他说，我同林彪谈过，你说欧洲几百年，中国几千年才出现一个天才，这不符合事实嘛！马克思、恩格斯是同时代的人，到列宁、斯大林一百年都不到，怎么能说几百年才出一个呢？中国有陈胜、吴广，有洪秀全、孙中山，怎么能说几千年才出一个呢？什么“顶峰”啦，“一句顶一万句”啦！你说过头了嘛！一句就是一句，怎么能顶一万句。不设国家主席，我不当国家主席，我讲了六次，一次就算讲了一句吧，就是六万句，他们都不听嘛，半句也不顶，等于零。

毛泽东在谈到干部问题时说，我们的干部，大多数是好的。犯了错误就批评，做好了工作要表扬，但不能捧。二十几岁的人捧为“超天才”，这没有什么好处。犯错误的人，允许改正错误，但发声明是容易的，无非是讲在口头上、写在纸上。问题在于是不是实践他的声明，改正错误。这些人最没有勇气，收场那么快。刘建勋同志说搞了一天半，我说是三天。为什么那股妖风，只刮三天就不刮了，你有理为什么收回？说明他们空虚。我是哪里有石头抓起来就打，在庐山陈伯达搞的那个骗了不少人的材料，是一块石头，济南军区三破三立的报告也是一块石头，38军的报告是一块大石头。以后又有刘子厚的检讨，还有军委开了那么长的会根本不批陈，我加了批语，这也是甩石头。

这时，毛泽东转过脸来对着李德生说：“他们在庐山搞的那个材料，你问他们要，一年要三次，‘你们那个宝贝为什么不给我？’看他们怎么说。”毛泽东说的他们在庐山搞的那个材料，指的是林彪一伙搞的称“天才”的语录。毛泽东这次重提此事，显然是再一次提醒大家注意，“称天才”是林彪他们的纲领，同林彪他们的斗争还没有完。

毛泽东点名批评了黄永胜。他说，进城以后，我很少抓军队工作，管军队工作的，开始是聂荣臻，以后是彭德怀，再以后就是林彪，实际上是贺龙、罗瑞卿管得多。三任参谋总长罗瑞卿不大听他的。以后是杨成武、黄永胜。我看黄永胜这个人政治不怎么强，是有头无脑。他检讨最没有勇气，怕得要死。要把脑子里的东西向人家讲出来。把正确的、错误的都讲出来，就舒服了。

毛泽东对黄永胜、吴法宪、叶群、李作鹏、邱会作的检讨的真实性，表示怀疑。他说，五人在批陈整风汇报会上的检讨，承认在政治上是方向、路线错误，组织上是宗派主义的，但是，他们的检讨里面是吞吞吐吐，因而使人怀疑他们能否改好。

毛泽东谈道，他解决庐山问题采取了“打石头、掺沙子、挖墙脚”三项措施。他说：土太板结了就不透气，要掺沙子才行。李先念过去也是搞军队打仗的嘛，可参加军委办事组，以后还要从各大军区调一些人来参加军委办事组的工作。北京军区也要从各军调一些人，把那个山头主义的窝子捣烂，华北会议派了李德生、纪登奎同志到北京军区，这叫挖墙脚。我的办法就是打石头、掺沙子、挖墙脚。

毛泽东问大家：陈伯达算不算一次路线？

纪登奎回答说：算！

毛泽东十分慎重地说：还要看一看。黑手不只陈伯达一个，还有黑手。我一向不赞成自己的老婆当自己的秘书、办公室主任。你们是不是夫人专政啊？林彪要给我打电话、写信，说是被他身边的人阻止了。要报告了，他们就搞不成了嘛！可以看出，毛泽东此时对林彪心存疑虑，但似乎又认为林彪的言行可能受到了叶群的恶劣影响。

毛泽东批评林彪一伙不讲"三要三不要"的原则，强调说：我们要搞马克思主义，不要搞修正主义；要团结，不要分裂；要光明正大，不要搞阴谋诡计。

在谈话中，毛泽东还说过庐山会议的6号简报是反革命简报，弄得吴德很紧张，赶紧作检讨。原来6号简报稿起草后送审时，吴德正好在解学恭、李雪峰那里。解学恭看了一遍，改了几个字。吴德因为没有参加华北组的那次小组会，所以他对李雪峰说：印发简报你们签字就行了，我就不签字了。李雪峰说，简报是本着有文必录的原则整理的，签字付印是照例工作，你就签个字吧。于是，吴德就在简报稿上签了个吴字。

听到毛泽东对6号简报性质的评价后，吴德马上检讨说：主席，我还在6号简报印发前签了名字。6号简报是反革命简报，我犯了政治错误。

毛泽东对吴德摆手说：没你的事，吴德有德。

这时，吴忠还问毛泽东：主席，可能有坏人吧？

毛泽东回答说：你讲得对，吴忠有忠。

在谈话中，毛泽东还询问了北京市批陈整风的情况，吴德作了简要汇报。

最后，毛泽东说，要抓路线教育，方针还是"惩前毖后，治病救人"，团结起来，争取更大的胜利。

下午3点多钟，谈话结束。毛泽东又单独向李德生交待一项任务，从38军调一个师到南口，这在当时是一个极端重要的军事部署。从“文化大革命”前夕起，毛泽东就很警惕北京发生政变的问题。1965年2月8日—15日在上海举行中央政治局常委扩大会议之后，他曾问过许世友，假如北京发生了政变，你怎么办？1966年5月林彪在中央政治局扩大会议的讲话中透露说：“毛泽东最近几个月，特别注意防止反革命政变，采取了很多措施。”1967年2月3日，毛泽东在接见外宾时说，当公开发表北京市委改组的消息时，我们增加了两个卫戍师。……所以你们才能到处走。

如果说“文化大革命”初期，毛泽东考虑搞政变的人指的不是林彪，甚至是错误地指向了别人。但这一次毛泽东提出增加首都的兵力，则是有很强的针对性的。应当说，这时毛泽东对林彪一伙可能要搞武装政变的这种最坏的情况，是作了充分估计的。

在离开毛泽东的专列以后，李德生和纪登奎立即赶到北京军区，同陈先瑞等领导同志一起，研究和部署了把38军的一个师调到南口。南口位于北京西北郊，靠近八达岭，向北就是张家口，无论是对外反侵略、对内防暴乱，其战略地位都是非常重要的。对此，李德生当时并没有多想，不料第二天就发生了“九一三”事件。根据中央的指示，李德生当天又命令38军的3个机械化师，坦克第1、6师和炮兵第6师共6个师，归北京卫戍区统一指挥。各部队接到命令后，迅速到位，做好了应付各种突发事变的战备工作。这就大大加强了共和国首都的防卫力量，对于粉碎林彪反革命集团的叛党叛国的阴谋活动具有极为重要的意义。

第五章

奉命坐镇空军

毛泽东和李德生等在丰台火车上谈话的次日凌晨，果然发生了一件震惊世界的大事：林彪乘飞机外逃了。因为这件事发生时已是9月13日，故称九一三事件。在处理“九一三”事件中，周恩来协助毛泽东做了大量工作。空军是林彪一伙进行阴谋活动的一个重要据点。为搞清林彪进行阴谋活动的真相，尽量减少林彪叛逃所造成的损失，维护空军的稳定，周恩来在林彪叛逃的危急时刻，派李德生前往空军，执行一项特殊的任务。

“林彪乘飞机逃跑了”

9月12日晚，李德生按通知要求，从北京军区乘车赶到人民大会堂福建厅，参加周恩来主持的一个小型会议，讨论四届人大《政府工作报告》草稿。李德生注意到，黄、吴、李、邱虽然在批陈整风中因检讨不深刻受到毛泽东的批评，但仍然要他们参加了这次会议。

这次会议所讨论的问题，正是党中央赋予李德生的工作范围之内的事。因为还在8月12日周恩来主持的专门讨论召开四届人大问题的政治局会议上，就一致同意把四届人大的会期安排在国庆节后，并确定由张春桥、纪登奎和李德生组成筹备小组，立即着手各项准备工作。讨论四届人大《政府工作报告》草稿，无疑是会议准备工作的一项重要内容。

也许是毛泽东在火车上的谈话给李德生留下的印象太深刻了，所以，李德生虽然身在人民大会堂参加会议，但心里却一直在回想当天下午毛泽东在丰台车站火车上接见他们几个人的谈话。不知怎地，他的心情总是有点紧张和忧虑，很难平静下来。

李德生想，毛主席说同林彪的斗争还没有完，而林彪到现在并没有认错的迹象，这场斗争的前景将会出现什么样的情况呢？是向好的方面转化，还是继续向坏的方面发展呢？

会议进行到晚上10时左右，工作人员进来把周恩来请出去接电话。

周恩来在电话间久久没有回来，会议讨论便自动停了下来。

李德生的头脑中仍然在想着毛泽东在火车上同他们几个人谈话的情景。

午夜12时过后，周恩来把李德生从会场叫到电话间，神情严肃地对李德生说，林彪要乘飞机逃跑，主席已经知道，并且作了指示。你的任务是立即到空军指挥室，代替我坐镇指挥。发生情况必须立即用电话向我报告。

听到这一消息，李德生真是大吃一惊！虽然李德生对于“庐山这件事，还没有完”，而且斗争将是复杂的、尖锐的，有思想准备，但对于林彪居然乘飞机逃跑，却怎么也没有想到。

林彪为什么要乘飞机逃跑呢？当时，李德生并不知底里。随着李德生参加对林彪叛逃事件的清查，才揭开了这个谜的谜底。

查清楚的事件经过是这样的：

林彪是7月18日上午乘一架“子爵”号专机，从北京飞抵北戴河，住进那所警卫森严的疗养胜地96号楼房里。他在那里筹划和指挥着篡党夺权的阴谋活动。

9月12日下午，毛泽东从南方回到中南海的这一举动，宣告了林彪一伙准备在京沪杭线谋害毛泽东的计划彻底破产。

林彪之子林立果，这个为林彪篡党夺权充当急先锋的“联合舰队”的头子，在得到毛泽东回到北京的消息后，气急败坏，惶惶不安。在西郊机场秘密据点里，他对着他的同伙大叫大喊：这下完了！这下完了！他当即打电话告诉北戴河的林彪、叶群，说情况变了，要改变计划了。于是，他指使周宇驰、王飞（空军副参谋长兼空军司令部办公室主任）等人准备实施《“571工程”纪要》的第二套方案，立即研究南逃广州、另立中央的行动计划和人员名单。[①]

经过一阵紧张密商、仓促安排之后，林立果于傍晚7时多乘256号三叉戟飞机从北京飞往北戴河。

当日晚上，在北戴河林彪住处，林彪、叶群、林立果以给林立衡与其未婚夫张清林举行订婚仪式作掩护，紧张地进行南逃的准备活动。

南逃广州的方案，是事先由周宇驰、王飞等人在西郊机场秘密据点里制订的。制订方案时，王飞根据林立果的意图商定了南逃名单，共20余人。尔后，王飞和鲁珉（空军司令部作战部长）、贺德全（空军司令部情报部长）、刘世英（空军司令部办公室副主任）等人在空军司令部大楼开会，策划了南逃乘坐的飞机、人员的编组、携带的武器装备等有关的具体事宜。

为了南逃，他们一共准备了8架飞机。具体计划是：9月13日早晨8时，林彪、叶群从山海关机场坐256号三叉戟飞机，直飞广州。13日早晨7时，由另一架三叉戟飞机拉上黄永胜、吴法宪、李作鹏、邱会作及机关的人，从北京西郊机场飞往广州。另外，还准备了2架云雀直升机，2架703、902号伊尔—18飞机，1架024号安—24飞机，1架231号安—12飞机（运输拆卸后的云雀直升机），同时飞往广州。

---

① 《周恩来年谱》(1949—1976)下卷，第480页。

12日晚11时，叶群打电话给西郊机场的空军副参谋长兼34师(专机师)师长胡萍，检查飞机的准备情况。此前，吴法宪已向胡萍交待，要把大飞机都准备好，随时调去广州。

在这危急时刻，平时与叶群关系极为紧张的林立衡，向8341部队副团长张宏和二大队长姜作寿报告和揭发了林彪、叶群准备逃跑的阴谋，以及林立果从北京飞来后把专机停在山海关的情况。

于是，人民大会堂东大厅机密电话间的电话铃响了起来。这是北戴河警卫部队打给中央警卫局，中央警卫局又打到人民大会堂来的电话，他们急着要找周恩来。这时，就出现了李德生前面提到的情形：工作人员请正在人民大会堂福建厅主持会议的周恩来，去东大厅电话间接电话。汪东兴在电话中说，北戴河警卫部队报告：林彪、叶群、林立果要坐山海关的飞机外出，时间是明天（13日）早晨6时，目的地是广州。黄、吴、李、邱也预定明天上午从北京同时起飞。

周恩来听了上述意外情况的汇报后，平静而严肃地要汪东兴通知张宏进一步核准情况，随时报告。同时，找参加开会的吴法宪追查256号三叉戟飞机的情况，问吴法宪知不知道有一架飞机去了山海关机场。吴法宪当时没有正面回答，说要查一查空军调度室。后来周恩来通过北戴河的张宏，查实确有一架专机从北京飞到山海关机场。他立即对吴法宪说，要飞机马上飞回来。这时吴法宪已和空34师副师长时念堂、空军副参谋长胡萍通过电话，得知256号三叉戟飞机是“试飞”到了山海关。胡萍还告诉他，飞机发动机有故障，正在检修。吴法宪立即将此情况向周恩来作了报告。周恩来又命令：飞机停在那里不准动，修好了马上飞回来。返回时不准带任何人回北京。

吴法宪不明不白的回答，使周恩来顿生疑窦。他想到山海关机场属海军管辖，于是马上又找李作鹏查问那架专机的情况，李作鹏也回答说，要查一查。

周恩来当即指令李作鹏：山海关机场的专机不要动，要动必须有周恩来、黄永胜、吴法宪、李作鹏四人一起下命令才能放飞，但李作鹏却将这一命令篡改为“四个首长其中一个首长指示放飞才放飞”而下达了，当然他就更不可能去布置山海关机场采取坚决措施防止飞机逃跑了。

林彪出逃的当晚，山海关机场场站领导感到事态严重，在飞机尚未发动前，曾三次请示李作鹏：“飞机强行起飞怎么办？”但他依然没有下达任何阻止飞机起飞的指示，却答复说：“可直接报告总理。”李作鹏这样做，拖延了时间，使林彪得以外逃。事件发生后，李作鹏为了掩盖自己的错误，于9月13日临近中午，又亲自打电话批评场站领导“记录有误”，说他传达的周恩来的指令是：“256号专机必须经周、黄、吴、李四人共同批准才能放飞。”“谁批准放飞要报告我，要负责任。”李作鹏要求修改值班日记，但他的要求遭到了场站领导和正在开会的师工作组同志们的拒绝。大家议定将《航行调度记录》封存，以便上交上级工作组。

晚上11时半，周恩来又直接打电话给叶群，查问山海关机场那架专机的事。

周恩来问叶群：你知不知道山海关机场有一架专机。

叶群先是撒谎，说她不知道。后来又改口说：有，是我儿子坐过来的；林副主席说，如果明天天气好，他想乘这架飞机到天上转一下。

叶群的答话，吞吞吐吐，前后矛盾，这就更加引起了周恩来的警觉。

周恩来又问叶群：林副主席是不是还准备到别的地方去？

叶群说：原来想到大连去。

周恩来说：晚上飞行不安全。

叶群说：晚上不飞，等明天早上或上午天气好了再飞。

周恩来说：一定要把气象情况掌握好。如果需要的话，我去北戴河看看林彪同志。

叶群一听周恩来要来北戴河，更慌了。她怕周恩来一来，林彪南逃广州、另立中央的计划破产。于是，叶群再三劝周恩来不要来北戴河。

这时，在西郊机场的空军副参谋长兼34师师长胡萍，得知周恩来追查256号三叉戟飞机的事，以为林彪南逃的阴谋已被中央察觉。于是，他一边打电话给在山海关的空军34师副政委潘景寅（专机驾驶员），让他说飞机有故障，不能飞回北京；一边又要周宇驰打电话告诉林立果，事情已经败露，要他早打主意。

林彪从林立果那里得知这些情况后说：今晚反正睡不着觉了，赶快准备东西，马上就走。叶群更加惊慌失措地叫喊：快！越快越好！

他们要走向何处呢？

李德生从后来审查中得知：林彪发动反革命政变共有三策：上策是谋害毛泽东，夺取党和国家的最高权力；中策是南逃广州，另立中央；下策是北飞出逃国外。现在上、中策都破产了，只剩下下策一条路了。

夜暗中，林彪、叶群、林立果立即坐上红旗牌防弹轿车，以每小时100公里以上的速度，赶到了山海关机场。

据披露，林立衡在通过8341部队向中央汇报情况时，还向警卫部队提出4条措施：一是调一辆大卡车来，把公路堵死；二是砍掉一棵大树，把路挡住；三是调20名警卫战士拦截车辆通行；四是封锁机场道路。当时警卫部队的负责人也认为是可行的，但不知什么原因，这几条措施并未付诸实施。因而无法挡住林彪乘坐的小轿车。

山海关机场的工作人员赵雅辉、佟玉春、王学高、周振山、刘三儿等目击了林彪、叶群等仓皇逃命的狼狈情形。他们说当时的情况是这样的：9月13日零时22分，林彪一伙乘坐红旗小轿车，以极高的速度开到机场的三叉戟飞机旁边。车子还没有停稳，林彪一伙就急忙下车。叶群、林立果、刘沛丰等拿着手枪，乱喊乱叫：快！快！快！飞机快启动！飞机快启动！在没有客机舷梯的情况下，这伙叛徒慌忙顺着从驾驶舱里放下的软梯，一个接一个地往上爬。第一个上去的是刘沛丰。叶群往上爬的时候，林彪跟在她后头，帽子掉在了地下，他的光头都顶着了叶群的脚。他们没有等机组人员上齐，就让飞机仓促启动，强行滑出。这时，副驾驶员、领航员、通信报务员都没有上飞机，飞机的滑行灯也没有敢开，机舱门也未关上。在滑行中，飞机的右翼撞坏了停在滑行道旁的加油车罐口盖，刮掉了机翼上的铝皮，撞破了机翼上的绿色玻璃灯罩。在没有夜航灯光和通信保障的情况下，在一片漆黑中，林彪乘坐飞机于9月13日零时32分，强行起飞，升空北去。它要飞向何方，当时人们并不清楚。

赶赴空军作战室

周恩来与叶群通完电话之后，立即作了相应布置。他命令李德生尽快赶到空军司令部作战值班室，这是他当时采取的重大措施之一。周恩来对李德生强调，24小时都不能离开岗位。

像战争年代执行作战命令一样，李德生立即大步流星地离开人民大会堂，乘车向空军大院急驶，去完成周恩来交给他的这一重大但未知数还很多的任务。在灯火通明的长安大街，红旗轿车在飞驰。坐在汽车里的李德生急如星火，他心想，应该尽快弄清飞机起飞究竟是怎么回事，它要到哪里去降落。他明白，周恩来是要他去控制空军的指挥权，迅速处置各种可能出现的复杂情况。他知道，这是一个关系到党和国家安危的极其艰巨的任务，必须百分之百地坚决完成。

与此同时，周恩来还派中央警卫团政委杨德中陪同（实为监视）吴法宪去西郊机场，派纪登奎去北京军区空军司令部。同时，指示在山海关机场的256号三叉戟飞机，连夜返回北京。

当李德生急速赶到空军司令部时，担任值班的空军副司令员曹里怀、副参谋长白云将他迎进了在地下室内的空军作战值班室。在场的有作战、侦察、情报、通信等有关参谋人员。他们都不明白，为什么总政治部主任半夜三更来到了空军作战室？

面对大家的狐疑，李德生也不便多说，只是告诉曹里怀，在北戴河海军机场，有一架空军的三叉戟飞机，可能要不经批准擅自起飞，中央命令他来直接掌握情况。

熟悉空军情况和指挥的空军参谋长梁璞，正在天安门检查国庆阅兵排练情况，李德生指示立即将他找了回来。后来空军政委王辉球也赶来了。

李德生等注视着整幅墙壁上巨大的雷达屏幕，看着标图板上显示的256号飞机，正在向北飞行，已经过了承德，到了内蒙上空。

李德生立即将飞机飞行的方向和准确位置，向在人民大会堂东大厅电话间的周恩来作了报告。

周恩来要李德生查清机组人员的名单，李德生向值班参谋徐心德要了几张办公纸，用粗红铅笔写下了机组人员的名字，向周恩来作了报告。

周恩来提出，他要与空军作战室的调度员直接讲话。

周恩来问："用无线电向256号飞机呼叫，飞机能不能听到？"

调度员回答："能听到。"

周恩来说："我要对潘景寅讲话，请给我接上。"潘景寅是这架飞机的驾驶员。他是第一次当然也是最后一次执行为林彪开专机的任务。

调度员说："他开着机器，但不回答。"

周恩来说："那就请你向256号飞机发出呼号，希望他们飞回来，不论在北京东郊机场或西郊机场降落，我周恩来都到机场去接。"

呼号发出后，调度员报告说："他不回答。"

这时飞机的飞行方向有了改变：先是航向290度，向西即向北京、大同方向飞行，但十几秒钟以后，在零点46分，改航向为310度，往北即向乌兰巴托、伊尔库茨克航线偏东一线飞行。

李德生紧张地注视着飞机的飞行方向。

梁璞说："这架飞机飞行不一般，情况异常。"

李德生问："有什么异常表现？"

梁璞回答：第一，飞的不是国际航线；第二，方向往北，马上要飞出国境到蒙古了；第三，飞的是低空，有意躲避地面雷达。

李德生坐在空军指挥所一张大写字台前，桌上装有直通周恩来的红机子专线电话，李德生不断地将飞机的位置、高度、方向、到达地点等情况向周恩来报告。

眼看飞机就要飞出国境了，李德生请示周恩来怎么办？要不要派飞机拦截？

周恩来在电话中告诉李德生，在你之前，吴法宪已从西郊机场打来电话请示过。毛主席回答说："天要下雨，娘要嫁人，由他去吧。"周恩来表示完全同意毛泽东的意见，说林彪是党中央的副主席，把他打下来怎么向全国人民交代！

因为梁璞他们并不知道飞机上坐的什么人，也不知道周恩来在电话中对李德生讲了什么话，所以他们又一次焦急地问李德生怎么办？李德生只能告诉他们：这架飞机不能拦截，不能打，让它飞！这是总理的指示。他强调，要始终掌握它的飞行动向，不能放松。要通过各种手段，侦察一切有关情报。

时间一分一秒地过去，李德生眼看着这架飞机于9月13日凌晨1时50分飞出国境线，进入蒙古人民共和国的领空，并在逐渐下降高度，不久雷达屏幕上的飞机信号在温都尔罕以南消失。

李德生立即将此情况向周恩来作了汇报。

周恩来再次让李德生查清256号飞机从北京西郊机场起飞时带了多少油，在山海关机场究竟有没有加油，根据飞机所携带的油量，究竟能飞多远的航程。

李德生立即指令空军有关人员查实上述情况。根据查实的数据计算后，断定这架飞机飞不到乌兰巴托。李德生将这一情况向周恩来作了报告。

空军作战部和司令部办公室，是林立果小舰队控制的地方。就在这个楼上，不久前他们还开过部署南逃广州的会议。可是，当李德生只带了一个警卫参谋坐镇空军作战值班室的时候，小舰队的成员，大多立即偷偷溜走。王飞开始还露过一次面，后来也不见了。为什么？他们知道，阴谋活动是见不得人的呀!

时隔一个月，周恩来在广州听取广州军区负责人关于清查与林彪事件有牵联的人和事的情况汇报，在回答为什么不把林彪的座机打下来的问题时，回顾了这一过程，并再次明确指出：他是副统帅，打下来我怎么向人民交待，只好打开雷达监视飞机的行动，直到飞机飞出国境，才算是真相大白。这件事报告了主席，主席说：“天要下雨，娘要嫁人”，他要跑，有什么办法。

这架飞机飞出国境以后，当时李德生和在场的空军首长并不知道已经机毁人亡。因此，对它将会有什么样的结果？国内外会产生什么样的影响？边境线上是否会有战事？大家都十分担心。当时估计林彪会逃到苏联，毛泽东、周恩来已经商量好应付由此而可能引起的一切事件，并作了最坏的打算。

下达禁空令

为防止再有飞机逃跑，周恩来代表党中央向全国发布禁空令：关闭所有机场，所有飞机停飞，开动全部雷达监视天空，并派陆军部队进驻全国所有军用和民用机场，实行警戒。

这个命令是由李德生负责下达的。当李德生向周恩来报告林彪的飞机已飞出国境线时，周恩来向他传达了政治局的命令：“从现在起，凡没有伟大领袖毛主席、林副主席、周恩来、黄总长、吴司令员联名签署的命令，一架飞机都不准起飞。”与此同时，毛泽东、周恩来还命令，派陆军部队进驻全国所有的军用和民用机场。

在接周恩来这个电话时，为了万无一失，李德生按照战时的习惯，当即示意作战值班参谋徐心德作了记录，并在周恩来讲完后又一字一字地大声向周恩来重复了一遍，以免出差错。因为事关重大，李德生在放下电话后，又检查了作战参谋的记录。当他看到记录确实准确无误后才放下心来。

显然，这就是“净空”了。也就是说，从现在起，空中如发现情况，不是外逃的飞机就是敌机，就可以断然处置。

林彪已经跑了，为什么周恩来在命令中还提到了“林副主席”呢？这是因为当时林彪叛逃这件事是绝对保密的。除李德生之外，飞出国境的飞机上坐的是什么人，当时在场的空军首长和担任空军作战值班的人员都不知道。保密的目的是防止社会产生大的震动，便于以后做工作。

周恩来下达禁空令后，李德生立即指示空军参谋长梁璞组织人员向各军区空军、指挥所传达。值班参谋朱秉秀、徐心德从1时56分至2时20分，用了将近半小时的时间，才将命令传达完毕。接着，经在场的空军领导研究和李德生同意，空军司令部又向各军区空军下达了以下指示：要增开地面警戒雷达，严密对空监视，发现情况立即报告。

沙河机场的报告

13日凌晨3时15分，沙河机场报告：起飞了一架直升机，正向张家口方向飞去。机号是4685。机上有周宇驰、于新野、李伟信和正副驾驶员共5人。

李德生立即将这一情况向周恩来作了报告。

周恩来请示毛泽东后对李德生下达指示：“这架飞机，无论如何不能让它飞出去，要迫降它！迫降不了就打掉！绝不能让它飞走！”[①]与此同时，周恩来还布置吴德、吴忠，派出大批民兵，在地面待命，不让直升飞机上的一个人跑掉，直升飞机上的一件物品、一张纸片都不得丢失。

李德生叫梁璞查问沙河机场：为何在接到禁空令后，还让飞机上天？

机场报告说：“周宇驰出示了林副主席的手令，调度室就让直升机起

① 《李德生回忆录》，第422页。

飞了。”

当时机场人员还不知道林彪已经外逃，所以对他们也无法责怪。

这架直升机是周宇驰、于新野等人劫持的，他们企图外逃。机上携带有他们窃取的大批国家机密文件和美钞等外币。

由于当时的情况十分紧张，空军政委王辉球、副司令员曹里怀等领导同志，既不知所以，也不知所措，一个个神色紧张地站在那里。没有毛泽东、周恩来的指示，李德生也不便向他们解释。

地面电台按李德生的命令向直升飞机呼叫返航，直升飞机置之不理。

李德生立即让梁璞命令北京空军，派8架歼-6战斗机升空拦截！

夜间航行，全凭机上的雷达导航。直升飞机没有打开夜航灯，飞行速度慢，而歼-6飞机的速度大大超过直升飞机，从高空往下搜索，在低空飞行的直升飞机和各种地面物体，都反映在歼-6飞机雷达上，如满天繁星，闪闪耀眼，一时难以找到目标。

怎么办？

李德生和梁璞研究了一下，决定由地面的塔台为歼-6飞机导航，指示目标位置，向目标开炮。这样做，即使打不到，也能对直升飞机造成威胁，迫其降落。这一措施，果然收到了效果。

从后来调查和审判的材料中了解到，直升飞机驾驶员陈修文发现林彪死党周宇驰、于新野要叛逃，就想往回飞，但周宇驰懂飞行，用枪逼他继续北飞。正在这时，歼-6飞机开炮了，陈修文借此机会向周宇驰说，为了躲避射击，必须不断改变航向，于是他东转西转，并乘机破坏了罗盘，将飞机飞回到北京郊区，最后在怀柔县的沙峪降落。

在直升飞机快降落到地面时，丧心病狂的周宇驰竟向陈修文连开两枪，将他打死。周宇驰、于新野、李伟信下机后，看逃跑无望，便撕毁了一些重要文件，并约定同时开枪“集体自杀”。周宇驰、于新野随着枪声倒下了，但李伟信并未死，因为他的枪口是朝天的。赶到的民兵抓住了李伟信。他后来供出了驾机外逃的经过。

直升机驾驶员陈修文被追认为革命烈士。

忙坏了周恩来

9月12日夜晚，人民大会堂一直闪耀着不眠的灯光。

周恩来像年轻人一样，精力充沛地忙碌着。

在林彪乘坐的飞机越过国境后，周恩来考虑到毛泽东的安全，将他从中南海转移到人民大会堂暂住；并根据毛泽东的指示，于13日凌晨3时许，在人民大会堂召开在京的政治局成员紧急会议（黄、吴、李、邱都参加了），向大家介绍了夜间发生的一切情况，宣布林彪已叛逃国外，会议研究和部署了应付各种情况的措施。

由于毛泽东和所有在京的政治局委员都在人民大会堂，而这时林彪叛逃国外后的情况又不甚清楚，再加上与林彪关系密切的黄、吴、李、邱也在人民大会堂，所以周恩来出于安全考虑，以中央随时准备开会为由，规定不许任何人离开，包括江青在内。但是周恩来又明确指示，李先念和李德生两人可以自由出入人民大会堂，因为他们两人都受周恩来直接指挥，协助他处理有关"九一三"事件的种种问题。这种紧急状况持续了三天三夜，直到我国驻蒙古大使馆报告，确认林彪所乘坐的三叉戟飞机已在蒙古坠毁后，才解除了禁令，所有的人才得以离开人民大会堂回家了。

接着，周恩来又想到，必须以最快速度，把林彪外逃之事，通报各地的党政军领导，以便应付各种可能发生的事变。

政治局会议结束后，天已发亮，已是13日清晨，周恩来立即进入东大厅保密电话间，亲自向11个大军区，29个省、市、自治区主要领导人用保密电话通报情况。从清晨到下午，花了将近一天的时间。①

在电话中，周恩来的话讲得非常含蓄，但了解庐山会议情况的人一听

① 《周恩来年谱》（1949—1976）下卷，第482页。

就明白了。

周恩来说："在庐山会议上第一个发言的那个人，经常生病的那个人，出问题了，带着老婆儿子，坐飞机逃向蒙古人民共和国方向去了。听懂了没有？"直到对方回答："懂了"，他才放了心。

周恩来在电话中要求各地听从党中央、毛泽东的指挥，加强战备。

南京军区按照周恩来的指示作了部署后，对毛泽东怀有无限崇敬的特殊感情的许世友司令员，立即要秘书接通北京的电话，准备将执行情况直接报告周恩来，同时还想了解一点林彪逃跑的具体情况。因为没有找到周恩来，许世友又让总机找到坐镇空军作战值班室的李德生，在电话中对他说：

"请你报告总理，我们已按他的指示部署下去了。陆军开到机场，大卡车停在跑道上，万无一失。"许世友汇报了南京方面的具体落实情况后又强调说："德生同志，你一定要好好保卫党中央，保卫毛主席。"

这次通话，后来被"四人帮"拿来大做文章。他们怀疑是许、李二人搞串联，还专门派人去沈阳军区搞调查，李德生不得不花费口舌，对他们说明本来就已经十分明白的情况。

为了应付不测，周恩来还采取了一系列重要措施。他派李先念、华国锋、邱会作分别到京西宾馆、海军司令部和总后勤部主持工作，报告情况；指示外交部，密切注意外电报道，研究并提出林彪事件引起的对外交涉及应对方案；同中央政治局部分成员与总参谋部负责人共同拟定紧急战备指示，指定叶剑英处理林彪善后问题及战备事项。他还要随时将各方面的情况报告毛泽东。

与此同时，周恩来还亲自向北京军区政委陈先瑞交待了任务。周恩来对他说："林彪跑了，现在情况不明，北京军区立即进入紧急战备。"李德生也要求他"立即回军区机关，把作战、机要、通信部门和北空指挥所控制起来，没有总理的命令，任何人都无权调动部队。"陈先瑞表示："坚决服从总理的命令。"他回到军区机关以后，立即召开军区党委常委会，传达了周恩来的指示和李德生的意见，军区常委们按照各自的分工坚守岗位，抓好分管的战备工作，做到了万无一失，没有出任何问题。

9月13日夜，在各方面应变部署大体完成后，极其疲劳的周恩来提起笔来写信向毛泽东汇报说，政治局和总参共同拟定了紧急战备指示；北空、北京军区、卫戍区已进入部署位置，机场均有陆军驻扎，手中亦有机动兵力。这时的毛泽东肯定情绪也很焦虑不安，周恩来在信的最后安慰说："一切请放心"。

鲁珉的"半起义"

到9月14日中午，李德生已经整整两天两夜没有合眼了。在他身边的工作人员，利用午休时间，把他安排到京西宾馆休息一下。

李德生刚躺下，电话铃便响了起来。军委一号台总机传话说：空军司令部作战部长鲁珉有急事找李德生主任。李德生心想，我在空军作战值班室坐镇近40个小时，始终没有见到这位部长露一面，怎么现在出现了呢？李德生估计可能有重要情况，便拿起电话说："我是李德生，有什么事情吗？"鲁珉声泪俱下地说："李主任，我有重要事情，要当面向你报告！"李德生顾不上两天两夜没有睡觉的疲劳，立即布置让鲁珉到京西宾馆来见。

李德生的警卫参谋倪瑞峰对笔者说，鲁珉一见到李德生，就扑通一声跪倒在地，放声大哭，说："首长，我犯了滔天大罪，犯了杀头之罪，我参与了阴谋杀害毛主席，全国人民都不会饶恕我的。"

鲁珉的这一跪一哭，使李德生大感意外，觉得来者不寻常，肯定有什么大事。

李德生继而一听，还以为自己的耳朵出了毛病，于是又让鲁珉重说了一遍。鲁珉说他参与了谋杀毛主席的罪恶活动，罪大恶极。在他重说的过程中，李德生发现他那双红肿而睁不开的眼睛，不断地流着泪水。

鲁珉的交待使李德生异常震惊，原来只认为林彪要阴谋篡党夺权，没有想到他们竟然还要谋害毛主席。

对鲁珉这个人，李德生多少了解一点。鲁珉抗战时期参军，在抗美援朝战争中，曾驾驶米格—15战机，击落美国号称世界一流的亚音速佩刀式F—86飞机5架，被评为志愿军空军一级战斗英雄和特等功臣，对革命做过贡献。20世纪60年代，鲁珉调到空军司令部任作战部长。1969年10月，林立果被任命为空军司令部办公室副主任兼作战部副部长，经常向他转达林彪、叶群的问候，进行拉拢。在林彪让吴法宪控制空军后，他跟着走了邪路，上了贼船，并成为林彪进行反革命政变活动所建立、依仗的组织“联合舰队”的一员，参与了阴谋活动。

李德生看到鲁珉情绪十分激动，影响说清楚问题，便让他冷静下来，慢慢地说，讲得详细一点。

于是，鲁珉详细揭发交待了林彪阴谋发动反革命政变、策划谋害毛泽东的经过。按照他们的预谋，林立果、周宇驰一伙，企图趁毛泽东南巡的机会，在上海地区首先让空4军原政委王维国，利用毛泽东接见时下手行刺；此计不成，就用火焰喷射器、40火箭筒、100高炮平射，打毛泽东的专列；这还不成，就在苏州附近的硕放铁路桥用炸药炸专列；实在还不行，就用轰炸机炸毛泽东的专列。他们要求鲁珉执行的就是这一罪恶的轰炸任务。

毛泽东南巡提前回京的行动，使林彪一伙的种种谋杀阴谋一一被挫败。9月12日晚，他们又要鲁珉参加制定第二天南逃广州、另立中央的行动方案。鲁珉毕竟是在毛泽东思想哺育下成长起来的，并且有着光辉的历史，要他参加这个天大的阴谋活动，不能不引起他的深思。他的思想斗争很激烈，也很害怕。害怕干不成，林彪饶不了他；干成了，林彪会杀人灭口，将谋害毛泽东的罪名转嫁给他。他也曾想过将林彪、林立果一伙的阴谋活动，直接向毛泽东、周恩来作汇报，但几经联系，也没有结果。于是，鲁珉以回家做准备为借口，和他当医生的妻子商量后，用盐水擦肿了眼睛，当晚以看“急诊”为名，住进了空军总医院。当时，北京正在流行“红眼病”，鲁珉的这一手，躲过了林彪一伙的追问。

针对这一情况，后来毛泽东说过：林彪搞政变，有的是想干不敢干，有的是叫干不愿干。鲁珉就是叫干不愿干的人当中的一个。

鲁珉还揭发交代了林彪一伙其他方面的罪行。

鲁珉的揭发令人吃惊。林彪为抢班夺权，竟然在军队中组织阴谋杀害毛泽东的反革命政变。这在党的历史上是不曾有过的严重事件。

鲁珉谈完之后，为慎重起见，李德生让他在揭发交代记录上签上名字。鲁珉照办了。李德生对他说：你提供的情况很重要，我立即向总理和主席报告。你先回去待命。

鲁珉走后，李德生迅速将这一重大揭发交代材料报送周恩来。

周恩来看了李德生上报的材料，很快给李德生来电话说：鲁珉的揭发交代太重要了，一是说明林彪反革命集团尽管控制很严，但也不是铁板一块；二是说明林彪是一个当面说好话、背后下毒手，极其凶残的反革命两面派。鲁珉的交代，是对清查林彪反革命集团罪行的一个重大突破！清查工作要抓紧，要继续深入下去。

当天晚上，李德生又派人将鲁珉送到北京军区招待所，由纪登奎代表党中央找他谈了话，让他再写一份书面材料。他们谈完话后，为了保密和安全起见，李德生让工作人员将鲁珉一家都安排在军区招待所暂时住下，不让他回到空军大院自己的家里。

鲁珉的揭发交代，对查清林彪反革命罪行是一个很好的开端，也是一个重大突破。后来李德生让人转告鲁珉，他写的材料已经呈送主席处。主席说，好好把眼睛治好，将来继续为党工作。李德生还表示，他能够及时揭发林彪的反革命阴谋，很好，是半起义。后来在把有关人员收审到北京西郊亚非疗养院时，李德生指示工作人员给鲁珉单独安排了一间房子，不派专人看管，允许他与妻子、孩子同住，可以自由活动，以体现党的坦白从宽、区别对待的政策。

《“571工程”纪要》的查获

李德生从已经掌握的情况来看，感到清查林彪反革命集团的罪行，任务还是非常艰巨复杂的，是紧张繁重的，不可稍有疏忽和懈怠。这是因为：

首先，林彪为了实现他的反革命野心，拉帮结伙，结党营私，罗织了以“大小舰队”为主体的反革命集团，通过他们的所谓“路线交底”和“效忠活动”，形成了相当顽固的势力。

其次，林彪一伙的反革命阴谋活动，涉及不少高层领导、要害部门和他们控制很严的单位，而且又集中在军队。

最后，当时为了保密，林彪叛逃案件，第一步只是传达到各省、市、自治区和军队各总部、军兵种、大军区的主要领导人，清查工作还不能公开地、全面地展开。

9月14日，李德生通知总政治部副主任田维新到京西宾馆，向他布置说：“中央同意由总政治部派出几个工作组，进入空军学院、空军34师、西郊机场、沙河机场、空军招待所等几个地方，那里有林立果设立的秘密据点。他们逃跑很仓促，很多东西没有来得及带走”，要求工作组“特别要把他们的据点严格控制好，不能丢失一份材料”。李德生还提出派一个工作组到空军机关，帮助他掌握情况。按照李德生的布置，田维新迅速从总政机关抽调力量，编成若干小组，派到上述重点单位指导和掌握清查工作。

林立果在北京有五个据点：西郊机场有两个，沙河机场有一个，东交民巷空军招待所有一个，空军学院有一个。总政一个工作组去空军学院的时候，李德生亲自到该院向全体人员作过一次动员，要求大家把看到的、听到的一切不正常的现象，以对党、对人民负责的精神，彻底揭发出来，不得隐瞒。

在李德生动员之后，全院人员立即行动起来。大约是17日、18日这两天，空军学院负责给林立果秘密据点送饭的一个食堂工作人员，交出了一个小本子，说是住在那里的人走时很急忙，没来得及带走，他在打扫房子时发现的。总政工作组的同志看后马上送给李德生，说里面记的东西很反动。

李德生打开这个小本子一看，上面写着一些比较隐晦的文字，有的一时还很难搞清楚到底是什么意思。然而有些话语则很刺眼、很反动，一看就明白指的是什么。如说“B-52”是中国历史上最大的封建暴君，他“披着马列的外衣，承袭秦始皇的衣钵”；要“推翻挂着社会主义招牌的封建王朝”，等等。不言而喻，“B-52”指的就是毛泽东。李德生真没想到，在毛泽东的威信无比崇高、毛泽东思想如日月经天的中国，背地里竟有人吐出这样恶毒的语言。

这个封面标明《五七一工程纪要》的小本子，全文共有九个部分，分析了“夺取全国政权”或制造“割据局面”的可能性、必要性、基本条件、时机和力量，提出了口号和纲领，规定了实施要点、政策和策略、保密和纪律，等等。《纪要》认为，“对方目标在改变接班人”，“中国正在进行一场逐渐地和平演变式的政变”，“要以暴力革命的突变来阻止和平演变式的反革命渐变。”李德生看了这些写在小本子上的《纪要》的言词，联想到鲁珉的揭发材料，断定它就是那个企图阴谋杀害毛泽东的准备发动反革命武装政变的计划。

然而具体情况到底是怎样的呢？它是什么时候，在什么地点，由什么人怎么搞出来的呢？这些问题必须弄个一清二楚。于是，李德生派人提审了李伟信。

据李伟信交代，这是1971年3月下旬，林立果、周宇驰、于新野，还有李伟信他自己，他们几个人在上海，按照林彪“先搞个计划”的旨意，拟定的反革命政变纲领。《“571工程”纪要》中的“571”三个数字，就是“武装起义”的谐音。小本子里面的内容，是于新野根据他们的讨论记录的。

当时，批陈整风运动正在不断深入。在党的九届二中全会上，陈伯达被揪了出来，会后黄、吴、李、邱被迫作检讨，林彪一伙在政治上一步一步地陷入被动。林彪担心烧到自己，处于惶惶不安之中。林立果等人在谈到林彪的“接班人”问题时说，党章上虽然写了林是接班人，但那并不可靠，刘少奇就是先例。“和平接班”看来已不大可能，“被人抢班”——即毛泽东利用他的崇高威信说一句话，把林彪赶下台，可能性越来越大。因此，必须先发制人，发动武装起义，“提前接班”。于是，他们搞了这个准备发动反革命政变的《“571工程”纪要》。林立果的这些看法也都纳入其中。这个材料的查获，使我们党掌握了林彪阴谋搞反革命政变的文字证据，是清查工作的又一个新的重大进展。

李德生把原件和李伟信的交代材料很快报给了周恩来，周恩来看后很快转呈给毛泽东。毛泽东看后，认为搜查到的林彪罪行材料中，这是最重要、最有价值的一件。他在巡视大江南北时了解、发现的一些异常情况，在这个《纪要》中都得到了印证。毛泽东批示将这份反面教材立即“印发给政治局各同志阅”。以后他又坚持把这份材料公开发给全党、全国，作为反面教材，教育群众，增强人民群众的“免疫力”。

一场小误会

听到直升机在怀柔县沙峪迫降的消息后，李德生立即命令梁璞从空军派了一支可靠的警卫部队，前往控制和封锁飞机降落地区，目的是把飞机、人员和机上的东西保护好，防止流失在外，以利于文件保密、获取证据和对事件的处理。

大约在9月13日上午11时，空军的警卫部队赶到了直升机降落现场。但是，那里已被民兵和另一支陆军部队包围。

赶去的空军警卫部队向包围现场的陆军部队说，我们是奉命而来的，提出要把飞机和飞机上的人和物全部交给他们，但陆军不仅什么也不给，反而有礼貌地把空军警卫部队的枪收缴了。

这真是出乎意料！

李德生把情况报告了周恩来，方知收缴空军警卫部队武器的是吴德、吴忠派去的卫戍区部队。

原来，周恩来得知李德生向他报告的在沙河机场起飞的消息后，就把吴德、北京军区政委陈先瑞、北京卫戍区司令员吴忠等召集到人民大会堂，向他们通报了林彪外逃的情况，宣布了准备迫降沙河机场起飞的直升机的决心，要求按毛泽东、党中央的决定，立即进入紧急战备状态，由吴德、吴忠、杨俊生（卫戍区政委）三人负责紧急战备工作。

周恩来向他们宣布了几条应急措施：

1. 要监视和搜索外逃被迫降的直升机，要人、机并获，将情况直接报告毛泽东、周恩来；

2. 派卫戍区部队封闭控制北京郊区的几个机场，没有命令，任何飞机不准起飞，也不容许任何飞机降落。在没有接到允许飞机起飞的命令或通知时，发现有飞机起飞，要将其击落；

3. 卫戍区要加强对新华社、广播电台、人民日报社等警卫目标的警卫工作，对中南海、人民大会堂等附近地区也要增派部队，加强警卫。

4. 各部队进入一级战备，并部署北京地区的防空降的作战任务。①

9月13日天亮之前，他们即按周恩来的指示进行了有关部署和准备。上午10时，怀柔沙峪民兵和卫戍区警卫3师7团，已对沙峪地区实行戒严，并找到了迫降的直升飞机，抓获了李伟信。

当时，林彪事件是高度的机密，同时情况也很紧急。吴德、吴忠不知道中央派李德生去坐镇空军司令部，当然更不知道他下达了什么命令。当时李德生也不知道周恩来对吴德、吴忠布置了什么任务。因此，当空军的

① 《回首文革》（下），第103页。

小部队赶到时，吴德、吴忠认为，空军出了事，再把人、物交空军处理，是不妥当的。因此，他们告诉卫戍区的部队，没有周恩来的指示，谁也不能进入戒严区，更不能带走任何物品。于是，李德生派去的空军警卫部队便被缴了械。

当戒严部队把飞机上的人和物（包括撕碎丢到地上的纸片）都送到北京卫戍区后，又把枪还给了空军警卫部队，并在卫戍区的武装监视下离开了沙峪地区。

这显然是一场小误会，是在当时特定的紧急情况下来不及相互通报和联系的结果。好在飞机上的人、物都捕获到了，也没有发生什么其他问题，李德生也就放心了。

迫降直升机

在9月13日凌晨直升机被迫降、李伟信被抓获后，当天中午，李德生、纪登奎即对李伟信进行了突击审讯，证实他们保有林彪的“手令”，但“手令”是由周宇驰保管的，李伟信不知道在哪里。于是，李德生当即要求在场的卫戍区干部重新回到现场，把散落在田间的片纸只字都找回来，不能漏掉一小片。周恩来接到审讯报告后，也明确指示卫戍区组织民兵，在现场进行拉网式的寻找，一定要把散落在田野里的碎纸片，统统收集起来，全部上缴。正如李德生所预料的那样，卫戍区组织民兵找回了数十张被撕碎的小纸片，掌握了林彪反革命集团的罪证。

9月13日晚，周恩来给吴德、吴忠打电话，询问从直升机上都收缴了什么东西。吴德报告说，收缴上来的东西，他和吴忠都看了。主要有：一些中央文件和文字材料，一个录音带，还有三万美元。他们已对李伟信进行了审问，据李伟信交代说，副驾驶员陈士印把飞机降落到地面后，用陈修文流出的血往自己的脸上抹了抹，便躺了下来。周宇驰、于新野以为他也被打死了，便从飞机上跳下来。周宇驰在自杀前，把几份材料撕碎扔在地上。现在这些碎片已找了回来。录音带放出来的声音吱吱哇哇的，听不出讲的什么。撕碎的东西他们拼对了半天，发现有用红铅笔写的“林彪”二字，其他的没有对出来。

9月17日，周恩来通知李德生、纪登奎、吴忠等到他那里，拼对碎纸片。在周恩来办公室里，大家围在一起辨认，周恩来拿着放大镜仔细地一片一片地拼对，最后拼出了两张林彪亲笔所写的便签。

为了搞得更准确一些，周恩来提出，公安部懂这方面的技术，请他们派人对录音带、纸片鉴别一下。

吴德、吴忠按周恩来的指示，请公安部的李震(时任公安部长)、于桑(时任公安部副部长)帮忙，对录音带进行了技术处理，可以听清了。原来这是叶群与黄永胜通话时林立果偷录的。撕碎的材料也拼对得更清楚了。两张林彪亲笔所写的便签：一是林彪用红铅笔写的政变手令：“盼照立果、宇驰同志传达的命令办。林彪。九月八日”；二是林彪给黄永胜的信：“永胜同志：很惦念你，望任何时候都要乐观保护身体有事时可与王飞同志面洽。敬礼。林彪”。从直升机上缴获的还有以下一些重要文件：林、叶、黄、吴、李、邱等人南逃时准备乘坐的飞机安排表；“小舰队”的名单；广州军区空军参谋长顾同舟写给林立果的一封信（内容是他所知道的毛泽东南巡的谈话）。

缴获的林彪“手令”等文件，证据确凿地表明，这场反革命政变的头子不是别人，正是那位“语录不离手、万岁不离口”的副统帅林彪。

事实表明，林彪为了谋取更多的权力是不遗余力的，要发动反革命政变是精心策划、蓄谋已久的。他让自己的老婆当了“林办”主任，进了中央政治局。还把他唯一的儿子林立果安排到空军参了军。林立果1967年3月入伍，到1969年10月，仅仅两年多的时间，就当上了空军司令部办公室副主任和作战部副部长。不仅如此，吴法宪还秉承林彪的旨意，给了林立果在空军可以“调动一切，指挥一切”的特权，强调空军的一切都要向林立果汇报，实际上是把空军的指挥大权交给了林家父子。

很快，在林立果的周围就形成了一个小圈子。1970年春，林立果看了《山本五十六》等日本影片，便把他那个小圈子称为“联合舰队”，并把它扩充到上海、广州等地，形成了一个反革命组织。缴获的那份“小舰队”名单，就与林立果的“联合舰队”有密切关系。

1971年8月中旬，毛泽东离京到南方巡视，先后到达武汉、长沙、南昌、杭州，约见十几个省市及五个军区的主要负责人谈话，点名批判了林彪、叶群、林立果及黄永胜等人。毛泽东认为，陈伯达还有后台。他表示：在重大原则问题上，我是不让步的。毛泽东叮嘱，谈话内容不得外传。

在毛泽东南巡的日子里，林彪一伙提心吊胆，惶惶不可终日。他们害怕毛泽东把林彪抛出来。因此，便布置亲信，千方百计地把毛泽东在巡视期间的谈话内容搞到手。当时的广州军区空军参谋长顾同舟，是林立果“联合舰队”的重要成员。他在听了广州军区负责人传达的毛泽东谈话后，违背当时宣布的保密规定，立即偷偷地向林立果写信报告。

在南巡谈话中，毛泽东尖锐地指出，庐山会议时，“有人急于想当国家主席，要分裂党，急于夺权”。“庐山这件事，还没有完，还没有解决。”还说，对此，林彪“当然要负一些责任”。

林彪一伙得知毛泽东的谈话内容，预感到事情不妙。林立果等经过密谋，决定来一个先下手为强，在南巡途中将毛泽东杀害。《“571工程”纪要》中关于政变的“战略时机”这样规定：“发现敌人张开嘴巴要把我们吃掉的时候，我们受到严重危险的时候，这时不管准备和没准备好，也要破釜沉舟。”林彪当时显然认为，时机已经逼临。于是，他在9月8日亲笔书写了“盼照立果、宇驰同志传达的命令办”这一反革命手令，同时还给他的干将黄永胜写了一封短信，要他有事和王飞面洽。林立果带着这个手令，当天从北戴河飞到北京，立即和周宇驰等人向“联合舰队”进行传达，密谋制定杀害毛泽东的具体办法。

不过，他们的这些阴谋最终都一一破产了。就在9月8日这一天，在杭州的毛泽东，发现过去由地方管的警卫工作这次却由空5军政委陈励耘掌握。谈话中问陈励耘问题，陈常避而不答，表现不正常。这自然引起了毛泽东的警觉。10日，毛泽东突然下令，不告诉陈励耘，专列向上海开去。11日中午，又突然离开上海直奔北京。

林彪折戟沉沙

林彪乘座的那架飞机飞到哪里去了？自从它在荧光屏上消失之后，在人民大会堂的周恩来和在空军作战值班室的李德生一直在焦急地等待它的结果。

9月14日下午，李德生从周恩来那里得知，蒙古人民共和国就我空军飞机“入侵”问题，向中国提出了抗议。

原来，林彪乘坐的飞机从山海关机场强行起飞不久，周恩来即指示外交部党组负责人、代理部长姬鹏飞等领导同志，要密切注意外电报道，并研究和提出在各种可能的情况下的交涉和应对方案。

14日上午，在姬鹏飞主持下，外交部党组召开会议，研究如何贯彻落实周恩来的指示。会议对林彪逃至国外的动向作出了估计，并详细讨论了各种情况下如何表态的问题。中午12时刚过，值班秘书突然送来我驻蒙古大使馆的一份特急报告，内称：今日上午8时半，蒙古副外长额尔敦比列格约见我许文益大使，通知有一架中国喷气式军用飞机，于凌晨2时30分左右坠毁在蒙古肯特省贝尔赫区境内，机上共有9人，全部死亡。他说：对中国军用飞机侵入蒙古领空，我代表我国政府提出抗议。

于是，外交部立即把这份报告迅速呈报毛泽东和周恩来。经联系，他们办公室的同志答复说：主席和总理从前天夜里起，一直都没合过眼，刚刚服了安眠药入睡。外交部强调，这是一份很重要的文件，必须马上让总理和主席知道。

很想让周恩来多睡一会儿的秘书无奈，只好把周恩来叫醒。

周恩来听说外交部送来我驻蒙古大使馆发来的电报，就叫秘书快念。当他听到256号三叉戟飞机，于13日凌晨2时30分在蒙古温都尔汗附近坠毁，机上8男1女全部死亡时，连声说：“啊，摔死了！摔死了！”

周恩来当即将这一消息报告了毛泽东。毛泽东听后也高兴地说：“这是最理想的结果！”

14日这一天，空军司令部也获悉蒙古温都尔汗地区有一架军用飞机坠毁起火。这再次证实了林彪摔死的结局。周恩来将空军司令部的这份电文也转报给了毛泽东。

周恩来从毛泽东那里回来后，立即打电话给外交部，对外交部特别是对我驻蒙古大使馆的工作表示满意，并要求把报告用3号铅字打印18份，下午6时送人民大会堂，交中办王良恩副主任。

9月14日傍晚，外交部及时把文件送到人民大会堂，周恩来主持在京中共中央政治局成员会议，通报林彪等人机毁人亡的消息，并在会上分发中国驻蒙古大使馆的报告。与会者也都感到这是不幸中之大幸，大大松了一口气。

9月15日，我驻蒙古人民共和国大使到实地察看，确认机毁人亡，并收集了物证。经过紧张的工作，于17日告一段落。

9月21日下午，大使馆派人送回256号三叉戟飞机残骸和林彪、叶群等9具被烧死的尸体照片。晚上11时许，周恩来先在人民大会堂听取我驻蒙古使馆回来的同志汇报。还没有汇报完，他又让通知相关人员前去人民大会堂。李德生也接到了通知。当李德生走进福建厅时，周恩来给汇报人介绍说，这是总政主任李德生同志。接着，邝任农（空军副司令兼民航总局局长）、吴法宪也先后进来了。周恩来将现场照片递给他们几个人传看。使馆的同志继续汇报说，飞机在降落时，一个翅膀被折断了，飞机着陆后，冲出去1000多米，机身因此破裂、着火，人可能是由猛烈的冲击甩出去的，草地上狼藉不堪。大使馆的汇报完全证实，林彪叛党叛国已经落了个折戟沉沙、葬身温都尔汗的可耻下场。

这时，周恩来和政治局的同志们一起，共同举杯，庆贺不动一兵一卒、不费一枪一弹，就清除了我们党、我们军队、我国人民的一大祸害。

叶剑英在“九一三”事件后不久，曾赋诗一首：铁鸟南飞叛未成，庐山终古显威灵。仓皇北窜埋沙碛，地下应惭汉李陵。这首诗，充分表达了大家对九一三事件的心情和看法。

在“九一三”事件发生前不久，即在八一前夕，还为林彪拍过照的江青，这时也流出了演员式的高兴的眼泪，装模作样地和大家一起频频举杯。

说到拍照这件事，情况是这样的：一个多月前，在为庆祝中国共产党诞生50周年和中国人民解放军建军44周年而编辑出版的《人民画报》、《解放军画报》第七、八两期合刊上，都刊载了江青拍摄的一张林彪光着脑袋在学习毛泽东著作的照片。7月31日，由江青等人把持的《人民日报》发表了关于这两种画报出版的消息，特意对江青拍的林彪肖像加以评论说：“这张照片把林副主席无限忠于毛泽东的深厚的无产阶级感情，生动形象地展现在人们的面前，给了人们巨大的激励。”

不久前江青还和林彪打得火热，亲自为林彪拍照，此刻却又为林彪摔死沙漠而高兴。不言而喻，江青这时的表演是一种复杂心理的表露，她一方面感到心虚，另一方面又暗自高兴。因为，她毕竟和林彪走得很近，林彪一死，她在“文革”中同林彪勾结的事情，也就死无对证了。

黄、吴、李、邱则强作笑脸，极不自然。周恩来当着他们的面，非常严肃地指出：林彪叛逃，你们是有跑脱不掉的责任的。当场宣布：黄、吴、李、邱暂时不参加政治局活动，集中精力检查自己的问题，揭发交代林彪的罪行。

会议还听取了使馆同志关于256号飞机机翼根部有个洞，是否被防空导弹打的还难下结论的情况汇报。周恩来对外交部军代表李耀文说：这个问题要好好研究。并让杨德中主持研究一下，飞机究竟是怎么坠毁的？杨德中当即与公安部长李震、北京军区空军司令员李际泰、外交部的符浩在东大厅进行了讨论。他们得出了这样一个初步认识，即飞机是在迫降时，由于飞机肚皮与地面砂石摩擦而起火爆炸的。当然，也不排除飞机机件失灵或被地面炮火击中而坠落，但这些可能性都较小。他们把这个分析很快向周恩来作了汇报。

周恩来还给了吴法宪一些飞机残骸的照片，让他在空军组织一些专家，根据这些照片分析一下，究竟发生了什么事，是被外部炮火击落的呢，还是发生过机内搏斗？究竟是什么原因坠毁的？吴法宪将这个任务交给了抗美援朝战争中的空军战斗英雄王海（20世纪八九十年代任过空军司令员），由他牵头组织了一个专家班子进行研究。1972年5月，中央专案组又邀请王海等一批空军专家，对飞机坠毁的原因从技术上进行了系统而具体的分析。他们排除了飞机在空中爆炸、被导弹击落、机内发生搏斗导致坠毁等可能，得出的结论是，飞机是在有操纵的情况下进行野外迫降没有成功而造成破碎烧毁的。

“九一三”事件发生当天担任空军作战值班的参谋徐心德（后任过空军副参谋长），也向笔者证实，在李德生坐镇空军作战指挥室、处理林彪乘机叛逃的整个过程中，毛泽东、周恩来和李德生等首长从未下达过动用导弹和任何对空武器对飞机进行射击的命令。“飞机是被导弹击落的”种种说法，没有任何根据，只是一种想当然的分析。在我们向李德生的多次采访中，他以亲身的权威经历也否定了这种猜测。

搜捕林彪党羽

毛泽东在南巡途中，虽然已察觉到某些不正常情况，思想上也有所警觉，并作了必要的防范，但当时他还是把林彪的问题作为人民内部矛盾看待的。时隔不久，林彪居然乘机叛变外逃，事情的性质已经发生了根本变化。有了鲁珉等人的交待，虽然初步掌握了他们进行阴谋活动的情况，但并未搞清林彪一伙进行阴谋活动的全部内幕和详情，也未搞清还有些什么人卷进了这一事件。因此，尽快掌握确凿证据，切实消除隐患，防止林彪余党兴风作浪，就成为当时的当务之急。

为此，在周恩来下达禁飞命令、派陆军进驻机场警备的同时，党中央还采取了一系列紧急措施：

一是根据迫降直升机缴获的文件和李伟信的交代，立即通知广州，抓获由北京乘火车到广州，为林彪另立中央打前站的十几个“小舰队”成员。他们还没有出火车站，就被扣留了。

二是查封了林立果在北京搞的几个秘密据点，并对江腾蛟、王飞等人采取监护措施。

三是在北京、广州、上海，拘留了林立果等秘密组织的“战斗小分队”的骨干。

四是许世友遵照毛泽东、周恩来把他召到北京的面谕和毛泽东亲笔签发的命令，以迅雷不及掩耳之势，把林彪的死党、“三国四方”的成员上海的空4军政委王维国、杭州的空5军政委陈励耘、南京军区空军副司令周建平，一一逮捕归案。所谓“三国”是指上海、南京、杭州三地，所谓“四方”是指王维国、陈励耘、周建平再加上江腾蛟四个人。

五是迅速组织力量，在山海关扣押了没有来得及登机的人员。

在周恩来的周密指导下，仅仅短短的几天时间，就将追随林彪从事反革命政变活动的骨干分子一网打尽，林彪和林立果父子的“联合舰队”和各“分舰队”迅速瘫痪，丧失了一切活动能力。

《“571工程”纪要》在叙述他们的反革命政变的纪律时强调：要“发扬江田岛精神”，“不成功便成仁”。“江田岛”是第二次世界大战期间日本海军学校所在地。这个海军学校以日本军国主义的武士道精神训练学生。所谓“江田岛精神”就是武士道精神。

在北京和外地收审的人员，先后都集中在北京的亚非学生疗养院（现为中国医学科学院中国协和医科大学整形外科医院）内。这里地处偏僻，环境幽雅，奇花异草、珍奇树木覆盖了整个院落，俨然是一座小植物园。这座疗养院位于北京西山八大处附近，是20世纪50年代在周恩来的关怀下筹建的，本来是接待来自亚非各国友好人士休息疗养的，但自

“文革”以来一直空闲着。

集中在这里的收审人员，情况比较复杂，有的跟随林彪时间较久了解一些情况，有的只是一般工作关系而且时间较短，有的是林立果选的“妃子”，还有不少知情不多的勤杂人员。他们大多主动配合审查，希望早日回到工作岗位上去。只有极少数中毒较深的帮派骨干分子，思想斗争激烈，开始交代问题时，有的抵赖，有的避重就轻，有的装疯卖傻，有的甚至要“誓死忠于林副主席”。直到告诉他们林彪已经叛逃摔死，一个个才像瘪了气的皮球，那些鼓吹“江田岛精神”的人也冷静下来了。

在对上述人员进行审查时，党中央特别强调，要严格按照党的政策办事。当许世友把逮捕的王维国、陈励耘两人从上海解往南京后，周恩来给李德生和纪登奎专门写了一封信，要他们选调两位熟悉空军情况的人去南京协助军区审查王、陈两人的错误和罪行，但“不许搞逼、供、信。”[①]李德生说，我们立即以总政名义派去了两位同志，并向许世友传达了周恩来的指示。因此，南京军区参加审查的同志以及在北京参加审查的同志，都认真执行了周恩来的指示，没有搞任何的“逼、供、信”。许世友还几次亲自出面做工作，给王维国、陈励耘讲形势，讲政策，很有耐心，收到了较好的效果。

南京军区成立的审查王维国、陈励耘等人的专案组，在许世友司令员的重视下，进展很快。王维国交待：谋害毛主席，他们研究了三条办法：一是用火焰喷射器、40火箭筒攻击毛主席的专列；二是用改装的100毫米高射炮平射火车；三是趁毛主席接见他的时候，在火车上用手枪打。如在上海搞不成，就在硕放附近的铁路涵洞放炸药，制造第二个“皇姑屯事件”(指日本关东军于1928年6月14日在沈阳附近皇姑屯火车站炸死奉系军阀首领张作霖事件)。再不成，就派飞机轰炸毛主席乘坐的专列。陈励耘招供：9月8日，于新野给他打电话，要调杭州笕桥的飞机去执行反革命

① 《周恩来年谱》(1949—1976)下卷，第484页。

任务。他害怕，报告说驾驶员不在。[1]

事实表明，林彪发动反革命武装政变，有一个详尽的行动计划，有一支大小“舰队”作为骨干力量，有一个周密准备的过程。然而，毛泽东、周恩来机智果断地粉碎了他们的计划。林彪一伙在阴谋败露之后，只能带着叶群、林立果等几个人仓皇出逃，折戟沉沙；他们的死党、骨干和大小“舰队”成员，也很快土崩瓦解。

对空军首脑机关的清查

空军机关是林彪控制很严的单位，是受林彪破坏的“重灾区”，理所当然地是清查工作的重点，李德生给予了特别关注。根据中央的指示，当时空军成立了曹里怀等同志组成的五人小组，协助李德生开展工作。总政派往空军机关的工作组也迅速进驻，立即开展清查与林彪反革命集团有牵连的人和事。

在“九一三”事件发生的当天上午，李德生和空军政委王辉球、副司令员曹里怀等领导同志一起，对几个小时来的情况进行了回顾和研究。李德生说，请大家分析一下，为什么三叉戟飞机不经过正常手续，居然能从西郊机场起飞到北戴河；总理追查的时候，竟然没有人知道。李德生提出：“这么大的事，谁能够有权放飞？”经过分析，大家认为有几个人是关键人物：一是空军司令员吴法宪，他可以直接向西郊机场发命令；二是胡萍，他是空军副参谋长兼空34师师长，可以直接向该师下达命令；三是林彪那里，因为这架飞机是林彪专用的。李德生决定，要把几个方面的线索，一一查下去，特别是胡萍那里要搞清楚，因为无论是谁动用飞机，要避开他是不可能的。李德生强调，要指定可靠的人负责，既要迅速，又要保密，把问题查清楚。李德生当即果断决定，在空军机关，将直接放走

① 李文卿著：《近看许世友》，第228页。

256号飞机的副参谋长胡萍、主持制定南逃广州行动实施计划的副参谋长王飞等人收审。经过请示周恩来，由总政治部派出工作组进驻34师，负责查明情况。

9月19日下午，周恩来当面向吴法宪、李德生交待，由李德生负责，把从直升飞机上缴获的那份名单上的人都送到亚非疗养院去监管起来。翌日凌晨3时，李德生把吴法宪、梁璞找来，辨认名单上的人。这些人梁璞全认识，都是空军司令部的。李德生指定梁璞具体承办这件事，他自己则先到亚非疗养院去作准备。在李德生的组织和督促下，名单上的这些人很快都送到了疗养院，被监管起来，周恩来交代的这件事就这样连夜办妥了。

周恩来还指定，空军机关传达林彪叛逃事件，由李德生和吴法宪共同负责。9月20日上午，空军召开直属机关师以上干部大会，由李德生传达了中共中央57号文件，吴法宪传达了周恩来在中央政治局会议上的总结讲话和林彪在历史上的错误。最后，李德生还表示，吴法宪多次向他作了自我批评，他都报告了周恩来。20日下午，在李德生、杨德中参加下，空军开始召开党委常委扩大会议，与此同时，各大部也分别召开师以上干部参加的党委扩大会议，讨论中央文件，揭发批判林彪、林立果等人的阴谋活动。李德生在空军党委扩大会议期间，还和吴法宪一起，先后找正在北京301医院看病的广州军区空军政委龙道泉、南京军区空军司令刘懋功谈话，让他们迅速回去主持工作，掌握好部队，遇有问题，多请示、多报告。

李德生在找空军党委的几个常委谈话时，与林彪的干将吴法宪也进行了直接交锋，加上进驻空军机关总政工作组的查证，以及空军机关干部的揭发，林彪、林立果和吴法宪的阴谋活动，逐渐暴露在光天化日之下，许多事情的来龙去脉也越来越清楚了。

吴法宪为效忠林彪，背着毛泽东、党中央，私自把空军的指挥大权交给了林彪的儿子林立果。林立果原是北京大学物理系的学生，1967年年初，叶群找到吴法宪提出：把林立果放到北京军区空军当个参谋是不是可以？吴法宪却表示，把林立果放到空军司令部则更好一些，以便让他直接管理和照顾。应叶群的要求，吴法宪将林立果安排到空军党委办公室当了秘书，其科长正是那个后来成为林彪反革命集团骨干的周宇驰。吴法宪、周宇驰还作为林立果的入党介绍人让他入了党。不久以后，在叶群的授意下，吴法宪又将参军仅两年的林立果，提升为空军司令部办公室副主任兼作战部副部长。与此同时，为了讨好林彪夫妇并在姐弟之间搞平衡，吴法宪还将1965年到《空军报》社工作的林立衡任命为该报副总编辑。为了配合林彪在庐山向党发动进攻，吴法宪让林立果在空军“三代会”上作所谓“讲用报告”，其内容有三个部分：第一部分是学习毛泽东著作问题；第二部分是“抓革命、促生产”问题；第三部分是中国要强盛的问题。吴法宪狂热吹捧这个报告是“放了一个政治卫星”，是“第四个里程碑”，林立果是“伟大的天才，全才，全局之才”。更有甚者，总政派到空军机关的工作组在查看空军党委会议记录时，发现1970年7月6日的一次常委扩大会，有“空军的一切都可以由立果同志调动，空军的一切都可以由立果同志指挥”的决定。

工作组还查到，1970年7月14日，空军政治部党委竟然搞了个“讨论空军党委常委7月6日办公会精神纪要”，提出了“五条措施”：（一）对林立果、林立衡必须有深厚的无产阶级感情；（二）必须向林立果、林立衡请示报告；（三）坚决执行林立果、林立衡的指示；（四）向林立果、林立衡学习；（五）抓紧两条路线斗争教育。李德生看到这个材料后立即将它报送周恩来。周恩来要求将此事真相查清，后来他还指出：空政纪要中提出的这“五条措施”，是最封建、最买办、最法西斯的。[①]1972年8月，周恩来、李德生等在找林立衡谈话时，曾提到这个“五条”。林立衡当即说明：“他们搞那个‘五条’的时候我不知道。我一知道，连夜搞了个针对‘五条’的新五条，都是反那个‘五条’的。”当在场人员证明确有其事时，周

① 《周恩来年谱》（1949—1976）下卷，第501页。

恩来说："那也是一个共产党员应当做的嘛！"

正是在吴法宪等人制造的封建法西斯气氛中，林立果成了空军的"小皇帝"。他网罗了一批骨干分子，组成代号为"联合舰队"的反革命别动队，成为林彪准备发动反革命武装政变的核心组织。在中央召开批陈整风汇报会前不久，林立果的"联合舰队"，按照林彪的旨意，研究制定了反革命武装政变的实施计划。3月22日至24日，他们把这个计划整理成文稿，这就是"九一三"事件以后查获的那份臭名昭著的反革命政变纲领《"571工程"纪要》。3月31日深夜，他们又召开了有南京军区空军原政委江腾蛟、上海空4军原政委王维国、杭州空5军原政委陈励耘、南京军区空军原副司令员周建平参加的所谓"三国四方会议"，对执行《"571工程"纪要》作了组织上的准备和分工。

瓦解"大小舰队"

李德生坐镇空军，在空军机关引起震动。李德生的动员，传达到各个部门，人们知道空军出了大事，都在回忆这些日子的大事小事，以便提供组织上参考。少数心中有鬼的人更是惶惶不安。前面提到的空军作战部长鲁珉就是这些人物中最典型的一个。还有空军司令部办公室的秘书程洪珍，也是思想斗争激烈，心情非常紧张。9月13日以后，程洪珍发现领导、指挥他的人突然都不见了，察觉到空军出了大事情。15日，他终于鼓起勇气，要求同李德生谈话。在李德生的教育和帮助下，程洪珍不仅交代了"联合舰队"让他办的许多事，还交出了他的工作笔记。程洪珍年纪轻，办事认真，有头有尾，许多事情办后都有记录。这对清查工作是非常有利的。

程洪珍交代的问题，都和林彪、林立果阴谋谋害毛泽东有关，特别是他的笔记本保存了原始记录，提供了准确的时间、地点、事件等重要线索和证据。比如，9月9日这一天，就记了几件事：一是早晨，周宇驰交代他描绘北京市钓鱼台地图，他绘好后下午交给了周宇驰。这张地图后来在于新野的保险柜里查获。11日，林立果、王飞、江腾蛟、于新野等还偷偷地跑到钓鱼台周围实地看了地形。二是周宇驰交代他，向王飞的秘书孙水森要一份国防科委和空军司令部科研部研制的关于化学武器或炸药的文件，程洪珍找孙水森要到后，交给了周宇驰。这个笔记本记录了很多事，是林彪实行反革命政变的重要罪证之一。

李德生在亲自找收审的重点对象谈话时，都严肃地指出其所犯的错误和罪行，耐心地交代政策，详细地查询案情，取得了较好的效果。除上面讲的鲁珉、程洪珍外，李德生还找江腾蛟、王飞、关光烈等不少重点对象谈过话，促使他们的态度有了不同程度的转变。

例如，林彪的前秘书、陆军第43军第127师政委关光烈，参与了谋害毛泽东的阴谋活动。“九一三”事件后，军的领导同志要他交代问题，他说：我的问题和你们说不清楚，要说到北京去说。当他被武汉军区押送到北京后，李德生立即同他谈了话。李德生向他指出，过去给林彪当秘书，是组织上的安排。但是你参加林立果企图谋害毛主席的活动，就不是组织上的安排了。在关系到党和国家生死存亡的大是大非问题上，不揭发，不报告，这是犯了不能宽容的错误。你受党的教育多年，应当懂得这个道理。关光烈无言以对，不得不交代他参加黑会的经过。在李德生的启发、教育下，关光烈基本上老实交代了犯罪的经过和事实，揭发了林彪一伙的罪行。

原来在“九一三”事件发生前两天，9月11日，关光烈乘坐10次特快火车赶到北京，周宇驰亲自去接站，并安排他住进了东交民巷空军招待所。当天晚上，关光烈就参加了林立果召开的策划谋害毛泽东的黑会。林彪一伙的方案是，谋害毛泽东，南方是在上海等地动手；北方则在北京采取军事行动，包括用坦克、火箭筒攻打钓鱼台、中南海。准备谋害的对象有周恩来、朱德、叶剑英、聂荣臻、徐向前、刘伯承等中央领导同志，也有江青、张春桥、姚文元等人。他们认为，关光烈拥有兵权，所以让他来受领任务，要他调防化连来京。但关光烈表示，不要说一个连，就是调一个班到北京也进不来。

李德生把同重点人员谈话的情况，及时向毛泽东、周恩来作了汇报。毛泽东听了以后指出，林彪搞阴谋活动，有的人不愿干，有的人不敢干，真正死心塌地跟着林彪干坏事的死党，不会超过100人。他是副统帅嘛，有些人是跟着犯了错误的。毛泽东的分析判断，对于后来清查工作的深入，防止扩大化，起到了重要的指导作用。

毛泽东、周恩来关于严格掌握政策的指示，保证了清查工作的顺利进行。他们强调，既要严肃查清问题，又要严格掌握政策。集中在亚非疗养院的涉案人员，是按照党的政策区别对待的。有的是重点对象被拘留审查的；有的是通过参加学习划清界限，进行检举揭发的。

一些"联合舰队"的"战斗小分队"骨干，长期受着林彪一伙的法西斯奴化教育，中毒很深。他们满脑子都是"永远忠于林副主席"，"一切听林副部长调动，一切听林副部长指挥"的效忠誓言。他们有"队歌"，有联络密语，有各种"不准"的法西斯纪律的约束，因而态度极其顽固。一开始情绪对立，根本不交代问题，有的依然神气十足地要"誓死忠于林副主席"。经过宣传政策，特别是告诉他们，林彪已经摔死在温都尔汗了，他们才泄了气，开始交代问题。后来看到党的政策确实得到体现，交代问题的人越来越多。

为了迅速查清林彪一伙的罪行，当时曾把林彪、黄、吴、李、邱等人的秘书、警卫等工作人员，集中起来办学习班，揭发交代问题。毛泽东说，林彪下面的几十个工作人员和秘书，那些人都不用了？我看那不行吧，要搞清楚，要教育，给他们工作做，不能不用，他们是组织派到那里去工作的嘛。林彪搞阴谋活动，他们中的许多人并不知情，要区别对待。后来毛泽东还说：林彪他们要调动一切，指挥一切，当人们知道他要做坏事，是不会跟着他干的，他一切不能调动，一切也指挥不动。毛泽东的这些指示在学习班传达后，他们很受感动，都纷纷作了揭发交代。事实证明，毛泽东的判断是正确的，在林彪一伙身边工作的人员中，对于林彪一伙的阴谋活动，多数人并未参与。他们划清界限后，揭发出的许多现象，许多蛛丝马迹，对于弄清林彪一伙的罪行，也是极其重要的。

对256号三叉戟专机的机组人员，也要作具体分析，按照党的政策办事。这个机组一共9个人，9月12日晚，上了飞机的有4人，没有来得及上飞机的还有5人。上了飞机的4人和林彪等人一起摔死在温都尔汗。他们是否被迫上的飞机？是否有意与林彪等人同归于尽？在当时的情况下，没有任何人和单位能对他们提出结论性意见，只能是挂在那里。事过9年以后，即1980年11月15日，邓小平在接见美国《基督教科学箴言报》总编辑厄尔·费尔时，谈到了当年256号三叉戟飞机摔掉的问题。他说："据我个人判断，飞行员是个好人，因为有同样一架飞机带了大量党和国家机密材料准备飞到苏联去，就是这架飞机的飞行员发现问题后，经过搏斗，飞机被迫降，但这个飞行员被打死了。"自从邓小平作出这个判断以后，256号三叉戟飞机驾驶员潘景寅的妻子孙祥凝便不断到国务院信访办和有关单位上访，经过一年多的努力，终于有了结果。1981年12月23日，总政治部发给了一张《革命军人病故证明书》，内容是："潘景寅同志于一九七一年九月十三日在蒙古温都尔汗随飞机坠毁死亡，特向各位亲属表示亲切慰问。望化悲痛为力量，为建设祖国和保卫祖国而努力奋斗。"另外遇难的机组3名成员也得到了同样的证明书。

至于没有来得及上飞机的另5名机组成员，在"九一三"事件发生后的第二天下午，即由山海关机场派人送到北京进行审查。1976年年初，对他们作了组织处理：解除他们的飞行资格，转业地方，离开北京。在邓小平对潘景寅作出判断以后，对这5名机组成员的原审查结论也就予以撤销了。

收审"四大金刚"

黄、吴、李、邱是林彪反革命集团的核心骨干，被称为林彪的"四大金刚”。林彪原计划在广州另立中央，他们都是其中的要员。

林彪外逃后，对手握军权的“四大金刚”的处理，理所当然地迅即提到了议事日程上。9月14日，毛泽东首先发了话。他对周恩来说：“看他们十天，叫他们坦白交代，争取从宽处理。”他解释道：“老同志，允许犯错误，允许改正错误，交待好了就行。”①周恩来立即向黄、吴、李、邱传达了毛泽东的指示，并力促他们认识错误。

9月16日，即北京卫戍区把在直升机上缴获的文件上报周恩来的那一天，政治局为此专门开了一次会议，黄、吴、李、邱都参加了。

在会上，周恩来把林彪给黄永胜的那封信（要他有事与王飞接洽）递给坐在沙发上的黄永胜，说：你看看！

周恩来此举，显然是告诫黄永胜，你与林彪关系非同一般，应该尽快揭发、交代问题。

黄永胜看完信后，显得很紧张，但却一言不发，既没有说他知道这封信，也没有说他不知道这封信。

周恩来看黄永胜迟迟没有反应，便转过身拿出那个“小舰队”的名单给吴法宪看。

吴法宪接文件的手直打哆嗦。他看完后说，名单上的人都是空军的。接着又回答了周恩来询问的名单上每个人的情况。

在场的李作鹏、邱会作，看到周恩来手上拿着的在直升机上缴获的文件，也都惊呆了，张开的嘴半天合不拢来。

这次中共中央政治局会议，讨论通过了中共中央《关于林彪叛国出逃的通知》。这个通知，经毛泽东18日批准后，先印发和传达到省、军一级。《通知》宣布：“林彪于1971年9月13日仓皇出逃，狼狈投敌，叛党叛国，自取灭亡。”《通知》以铁的事实揭露，林彪叛党叛国，是长期以来，特别是党的九届二中全会以来阶级斗争和两条路线斗争的继续，是林彪

① 《周恩来年谱》(1949—1976)下卷，第483页。

这个资产阶级个人野心家、阴谋家的总暴露、总破产。陈伯达的黑后台是林彪。陈伯达路线，实际上是林彪、陈伯达路线。《通知》强调了清查与林彪事件有关的人和事的政策问题，指出："在毛泽东的领导下，按照正确路线和政策，惩前毖后，治病救人，经过批评与自我批评，犯了路线错误的好人，绝大多数是可以回到正确路线方面来的"，"跟着林彪走绝路的只能是个别的"。"中央号召全党同志首先是高级干部同林彪划清界限。中央对于坚决同林彪划清界限的同志，不论他过去是否受过林彪的影响，是否犯过错误，都是同样爱护而不会轻易怀疑的。"这一段讲政策的话，是周恩来亲自修改、补充的。《通知》规定，林彪叛党叛国问题，第一步只传达到各大军区党委常委，各省、市、自治区常委，中央军委各总部、各军、兵种党委常委，中央和国家机关各部委领导小组和党的核心小组，以及九届中央委员、候补中央委员。

按理说，《通知》对黄、吴、李、邱认识错误，应该是一个督促。但是，他们却无动于衷，并无与林彪"划清界限"的任何表示。

为了查清林彪叛逃的情况，同时也为了促使黄、吴、李、邱转变，周恩来于9月17日、18日连着两天找李德生谈话，要李德生与他们接触一下，看看他们的态度怎么样。当时有人提出去他们那里会不会有什么危险，李德生想这是周总理交办的有关清查的大事，不相信有什么危险，即使有危险危险再大也应当去办，不应考虑个人安危。

从9月19日起，李德生先后到黄、吴、李、邱住处，分别与他们作了接触。李德生的看法是，四人的态度各有不同：黄永胜是表情漠然，虚与应付；吴法宪是急于表态，避重就轻；李作鹏是装模作样，拒不认错；邱会作是话语不多，不谈错误。但这四人有一个共同点，就是都笼统地表示要认真作检查，但没有一个说自己究竟有哪些错误和罪行。事后李德生向周恩来作了汇报，使他及时掌握了黄、吴、李、邱的态度和动向。

毛泽东规定的对黄、吴、李、邱观察10天的期限很快就到了。毛泽东询问周恩来对黄永胜他们怎么处理了。事实上，在这10天中，黄永胜、吴法宪、李作鹏、邱会作四人，躲在西山，既不揭发林彪的罪行，又不交代自己的问题，反而搞串联，统一谈问题的口径，大量销毁文字材料。9月23日，周恩来将此情况向毛泽东汇报后，毛泽东说：他们是在毁灭罪证，这些人是要顽抗到底了。根据毛泽东的指示，周恩来表示要立即处理黄永胜等人的问题，并就毛泽东的安全问题向汪东兴作了专门布置。

按照毛泽东的指示，周恩来于9月24日就处理黄永胜等人的事约纪登奎和李德生谈话，让李德生协助他来处理黄、吴、李、邱的问题。李德生在人民大会堂福建厅采取了严密措施。就在这一天的上午，由周恩来、叶剑英、纪登奎，在福建厅与黄永胜、吴法宪、李作鹏谈话，宣布对他们实行离职反省；邱会作是在当天早上去首都机场送李先念副总理出访返回后，被隔离审查的。周恩来对黄永胜等人说："限你们十天坦白交待，争取从宽处理，你们不听。你们对党对人民是犯了罪的！"

黄永胜等人被北京卫戍区派来的人带走后，周恩来在人民大会堂召开军委各总部、军兵种等单位领导人会议，传达了党中央、毛泽东对黄、吴、李、邱处理的决定。

到了9月29日，中共中央又向各大军区党委常委和省委常委发出对黄、吴、李、邱实行隔离审查的通知。《通知》说："中央鉴于黄永胜、吴法宪、李作鹏、邱会作四同志参加林陈反党集团的宗派活动，陷入很深，实难继续现任工作，已令他们离职反省，彻底交待。""军委日常工作，中央已决定由军委副主席叶剑英同志主持，并筹组军委办公会议，进行集体领导。"①

10月4日，叶剑英即以军委办公会议负责人的身份给毛泽东写信，汇报军委各直属单位、各军兵种和各院校的党委常委传达《关于林彪叛国出逃的通知》（即中共中央［1971］57号文件）的反映和军委下一步工作打算。表示希望能够得到主席和总理及政治局各同志的指示。就在叶剑英

① 国防大学：《"文化大革命"研究资料》中册，第642页。

写信的当天，毛泽东立即召集军委办公会议的成员谈话，就军委的工作作了重要指示。他指出，林彪搞了十几年，军队的问题不少。“四好”运动搞了很多形式的东西，军事训练也有形式主义，部队的作风也搞坏了。要好好整顿我们的军队，肃清林彪的影响。军队要严格训练，严格要求，才能打仗。[①]作为军委办公会议成员的李德生，在听了毛泽东的指示后，认为其主要精神是要抓紧把林彪的问题查清，把林彪的影响肃清，并且要把军队整顿好、建设好。

组织传达林彪事件

10月3日，中共中央发出成立彻底清查林彪罪行专案组的通知。这个专案组由周恩来、康生、江青、张春桥、姚文元、纪登奎、李德生、汪东兴、吴德、吴忠10人组成。周恩来为组长。在专案组领导下，设立工作机构，由纪登奎、汪东兴负责日常工作。

李德生已经是叶剑英负责的军委办公会议的成员，现在又加入周恩来领导的中央专案组工作，深感肩上的担子更重、责任更大了。在毛泽东、周恩来、叶剑英的领导下，李德生全力以赴地去搞好党所交给他的各项工作。

为了彻底揭发、清查林彪反革命集团的罪行，中央先后还采取了一系列措施。

从9月26日至10月15日，受中共中央委托，由李富春主持，连续召开了9次在京部分老同志座谈会，出席会议的有陈毅、聂荣臻、徐向前、蔡畅、邓颖超、邓子恢、张云逸、张鼎丞、曾山、王震、肖克等。会议向这些担任过党政军重要领导职务的老同志通报了林彪事件，激起了老帅、副总理和老将军们的极大义愤。许多老革命家在会上揭发了林彪历史上的

① 《叶剑英传》，当代中国出版社1995年版，第606页。

错误，批判了他叛党叛国的罪行。朱德、陈毅、聂荣臻等9位老同志写了书面材料，刘伯承发表了谈话，对林彪的叛党活动表示了强烈的愤慨，进行了揭发批判。在老同志座谈会上，重病中的陈毅作过两次长篇发言，集中揭露了林彪在我军初创时期所犯的错误，无情地揭穿了林彪的老底。在林彪得志猖狂之后，他的这一段历史却被改写得面目全非。当过逃兵的林彪，被打扮成“壮志坚信马列”的英雄；当年的一个基层干部，竟变成了南昌起义的“光荣代表”。陈毅气愤地说：伪造历史就是犯罪。

经毛泽东批准，中共中央于9月28日发出扩大传达林彪叛逃事件的通知，传达到地、师以上党委。

9月30日，周恩来主持中共中央政治局会议，对“九一三”事件以来各项工作进行初步总结。在这次会议上，决定总参谋部、总政治部、总后勤部，分别由张才千、李德生、余秋里主持工作。

10月3日，中共中央发出撤销军委办事组，成立由叶剑英主持的军委办公会议的通知。军委办公会议由叶剑英、谢富治、张春桥、李先念、李德生、纪登奎、汪东兴、陈士榘、张才千、刘贤权10同志组成，在中央军委领导下负责军委日常工作。这一重大组织措施，意味着林彪掌握军权的日子正式结束，军队的历史又翻开了新的一页。

根据叶剑英向毛泽东和党中央提出的“扩大传达范围，早比晚好”的建议，10月6日，中共中央决定将传达范围扩大到地方党支部正副书记、军队连级党员干部和空军的空地勤人员。中共中央在发出的通知中，通报了林彪企图谋害毛泽东和另立中央的两项阴谋活动，指出林彪叛党叛国，是党的九大以来，特别是党的九届二中全会以来两个司令部，即以毛泽东为首的无产阶级司令部和以林彪为头子的资产阶级司令部之间斗争的继续。10月24日，中共中央将林彪叛党叛国事件向全国公布。

随着传达范围的逐步扩大，有关林彪罪行的材料也有计划地不断下发。

11月14日，中共中央将林彪反革命政变纲领《“571工程”纪要》原文及影印本，印发各军区党委常委和省委常委，并为批判这个纪要及林彪集团反革命政变阴谋发出通知。

12月11日，中共中央发出通知，将中央专案组整理的《粉碎林陈反党集团反革命政变的斗争（材料之一）》下发，要求各级党组织进行传达、讨论。

翌年1月13日、7月2日，中共中央又陆续下发了《粉碎林陈反党集团反革命政变的斗争》材料之二、之三。

材料之一主要是揭露林彪、陈伯达在党的九届二中全会前后的阴谋活动，传达毛泽东对他们的批评。材料之二主要是揭露林彪集团反革命政变纲领《“571工程”纪要》的制定经过和林彪集团根据这个纲领进行的准备活动。材料之三是中共中央专案组选印的林彪集团反革命政变的罪证材料。中共中央在下发材料之三的同时，还批准印发了《关于国民党反共分子、托派、叛徒、特务、修正主义分子陈伯达的反革命历史罪行的审查报告》。

全国各地广大党员和群众是紧跟党中央的。他们听了上述材料的传达后，思想转变得很快，一个反革命集团首领的狰狞面貌，迅速取代了原先那个“副统帅”、“接班人”的光辉形象。他们义愤填膺，积极投入揭发和批判林彪反革命集团罪行的斗争。

12月29日至31日，中共中央召开在京的上层爱国人士座谈会，参加会议的有全国人大常委会委员、部分全国政协委员和其他一些民主人士。周恩来主持会议，并向与会者传达了中央关于揭批林彪、陈伯达反党集团的一系列文件，介绍了“九一三”事件后中央采取的若干重要措施。叶剑英、李富春、聂荣臻、徐向前、蔡畅、邓颖超、王震、曾山、张云逸、张鼎丞等在京的老同志先后参加了座谈会。为组织好讨论，周恩来委托以李富春为首的10位老同志参加和领导各组座谈，并负责解释文件。

按照中共中央、中央军委的统一部署，李德生于10月10日向总政机关所属1259名连以上党员干部传达了林彪叛逃事件。在传达中，大家开始惊诧不已，继而气愤万分，当听到林彪一伙已全部葬身温都尔汗时，响起了长时间的热烈掌声。传达后，立即组织了讨论，并对林彪一伙进行揭发批判。10月26日，李德生向总政机关传达了中共中央的通知和毛泽东写的《我的一点意见》，并作了详细讲解。特别是林彪一伙制定的《“571工程”纪要》下发后，更加激起了同志们的无比痛恨。

为了进一步使大家认清林彪的丑恶嘴脸，李德生还指示总政组织军委直属单位主要负责同志109人，于12月24日参观了位于北京市西城区毛家湾的林彪的“黑窝子”。在这里，大家亲眼看到了林彪叛党叛国、阴谋政变的罪证，看到了他们荒淫无耻、腐朽透顶的生活方式。同志们气愤地说，林彪的家是个特务黑窝子，是指挥反革命阴谋政变的黑司令部。大家认为，林彪的“黑窝子”也是封、资、修的大杂货铺。他们欣赏的是封建“古董”，张贴的是反动诗画，听的是黄色音乐，看的是淫秽书刊，其穷奢极欲，确实是集封、资、修之大成。林彪的“黑窝子”，与封建皇帝的宫室，地主阶级的庄园，资产阶级的乐园，有许多相似之处。

1973年8月20日，中共中央一致通过并批准中央专案组《关于林彪反党集团反革命罪行的审查报告》，将林彪及其“文臣”陈伯达，“武将”黄、吴、李、邱开除出党。

李德生认为，在“九一三”事件中，全党全军之所以能保持稳定，毛泽东在全党、全军、全国人民中享有崇高的威望起了决定性的作用。林彪过去得到了那么多的美誉，爬到了那么高的地位，捞了那么多的政治资本，一旦他叛党叛国、妄图谋害毛主席的罪行败露，就立即遭到了人民的唾弃、举国的声讨！

在处理这一事件的过程中，李德生与周恩来始终保持着密切的联系。他不断地向周恩来汇报情况，并从他那里了解事件的发展变化，及时得到指示。周恩来在处理“九一三”事件中表现出的那种坚定沉着、从容果敢、坚持原则、讲究政策的态度和风貌，至今仍然深深地印在李德生的脑海里。试想，这时的毛泽东在精神上受到了很大刺激，加上身体也不是很好，身边如无周恩来这样的无可替代的助手，是很难把“九一三”事件处理得如此妥帖的。有的干部评价说，这个时期，正是周恩来站在毛泽东的身边撑起了中国的天。李德生认为，用“泰山崩于前而色不变”这句话来形容当时的周恩来，是最恰当不过的了。他赞叹说：当时，幸亏有他。事实表明，周恩来再一次在历史的关键时刻起到了关键作用。

在“九一三”事件中，李德生五天五夜一直在空军司令部坚守着，亲身经历了那惊心动魄的时刻。李德生按照周恩来的指示，妥善地处理了有关事宜，做了大量工作，作出了应有的贡献。当年的值班参谋徐心德在给笔者介绍当时的情况时表示，他认为李德生至少起了以下作用：一是认真贯彻了中央、总理的指示，他不断地向周恩来请示汇报，协调沟通了各方面的联系。二是在处理直升机问题上，从派战斗机拦截到碎纸片的找回，表现得果断而细致；三是促使鲁珉半起义，使中央得以很快搞清“小舰队”的情况。

“九一三”事件已经过去30多年，国内外出版了不少谈及此事的出版物，其中有些是捕风捉影的、主观想象的，甚至是无中生有的。如说飞机不是坠毁的，是导弹打下来的；林彪没在飞机上，是在此之前就被打死的；等等。这种剪裁、歪曲事实的做法，至今似乎仍然在延续之中。但是，历史就是历史，它是不能歪曲、不能颠倒的。作为历史的见证人，李德生以非常严肃的态度，向我们讲述了他所经历的“九一三”事件的真相。历史事实是最有权威的、最具说服力的，它定能在制止流言方面发挥应有的作用。

第六章

指导全军批林整风

林彪的折戟沉沙，葬身异国，使1970年冬开展的批陈整风顺理成章地演变为批林整风。中央军委副主席、主持军委日常工作的叶剑英，对军队的批林整风运动实施了有力的领导。作为军委办公会议成员、总政治部主任的李德生，根据军委意图，负责对运动进行具体的指导工作。由于毛泽东的吹风、打招呼，在批陈时人们已认识到陈有后台，所以转入批林后，人民解放军指战员和全国各地广大干部、群众一样，立即开始了声讨、揭发林彪集团发动反革命政变的罪行。即使在一些被林彪及其死党控制很严的单位，干部和群众一旦了解事实真相后，也同样掀起了揭发批判林彪罪行的热潮。与此同时，全军各部队遵照党中央和中央军委的号令与部署，坚守岗位，加强戒备，随时准备应付各种可能发生的情况，保证了全国社会秩序的稳定和国防的安全。

军队批林整风的部署

军队的批林整风运动，在叶剑英的主持下，一直是按照党中央的部署，有计划有步骤地展开的。李德生在负责承办这方面工作的过程中，与叶剑英接触较多。叶剑英多次对李德生说，林彪给部队造成的危害太深了，要肃清其恶劣影响非下大力气不可。军委各总部负有领导责任，对他们的批林整风运动应予特别重视。

为了搞好军委各总部、各军兵种的批林整风运动，军委办公会议的成员对这些单位实行了如下分工：叶剑英、张才千负责抓总参；李先念、余秋里负责抓总后；李德生负责抓空军；张春桥负责抓海军；叶剑英还亲自抓二炮；南京军区原政委唐亮调到军政大学任学习组长，后来留在那里工作任该校政委。一般性的问题，由分工首长负责处理，重大问题由集体研究决定。叶剑英指示李德生：总政要向驻京各大单位派出工作组，力求全面细致地了解情况。

根据叶剑英的指示，李德生和总政副主任田维新等领导同志商量后，确定总政派出十多个工作组，分别由正副部长任组长，分头参加驻京单位的清查工作和批林整风运动。当时，除了秘书长王迪康、宣传部副部长栗光祥坚持机关日常工作外，组织部长李宝奇、副部长孙子斌，干部部长魏伯亭，宣传部副部长翟鸣武、刘永寿，保卫部长蒋润观、副部长周学臣，群工部长吕村夫、副部长李平等，在"九一三"事件发生不久，都带着工作组深入到有关单位帮助工作。他们用口头或书面的方式及时向上汇报反映情况，这对军委办公会议有力地指导各单位的运动，起到了重要作用。总政机关大多数正副处长、干事、秘书也都参加了工作组。

驻京单位的批林整风，绝大多数都从批判、肃清林彪以及黄、吴、李、邱的流毒和影响入手，澄清思想，搞清那里的大是大非，对追随林彪一伙而犯了错误的人视情作出不同的处理。在此基础上，整顿组织，整顿干部队伍，调整领导班子。绝大多数单位的运动发展都比较健康，搞得比较好，如总后勤部等单位。而个别单位因江青、张春桥等人的干扰，费时费力，效果不好，如海军。

几个兵种的会议，不同程度地存在一些复杂情况。原因在于"文革"

以来，在林彪一伙的插手破坏下，领导班子中的斗争已经反复了多次：时而这一些同志被认为有问题或犯了错误，成了批斗对象；时而另一些同志又被认为有问题或犯了错误，也成为批斗对象，反复“烙烧饼”，互相之间已结怨记仇，不能够做到严于责己，宽以待人，所以，一时达不到弄清思想、团结同志的目的。更有甚者，有的同志对别人的问题，抓住不放，甚至无限上纲；而对自己的错误，又怕被别人抓住，不敢承认，不敢检讨。有的单位把领导之间的不同观点和争执，扩大到群众中去，使两派更为对立，增加了解决问题的难度。在这些单位中，因为造成这种局面的根子在林彪，所以最后也都是通过揭露和清算林彪的破坏，才实现了分清是非，统一认识，消除隔阂，结束争论的目的。

总政田维新副主任同派往各兵种的工作组，经常分析研究批林整风运动的情况和问题，及时向李德生汇报。李德生也经常将运动情况和问题向叶剑英汇报，并于1973年5月向他写了书面报告。叶剑英对军队的批林整风运动给予了及时有力的指导。

在叶剑英的具体指导下，李德生主持的全军清查工作，搞得比较稳妥，比较顺利，取得了较好的成果，这对当时稳定军队和国家的局势起了重要作用。

总后“批林整风”搞得比较好

总后勤部的批林整风，是属于搞得比较好的那一类。

总后曾是由林彪的死党邱会作控制的单位。

“文化大革命”开始以后，总后机关开展了“四大”。广大群众起来与“走资派”斗争后，邱会作这位总后勤部部长、党委书记就成了造反的重点对象，批判他的大字报铺天盖地。他的资产阶级思想，特别是他的生活作风被揭发出来了。义愤填膺的群众组织把他抓了起来，准备进行深入揭批。林彪闻讯后，立即和中央文革组长陈伯达共签手令，派叶群到总后把邱会作从群众组织手里要了过去，保了下来。不久，江青等人把他从躲避群众批斗的地方送回了总后，使他重新坐上部长的位子，并召开大会向总后广大干部说：邱会作部长是忠于毛主席的，应该让他继续工作。邱会作回到总后，曾到总后各部、各单位看望群众，和大家握手，表示正确对待，但不久又积极组织建立了由他控制的造反组织——无产阶级革命派。1967年5月，邱会作和吴法宪、李作鹏等人利用文艺单位和军事院校两派群众组织纪念毛泽东《在延安文艺座谈会上的讲话》发表25周年之际，支一派压一派，制造了“五·一三”武斗事件，反诬总政是黑后台。林彪一伙立即对吴法宪、李作鹏、邱会作等人表示了支持，使他们成了“三军无产阶级革命派”的领袖。1967年8月9日，林彪在接见武汉军区负责人的讲话中，公然把曾经揭发过邱会作的干部群众称为“坏人”，说“文革”初期“邱会作同志被总后当权派中的一小撮坏人搞了一个多月，几乎被整死”。海军的李作鹏、空军的吴法宪，在“文革”初期的被揪斗，都属于“坏人斗好人，好人挨了整”。他给吴法宪、李作鹏、邱会作等人打气说：对“坏人整好人”不要怕，“要顶住，要沉住气……就是乱翻了天，也能拧过来”。于是，邱会作在林彪的支持下，“以人划线”，开始了大“拧”特“拧”，先后制造了100多个集团假案，关押了1700多人，刑讯逼供致死140多人，致伤致残350人。接着，又对紧跟他整人的人，进行奖赏，提拔到领导岗位。最后，邱会作真的把“乱翻了”的天“拧”了过来，使总后成了邱会作的一统天下。

物极必反，这是事物发展的一条规律。林彪事件发生后，总后受邱会作迫害的干部陆续解放回到原单位，邱会作很快又成了众矢之的。余秋里被派到总后抓批林整风后，群众很快就发动起来了。经过揭发批判，林彪和邱会作一伙在总后的罪行基本上被查清，与林彪一伙有牵连的人和事也大体上搞清了。

1972年6月至7月，在李先念、余秋里主持下，在李德生的参与下，总后勤部召开了党委扩大会议。6月28日，李德生在会议领导小组和召集人会上，对如何开好会议提出了三条意见：一是要把邱会作以及他的几个同伙的罪行，作深入分析、批判，弄清总后勤部系统的大是大非，提高人们的鉴别能力，这是有长远意义的大事；二是对于犯错误的同志，要把他们的错误解剖透，教训总结深刻，教育他们自己，也教育其他同志；三是要重视团结问题，不能沿用邱会作打倒一大片的办法，对于同邱会作有过工作关系的，或者在邱会作主持工作时期正常提升的干部，不要笼统地都说成是邱会作为反革命政变作组织准备的，都是不可信任的。李德生的这三条意见，是他在空军指导批林整风经验的总结，对搞好总后勤部的批林整风是具有指导意义的。

总后党委扩大会议首先揭发批判了林彪、邱会作一伙破坏总后建设的罪行，然后帮助犯错误的总后领导干部认识自己的问题。受过邱会作一伙迫害的同志，与在邱会作主持总后工作时挨整较少的同志，反邱和保邱的两派，虽然在会议期间在有些问题上认识仍不一致，但没有出现明显的对立。总的来说，派性问题解决得也是比较好的。在此基础上，按照老、中、青三结合的原则，调整了总后的领导班子。问题也解决得很好。在会议结束之前，8月6日，周恩来和政治局的成员在人民大会堂接见了参加会议的同志。

周恩来在讲话时，问到了受林彪、邱会作打击迫害的老同志张令彬、贺诚等人的情况，并同到会的贺诚进行了亲切交谈。贺诚是我军卫生事业的开拓者之一。1936年中央曾派他陪王稼祥去苏联治病，这件事被邱会作视为“里通外国”，遭到抄家，降为战士待遇，后又从军事医学科学院被送到山西监督劳动，吃了不少苦头。但比起傅连暲这位我军卫生事业的创始人来说，贺诚还算是幸运的。

傅连暲于1953年给林彪检查身体时，如实地写下了他的身体状况，没有按林彪的意图出具有病的证明。对此，林彪极为不满。邱会作按林彪的旨意称傅连暲是“大毒蛇”，指示“群众”揪斗傅连暲，把他的肋骨都打断了。后来又组织大会对他进行批斗，把他打成“特务”投入监狱，终至被折磨而死。

因此，当周恩来在会上提到了贺诚的名字，耳背的贺诚经别人提示知道周恩来在喊他，便从后排走到了主席台前。周恩来指示不要再继续对他们进行审查了，他们的问题是清楚的，要分配他们适当的工作。当时，会场气氛非常热烈感人。

在总后勤部的清查工作中，李先念、余秋里给予了许多具体指导。根据揭发，林立果一伙为了政变的需要，曾盗用一笔外汇到境外购买有关器材和设备，李先念对此事特别重视，多次作了批示，查清了有关情况。

空军“弄清了路线”

空军的批林整风运动是分工由李德生具体负责抓的。

空军是遭受林彪反革命集团破坏的“重灾区”，清查工作的任务很重。经过一年多群众性的清查、揭发、批判，基本上查清了林彪与他在空军的死党吴法宪一伙的反革命阴谋活动，以及与他们的阴谋活动有牵连的人和事。在此基础上，于1973年3月18日至5月18日召开了空军党委四届五次扩大会议。目的是从思想上进一步与林彪一伙划清界限，肃清其流毒；从组织上保证毛泽东革命路线更好地贯彻执行，把空军的各项工作做得更好。

开好这次会议，不仅对空军，而且对全军的建设，都有重要意义。会前，李德生向中央政治局请示报告了会议的指导思想，解决的主要问题，以及基本开法和步骤。会议期间，毛泽东非常重视会议的进展。政治局开会时，他常问李德生空军的情况。周恩来、叶剑英自始至终地直接领导和掌握着会议的进程。李德生参加了会议的全过程。

会议按照毛泽东关于“首先是批林，其次才是整风”的指示，进一步系统地揭发批判了林彪反革命集团在空军的罪行。林彪反革命集团为了把空军变成他们发动反革命政变的“基本力量”和“可靠基地”，进行了疯狂的反革命阴谋活动。吴法宪一伙在空军大造反革命舆论，大肆吹捧林彪“是当代最杰出的马克思列宁主义者”，吹捧林彪的儿子林立果是“群众最好的领袖”，要“永生永世、世世代代”忠于林彪及其一家，要向林家“集中投资”，把“政治生命依附于林副主席一家”。他把林立果捧为空军的太上皇，让林立果可以在空军“调动一切、指挥一切”。他要求，“一切重大问题，都要及时地主动向立果同志请示报告”，要“时时想到他，事事请教他，处处保卫他”，“老老实实地服从他的调动，服服帖帖地听从他的指挥”。空军党委办公室的几个主要负责人都成为林立果“小舰队”的核心骨干。他们在林彪、吴法宪一伙的庇护下，大肆发展法西斯特务组织，大搞反革命串连，网罗党羽，发动反革命势力，建立反革命秘密据点和通信网络，秘密组织反革命政变的武装力量（教导队），研制和进口大批特工器材。通过揭发、清算林彪反革命集团破坏空军的罪行，不仅使广大群众受到教育，同时也使一些犯了错误的同志越来越看到自己问题的严重性。

在李德生的指导下，会议认真贯彻“惩前毖后、治病救人”的方针，重点帮助了几位犯有错误的空军领导同志。会议期间，周恩来、叶剑英反复强调，对犯错误的同志的揭发、批判，不是为了打倒，而是教育、挽救、争取。

与会同志抱着与人为善、治病救人的态度，既严肃批判，又热情帮助；既分清是非，又团结同志，使犯错误的同志端正了态度，进一步作了检查交代，说出了真话，认识了错误。

会议通过大量事实证明，空军的广大干部战士是好的，对林彪和吴法宪一伙的破坏，是有抵制和斗争的，不少同志为此受到打击和迫害。当这些受打击迫害的同志得知林彪一伙的阴谋活动和滔天罪行之后，更是表示了极大的义愤，并积极投入肃清林彪影响的斗争。

会议还请回刘震、聂凤智、张廷发、成钧、吴富善等遭受林彪、吴法宪打击迫害的10位原空军领导同志参加会议，同时还吸收了各大军区的一名领导同志参加，一方面参与具体帮助指导，另一方面有利于借鉴解决空军问题的做法和经验，搞好各单位的批林整风运动。

会议在揭发批判、分清是非、统一认识的基础上，认真总结了经验教训，讨论了如何把空军建设好的问题。中央对空军这次会议，给予了充分肯定。5月17日，周恩来和其他政治局成员接见了到会同志，周恩来作了重要讲话，认为会议开得很好，是一次鼓舞斗志的会议，是团结、胜利的会议，并决定对空军领导班子进行改组。他要求：空军党委要按照毛泽东提出的三项基本原则办事，要讲团结，不要搞一言堂，不要称霸。强调要加强党的建设，把部队建设搞好。[①]6月16日，周恩来亲自审阅和修改了空军党委四届五次全会的情况报告和中共中央批示稿，后经毛泽东批准，连同民航总局党委的报告一起作了转发。中共中央的批语指出："这次会议开得很好，弄清了路线，改组了空军领导班子，它对深入批林整风，加强空军建设，将起重大作用。空军广大指战员是忠于党，忠于人民的"，"死心塌地跟着林彪搞反革命阴谋的只是吴法宪等一小撮死党"。空军的"批林整风运动取得了很大成绩，形势很好。希望你们认真贯彻这次会议精神，遵照毛主席'首先是批林，其次才是整风'的指示，继续把批林整风这个头等大事抓紧抓好。"中央批语特别强调注意政策问题，指出：一定要"严格区分两类不同性质的矛盾，'扩大教育面，缩小打击面'。对犯错误的同志，要执行'惩前毖后，治病救人'的方针，积极协助他们认识和改正错误，达到'既要弄清思想又要团结同志'的目的"。

海军"纠缠着历史问题"

由张春桥直接分管的海军，与其他单位的情况完全不一样，批林整风很难深入下去，问题被他久拖不能解决。总政派去的工作组，按照毛

① 《周恩来年谱》（1949—1976）下卷，第593页。

泽东的指示，指导海军的批林整风运动，却被他训斥、嘲讽，无法开展工作，不得不撤了回来。

张春桥一伙之所以抓住海军大做文章，把打击的矛头直指海军司令员萧劲光，具体的缘由可以追溯到1969年4月召开的党的九届一中全会上。在那次会上选举政治局委员时，萧劲光行使党员的正当权利，明确表示自己的意愿，没有投张春桥、江青、姚文元的票。投或不投谁的票，这是党员的权利，本是无可非议的事。然而心术不正的江青集团却把这视为反对他们的行为，于是怀恨在心，寻机报复，必欲置萧劲光于死地而后快。

在批林整风中，海军根据党中央、中央军委和总政治部的指示抓紧时机解放了一批干部，江青集团一伙利用此事，无中生有，颠倒黑白，大做文章，对萧劲光极尽诬蔑和打击之能事，演出了一幕闹剧。

1972年年初，总政治部布置，在批林整风中，各单位要批判林彪的干部路线，解放在“文革”中受打击受迫害的干部。根据总政指示精神，海军抓紧工作，很快解放了60多名师以上干部。对海军党委办的这件事，张春桥十分不满。他指责这是萧劲光违反组织原则，没有请示报告，擅自作出的决定。当老革命萧劲光向张春桥说明海军没有违反组织原则，是有请示有报告的情况时，自认为是新生力量的张春桥更是气急败坏，大发雷霆。后来，他去找了叶剑英，又去找周恩来，说他管不了海军，萧劲光不买账，往萧劲光的脸上抹黑。

1972年7月，海军为清查林彪反党集团的罪行召开了党委扩大会议（即海军党委四届五次全体扩大会议）。江青集团却把这次会议视为是整海军、整萧劲光的好机会，专门跑到会上兴风作浪，大打出手。姚文元阴阳怪气地说：“萧劲光是林彪拉的。”会场上当即有人反驳：“萧劲光是与林彪作斗争的，受林彪打击的。”张春桥气势汹汹地说：“打击什么？萧劲光是上了贼船的。”江青装模作样地说，毛主席最信任你萧劲光，在青岛跟你要饭吃，和你一块吃饺子，和别人从来没有这样。可你辜负了毛主席，不投忠于毛主席革命路线的人的票。

江青说的毛泽东在青岛跟萧劲光要饭吃是怎么回事呢？原来1957年夏天，毛泽东到青岛参加省市委书记会议和民族工作座谈会时，正逢解放军建军30周年纪念，中央军委决定在青岛举行海上阅兵式，接受中央领导同志的检阅。7月31日下午3时，萧劲光去毛泽东住处汇报工作。毛泽东听了汇报后高兴地说：到你家吃饭。于是，萧劲光让秘书赶紧回家作了布置，按照毛泽东一贯从简的生活习惯，临时搞了八个菜和一个紫菜汤。出席这次便宴的有毛泽东、江青、李讷，还有空军司令员刘亚楼和夫人翟云英作陪。萧劲光和夫人以及孩子们对客人们的到来，十分高兴，热情接待。那天，毛泽东的食欲极好，一边吃一边和大家交谈，鼓励孩子们要好好学习。当时江青曾插话说，主席真有意思，在延安靠萧司令吃饭，现在又向萧司令要饭吃。所谓在延安靠萧司令吃饭，那是指在洛川会议之后，毛泽东曾风趣地对时任留守兵团司令的萧劲光说；“我在延安就是靠留守兵团吃饭。”本来这是领袖联系干部、群众的一件生活小事，与“政治”毫无关系，但江青却要大做文章，以达到她不可告人的目的。

在海军的党委扩大会上，张春桥他们几个人一唱一和，操纵部分不明真相的干部，无中生有地给萧劲光扣上了“上林彪集团贼船”的帽子。

与会许多同志不同意江青集团的这种颠倒黑白、把与林彪斗争的人硬说成“上了林彪贼船”的做法，双方展开了争论。

但是，江青集团别有用心地坚持已见，横加干扰，致使这次会议从1972年7月17日一直开到翌年2月20日，长达近8个月之久，跨了两个年头，4个季度，还不能收场。在这种情况下，周恩来不得不出面干预，要求会议不要开得时间太长，适时结束。1972年9月21日，周恩来根据毛泽东的指示，主持中共中央政治局会议，约海军负责人谈话。政治局会议指出：海军的批林整风运动，重点不放在党的九大后特别是庐山会议和“九一三”

后，而放在谈历史问题上，容易走偏方向；纠缠历史，不利大团结。[①]这实际上是不点名地批评了张春桥不批林而专报私仇的错误做法。

11月16日，根据周恩来的意见，由叶剑英主持军委办公会议讨论并基本通过海军党委四届五次全体扩大会议的总结报告。但是，由于张春桥反对这个总结，坚持批林首先必须联系批判海军司令员萧劲光，指责会议“颠倒主次”，否定“文化大革命”，致使会议偏离了方向，延长了时间。直到毛泽东出面干预，张春桥才不得不有所收敛。1973年2月20日，海军的党委扩大会议终于结束。

毛泽东指示：“海军的会议，纠缠着历史问题。在批林整风运动中，在历史的旧账上纠缠，容易走偏方向。”“首先是批林，其次才是整风。”1973年2月24日，中共中央转发了引用有上述毛泽东指示的《海军党委四届五次全会扩大会议情况报告》。3月1日，在毛泽东住处召开的中共中央政治局会议，在听取浙江、湖南等地的批林整风运动情况汇报的同时，还听取了海军批林整风运动情况的汇报。张春桥看到毛泽东亲自过问海军的批林整风会议，才被迫暂时放弃了他的报复行为。

李德生对批林整风正反两面的经验教训感触很深。他认为，只有紧紧把握批林这个大方向，才能分清大是大非，查清与林彪一伙有牵连的人和事；只有分清大是大非，才能正确处理人民内部矛盾，并通过开展批评与自我批评，做好团结工作。如果像江青集团那样，把批评与自我批评，当成泄私愤、搞报复、整干部、抬高自己的“武器”，那就必然使会议走偏方向，混淆大是大非，破坏团结。

李德生说：“一个优良传统破坏起来容易，建设难，这是切肤之痛，很值得深思。”“应当吸取这一历史教训，把开展批评与自我批评，作为党员进步、党风端正、爱护干部、正确认识和对待干部的一项经常的党的建设来抓。我们党组织要保持不变质，就应当使这一优良传统作风不丢失；

---

① 《周恩来年谱》（1949—1976）下卷，第552页。

我们党组织要建设好，就应当把这一优良传统作风发扬好、继承好。"[①]

批林整风汇报会

召开批林整风汇报会，是毛泽东向周恩来提出的。

1972年5月3日，李德生参加了周恩来主持召开的中共中央政治局会议。会议讨论了毛泽东当天向周恩来提出的召开批林整风汇报会问题。5日，政治局会议通过了中共中央《关于批林整风汇报会议的通知》稿。6日，经毛泽东批准下发。《通知》强调指出：我党同林彪反党集团的斗争，是我党路线斗争中最严重的一次斗争。为进一步揭发和批判林彪集团的反革命罪行，深入开展批林整风运动，中央决定召开这次会议。

批林整风汇报会于5月21日至6月23日在北京召开。参加会议的有党、政、军各部门和各省、市、自治区负责人，共312人。李德生出席了这次会议。经毛泽东和中共中央政治局确定的会议文件很多，主要有：《九届二中全会公报》和九届二中全会以来毛泽东的文章、批示和重要谈话（共12件），九届二中全会以来中央的有关文件（共两本），《粉碎林陈反党集团反革命政变的斗争》（材料之三），《关于国民党反共分子、托派、叛徒、特务、修正主义分子陈伯达的反革命历史罪行的审查报告》和陈伯达的历史罪证，以及毛泽东1966年7月8日给江青的信。

会议的参阅文件有：批判林彪反革命修正主义军事路线的罪行材料、朱德等9位老同志的书面揭发材料、李力群对林彪的揭发材料、林彪的《论短促突击》、关于中苏关系的11个问题。

会议的主要学习文件是毛泽东给江青的信和他在庐山写的《我的一点意见》，会议要求大家结合马列的6本书认真学习，努力提高识别真假马克思主义的能力。

---

① 《李德生回忆录》，第440页。

在学习毛泽东给江青的信时，有几个问题给李德生的印象很深：

一是毛泽东讲的“无产阶级专政下继续革命”的理论。他强调：“天下大乱，达到天下大治。过七八年又来一次。牛鬼蛇神自己跳出来。他们为自己的阶级本性所决定，非跳出来不可。”“现在的任务是要在全党全国基本上（不可能全部）打倒右派”，“这次文化大革命，就是一次认真的演习。”这个理论勾画了一个七八年就要开展一次大斗争的图景。

二是毛泽东对林彪的一些做法早有看法。“文革”初期，林彪发表了一个“五·一八政变讲话”，毛泽东当时就对此甚表忧虑。他说：“我的朋友（指林彪）的讲话……是专讲政变问题的。这个问题，像他这样讲法过去还没有过。他的一些提法，我总感觉不安。”

三是毛泽东对林彪搞的个人崇拜似有反感。他说：“我历来不相信，我那几本小书，有那样大的神通。现在经他一吹，全党全国都吹起来了，真是王婆卖瓜，自卖自夸。”“今年四月杭州会议，我表示了对于朋友们那样提法的不同意见。可是有什么用呢？他到北京五月会议上还是那样讲，报刊上讲得更加凶，简直吹得神乎其神。”

四是毛泽东的被迫同意。这主要是考虑到“文化大革命”刚刚发动，为了不给群众“泼冷水”，为了“打倒右派”，他还是同意转发林彪的讲话。他写道：“我是被他们迫上梁山的，看来不同意他们不行了。在重大问题上，伪心地同意别人，在我还是第一次。叫做不以人的意志为转移吧。”

五是毛泽东分析了林彪一伙搞个人崇拜的意图。他说：“我猜他们的本意，为了打鬼，借助钟馗。我就在20世纪60年代当了共产党的钟馗了。”他还说：“事物总是要走向反面的，吹得越高，跌得越重，我是准备跌得粉碎的。”

毛泽东在给江青信中的一些话，富有很强的哲理性，李德生看了以后，反复琢磨着，深为其洞见所折服。

这封信涉及诸多重大问题，毛泽东把他的看法首先告诉了江青，说明他对江青在政治上是信任的。江青肯定会因此而洋洋得意。毛泽东对江青当然也是非常了解的，因此，他教导江青："人贵有自知之明"，"不要被胜利冲昏了头脑，经常想一想自己的弱点、缺点和错误"。显然，这几句话，毛泽东不是随便写的。对江青来说，有很强的针对性。

毛泽东给江青的信是"文化大革命"初期写的，在这次会议上第一次公布。这时林彪自我爆炸已经九个月了。主持会议的周恩来向大家介绍说，这封信只有政治局一部分同志看过，这封信写得一针见血，非常深刻。他还说，对于林彪"五·一八讲话"的内容，毛泽东总是有点不安，里头有些话过头，叙述政变那种写法也不当，有些极左的话。

为了帮助大家学习，中央政治局有9人分别到各组去解释了这封信。江青是其中之一。她在解释中说，毛泽东早就看出林彪"不是马克思主义者"。这种解释，显然是不大符合实际的。固然，从这封信中，不难看出毛泽东发动"文化大革命"依据的理论根据是什么，同时也反映了他与林彪之间，从运动一开始就是有矛盾的，对许多问题的看法并不完全一致。但是，恐怕还不能说这时毛泽东已经看清了林彪的反革命本质，因为林彪的阴谋活动也是逐步发展和不断加深的。

除了毛泽东给江青的那封信外，周恩来关于路线斗争的讲话以及对"伍豪事件"的说明，也使李德生经久不忘，想了很多。

周恩来在批林整风汇报会第一次全体会议上，回顾了九届二中全会与林彪反党集团斗争的过程，并批判了林彪在历史上的错误。他说："九届二中全会以后，主席的一系列措施，都是教育一批干部，还要保林，使他自己知道那个错误的严重性，在九届二中全会上也是如此。""但（1971年）9月13日把这个问题真相揭穿了，头子就是林彪，而不是林、陈，不像高饶联盟那样。林彪搞的是阴谋活动，他反党、反主席的思想是长期存在的。"这次斗争"主要矛头就是要批判、揭露、粉碎林彪这个反党集团，教育大批干部，团结大批干部，是这样一个精神"。[①]根据毛泽东

① 《周恩来年谱》（1949—1976）下卷，第526—527页。

1971年南巡时谈的党内十次路线斗争问题的精神，周恩来经过认真准备，亲自写了《对我们党在新民主主义革命阶段六次路线斗争的个人认识》的提纲，报毛泽东圈阅并送政治局成员进行了传阅。他之所以要写这个材料，是为了在批林整风汇报会上“讲一点个人的认识和我个人在历史上所犯的路线错误”。周恩来在中央政治局会议上、在批林整风汇报会各组召集人会议上都宣布过这件事。①

从6月10日至12日，周恩来连用三个晚上在批林整风汇报会上作了报告。他在报告中对大革命时期的陈独秀右倾投降主义、土地革命战争时期的瞿秋白盲动主义、李立三冒险主义、罗章龙右倾分裂主义、王明“左”倾教条主义和张国焘右倾分裂主义，以及抗日战争时期的王明右倾投降主义的历史过程、错误危害和教训等，作了详细的叙述和说明。在谈到王明“左”、右倾错误问题时，周恩来结合个人的亲身经历，对自己作了严厉的、毫不留情的剖析，甚至是过分的检讨。他在讲述了党的历史后，又表示了自己的心迹。他说：“我入党50年，没有离开党的队伍。经过长期的复杂而又激烈的党内外、国内外的阶级斗争和革命战争的考验，我还在为党工作，继续坚持对敌斗争；年老了，也还有些革命朝气。”他还说，这几年，我常说按马列主义、毛泽东思想做到老，学到老，改造到老，但做起来也并不容易。我平常爱读鲁迅和毛泽东的各两句名诗以自勉：“横眉冷对千夫指，俯首甘为孺子牛。”“宜将剩勇追穷寇，不可沽名学霸王。”周恩来要求凡是在林彪反党集团的阴谋活动中沾了边甚至陷得深的同志，都应该得到启发，不应该有任何顾虑。要彻底交待，认真改正，改正得越迅速，越彻底，越好。

周恩来的这个报告，曾经在党内一定范围内进行过传达，产生过很大的影响，至今仍不失为党的历史上的一个具有重要意义的文件。它不仅帮助一些在思想上还没有完全同林彪划清界限的同志及早觉悟，站到正确

① 《周恩来年谱》（1949—1976）下卷，第527页。

方面来，而且大大增强了以毛泽东为首的党中央的凝聚力和全党全国全军的大团结，把党的事业继续胜利地推向前进。

6月23日，在批林整风汇报会最后一次全体会议上，周恩来还作了《关于国民党造谣诬蔑地登载所谓“伍豪事件”的真相》的报告。

事情的起因是这样的：在“文化大革命”初期，造反派抓叛徒成风。南开大学造反派将1932年国民党报纸上登载的所谓“伍豪等脱离共产党启事”的材料翻出来，送给江青。江青于1967年5月18日将这一材料送林彪、周恩来、康生，并附信说：“他们查到一个反共启事，为首的是伍豪（周××），要求同我面谈。”第二天，周恩来在江青的信上批道：“伍豪等脱离共产党启事，纯属敌人伪造”，“我当时已在中央苏区，在上海的康生、陈云同志均知为敌人所为，故采取了措施”。为防止江青等人利用此事大做文章，周恩来于当天又给毛泽东写信，将1931年至1932年的有关事件编为《大事记》，一并送毛泽东阅。信中说：“连日因忙于四川和内蒙问题，并同内蒙军区请愿战士分批谈话，直至今天才抽出一天工夫翻阅上海各报。”“现在弄清了所谓‘伍豪等启事’，就是1932年2月28日的伪造启事”，“伪造启事和通过申报馆设法的处置，均在我到江西后发生的”。毛泽东阅后批示：“交文革小组各同志阅，存。”同年10月、12月，周恩来先后将登载有伪造“伍豪启事”的报纸、他给毛泽东的信，以及毛泽东的批示等材料拍照存档。1968年1月10日，周恩来给江青写信告知材料存档事，并说：“此事在1931年、1932年，凡熟悉上海政情和共运的，均知其为伪造。我在1943年延安整风、下半年开的中央座谈会上已原原本本谈过。今年有暇，我当在小碰头会上再谈此事，并于录音，记入中央档案。”1968年1月16日，毛泽东对北京大学历史系一学生反映这一事件的来信，批示：“此事早已弄清，是国民党造谣诬蔑。”

周恩来在会上讲完上述情况后宣布：根据毛泽东的意见和中央政治局的决定，会后将把报告录音、录音记录稿以及其他有关文献资料存入中央档案馆，并发各省、市、自治区存档。

在周恩来这个报告之前6月13日批林整风汇报会的一次小组会上，陈云曾经就所谓“伍豪事件”做过发言。他说：“我当时在上海临时中央。知道这件事的是康生同志和我。对这样历史上的重要问题，共产党员要负责任，需要向全党、全世界共产主义运动采取负责的态度，讲清楚。这件事完全是国民党的阴谋。”为慎重起见，当天陈云还写了一个书面材料：“我现再书面说明，这件事我完全记得，这是国民党的阴谋。”①

在陈云就国民党的这个阴谋发言之后，周恩来向会议作了上述报告，说明毛泽东对这个问题的批示内容，这是有利于防止有人再拿此事做什么文章的。

朱德出席了批林整风汇报会。他在5月25日军委直属组会议上作了发言。他说：林彪是自我暴露的。他是有组织、有计划、有纲领地搞反革命政变，妄图谋害毛泽东主席，另立中央。我们党是有经验、有力量的党，他是绝不会成功的。朱德是人民军队的“老总”，他与军队的同志在一起，就感到特别高兴。我们军队的同志看到他也感到特别亲切。朱老总满面笑容地对大家说：我好几年没有和军队同志在一起开会了，现在我还能看到大家，看到我们的军队还是好军队，心情很愉快，很高兴。②

批林整风汇报会历时一个多月，在高层较为系统地批判了林彪集团的罪行，揭露了林彪等的历史错误，使与会者进一步认清了林彪的真正面目，对批林整风运动的发展起了积极作用。

但是，李德生也认为，这次会议还存在一些问题，那就是毛泽东给江青的那封信客观上抬高了江青，为江青增添了政治资本。江青对林彪的吹吹拉拉，如在林彪爆炸前一个月为林彪拍学习毛选的照片之事，很容易使人认为那只是她的一种策略。在传达贯彻会议精神的过程中，江青及其追随者，也是肆无忌惮地进行干扰和破坏。当然，在没有否定“文化大革命”的前提下，批林整风运动也不可能取得超越当时历史条件的成果。

---

① 《周恩来年谱》(1949—1976)下卷，第531页。

② 《朱德年谱》，人民出版社1986年版，第554页。

批判极左思潮

在批林整风的过程中，在李德生的主持下，总政治部研究了这样一个问题：对全军来说，清查工作涉及的重点单位、重点部门毕竟是少数，大多数非重点单位和部门，主要是肃清林彪十多年来、特别是“文革”以来推行的一整套东西的影响和流毒，在全军范围内深入批判林彪军事路线的问题。

但是，林彪军事路线表现在哪些方面呢？

李德生和大家一起学习了毛泽东关于军队建设的指示，听取了部队同志的意见，联系部队实际进行了分析。一致认为，林彪主持军委工作后，在军队建设的各个方面，从战略方针，到教育训练、政治工作、后勤建设、武器装备、民兵工作等，都有许多错误的东西，特别是把“四个第一”、“三八作风”、“四好运动”、“突出政治”等，概括为突出政治的军事路线，说它是我军唯一正确的军事路线，这实际上是他唯心论的思想路线的集中反映。把林彪突出政治的军事路线在各方面的流毒和影响批判好，才能端正我军建设的方向，才能使我军的优良传统得到恢复，使各方面的工作走上正轨。

接着，同志们又讨论了一个问题：林彪突出政治的军事路线有种种表现，然而它的实质究竟是什么呢？

当时，李德生毫不犹豫地回答：极左。

李德生的这个回答是从周恩来那里学来的，也是他独立思考的结果。

在批林整风运动中，周恩来在组织领导各种会议、各项工作中，贯穿着的一个基本精神，就是要纠“左”。周恩来、李先念在指导国务院各部的批林整风时，反复指出林彪路线的实质就是极左，要通过批判极左思潮和无政府主义，来消除林彪在各条战线上造成的恶果。李德生完全赞同他们的看法，他在实际工作中也是这样做的。

事实上，在此之前，李德生从参加政治局和国务院业务组的一些活动中，就经常听到周恩来批极左了。1970年6月，周恩来就曾经指示：“防保守，排极左，仍是当前主要任务。”9月，他同文教部门的一些负责同志谈话时强调，不要“因人废文”，“任何思想的发展都不是无根的，新社会是从旧社会脱胎出来的”。“毛泽东思想是从马克思列宁主义发展来的，马克思列宁主义是毛泽东思想的根。”“这就叫历史唯物主义。要有点辩证法，不要一听封建主义、资本主义就气炸了，那叫形而上学、片面性”。1971年3月，周恩来在国务院召开的全国出版工作座谈会上又说：“自由主义是右的，但形式上是以极左出现的。”“否定一切，这也是极左思潮”。

林彪事件发生后，周恩来开始主持中央日常工作，并参加由叶剑英主持的军委办公会议讨论重大问题。这时，他对批判极左思潮的问题就更加强调了。

1971年10月，周恩来指示公安部要改变对看管人员宁“左”勿右的做法，使许多老干部受虐待的情况有所改变。

1971年12月至1972年2月召开的全国计划会议，根据周恩来要整顿企业的意见，批判了林彪一伙对企业的干扰破坏，会后国务院起草了《1972年全国计划会议纪要》，提出企业要恢复和健全岗位责任、考勤、技术操作规程、质检、设备管理、经济核算等七项制度，抓好产量、品种、质量、原材料燃料动力消耗、劳动生产率、成本、利润七项指标。

1972年5月21日，周恩来在中央批林整风汇报会上明确指出，林彪路线的核心是极左，要深入批判林彪煽动的极左思潮，肃清其流毒影响。

1972年8月1日至2日，周恩来在接见我驻外大使时，批评了有的单位没有把极左思潮批透。强调要批判林彪一伙的“空头政治”，无产阶级政治挂帅要挂在业务上。他指出：极左思潮是有世界性的，中国也有极左思潮。实际上各单位的极左思潮都是林彪放纵起来的。他利用“二月逆流”要把老干部都打倒，把所有政治局的老同志都搞掉。他用极左的方法破坏毛泽东的威信，把毛泽东说过了头。周恩来强调：极左思潮，就是夸夸其谈，不实事求是；就是形“左”实右、空洞、极端、形式主义，空喊无产阶级政治挂帅，很抽象。这是违反毛泽东思想的。他尖锐指出：关于这个问题，如果我们不好好做工作，还要犯错误。极左思潮不批透，右倾又会起来。9月，周恩来又说：极左思潮不批透，你们就没有勇气贯彻毛泽东的革命路线。

江青和林彪本是一路人，对于批林彪的极左，她是很不舒服的。当她得知周恩来批极左的言论后，就兴师问罪，追查来源，阻挠它的贯彻执行。

9月底，周恩来约人谈了他对两报一刊国庆社论的撰写问题。起草人根据他的指示精神，写进了“批判极左思潮”的内容，姚文元在审稿时，两次都大笔一挥将其勾掉。后来，正式发表的国庆社论虽然没有提批极左，但却指出：要“加快社会主义建设的步伐”，“继续全面地落实毛主席的干部政策、知识分子政策、经济政策等各项无产阶级政策”，“要提倡又红又专，在无产阶级政治统帅下，为革命学习业务、文化和技术”。字里行间，仍然传达了批判极左的信息。

周恩来把揭发批判林彪反革命集团的罪行和批判极左思潮结合起来的言论和行动，给了李德生多方面的启发。

根据毛泽东对林彪在军队建设上“只搞文，不搞武”的批评，根据周恩来上述批判极左和“政治挂帅要挂到业务上”的指示，参照李先念在国务院各项工作中批判极左的做法，李德生积极组织总政机关批判林彪的“空头政治”，研究整理成林彪路线的极左实质及其主要表现，作为深入批林的初步依据。这个意见，得到了叶剑英的同意，后来通过一些会议把这些材料传到部队中去，使部队的批林整风搞得比较顺当。不久，在叶剑英的直接指导下，军事科学院编写了《批判林彪资产阶级军事路线若干问题》之一、之二和《批判林彪的“六个战术原则”》等材料，经中央批准下发后，部队的批林整风有了较为系统的材料，使得运动能够健康地向前发展。

改变军队“只搞文不搞武”的状况

李德生认为，批判极左思潮，对军队来说，就是要抓住林彪军事路线的极左实质进行批判，坚决改变那种“只搞文不搞武”的状况，特别是要为军事工作正名，把它放在应有的位置上。

众所周知，林彪主管军队工作以后，大搞“突出政治”。强调军事、后勤工作与政治工作发生矛盾时，要给“政治”让路。谁不赞成他的“政治可以冲击一切”的论调，谁就会被扣上单纯军事观点等政治帽子，军事工作成了可有可无的事。到“文化大革命”开始以后，军事工作遭到了更为严重的干扰和破坏，军队的正常秩序被打乱，组织纪律性大为削弱，各级领导机构臃肿庞大，兵员日益膨胀。从部队的中心工作——军事训练来说，存在的问题不少。当时有一份权威文件指出，主要是：（一）军政对立，思想混乱，普遍不敢抓训练；（二）参训部队少，军事训练时间不落实；（三）部队技术、战术基础差，军事素质普遍下降；（四）全军院校过少，严重影响干部培训和外训工作；（五）训练制度废弛，教材缺乏，训练物资器材无保障。由于存在上述种种严重问题，因而造成了部队战斗力的大大下降。

对于这些问题，毛泽东已有所察觉，而且给予了批评。1971年八九月间，他在巡视外地期间批评说，“现在只搞文不搞武，我们的军队成文化军队了。”他还对林彪提倡的“四好连队”运动中的“四好”（即政治思想好、三八作风好、军事训练好、生活管理好——作者注）之间的关系说：“一好（指政治思想好——作者注）带三好，你那一好也许带得对，也许带得不对”。“还有那些积极分子代表大会，到底效果如何，值得研究。”毛泽东的这些话是很有分量的，明眼人一看，就知道这是对林彪大搞“政治可以冲击一切”的有力批判。长期主管军事工作的李德生，对当时部队

“只搞文不搞武”的状况是不满意的，也是很忧虑的。当他看到毛泽东的指示后，兴奋之情不能自已。他认为，毛泽东的批评一定会成为改变“文化军队”现状的强大动力。

1971年7月13日至16日，根据中共中央、中央军委指示，总参谋部在北京召开全军作战部长会议。会议传达学习了毛泽东和中央军委关于在目前形势下加强战备的指示和中央关于发表中美会谈公告的指示，分析了在新形势下可能发生的突然情况，研究了加强战备的措施，提出全训部队除坚持冬季野营拉练和天天练外，每年军事训练的时间，步兵不少于60天，技术兵不少于80天，航空兵不少于50小时。周恩来在批阅此件时，认为这个标准仍然偏低，提出增加步兵和技术兵训练时间，步兵90天，技术兵120天。但黄永胜不同意，坚持原定训练天数不变。后来毛泽东在军委办事组报告的附件上，看到了周恩来的意见，批示同意，黄永胜等人才不好说什么了。[①] 7月27日，中央军委批准将会议决定的事项转发全军执行。随后，各单位均召开会议，结合实际情况研究落实了战备措施。在林彪一伙尚未垮台前，军事训练的时间得到了增加，这表明军事工作又开始提到了重要日程上，是一次具有重大意义的进步。

“九一三”事件发生后，李德生坐镇空军，并且负责指导空军的批林整风运动。在此期间，根据军委办公会议精神，空军于1972年2月、11月先后召开了飞行训练会议、飞行训练安全工作座谈会，安排部署了全年的飞行训练任务。1972年1月至9月，空军飞行员的训练时间，比1971年同期增加了50%，而且增加了复杂气象条件下的飞行训练。

针对干部失训情况严重，主持军委办公会议的叶剑英，在1972年2月6日听取南京军区领导人的工作汇报以后，就部队办教导队问题作了重要指示。他要求以师为单位，办好教导队，师长或副师长任队长，把打过仗的团、营长都集中起来，编成一个连的架子，训练下边没有打过仗的干

① 《周恩来年谱》（1949—1976）下卷，第472页。

部，从单兵起，进行传、帮、带，把经验传给新一代。两年内要把连、排长轮训完，达到平时会组织训练，战时会指挥打仗，扭转现在的局面。根据这一指示，中央军委于4月19日发出《关于办好教导队加速轮训部队基层干部的指示》。《指示》指出：办好教导队，教育好干部，提高他们的毛泽东军事思想水平和组织指挥能力，是整顿好建设好军队的一个重要方面，是整军备战的迫切需要。鉴于林彪大搞极左给部队造成的恶果，以及部队新干部大量增加、技术装备不断发展的新情况，《指示》要求各级党委必须把轮训干部的工作列入议事日程，切实抓紧基层干部的培训，认真办好教导队。要求打过仗的有经验的军、师、团的领导干部，要亲自任教，当队长、排长、班长，进行传帮带，严格训练，严格要求。中央军委的指示下达后，全军团以上各单位迅速办起了各种类型的教导队。到1973年10月，全军共办教导队849个，轮训基层干部31万人，占应训干部的75%以上，初步改变了自“文化大革命”以来干部严重失训的状况。经过轮训的干部，在部队训练和建设中作出了应有的贡献。在办好教导队的过程中，各级老干部言传身教，发挥了重要作用。据统计，到1973年年底，共有1.9万名团以上干部到教导队任职任教，60%以上的军长、师长和政委到教导队担任连长、排长。他们的功劳是功不可没的。

与此同时，为加强对军队干部的培训，全军还恢复了一批院校。1973年12月8日，中央军委转发了经中共中央批准的全军院校调整领导小组《关于全军恢复和增建41所院校的报告》。《报告》指出，由于林彪在“文化大革命”中大刮砍院校的妖风，使全军原有的125所各级各类院校幸存下来的仅有43所。《报告》提出恢复和增建院校的原则和方案，对学制、校址、定额等问题做了明确的规定。《报告》转发后，总参谋部、总后勤部、各军兵种及各有关军区，因地制宜地先后把41所院校恢复和建立起来。这对恢复干部的培养训练工作，提高干部的军政素质和专业技术水平起到了很好的作用，也为在“文化大革命”结束后进一步加强军队院校建设奠定了一个好的基础。

根据当时我国周边形势和未来战争的特点，叶剑英还于1973年10月指示全军，要求除抓好日常训练外，要突出抓好打坦克训练，要把打坦克之风吹遍全军。他认为，军队在今后反侵略战争中，敌方坦克不会只来一辆、两辆，而是一群一群，几百辆几千辆；不是只冲一次、两次，而是一波一波地向我们冲击。如果我们现在不抓好训练，就很难对付敌人的坦克。如果不能战胜敌人的坦克，地面作战这一关就很难过。他多次在总参、空军、北京军区等单位训练会议上讲话，强调全军一定要重视打坦克训练。叶剑英还就反坦克武器的制造、打敌坦克的战术、阻敌坦克的战场创造等方面，提出了具体要求。根据他的要求，全军很快掀起了打坦克训练的热潮，一些军区相继组织了不同规模的反坦克作战演习。

为了把毛泽东和中央军委关于加强战备和训练的指示落到实处，改变“文化大革命”造成的那种“只搞文不搞武”的不正常状况，作为北京军区司令员的李德生，对军事工作给予了极大的关注，抓得很紧。无论是军区召开的重要会议，还是举行的重大演习，他都要亲自参加，都要提出意见。针对未来战争的特点和华北战场的实际，他对军队建设、民兵建设等各项工作都提出过具体要求。在李德生的指导下，北京军区多次召开了战备训练工作会议和各种专业性会议，并组织了多种演习。通过一系列工作，提高了认识，统一了思想，交流了经验，从而使军区部队的各项工作出现了新局面。

即使批极左受挫以后，李德生在实际工作中仍然把军事工作放在重要位置上。根据中央军委1972年12月7日转发的总参谋部《关于1973年加强军事训练问题的建议》，北京军区于1973年4月7日至17日召开了训练工作座谈会，参加会议的有军区空军、北京卫戍区、天津警备区、各省军区、各军、各特种兵主管训练的领导人，各单位的作训处(科)长，共168人。会议分析了1972年军事训练的形势，讨论了1973年军事训练的任务和措施。规定全区要有41. 8%的连队参加全训，年底完成基层干部的轮训任务，并要与反坦克训练结合起来，抓好五大技术和连以下的战术训练；抓好各技术兵种与后勤分队的专业技术和战术训练；冬季野营训练要贯彻勤俭练兵的原则，提高训练质量。李德生和政治委员陈先瑞到会讲了话。他们要求，一定要坚决执行中央军委的指示，完成1973年的训练任务。

在战备训练中，北京军区部队普遍开展了以打坦克为主的“三打”（打坦克、打飞机、打空降）、“三防”（防原子、防化学、防生物武器）训练，改进了部队的技术战术训练。从1972年9月到1973年2月，北京军区共举办打坦克集训班315期，培训骨干3.9万余人，72%的连队进行了打坦克训练，达到了团有示范连、连有示范班、班有骨干的要求。同时，还普遍进行了打敌集群坦克战术研究性演习。1973年3月26日至4月4日，军区还召开了打坦克训练经验交流会。参加会议的有团、军分区以上主管训练的领导人和业务部门的有关人员以及35个县(市)的武装部长，共545人。与会人员学习了毛泽东主席、中央军委有关打坦克训练的指示和有关材料；参观了步兵、炮兵、装甲兵、工程兵、民兵打坦克的武器、器材，以及防坦克的工程障碍设施；参观了炮兵、装甲兵打坦克的实弹射击，以及步兵、工程兵、民兵使用爆破器材和工程障碍的反坦克表演。会议还部署了训练任务。李德生和政治委员陈先瑞先后到会讲了话。各总部、各军兵种的领导人亲临会议观看了打坦克表演。总参谋部于5月8日转发了《北京军区打坦克训练经验交流会纪要》。

针对未来战争中可能出现的敌机群空袭、大批坦克入侵、敌军空降和使用原子化学武器等情况，李德生十分重视组织部队进行实兵演习。1973年10月13日至28日，北京军区根据中央军委、总参谋部赋予的任务，在张家口和张北地区组织了打敌集群坦克研究性实兵演习，是这一时期演习中全军规模最大的一次。参加演习的有陆军、空军和民兵共2.1万余人，飞机55架，坦克装甲车371辆，火炮385门。北京军区副司令员马卫华、副政治委员张正光担任总导演。演习设想是：“蓝军”对中国发动大规模侵略战争，在其空军实施战略空袭的同时，以坦克、装甲重兵集团，从“红军”防守的重要方向突入。其先遣集团军以第一梯队4个师，向华北的一个战略要地实施突击，企图切断主要交通线，尔后向中国腹地发展进攻；“红军”在既设阵地组织防御，抗击“蓝军”进攻，大量消耗、歼灭突入防御地域的“蓝军”，粉碎其战略企图。

演习第一阶段，“红军”组织战斗，主要演练根据敌情变化重新调整部署，定下防御作战决心和拟订诸军兵种协同作战计划，以及部队的战斗准备等课目。第二阶段，战斗实施，主要演练模拟“蓝军”坦克师进攻，“红军”依托第一线阵地的连支撑点打坦克，加强步兵团阵地防御打集群坦克，加强步兵营夜间攻歼龟缩的“蓝军”坦克，师预备队反冲击，分割歼灭突入防御纵深的“蓝军”集群坦克等课目。演习历时15天，圆满地完成了任务。

中共中央副主席叶剑英、李德生，政治局委员苏振华、倪志福，各总部、各大军区、各军兵种、国防科委、军事科学院和军政大学的领导人以及各部队干部1万余人参观了演习。叶剑英不仅亲自乘飞机到现地观看演习，而且接见了演习部队和民兵代表。他要求将演习中带普遍意义的经验，向全军推广，推动训练工作深入地向前发展，并提出要“把打坦克之风吹遍全军”。他的讲话给予部队以很大鼓舞。当时广大干部战士，也都像毛泽东那样，蔑视地把敌人的坦克称为“乌龟壳”。部队指战员对如何打大集群“乌龟壳”展开了群众性的讨论和训练。

这次演习，标志着人民解放军的作战指导思想从以打敌步兵为主转到以打敌坦克为主。这对加强现代条件下反侵略战争准备具有重要意义。演习的主要收获：

一是增强了对敌集群坦克敢打必胜的信心。在演习中，按照“蓝军”的编制装备、战役战术原则和兵力兵器密度，模拟了“蓝军”坦克师进攻中的开进、展开，第一梯队团冲击，师第二梯队加入战斗，及其航空兵配合地面部队作战等战斗程序与作战样式，使参加演习的指战员对“蓝军”坦克师机动性好，火力、突击力较强等强点，及其行动受地形限制、各种消耗大、后勤保障困难等弱点，有了实际感受和比较深刻的认识，为探索对付敌集群坦克的作战方法提供了依据。

二是研究了坚固阵地防御抗击敌坦克群进攻的战术手段。在演习中，重点研究了“红军”航空兵和炮兵火力对集结、开进、展开中的“蓝军”集群坦克实施火力突击；“红军”组织指挥步兵、炮兵、工程兵、坦克兵和战斗村民兵，协同抗击“蓝军”集群坦克的进攻；“红军”坚守第一线阵地的连支撑点，迫使“蓝军”进入各支撑点之间的袋形地域，尔后集中兵力、火力各个歼灭；“红军”团和营的预备队反冲击，消灭突入阵地内的“蓝军”集群坦克；“红军”工程兵在步兵团防御阵地中，布设反坦克地雷，设置非爆炸性反坦克障碍，配合步兵歼灭突入阵地内的坦克等战术手段。

三是探讨了打坦克的战法。在演习中，“红军”对突入防御纵深的“蓝军”集群坦克，采取以阻制快，分股切断，四面包围，集中优势兵力各个歼灭的战法。对仓促转入防御的“蓝军”集群坦克，采取以机动兵力利用夜暗，四面包围，首先打乱“蓝军”的防御部署，然后组织有重点、多梯次的连续冲击，各个歼灭的战法消灭敌人。

四是探讨了民兵打坦克的战法。在演习中，民兵依托有利地形，采用破袭战、阻击战、战斗村(城)战斗，依托地道打伏击等传统战法，以各种手段勇猛巧妙地消灭“蓝军”坦克，使“蓝军”陷入人民战争的汪洋大海之中。

11月24日至12月3日北京军区还组织了军区、军、师三级首长、机关带通信工具反空降作战现地研究性演习。演习按敌军空降作战特点，设想敌人在采取中间突破、陆海并进、南北夹攻、大规模空袭和空降的背景下，演练了反空降的组织与指挥，重点是组织部队快速机动，迅速投入战斗；组织密切协同，发挥整体威力；反空降作战中人民战争战略战术的运用。通过演习，研究了我军反空降作战原则，各军兵种协同，以及反空降作战中的政治工作和后勤保障等学术问题。

中央军委的关怀和演练的成功，给部队和参加演习的民兵以很大鼓舞。12月12日，总参谋部转发了北京军区《关于打敌集群坦克研究性演习的情况报告》。北京军区的这次演习，标志着全军打坦克训练已进入高潮。

与此同时，李德生还十分重视办好教导队，提高干部素质；组织部队进行野营拉练，提高部队在野战条件下走、打、吃、住、藏的作战和生存能力；以及抓好部队的作风纪律、行政管理、后勤保障等方面的基本建设，这些工作都取得了较好的成绩。

1972年掀起的军事训练热潮，使陆海空军的部队战斗力得到了提高。1974年1月15日至19日，南越当局出动海空军侵入我西沙群岛的永乐群岛海域，用军舰多次撞坏我国渔船，并在海空军配合下，派武装侵占我金银、甘乐等岛屿。20日，我军民奋勇自卫还击，收回了被占岛屿，取得了重大胜利。但是，后来由于江青大搞“批林批孔”，干扰破坏了刚刚有点起色的各项军事工作，军事训练热潮再次被打了下去。

整顿干部工作

林彪主持军委工作以来，结党营私，在关键岗位上安插自己的亲信，排斥给自己提过意见的人。“文革”开始后，以派划线，把军队的工作搞得很乱。“九一三”事件以后，毛泽东对林彪的所谓“高举、突出、干劲”三条标准的干部路线进行了批判。1971年11月20日，他在接见武汉地区座谈会的同志时说：“我们党历来的方针，对犯错误的同志以教育为主，惩前毖后，治病救人。目前有那么一些人，跟着‘副统帅’，跟着他上当，不光彩。还是跟着党，不要跟着个别人。统帅也好，副统帅也好，个别人容易起变化。”①

为了改变上述状况，经周恩来、叶剑英批准，在李德生的指导下，总

① 《毛泽东传》(1949—1976)（下），中央文献出版社2003年版，第1608页。

政治部于1972年1月24日至2月10日在北京京西宾馆召开了全军干部工作座谈会。会前，按照批林整风的要求，各单位作了认真准备。

会议期间，与会人员认真学习了毛泽东关于批林整风、干部工作的指示和中央文件，着重揭发批判了林彪及黄、吴、叶、李、邱等人在军队中推行的山头主义、宗派主义组织路线。大家指出，林彪在干部工作中推行的错误路线是用极左思潮装扮起来的，他们打着贯彻执行毛主席革命路线的旗帜，反对“任人唯贤”，大搞“任人唯亲”，以我为核心，划线站队，打击一大片，保护一小撮。站在他们一边的就是“头号大好”，被封为“无产阶级司令部的人”，而“大升”、“大保”；凡是反对过他们的人，就诬为“头号大坏”，扣上“炮打无产阶级司令部”的帽子，而遭“大整”、“大罢”。他们还搞夫人专政、子女擅权，安钉子，设耳目，控制重要部门。会议研究了今后的工作，强调要搞好干部路线教育，做好选配干部工作，加强干部培养训练，落实对犯错误干部的政策，加强党对干部工作的领导。

5月25日，经毛泽东批阅，中央军委将总政治部整理的《关于全军干部工作座谈会情况的报告》印发全军师以上单位，各部队根据这次会议精神，对干部工作进行了初步整顿。会议精神的传达贯彻，为解放干部起了重要的推动作用。

根据毛泽东关于1972年3月召开军委扩大会议的指示，在批林整风中，叶剑英就同办公会议的成员一起，抓紧召开会议的筹备工作。通过大量的调查研究，大家认为部队要整顿是当务之急，而军队各大单位领导班子的整顿和建设，又是军队整顿过程中必须解决的重点问题。叶剑英指出，军队的领导班子，特别是大单位的领导班子，是军队的“上层建筑”，而基层部队可以看作是军队的“基础”。“上层建筑”的作用能够巩固、促进基础，也能破坏、衰变基础。军队必须坚持党指挥枪的原则，军队的领导权必须掌握在可靠的人手里。加强领导班子建设，主要从两个方面着手：一是狠抓政治思想教育，提高班子成员的马列主义水平；二是进行组织调整。①

在此期间，根据毛泽东的许多批示，在周恩来、叶剑英的领导下，总政治部派出工作组，到各军区了解领导班子的情况，同时要求大军区负责摸清军、师领导班子的情况，做到心中有数，及时调整。与此同时，李德生还指示总政职能部门，抓紧时机平反冤假错案，解放了一批军队高级干部，让他们在各级领导岗位上继续发挥作用。关于这方面的情况，后面还要作一些具体介绍。

开展向全国人民学习活动

毛泽东在林彪爆炸前夕的南巡谈话中讲到军队问题时，一方面强调，我不相信军队要造反，军队要统一，军队要整顿；另一方面又提出解放军要学全国人民。他说，工业学大庆，农业学大寨，全国人民学人民解放军，这不完全，还要加上解放军要学全国人民。毛泽东说他在朝鲜战争胜利以后就没有怎么管军队了，现在他要管军队的事。这些话都是很有针对性的。

毛泽东号召全国人民学习解放军那阵儿，主持军队工作的林彪，地位在急剧上升，感觉自然是很好的。对他所提倡的读毛主席的书，听毛主席的话，照毛主席的指示办事，迅即变成了“三忠于”、“四无限”，并从军队扩展到了全国，他自然也颇有成就感。但他在九届二中全会讲天才讲出了漏子，受到了间接的批判，心情已大不如前。毛泽东南巡时讲了解放军学习全国人民，他则什么话也没有说，当然就更谈不上贯彻了。

“文化大革命”开始不久，军队就参加“三支两军”，然后不少军队干部进入“三结合”的革命委员会。这种特殊地位使“拥政爱民”优良传统几乎濒于失传，在军政、军民关系方面滋生了严重的不正之风。突出表现

① 《叶剑英传》，当代中国出版社1995年版，第609页。

为一些军队同志不尊重地方政府，不遵守群众纪律，以及利用各种关系和途径，占用了地方的大量耕地和房产，以及介入派性等情况。林彪事件后，在李德生主持下，总政党委和机关分析研究了上述存在的问题，认为有必要结合批林整风，开展一个向全国人民学习的活动。

1972年1月1日，总政治部发出《认真贯彻执行毛主席关于解放军学全国人民的指示的通知》。《通知》指出，认真贯彻执行毛主席最近发出的“解放军学全国人民”的指示，对于提高全军指战员的觉悟，增进军政、军民之间的团结，使人民解放军更好地肩负起保卫祖国的伟大的历史使命，必将发挥巨大作用。《通知》要求全军指战员要深刻认识“解放军学全国人民”的重大意义，不断提高向全国人民学习的自觉性。要积极开展“解放军学全国人民”的活动，利用一切机会，采取各种行之有效的方法，虚心地向工人阶级、贫下中农、地方干部和革命知识分子学习，经常征求人民群众的意见，听取批评，接受监督。要抓紧新年、春节开展拥政爱民活动、冬季野营训练等机会，掀起向人民群众学习的热潮。各级党委要加强领导，把向全国人民学习的活动认真抓紧抓好，长期坚持下去，务必取得切实的效果。《通知》下达后，全军积极响应毛泽东的号召，结合野营拉练，采取“走出去，请进来”等方法，开展了向全国人民学习的活动，诚恳地征求地方党政机关和人民群众的意见，认真地检查了部队执行政策纪律的情况，针对存在的问题采取了相应的措施，受到地方党政机关和人民群众的欢迎。

在此期间，李德生指示总政机关要注意总结经验，以点带面，推动全盘。为此，总政先后向全军转发了一些军区和部队整顿群众纪律的情况和经验，有的则是由总政报请中央批转的。这些单位经验的推广，有力地促进了军队向全国人民学习活动的开展。其中较为重要的有两份文件：

一件是1972年7月8日，总政治部转发沈阳军区政治部《关于军区部队执行政策纪律情况和今后改进措施的报告》。这个《报告》提出的10项改进措施，具体有力，针对性强，对全军有参考作用。这10项措施是：(1) 部队农副业生产原则上不能占用地方耕地，国防施工、营建征用土地应本着不占或少占耕地的原则，必需时要按规定办理审批手续；(2) 不得无偿使用民力，过去占用的民力要按劳动日值付酬，今后不得与群众换工，群众代耕的土地要将土地和收入全部还给代耕者，对群众的支援要婉言谢绝；(3) 严禁通过“三支两军”人员向支左单位无偿索取或套购国家计划物资，无偿索取的要退还，无法退还的要合理折价，未付款的要补付；(4) 部队生产、营建、施工长期借用地方的物资、器材等要迅速退还，部队急需又不影响地方生产的要办好借用手续，用后归还，并要注意爱护，如有损坏必须按价赔偿；(5) 部队不准擅自占用地方房产，占用的要退还，损坏的要修复或赔偿，部队执行任务借住民房要付费；(6) 部队生产要严格执行国家政策，剩余产品要经地方商业部门销售，并照章纳税；(7) 要严格执行国家森林政策和畜牧政策，严禁乱砍滥伐，私运木材，不得擅自购买、屠宰耕畜；(8) 狩猎和水上生产要遵守国家规定，不得破坏资源，不与民争利；(9) 认真执行党的民族政策，尊重少数民族的风俗习惯，关心他们的生产和生活；(10) 部队干部和随军家属不要种自留地和养猪等，不准动用部队和群众为个人生产。

另一件是1972年7月27日中共中央、中央军委转发的北京军区、66军、天津警备区三个党委关于整顿群众纪律的报告。中央“批语”指出：“侵占学校、医院和工矿企业的房屋，把全民所有制工厂、农场等企业变为部队某个小单位所有，无偿占有地方的车辆和物资，甚至有人利用职权，违法乱纪，走后门，投机倒把等等违反纪律严重脱离群众的现象，不仅天津一地有，全国许多地方也有；不仅军队有，党政机关也有。这种不正之风，必须引起各级地方和部队党委的严重注意，并且采取坚决的措施加以克服。”“批语”强调，我们军队和党政机关都应当大力进行三大纪律、八项注意的教育，进行拥政爱民和拥军优属的教育，要认真进行一次纪律检查，仿效天津办法，采取切实有效的措施，迅速克服这一方面的缺点与错误，增强军政团结、军民团结。

此后，中央军委又批转了总后勤部《关于全军清退房屋工作情况的简报》，总政治部、总后勤部发出了《关于当前部队清退地方房屋存在的问题及今后意见》，对清退工作提出了具体的要求。

根据党中央和中央军委的指示精神，全军各级党委和政治机关、后勤机关，以清退占用地方的房屋和耕地为突破口，组织部队开展了群众纪律的整顿工作。各军区、军种、兵种都专门成立了清退领导小组或办公室；各级领导机关组织部队认真学习中央的指示，把清退工作作为整顿和纠正我军不正之风的重要措施，开展了群众纪律的大检查；许多部队的党委还邀请地方干部和群众代表开座谈会，由主要领导亲自出面，听取批评，许多领导干部亲自挂帅，抓紧清退工作的检查和落实。截至1974年10月底，全军先后共退还地方房屋1200万平方米。在移交过程中，许多单位都能够从维护和改善军政、军民关系的目的和把困难留给自己，把方便让给群众，能挤就挤，能腾就腾的原则出发，把许多房产迅速交还了地方；对移交的房产等进行了清整、维修或赔偿，对于确实有困难一时尚不能移交的积极创造条件尽早归还，并同地方进行协商处理。这些工作的进行，受到了地方党政机关和人民群众的好评，使军政、军民关系有了进一步改善。

收回“三支两军”人员

消除林彪的极左影响，还表现在改善军政军民关系上必须尽快地收回“三支两军”人员。

“三支两军”是在“文化大革命”开始，地方党政机关瘫痪，各地处于混乱情况下毛泽东采取的应急措施。它对维护社会稳定曾经起过重要作用。各地革委会成立之后，“三支两军”人员继续留在地方就没有必要了。何况有的人又把林彪突出政治的那一套极左做法带到了地方，造成了一些不利的影响。周恩来指出：“三支两军”的成绩是主要的，但林彪的一套做法助长了军队的骄气，党、政、军有好些好作风被破坏了。要认真进行教育，纠正不正之风。他还批评了军队党委凌驾于地方党委之上的错误做法。[①]毛泽东也说过："地方党委已经成立了，应当由地方党委实行一元化领导。如果地方党委已经决定了的事，还拿到部队党委去讨论，这不是搞颠倒了吗？"[②]

经过学习和讨论毛泽东和周恩来的指示，李德生和总政其他领导同志认为，纠正林彪的极左路线，必须解决好"三支两军"这个大问题。据当时总政调查，到1970年年底，在县以上党政机关工作的军队干部还有5万多人。根据中央指示，总政继续参加了对"三支两军"的调查研究和有关文件起草工作。1972年8月21日，中共中央发出了《关于征询对"三支两军"问题的意见的通知》，附《关于"三支两军"若干问题的决定（草案）》。《决定（草案）》规定，在已建立党委的地方和单位，撤销"三支两军"的机构和人员。这个文件下发后，大批"三支两军"人员陆续撤回部队。当然，这些都只是一个良好的开端，从各方面消除林彪的极左影响，远非一时之功。

整顿文艺工作

1970年7月初，李德生陪同中央领导同志审查了北京军区、海军、空军和总政治部宣传队表演的文艺节目。周恩来看了以后指出：现在只提革命歌曲，不敢提革命抒情歌曲，革命激情和革命抒情是对立的统一，要有张有弛，有激有抒，你们的节目只有"革命激情"四个字，这是滥用激情。比如，大海有时汹涌澎湃，但有时也很平静。不敢使用革命抒情是一种偏向。革命友情、战斗豪情、官兵之情、军民之情为什么不能抒呢？舞台上不能使劲喊，越唱越快，越唱越尖。以后不能再搞那些标语口号式的东西，

① 《周恩来年谱》（1949—1979）下卷，第560页。

② 《建国以来毛泽东文稿》第13册，第248页。

这些倾向都是受极左思潮的影响。极左思潮不肃清，文艺就不能发展。在此前后，周恩来还提出过：现在就是要提倡毛泽东思想指引下的“百花齐放”，要在政治挂帅下苦练业务，不能把专业都荒疏了。

李德生担任总政治部主任以后，就听到部队的同志不断反映，文化生活太单调了，看去看来，就是“十亿人口八个戏”（指“八个样板戏”）、“一支大军三个战”（指《地道战》、《地雷战》、《南征北战》）。在当时极左思潮泛滥的年代，要改变这种状况不是那么容易的事。好在周恩来讲了话，批评了这种现象。总政治部迅速将他的指示传了下去。这对改变部队只能唱革命歌曲而不能唱抒情歌曲的状况，起了积极的指导作用。

加强组织纪律性

在“文化大革命”中，由于林彪、江青两个反革命集团的干扰破坏，极左思潮泛滥，无政府主义盛行，许多规章制度都被斥为“条条框框”而被砸烂。部队管理工作混乱，许多同志保密观念淡薄，失泄密现象严重，政治事故时有发生，对军队建设和国家安全带来了很大威胁。

针对上述情况，党中央于1971年11月30日发出了《关于加强保密工作的通知》。《通知》要求，要牢记毛泽东“必须十分注意保守秘密，九分半不行，九分九也不行，非十分不可”的指示，经常进行保密教育，提高党员和广大群众的革命警惕性，并对加强保密工作提出了许多具体措施。

在李德生的领导下，总政治部十分注意加强部队组织纪律性和防奸保密教育。1971年“九一三”事件发生后不久，总政治部即向全军师以上单位转发了总政保卫部《关于18起政治诈骗案件的情况报告》，通报了社会上一小撮坏人“利用我军在人民群众中的崇高威望，冒充军人或我军高干子弟，在军内外进行诈骗活动，严重地破坏我军声誉，扰乱社会治安，危及部队安全”的情况，要求教育部队，提高警惕，确保部队的安全。根据中央的通知精神，总政治部又指示全军对部队保密工作进行了检查和整顿，使失密、泄密状况有所改善。1972年11月1日，经中央军委批准，总政治部又印发了《基层保卫工作的任务和注意事项》，强调防奸保密教育，提高部队的政治觉悟和革命警惕，严守党和国家军事机密，是基层保卫工作的任务之一。

这些文件的贯彻执行，有力地清除了无政府主义的影响，使部队的各种规章制度得到了恢复和健全，组织纪律性有所增强，官兵关系、军民关系进一步改善，各种事故明显下降，部队的战斗力有了新的提高。

需要指出的是，上述各项整顿，只是结合批林整风进行的，只是对军队政治工作和各项业务工作的有针对性的初步整顿。在当时的历史条件下，它不可能从根本上改变“以阶级斗争为纲”的指导思想，否定“无产阶级专政下继续革命”的理论，批判“文化大革命”的错误。尽管如此，这些初步整顿对清除林彪一伙在军队中推行“左”的一套货色，肃清其流毒，还是起到了积极作用的。李德生多次强调，我们必须历史地看待这个问题。

江青集团大唱反调

批判林彪的极左思潮，得到了广大干部群众的支持，但江青集团却大唱反调。李德生向我们解释说，林彪和江青集团都是靠极左得势的。批林彪一伙的极左，无疑要批到江青集团这些“左派”头上，这就必然会引起他们的极度不满和百般刁难。斗争是激烈的。李德生明显地感觉到，在批判林彪极左的问题上，江青集团是与周恩来对着干的。他们千方百计地干扰批极“左”，继续坚持林彪极左的那一套。

1972年10月14日，《人民日报》根据周恩来8月初以来多次强调要批判极左思潮的指示精神，用一个整版发表了一组批极左路线和无政府主义的文章，即署名龙岩的《无政府主义是假马克思主义骗子的反革命工具——学习笔记》、《坚持无产阶级铁的纪律》、《一个阴谋家的丑史》三篇文章。这些文章从理论上批判了极左思潮和无政府主义，并且指出林彪是煽动极左思潮的罪魁祸首。

江青集团看了这一天的报纸后，十分恼火，攻击这几篇文章是大毒草。江青挥舞“大帽子”，指责说，这版文章“就是要在全国转移斗争大方向”，并部署追查文章的背景，组织批判会和批驳的文章。在江青的指使下，上海的《文汇报》召开工人座谈会，并假借工人名义，整理了攻击这几篇文章的内部材料。在人民日报社内，江青一伙则发起了大批所谓“修正主义”，“右倾回潮”。姚文元以一副“理论家”的面貌，上纲上线地说：“当前要警惕的是右倾思潮抬头”，“不能说什么都是无政府主义，不要批到群众头上，不要混淆两类矛盾”。

11月28日，中联部、外交部根据周恩来批判极左思潮的指示精神，在给中共中央的一份报告中提出：“外事工作中还存在着许多亟待解决的问题，主要是林彪反党集团煽动的极左思潮在一些单位和地方还没有得到彻底批判和肃清，中央的方针政策在一些环节上还没有得到认真贯彻落实。”11月30日，周恩来表示同意这一报告。但是，江青集团却提出异议，借此大放阙词。12月1日，张春桥提出：“当前的主要问题是否仍然是极左思潮？批林是否就是批极左和无政府主义？”第二天，江青则配合默契地说：我个人认为应批林彪卖国贼的极右，同时批判他在某些问题上形左实右，在批林彪叛徒的同时也应着重讲一下无产阶级“文化大革命”的胜利。

1972年年底，军委拟订1973年的工作计划，打算在实际工作中进一步肃清林彪的极左影响，继续从各方面加强军队建设。这个计划草案在军委办公会议成员传批时，张春桥一直压着不表态。叶剑英催了好几次，他借口没有新内容，拖了几个月。最后，又说全年时间已经过了快一半，不必再发工作计划了。张春桥他们就是这样千方百计地阻挠批判林彪的极左路线。张春桥在1973年全国计划会议上表现得更为恶劣。

李先念在国务院召开的各种会议上，积极贯彻了周恩来的指示，组织批判极左思潮和无政府主义，批判派性和空头政治。在1973年全国计划会议上，与会人员继续批判极左思潮。张春桥听着听着，坐不住了。当场拿出林彪的那个《“571工程”纪要》，质问李先念说，林彪明明是极右，你们却批他极左，这不是在批林彪，是批“造反派”！并要求收回简报，大家要检讨。李先念等同志未予置理，狠狠地顶住了张春桥。

从以上情况不难看出，批极左和反批极左的斗争，实际上是1967年江青、康生等制造所谓“二月逆流”问题的那场斗争的继续和发展。那时的斗争，主要是围绕以下三个重大原则问题进行的：一是要不要党的领导；二是应不应该把老干部都打倒；三是要不要保持军队的稳定。在批林整风中，这三个问题本来应是批判极左思潮和无政府主义的主要内容，但是却受到了江青集团疯狂的抵制和破坏。这就使得批林整风没有收到其应有的效果。

毛泽东说“极左思潮少批一点吧”

庐山会议以来，毛泽东对军队工作极为关注，作过“抓军队无非就是路线学习，纠正不正之风”，“军队要谨慎”，“军队要统一，军队要整顿”，“解放军学全国人民”等许多重要指示。结合这些指示，中央军委和各总部组织部队，抓住林彪路线的极左实质进行批判，并对军队各方面的工作进行了初步整顿，李德生主持总政治部对全军政治工作也进行了初步整顿，减少了林彪一伙对军队工作的干扰破坏和极左思潮对军队工作的严重影响。

然而江青集团却反其道而行之。他们提出：林彪路线的实质不是极左而是极右，即使有“左”的表现，也是“形左实右”。最不幸的是他们的这一观点竟然得到了毛泽东的肯定。

12月5日，人民日报社的王若水写信给毛泽东，反映一段时间以来，在批判极左思潮问题上，周恩来与张春桥、姚文元之间存在不同看法，并表示同意周恩来关于要批透极左思潮的意见。12月6日，毛泽东约见江青，要她将王若水的信转给周恩来、张春桥、姚文元等，提出由他们一起找王若水谈话，解决一下这个问题。当天，江青将王若水的信送周恩来等阅看，并提出："建议我们先谈谈，统一下认识。否则，冒冒失失地找他们来，各说各的不好。"周恩来看后批示："同意我们政治局内部先谈一下。"但是，还没等政治局内部进行交谈，毛泽东就发表了自己的意见。12月17日，毛泽东对张春桥、姚文元说，"极左思潮少批一点吧"，"王若水那封信我看不对，是极左？是极右，修正主义，分裂，阴谋诡计，叛党叛国"。12月19日，周恩来与江青、张春桥、姚文元等约人民日报社鲁瑛、吴冷西、崔金耀、王若水谈话，传达毛泽东关于林彪路线的实质是极右的指示。江青在讲话中称，王若水12月5日的信"客观上对中央起挑拨作用"，提出要批一篇文章（指署名龙岩的《无政府主义是假马克思主义骗子的反革命工具——学习笔记》一文），批一个版面（指10月14日《人民日报》刊登龙岩等文章的第2版），批一个部门（指人民日报社理论部）。周恩来在讲话中提出：我们内部极左思潮要批透，但不是讲林彪整个的路线。并表示，这是中央务虚不够，不能完全责备报社工作的同志。

从此，林彪路线的实质，由极左变成了极右，来了个一百八十度的大转弯。

这个大转弯，虽然是"理论家"张春桥等人炮制的，但因为它得到了毛泽东的同意而成了当时必须遵循的最高指示。

经党中央、中央军委批准，总政治部于1973年1月8日至21日，在北京召开了全军批林整风座谈会。会议贯彻了毛泽东的上述指示。这时李德生已不好再讲批判林彪的极左了，但他还是强调了要"恢复被林彪破坏了的实事求是、群众路线的作风，谦虚谨慎、艰苦奋斗的传统"，而这是没有任何人可以挑毛病的。

中央领导层对林彪路线是极左还是极右的斗争，很快就渗入到军队内部。北京军区于1972年12月举行的第23次党委扩大会议，就明显地反映了从批林彪路线的极左到极右的变化。这次会议，本来是传达贯彻中央批林整风汇报会议精神，讨论深入批林整风问题。但在江青集团的干扰下，却批评了山西省军区副司令员、国防工办党委书记张照远。为什么批张呢？因为张是主张批极左的。张在参加1972年的全国计划会议和国防工业工作会议后，根据周恩来在这两个会议上的指示精神，在山西批判了极左思潮和无政府主义，并提出了整顿企业的若干措施。他在山西的会议纪要中列举了极左思潮和无政府主义的十种表现，要求展开深入批判。新华社记者把他的做法写了一期内参清样，上送给中央领导，毛泽东对此作了批示。当批极左变为批极右之后，他的这些正确做法，却遭到了错误的批判。他所在的单位被认为“不是把批林当做头等大事，而是把批极左思潮和无政府主义当做头等大事，这是一个原则性的错误”。

在这次会议上，北京军区有的领导同志在讲话中强调说：不能说林彪推行的是极左路线；林彪是要复辟资本主义，叛国投修，这是他的修正主义路线实质。他还说：“有一些提法值得考虑，如空头政治、唯意志论、精神万能论”。尽管如此，李德生当时认为还是应该抓住林彪路线的极左实质不放的。

后来王若水发表的《从批“左”到批右的转折——回忆1972年在批林方针上的分歧》一文中提到北京军区这次会议时说：真有意思，司令员（李德生）在安徽强调反“左”，政委在北京强调反右。他指的正是上述这种情况。

李德生在参加党中央、国务院和中央军委的各项工作中，深深体会到，紧紧抓住林彪路线的极左实质进行批判，思想整顿就可以达到弄清是非、团结同志、保持稳定、促进工作的目的，就可以发展好的形势。但是，从1972年年底开始，由于将林彪路线的实质定为极右，只能批极右，不准批极左，情况就发生了变化，好的发展势头逐渐减弱了。到了1974年年初，江青集团又在全国发起“批林批孔”运动，把矛头由批林指向周恩来，这就使本来好转的形势明显逆转了。

叶剑英的风范

“九一三”事件后，军队有大量工作要做。当时军队建设受到严重破坏，亟待整顿。而在做这些工作时，又必须同江青反革命集团作斗争。“投鼠忌器”，斗争形势复杂艰巨。叶剑英主持军委工作以后，发挥了高超的领导艺术，进行了坚定而巧妙的斗争。他排除了各种阻力和困难，在竭力消除林彪流毒的同时，又在部队的训练、通讯、装备、编制、作战和后勤等方面，进行了初步整顿，对部队建设发挥了重大作用。

李德生曾多次听到叶剑英对军队建设的精辟指示，亲眼看到他为整顿军队宵衣旰食，不辞辛劳，并亲身感受到他在批林整风中对付江青集团干扰的机智。在实际工作中，李德生也常常得到叶剑英的指导和帮助。他那亲切、和蔼的态度，至今仍使李德生深受感动。他那前辈、长者循循善诱的风范，给李德生以深刻的感染，使其终身难忘。

在批林整风中，为了防止走偏方向，叶剑英对全军各大单位的情况进行了全面深入的了解，仔细地批阅了总政治部派往各大单位的工作组的报告，并和总政的同志一起分析情况，研究问题，给予指导。为了使各单位的批林整风健康发展，他决定由军委办公会议集体听取一个单位一个单位的汇报，亲自找一些单位的领导同志谈话，做肃清林彪反革命集团的流毒，清除派性，促进团结的工作。李德生认为，叶剑英决定军委办公会议集体听汇报确实是一个好办法。因为当时江青、张春桥等人不断插手军队工作，在一些会议上胡搅蛮缠，总想把事情搅乱，以遂其乱军篡党的阴谋。这种集体听取汇报的方法，不仅便于统一认识、统一解决问题的口径，而且更可以排除江青、张春桥、王洪文等人的干扰。

叶剑英早已发现，只要江青集团到哪个单位活动过，那个单位的运动就会出现大的反复。集体听取汇报，把话都说到当面，就减少了上述情况。在集体听汇报时，江青集团仍然惯于从帮派私利出发，抓住他们不喜欢的人一两句话，肆意批判，用来煽动派性，造成混乱。但是，这总比让他们背后活动，影响小多了。因为在每次军委办公会议集体听汇报后，李德生总是要求整理记录的同志，按照军委办公会议多次议论过的精神，着重整理叶剑英副主席的讲话，并以此作为向下传达的依据。这样，各单位的工作才能有个准绳，同时也就排除了江青等人的干扰。

叶剑英对总政治部的工作十分关心，作为总政治部主任的李德生感触是很深的。叶剑英非常重视军队的政治工作，多次谈到政治工作如何消除林彪影响的问题。总政召开会议，请他参加，他总是爽快地应允到会讲话。1973年4月，总政召开全军宣传部长会议，叶剑英到会作了很长一篇讲话。他要求部队搞好批林整风，加强政治军事训练，整顿管理教育。他说，不管怎么样，首先要抓好军队，军队巩固了，不管什么时候，敌人进攻，我们都可以对付。野心家想搞阴谋我们也不怕。所以上头要抓好中高级干部的马列主义、毛泽东思想的学习，下头要抓好连队党支部，这是我们的基础。后来，他又指示对军队的报纸“要抓一下，要检查一下，总结一下，用报纸这个武器，肃清林彪的影响”。①

在军委集体听取各单位关于批林整风的汇报时，叶剑英表现了一个政治家的风度与气魄，他善于分析错综复杂的矛盾，抓住关键；善于调解恩恩怨怨，做过细的思想工作。李德生印象深刻的是，在叶剑英的多次讲话中，始终都把握着这样几个问题：

——必须牢牢掌握斗争的大方向。他强调，批林整风重点是批林，彻底清查与林彪反革命集团有牵连的人和事，搞深搞透，消除隐患。只有批林，才能弄清军队建设的大是大非；只有批林，犯错误的同志才能看清自己的问题和所犯错误的严重性。不这样，林彪是林彪，自己是自己，既不能提高觉悟，也不知道所犯错误的严重性。

① 李德生：《高风亮节 大智大勇》，《人民日报》1986年12月14日。

——必须开展正确的批评与自我批评。因为这是分清是非、增强团结的武器。他告诫大家，批评别人要与人为善，不能因为别人错待过自己，批评就不实事求是，就不容人。犯错误的同志要认真检查，总结教训，勇于作自我批评，把错误讲清楚了，同志们谅解了，变被动为主动，包袱就放下来了，广大干部也受到了教育。他语重心长地说，总不能把错误一直背到棺材里去啊！他强调，在分清是非的基础上增强了团结，就可以遏制江青等继续制造混乱的阴谋。

——必须把领导班子调整好。他特别重视从组织上解决问题，反复强调，军队各级领导权一定要掌握在可靠的人手里，必须坚持党指挥枪的原则，绝不能让那些阴谋家、野心家得逞。他亲自提名一些老同志回来工作，不让大权旁落。

——必须认清各单位、各兵种在军队建设中的贡献和地位。叶剑英说，大家都是军队的重要组成部分，并勉励大家继续关心军队建设，把本单位、本兵种的工作搞好。

叶剑英的每次讲话，态度诚恳，话语亲切，是非分明，措施得当，灵活机智，对大家的教育很大。就是江青等人，当场也没有什么空子可钻，从而使驻京一些单位的问题得到了较好的解决。在他的具体指导下，全军清查工作比较稳妥，进展顺利。这对当时稳定军队和国家的局势起到了积极作用。

第七章

为解放老干部尽力

在深入清查林彪反革命集团罪行的过程中，揭露了林彪一伙为排除异己而任意诬陷、迫害老同志的触目惊心的大量材料。据统计，在“文化大革命”中，全军大军区、军兵种以上领导干部遭冲击的达三分之一以上，全军被迫害的干部达8万多人，被迫害致死的1600多人。[①]毛泽东对许多被迫害干部及其家属的信件都进行了批示。按照毛泽东关于解放干部的意图，主持中央日常工作的周恩来，加快了解放干部的进程。李德生作为总政治部主任，责无旁贷地担负起了被林彪一伙所迫害的军队干部的解放工作。但是，由于那些在“文革”中被打倒的老干部，许多是林彪、江青串通起来干的，是“打倒一切”的极左思潮的产物。所以在林彪摔死以后，江青一伙仍然千方百计地反对解放受他们迫害的老干部，把解放老干部说成是否定“文革”的成绩。因此，解放老干部的工作，从始至终都贯穿着与“四人帮”极左思潮的激烈斗争，彻底落实政策也只能是在粉碎

① 郝在今：《史进前将军和全军落实政策工作》，《大地》2002年第22期。

“四人帮”以后。

毛泽东的自责

“九一三”事件以后，78岁的毛泽东明显地消瘦了，衰老了。李德生从他参加的中央的许多工作和活动中，感受到了坚强自信的毛泽东精神上的沉重。李德生说，毛泽东对“文化大革命”以来所发生的种种事情，显然在进行着严肃的思考。

不久，毛泽东就运用马克思主义哲学思想，特别是他创造性地提出的“一分为二”的科学分析方法，对一生干的两件大事之一——“文化大革命”进行了分析。他的结论是，“文化大革命”是“三七开”，即七分成绩，三分错误；而三分错误则表现为“打倒一切”、“全面内战”。[①]这个论断的基调，虽然仍在坚持肯定“文化大革命”，但却不像以前那样全部肯定和绝对正确了。既然毛泽东认为“打倒一切”是错误的，那么在被打倒的干部中当然就有不该被打倒的人了。

于是，毛泽东开始亲自着手纠正“打倒一切”的错误。毛泽东关于解放老干部的批示，空前多了起来。与此同时，他还解释了整错干部的原因。他多次在政治局会议上说自己看错了人，听了林彪“一面之词”，说罗瑞卿的问题搞错了，贺龙的问题搞错了，“二月逆流”搞错了，杨、余、傅事件搞错了，这些都是不好的，自己都是有责任的。1972年6月28日，毛泽东会见斯里兰卡总理班达拉奈克夫人时表示，对“打倒一切”的人，已经进行了处理。他说：“我们的‘左派’是一些什么人呢？就是火烧英国代办处的那些人。今天要打倒总理，明天要打倒陈毅，后天要打倒叶剑英。这些所谓‘左派’现在都在班房里头。”[②]他还说：“这些所谓‘左派’其实就是反革命。”他们的总后台就是林彪。毛泽东这番话，揭露了林彪这个大

① 《建国以来毛泽东文稿》第13册，第488页。

② 《周恩来年谱》（1949—1976）下卷，第531页。

“左派”的罪行及其反革命本质，为解放干部开辟了道路。

在“文化大革命”中有那么多干部被打倒，毛泽东当然是要负责任的。但是，如同邓小平所说的：他“也不是想把所有老干部都整倒。如对贺龙同志，林彪从一开头就是要整的，毛泽东同志确实想过要保。虽然谁不听他的话，他就想整一下，但是整到什么程度，他还是有考虑的。至于后来愈整愈厉害，不能说他没有责任，不过也不能全由他一个人负责。有些是林彪、‘四人帮’已经造成既成事实，有些是背着他干的。不管怎样，一大批干部被打倒，不能不说是毛泽东同志晚年的一个最大悲剧。”①

在揭批林彪罪行的过程中，有大量要求恢复工作的军队老干部的信件和一些受迫害同志的申诉，直接寄给了毛泽东。毛泽东很快就批给李德生，要总政从速办理。从毛泽东的诸多批示上，李德生感受到了毛泽东希望尽快尽可能多地解放干部的心情。

周恩来更是抓住时机，日夜操劳，为更多地解放受迫害的干部思谋良策。他在要求各部门、各地区以最快的速度拿出可以解放的干部名单的同时，也指示总政治部迅速拿出军队应解放的干部名单。

叶剑英对解放军队干部的工作极为重视，他曾多次对李德生说，老干部是党和国家的宝贵财富，治军治政离不开他们。他详细了解在“文革”中每个被“审查”的军队高级干部的情况，指示总政提出具体安排意见，并亲自同一些干部谈话。

“文化大革命”初期，李德生不在北京工作，没有进入党政军的高层，不大了解全军所有被打倒的领导干部的详细情况。但是，他从自己熟悉的知之甚深的老领导、老干部被打倒、被搞错的情况判断，许多干部是应该平反的，用当时流行的政治语言来说，是应当“解放”的。所以，他根据毛泽东、周恩来、叶剑英的指示，加紧进行这方面的工作。

然而，解放干部的工作并不顺利，一波三折。这主要是江青等人在从

① 《邓小平文选》第2卷，人民出版社1994年版，第301页。

中作梗。

“九一三”事件以后，毛泽东要周恩来对中央的事全面负责，统一领导。这对解放干部是十分有利的。但不久他又对江青等人说“要实行老中青三结合”，让他们参与领导，要求他们与周恩来“密切配合，取长补短”。于是，江青一伙便以领导者的身份干扰干部的解放。这一点连毛泽东自己也很快觉察到了。当周恩来向毛泽东建议，下决心解放一批被林彪打倒的老干部，以充实各级领导核心时，毛泽东说：“你提出方案，我来批。告诉江青同志，不要她太多的干涉。”然而信奉“一朝权在手、便把令来行”的封建信条的江青一伙，他们一旦手中有了权，哪能够不去干涉啊？在毛泽东具有崇高威望的年代，他们不敢公开表示不执行毛泽东解放干部的指示，常常采取歪曲、阉割毛泽东指示的方法，为已所用，以求达到他们干扰解放干部的目的。

在这种情况下，李德生毫不动摇地开展了解放干部的工作。在周恩来、叶剑英的直接领导下，他和总政机关的同志一起，认真学习和落实毛泽东有关解放干部的指示，顶住江青集团的阻挠，艰难地但还是有成效地做了大量工作，使得军队的大批高级将领陆续得到了解放。

为朱老总恢复名誉

“九一三”事件以后不久，毛泽东开始亲自为老帅们平反，他首先想到了“朱毛不可分离”的朱老总。

红军时期就有“朱毛不可分离”之说。1929年至1930年年度之交，红四军贯彻了中央“九月来信”和古田会议决议，部队面貌焕然一新。红四军在向中央的报告中说，朱德、毛泽东一致表示拥护中央的指示，认识到“他俩目前在政治上的作用，朱毛不可分离”。[①]这是见诸于历史文件的

① 《红四军部队情况报告》（1929年7月—1930年4月）。

真实记载。从那时起，他们两人就形成了“朱离不开毛，毛离不开朱”的这种特殊的亲密关系。正因如此，两人才能在开辟中国工农武装割据的道路中建立不可磨灭的功勋。美国著名作家斯诺说过：中国共产主义运动的历史进程，如果没有它的两个孪生天才“朱、毛”，是无法想象的。许多中国人，实际上都把他们看作是一个人。斯诺的这种说法是完全符合实际的。

1971年10月6日，被战备疏散到外地的朱德返回北京。按照毛泽东的约定，周恩来和李德生陪同他去见了毛泽东。

毛泽东见到朱德后，十分高兴，忙着站起来，伸出了手。于是，两双改变了中国历史命运的巨手，又紧紧地握在了一起。

毛泽东满脸笑容，说：“老总，你好吗？”

朱德看着毛泽东，点点头。

毛泽东带有一点歉意地说：“人家说你是黑司令，什么黑司令，你是红司令嘛！”

毛泽东这句话，抹去了林彪一伙泼在朱德身上的污泥浊水，还了朱德以清白。朱德略有激动，握着毛泽东的手摇了摇，以此表示他对毛泽东理解他的感谢之情。

李德生见证了在历经“文革”动乱之后朱、毛会见的这一动人场面。

李德生早在红四方面军当战士时，就知道朱德和毛泽东是中国红军的主要领导人。在红军初创时期，他们两人在红军中就享有崇高的威望，广大红军战士对他们怀有深厚的崇敬之情。李德生怎么也没有想到，几十年以后，在“文化大革命”中，“朱、毛”中的朱，到底是“红司令”还是“黑司令”，竟然成了问题。

在李德生看来，这种人为制造的问题，关系的不仅是朱德个人的是非得失问题，而且关系到我们党我们军队历史的真实性问题。林彪、江青两个反革命集团出于篡党夺权的需要，既要打倒像朱德这样的老革命家，以扫清自己在反革命道路上的障碍，又要通过伪造历史，抬高自己，捞取政治资本，欺骗后人。毫无疑义，这就是朱德被诬为“黑司令”的根本原因。

李德生到中央工作以后，了解到这个问题完全是林彪、江青一伙制造的。他们为了反党夺权、欺世盗名，在“文化大革命”之前就开始把朱德诬为“黑司令”了，后来他们反对朱德的劲头越来越大。

在1965年12月中央在上海召开的政治局常委扩大会议上，也就是林彪、吴法宪、李作鹏等人对时任中共中央书记处书记、解放军总参谋长罗瑞卿发动突然袭击的那次会议上，朱德曾对林彪大肆鼓吹的“顶峰论”表示过反对意见。他同意罗瑞卿的看法，批评说，不能说毛泽东思想是马列主义的顶峰，顶峰就不能发展了。[①]林彪对朱德这个发言大为不满，一直怀恨在心。到第二年5月中共中央政治局扩大会议上，当朱德强调要认真学习马列著作，学习唯物辩证法时，林彪重提朱德头一年关于“顶峰”的发言，大肆攻击他有野心，是借马克思主义来反对毛泽东。林彪破口大骂，说朱德朱德，就是缺德。康生马上给林彪帮腔，恶意攻击朱德“想超过毛泽东”，“组织上入党了，思想上还没有入党，还是党外人士”等。在这次会议上通过了关于发动“文化大革命”的《五一六通知》。8月，朱德出席党的八届十一中全会，全会通过了《中国共产党中央委员会关于无产阶级文化大革命的决定》，即“十六条”。在这次会议上，朱德虽然继续当选为中央政治局常务委员会委员，但遭到了时任广州军区司令员黄永胜等人的恶毒诽谤和攻击。

“十六条”发布以后，“文化大革命”不断升温。到了1966年年底，江青对戚本禹说：“过去讲朱毛、朱毛，那是假的，真的是朱反毛，朱德是大野心家。”[②]12月的一天，在江青的指使下，中南海的造反派在朱德住地的墙上、门上贴满了“朱德是黑司令”、“朱德是大军阀”、“朱德是老机会主义者”等标语，说朱德因喜爱而种养的兰花是资产阶级的花，高呼“打倒朱德”、“炮轰朱德”的口号，扬言要把朱德及其家属“轰出中南

① 《朱德年谱》，第541页。

② 李可、郝生章著：《“文化大革命”中的人民解放军》，第66页。

海”。到了“一月风暴”的时候，在戚本禹等人的授意下，北京的造反派抄了朱德的家，组织了“批朱联络站”，到处收集朱德的所谓“罪行材料”，还准备2月17日在工人体育馆召开万人大会批斗朱德。周恩来得知此事，向毛泽东报告。毛泽东听了以后，严肃地说：“这很不好。我早就讲过，朱德是红司令，红司令。”“朱毛朱毛，朱在先嘛。朱德和毛泽东是分不开的嘛。”有了毛泽东这几句话，事情就好办多了。周恩来立即召见造反派，告诫他们：“朱老总是我们党、国家和军队久经考验的领导人之一，毛主席说他是红司令，并重复说他是红司令，红司令。”正是在毛泽东、周恩来的干预下，批斗朱德的大会才没有开成。

但是，林彪一伙攻击朱德的活动并未停止，且有变本加厉之势。在1967年年初的一次会议上，林彪公然诬蔑朱德一天都没有做过总司令，胡说什么南昌起义后是无政府，乱走，是别人指挥上的井冈山。他们还说，遵义会议前是李德指挥，以后是毛泽东指挥，等等。

在八届十二中全会上，吴法宪竟然猖狂到当面侮辱朱德，质问说：你在井冈山、在红四军七大是怎样反对毛主席、把毛主席赶下台的，讲给我们听一听，教育教育我们。你当了一辈子总司令，实际指挥打仗的是毛主席。因而你是个黑司令，不是红司令。谢富治也在会上攻击朱德“从井冈山第一天起就反毛主席”，“合伙把毛主席赶出军队”，诬陷朱德是“老牌机会主义者”，“一贯反对毛泽东，没干好事，按他们的办法搞，中国革命就不可想象”，“搞夺权，搞资本主义，反对社会主义，可恶至极”。[①]

1969年3月，党的九大召开前夕，在林彪、江青等人的煽动下，造反派阴谋揪斗朱德，周恩来立即批评造反派头头：“毛主席一再说朱德同志是红司令，怎么会是三反分子呢！到底有什么证据这样说呢？这不明明是怀疑一切、冤枉好人吗？如果你们要开他的批斗会，我就出席作陪。”4月，朱德抱病出席了党的九大。林彪、江青等人又在小组会上，置毛泽东对朱

① 《“文化大革命”中的人民解放军》，第68页。

老总的多次高度评价于不顾，组织了对他的围攻。他们硬说朱德是“三反分子”。吴法宪一马当先，对朱德进行人身攻击。他冷嘲热讽地说，大家喊你朱总司令，你也好意思答应，你是黑司令，不是红司令。他甚至用手指着朱德的鼻子大叫大嚷：你交代，你是怎样反对伟大领袖毛主席的？你是怎样和一些“老右”们串通一气，反对我们敬爱的林副统帅的？你不要倚老卖老，别以为你资格老，地位高，把林副主席提上来，你就不服气？你什么“老”，你是老右派，老反革命！

更有甚者，谢富治等人还制造了一起所谓“中国（马列）共产党”假案，诬陷朱德是这个组织的“书记”，陈毅是“副书记”兼“国防部长”，“要搞政变”，企图用这种无中生有的手段把朱德置于死地。朱德听到后心怀坦荡地对家人说：由他们造谣去吧。毛主席、恩来最了解我。只要他们在，事情总会搞清楚的。①

林彪、江青等人千方百计地始而不让朱德进中共中央委员会，继而又想将他排除在政治局之外。在毛泽东、周恩来的干预下，他们的阴谋被挫败了。

面对林彪、江青等人的诬蔑和攻击，朱德像大山一样巍然不动。林彪一伙攻击他一天总司令也没有当过，他只是一笑了之。他说：“历史终归是历史，历史是最公正的。”“谁也篡改不了。”人家说他是三反分子，4月21日，他在九大华北组第六次全体会议上平静地作了这样的说明：我和毛主席在一起40多年，几乎天天在一起。把我说成是反党、反社会主义、反毛泽东思想的三反分子，是不符合实际的。②

会后，朱德与康克清谈起吴法宪、邱会作、李作鹏（曾在朱德警卫班里干过）等人在会上的表演时也只是淡淡地说：“这几个人，都‘左’得不可收拾啦。”③朱德对世事看得很透。1974年年初江青擅自召开“批林批

---

① 《朱德年谱》，第549页。
② 《朱德年谱》，第550页。
③ 康克清：《朱总风范永存我心》，《人民日报》1991年12月1日。

孔”大会，康克清参加了，她后来有点担心，朱德安慰说：“你不要着急，军队的大多数是好的，地方干部大多数是好的，群众也是好的。‘文化大革命’以来，军队里虽然出了几个败类，但从整个军队来说，他们是拉不走的。干部中有少数人被拉了过去，但广大干部是不会跟他们跑的。江青的本事有多大，你不知道吗？去问问工人、农民、战士和知识分子，谁愿回到那种半封建半殖民地的社会中去？”①

1969年10月，为防止外来的突然袭击，朱德被疏散到广东从化。但他对林彪发布紧急战备指示、调动军队进入紧急状态，很不以为然。他对康克清说：“现在毫无战争迹象。战争不是凭空就能打起来的，打仗之前会有很多预兆，不是小孩打架，现在看不到这种预兆、迹象。”②他说，醉翁之意不在酒啊！到了第二年7月，因为需要朱德主持全国人大常务委员会讨论宪法，由毛泽东提出，党中央发出通知，朱德和康克清才返回了北京。

1971年10月6日毛泽东的接见，使朱德得到了很大的安慰。时隔不久，10月22日，朱德给中共中央、毛泽东写信，表达了他对毛泽东的深厚感情。他在信中说：“当我从文件中看到林彪及其一伙妄图谋害毛主席时，我感到异常愤慨。他们真是恶贯满盈，十恶不赦。林彪这颗埋藏在毛主席身边的最危险的‘定时炸弹’自我爆炸是一件好事。因为它使我们党更加纯洁、更加伟大了。”

毛泽东在此次与朱德会面后，又在许多场合说过，朱老总是“红司令”，不是“黑司令”！特别是1973年12月21日，毛泽东在中南海住所接见参加中央军委会议的人员时，当着大家的面对朱德说：“老总啊，你好吗？你是红司令啊！人家讲你是黑司令，我总是批他们，我说是红司令，还不是红了吗！”③接着，他又风趣地说：“没有朱，哪有毛，朱毛，朱毛，朱在

---

① 康克清：《朱总风范永存我心》，《人民日报》1991年12月1日。
② 《朱德年谱》，第550页。
③ 《朱德年谱》，第557页。

先嘛！”李德生参加了这次接见。他说，他不只一次听到过毛泽东讲的这些话，看到过毛泽东对自己的老战友朱德所表露的亲密友情，那情景是很令人感动的。

朱德一生为革命，忠贞不渝，坚贞不屈，谱写了一位伟大的共产主义战士的英雄篇章。他和他的光辉业绩将永远留在人们的心目中，也必将为中国人民子孙万代所传颂。

“不要再讲‘二月逆流’了”

“九一三”事件后，毛泽东决定解散林彪主持的军委办事组，成立军委办公会议，由叶剑英出来主持军委工作。这件事情本身已经说明，在毛泽东看来，“二月逆流”应该平反了，叶剑英是无辜的。叶剑英在受领这项任务时，是由周恩来和李德生陪同他到毛泽东那里去的。毛泽东当面向叶剑英否定了“二月逆流”的说法。①

李德生告诉笔者，毛泽东在接见军委办公会议成员，接见成都地区座谈会人员以及其他一些场合，多次说过，不要再讲“二月逆流”了。毛泽东的这些谈话，李德生都当面听到过。

还在1969年1月3日，毛泽东在军委办事组报送的一份材料上就已作过这样的批示：“所有与‘二月逆流’有关的老同志及其家属，都不要批判，要把关系搞好。”②2月19日，毛泽东找中央文革碰头会议成员谈话时，请陈毅、徐向前、聂荣臻、叶剑英等同志参加，提出要这几位老同志研究一下国际问题。启用几位老帅这件事本身，就说明毛泽东已否定他们参加所谓“二月逆流”的问题了。3月15日，毛泽东对中央文革碰头会议成员讲落实政策问题时说，九大报告上不要讲“二月逆流”了。这次会议要开

① 李德生：《从庐山会议到“九·一三”事件的若干回忆》，《炎黄春秋》1983年第11期。

②《建国以来毛泽东文稿》第13册，第1页。

成一个团结的会。他们一肚子气，也是可以原谅的。允许“二月逆流”的人上主席台。这些讲话都为“二月逆流”平反铺平了道路。

叶剑英受命于危难之际，深感责任重大。他于10月4日给毛泽东写信，汇报军委直属单位、军兵种和院校传达中共中央关于林彪叛党叛国事件通知的情况和军委工作的一些设想。他在信中表示：“这次主席令我主持军委日常工作，我十分感谢主席的信任，但又十分害怕工作做不好，误了大事。”因此，他一方面表示自己要“努力学习，努力工作”，另一方面也希望毛泽东、周恩来及政治局各同志能经常对军委工作作出指示，提出意见，以便使工作少出差错。最后，他请求毛泽东“有时间请赐一见，得到指示，以利工作”。①

毛泽东收到叶剑英的信后，在周恩来的陪同下，当天即召集军委办公会议的成员谈话，就军委工作作了重要指示。毛泽东指出：“军委办公会议，这次叫改组，不是掺沙子。今后办公会议要研究大事。”②他说，林彪搞了十几年，军队的问题不少。“四好”运动搞了很多形式的东西，军事训练也有形式主义，部队的作风也搞坏了。要好好整顿我们的军队，肃清林彪的影响。军队要严格训练，严格要求，才能打仗。他说：锻炼部队，一是靠打仗，一是靠平时训练。毛泽东还指出：林彪、陈伯达搞阴谋活动，蓄谋已久，目的就是要夺权；文化大革命中整几位老帅，也是林、陈他们搞的。又说：要好好整顿我们的军队，头脑不要太简单了。“凡讨论重大问题，要请总理参加；下达指示，要用军委名义”。

毛泽东让叶剑英主持军委办公会议，可以说是众望所归。在长期的革命斗争中，叶剑英从来都是站在正确路线一边的。他大智大勇，无私无畏，披肝沥胆，鞠躬尽瘁，为党和人民的事业立下了不朽功勋。正如毛泽东所评价的，叶剑英是“诸葛一生惟谨慎，吕端大事不糊涂”。

李德生先是被毛泽东掺沙子掺到过黄永胜主持的军委办事组，后来

① 《叶剑英传》，当代中国出版社1995年版，第606页。

② 《毛泽东传》（1949—1976）（下），第1607页。

又成为军委办公会议的成员，通过两段时间工作的对比，他对叶剑英的高尚品德是深有感受的。叶剑英有诗云：人生贵有胸中竹，经得艰难考验时。李德生认为，这正是叶剑英一生为革命的崇高精神的写照。在叶剑英生命垂危的时刻，李德生特地赶到病榻边，向叶剑英致以生前的最后敬意，感谢他对自己的深切关怀和谆谆教诲。李德生不由得热泪盈眶，沉痛的心情难以自已。1997年11月，李德生在为纪念叶剑英诞辰100周年举行的研讨会和将要出版的《叶剑英研究丛书》，题写了“功高日月，光耀神州”的字句，以缅怀叶剑英的丰功伟绩。

1971年11月14日，毛泽东、周恩来等接见参加成都地区座谈会的张国华、梁兴初、李大章等6人，当叶剑英走进会场时，毛泽东对大家说：“你们再不要讲他‘二月逆流’了。”他接着说：“‘二月逆流’是什么性质？是他们对付林彪、陈伯达、王（力）、关（锋）、戚（本禹）。那个王、关、戚和‘五一六’，要打倒一切，包括总理、老帅。老帅们就有气嘛，发点牢骚。他们是在党的会议上，公开的，大闹怀仁堂嘛！”①

毛泽东关于所谓“二月逆流”的多次谈话定了调，粉碎“四人帮”后中共中央作出正式决定，为老帅们平了反，正了名。李德生如同许多老干部一样，认为毛泽东为“二月逆流”平反，是把被颠倒的是非又颠倒了过来。林彪一伙把“二月抗争”诬为“二月逆流”，恰恰说明“二月抗争”实际上是“二月正流”，是符合历史发展之“流”，是健康力量抵制林彪一伙倒行逆施的表现。

筹办陈毅追悼会

毛泽东对老同志的看法有了很大变化，还表现在他亲自参加陈毅的追悼会。这个追悼会是李德生负责筹办和主持的。

① 毛泽东接见成都地区座谈会人员谈话记录（1971年11月14日），转自《叶剑英传》，第595页。

陈毅是杰出的革命家、政治家、军事家，是我军的主要领导人之一。他早年赴法国勤工俭学，1927年参加南昌起义，后来与毛泽东、朱德一起开创了井冈山革命根据地。红军主力长征后，他率领部队在南方坚持了艰苦卓绝的三年游击战争。在抗日战争中，当叶挺军长在“皖南事变”中被国民党囚禁后，他临危受命，代理新四军军长，领导华中抗日；在解放战争中，在华东战场组织了一系列重大战役，战功卓著。新中国成立以后，他在建设上海和开展新中国的外交工作，以及担任军委副主席、国防委员会副主席的工作中，都建立了不可磨灭的功勋。1955年被授予元帅军衔。陈毅是一位在全党、全军和全国人民中乃至世界舞台上都有很大影响的新中国开国元勋。正因为如此，他才为林彪、江青所不容，被他们诬蔑为“二月逆流”的“联络员”（意思是陈毅身兼国务院副总理和中央军委副主席的职务，在政府和军队两个系统的老干部中起了“联络”的作用），并长期遭受他们的迫害。

“九一三”事件发生后，陈毅心潮起伏不平，联想到许多问题。他翻出白居易写的《放言》五首，要夫人张茜全文抄下，让孩子们阅读。其中一首云：“赠君一法决狐疑，不用占龟与祝蓍。试玉要烧三日满，辨材须待七年期。周公恐惧流言日，王莽谦恭未篡时。向使当初身便死，一生真伪复谁知？”此诗充分表达了陈毅对曾是他的老部下林彪本质的看法。在1971年10月中央召开的老同志座谈会上，陈毅又不顾日益加重的病痛，作了两次长篇发言，揭露林彪伪造历史的罪行。在批林整风中，陈毅对江青一伙借机捞取政治资本的丑恶行径十分气愤，曾对子女说：斗争很复杂，也许要10年、20年才能看清楚，你们是可以盼到分晓的。由此可见，陈毅要用白居易的诗揭露的不仅是林彪的真面目，也在向人们昭示“四人帮”必将是“林彪”式的人物。陈毅推荐阅读白居易的诗，一度在社会上流传甚广，这对当时人们识别真假马列主义是起了很好的帮助作用的。

1972年1月6日，周恩来、叶剑英前往毛泽东处商谈工作，谈完外事后，毛泽东说：“‘二月逆流’经过时间的考验，根本没有这个事，不要再讲‘二月逆流’了。现在我有事，请你们去向陈毅同志传达一下。”[①]根据毛泽东的指示，叶剑英在当天16时20分匆匆赶往医院，向重病中的陈毅作了关于为“二月逆流”平反的传达。遗憾的是，这时的陈毅已处于弥留之际，他似乎有很多话要说，却讲不清楚了。叶剑英把写好毛泽东指示的纸条，交给陈毅的女儿姗姗，让她再念一遍。姗姗伏在床头问：“爸爸，刚才叶伯伯的话，如果你能听见，就闭一闭眼睛。”陈毅终于闭了闭眼睛，这表明他在心灵上已经得到了很大的慰藉。

李德生听到这些情况后，不禁联想起陈毅在“文化大革命”前夕写的《题西山红叶》诗。诗中说：“西山红叶好，霜重色愈浓。革命亦如此，斗争见英雄。”这不正是对陈毅自己的写照吗！就在听了叶帅传达为“二月逆流”平反信息的当天深夜23时55分，陈毅病逝于北京日坛医院。

陈毅逝世以后，鉴于他的关系早已转到军委，所以中央决定陈毅的治丧工作由军委牵头办理，中央和国务院有关部门协助。周恩来征求了几位老帅对陈毅的治丧意见后，确定由李德生牵头成立一个治丧小组，负责治丧的具体事宜。当时定的原则是，治丧程序与李天佑相同，规格略高。但是，从两人的资历、任职、军衔和历史贡献来说，差别都是很大的。

李天佑，广西桂林人，1914年生。1929年加入中国共产党，任排长，参加百色起义。1932年，随红7军北上中央苏区，参加了第二、第三、第四、第五次反“围剿”，二万五千里长征，以及东征、西征作战，历任连长、团长、师长。抗日战争时期，先后参加了平型关大战、吕梁山区战斗，历任八路军团长、代旅长。1938年年底赴苏联伏龙芝军事学院学习。1944年回到延安。1945年挺进东北，历任北满军区参谋长、松江军区司令员兼哈尔滨卫戍司令、东北民主联军第一纵队司令员。1948年3月，率部攻打四平，随后参加了辽沈、平津战役。1949年升任第13兵团第一副司令，南下后任

① 《叶剑英传》，第596页。

广西军区副司令员、司令员，广州军区第一副司令员、代司令员等职，后调总参谋部任副总参谋长。1955年被授予上将军衔。曾任第二、第三届国防委员会委员、中国共产党第七次全国代表大会代表、第九届中央委员。1970年9月27日病逝北京，享年56岁。

由此可见，将陈毅的治丧规格定为“略高”于李天佑，是不恰当的，是在“文化大革命”这种特殊条件下的产物，是当时主持中央工作的周恩来等领导同志不得已而为之的。应当说，这种治丧规格的确定，对陈毅元帅来说是不公平的，实际上是盖棺尚未论定的表现。好在以后毛泽东亲自出席陈毅追悼会，算是有了一些“弥补”。

在李德生的主持下，陈毅治丧小组讨论通过了悼词初稿和军委办公厅代军委草拟的向中央的治丧请示稿。李德生于1月8日2时签字上报军委。他在悼词稿上写上：“叶副主席：为陈毅同志的追悼会草拟的悼词，请审阅修改。”在治丧请示稿上则只写上“呈叶副主席阅示”几个字。叶剑英审阅后即于3时20分呈报周恩来。

周恩来在审改陈毅悼词稿时，补写了对陈毅一生功过的评价，指出：陈毅“功大于过，特别是皖南事变前后，他坚决执行毛泽东关于新四军应渡江深入敌后作战以求发展的指示，在巩固和扩大新四军方面，做出了极大的贡献”。周恩来将此稿上送毛泽东审阅时，附信说：“陈毅同志是国内国际有影响的人，我增改的一长句，对党内有需要。”毛泽东阅后，删去了功过评价等补写文字，批示：“基本可用。删去两段”，“前面已作了结论，后面两段均可不要。功过的评论，不宜在追悼会上作。”[①]1月9日，周恩来主持中共中央政治局会议，根据毛泽东的批示，讨论通过了对陈毅的悼词。这个悼词，连头带尾仅有600字，而且简历还占去了一半。显然，这样的篇幅是无法反映陈毅一生的丰功伟绩的。然而在那样的历史条件下也只能如此了。

---

① 《建国以来毛泽东文稿》第13册，第284页。

按照中共中央原批准的文件规定，1月10日下午，陈毅追悼会在北京八宝山革命公墓礼堂举行。

但是，在追悼会开始前，突然接到通知，毛泽东要亲自参加。

本来对政治局决定的陈毅追悼会的规格一直不安而又苦于无法改变的周恩来，在得知毛泽东要亲自参加的消息后，兴奋不已。他立即通知中央办公厅："凡是提出参加陈毅追悼会要求的，都能去参加。"[①]

周恩来决定改变追悼会"只请内宾，不请外宾"的规格，邀请西哈努克亲王和夫人参加追悼大会；内宾的规格也提高了，党和国家的一些领导人宋庆龄、叶剑英、李先念、徐向前、聂荣臻、郭沫若等也参加追悼大会。与此同时，周恩来还提前赶到八宝山，布置给灵堂休息室的暖气加温，以免毛泽东着凉，并派人搬来一张高一点的沙发，因为毛泽东有腿疾，坐矮沙发不舒服。

李德生说，他在知道毛泽东要参加追悼会后，赶紧前往八宝山，但毛泽东已先他而到达。当李德生走进八宝山休息室时，毛泽东正在与陈毅亲属谈话，他对陈毅的一生作出了肯定的评价。毛泽东眼含热泪，紧握陈毅夫人张茜的手沉痛地说："我也来悼念陈毅同志嘛，陈毅同志是一个好同志！"并勉励陈毅的孩子们要努力奋斗，为人民服务。

在谈话中，毛泽东明确指出："陈毅同志是一个好人，是一个好同志。陈毅同志是立了功劳的。他为中国革命、世界革命做出了贡献，这已经作了结论嘛。他跟项英不同。新四军9000人在皖南搞垮了。当然喽，后来又发展到9万人。陈毅同志是执行中央路线的。陈毅同志是能团结人的。"在谈到历史上的一些问题时，毛泽东说：陈毅同志同我有过几次争论，那个不要紧嘛。

毛泽东对周恩来、叶剑英等说："要是林彪的阴谋搞成了，是要把我们这些老人都搞掉的。"

---

① 《陈毅传》，当代中国出版社1991年版，第626页。

毛泽东还明确表示，邓小平的问题属于人民内部矛盾。[①]毛泽东的这一指示在当时是极其重要的，它为邓小平的复出定了基调。会后，周恩来示意陈毅的亲属，将毛泽东对邓小平的看法迅速转达给他本人。

追悼会快要开始了，毛泽东在张茜的搀扶下，缓缓走进追悼大会的会场。

会场中央，悬挂着陈毅的遗像，安放着陈毅的骨灰盒，上面覆盖着中国共产党党旗。两边摆着中共中央、国务院、中央军委、全国政协，以及党和国家领导人毛泽东、宋庆龄、董必武、周恩来、朱德、何香凝等献的花圈。出席追悼会的共1500多人。

追悼会原定由李德生主持、叶剑英致悼词，因毛泽东亲自参加，追悼会规格提高，于是叶剑英主动改请周恩来致悼词。

周恩来在悼词中说：陈毅同志是中国共产党的优秀党员，是中国人民的忠诚战士。几十年来，陈毅同志在党中央的领导下，在长期革命战争中，在社会主义革命和社会主义建设中，坚持战斗，坚持工作，努力为人民服务。陈毅同志的逝世，使我们失去了一位老战友、老同志，是我党我军的一大损失。

毛泽东穿着大衣站在前排中间，神情甚为凝重，静静地听着悼词。在哀乐声中，他向鲜红党旗覆盖下的陈毅骨灰盒，深深地行了三鞠躬礼。看到这个场面，许多老同志感动至深，悲痛之情不能自已，呜咽之声骤然而起。这不仅是为了哀悼陈毅，也是为更多的在“文化大革命”中受迫害、受屈辱和受到不公正待遇的同志鸣不平。

李德生作为一个跟随毛泽东等许多老一辈革命家南征北战数十年的老战士，同时又是这一次带有特殊意义追悼会的主持人，看着毛泽东缓缓地离开追悼会场，心情很不平静。李德生心想，毛泽东一再为“二月逆流”平反，又突然决定参加陈毅同志的追悼会，这不是预示着要给在“文革”中受迫害的老干部平反吗？也许以陈毅的追悼会为起点，那些被冠以各

① 《建国以来毛泽东文稿》第13册，第285页。

种莫须有罪名的老干部将要被“解放”出来，而“文化大革命”造成的混乱局面也可能很快就要结束了。

报纸报道了毛泽东亲自参加陈毅追悼大会的消息，党和国家领导人以及党政军各方面负责人共132人的大名单见了报，其中一大批老同志的名字是好久没有在报纸上出现过的。这个消息，如同投到水中的一块石头，引起了一道道波浪向外延伸。它实际上为解放干部造了一个大舆论。

“奇怪的老太太”

1971年年底，周恩来批给总政一封群众来信，要李德生抓紧办理。那封群众来信说：在贵州一个偏僻的地方，关押了一个奇怪的老太太，只有代号，没有姓名，只身孤影，景况凄惨，建议中央调查。

李德生看到周恩来亲自批示后，赶忙派人去贵州了解情况，并很快弄清了事情的真相。原来那个“奇怪”的老太太不是别人，就是“失踪”多年的贺龙元帅的夫人薛明！

贺龙是在1969年6月9日被林彪一伙迫害致死的。

为了“斩草除根”，他们继续迫害贺龙的夫人薛明。薛明在1943年延安整风时，曾经揭发这样一件事：七七事变后，她随平津学生到南京请愿，看到叶群与国民党人物来往密切，并在CC派学生讲演比赛中获得第一名。对薛明的揭发，叶群一直怀恨在心。于是，在贺龙逝世后，叶群便让吴法宪把薛明弄到京外去，说是弄得越远越好。对叶群毕恭毕敬的吴法宪，立即布置把薛明押送到贵州的一个空军农场，并改了名换了姓，还不准她给三个孩子写信。年逾五旬的薛明，身体极其虚弱，被迫进行繁重的体力劳动。她被当成一个要犯看管着，吃饭、走路、劳动、睡觉，甚至上厕所都有人监视。他们还以准备打仗、进行训练为由，经常把老太太弄醒，叫她打起背包，在房子里转来转去。薛明的健康情况一天天下降，难怪人们把她当成老太太。

李德生知道了“老太太”的身份，很快把薛明接到了北京，办理了安置事宜。

薛明在未去贵州之前，一直是和受审查的贺龙一起共度苦难的。贺龙被整，也是林彪一伙搞的。林彪主持军委工作后，借口有病，常常疗养。毛泽东让贺龙主持军委日常工作。当时，叶剑英负责全军训练，积极推广了李德生创造性地总结出的郭兴福教学法，并和贺龙、罗瑞卿成功地组织了大比武，受到了毛泽东的赞扬。林彪由此便忌恨贺龙、罗瑞卿。“文化大革命”前夕，林彪一伙把罗瑞卿整倒。“文化大革命”开始后，林彪一伙又把斗争的矛头指向了贺龙。他们经常给毛泽东送有关贺龙的黑材料，说贺龙的手伸得太长，伸到了海空军；说贺龙要搞兵变，已经准备了武器和工事；说贺龙历史上有问题，是大土匪、大军阀；说贺龙品质太坏，是定时炸弹，搞山头……从而动摇了毛泽东对贺龙的信任。于是，在军委碰头会的名单上，贺龙的名字被删掉了。接着东交民巷17号贺龙的居所，就经常有红卫兵来抄家，来揪斗。

为了保护贺龙，周恩来先是把贺龙接到自己在中南海的家；不久，中南海也出现了造反派，也不安全。于是，周恩来又派杨得中秘密把贺龙夫妇送到香山附近的象鼻子沟隐藏起来，让其安心休息。

1967年9月11日，林彪一伙给毛泽东写报告，要求成立专案组，审查贺龙“政治历史问题和阴谋篡军反党反对毛泽东思想罪行”。两天后，即9月13日，毛泽东圈阅，表示同意。这个专案组由康生任组长。从此，林彪一伙迫害贺龙就更加大张旗鼓地干了起来。他们把贺龙描绘成为一个“十恶不赦”的人。1967年11月1日，康生、叶群要求专案组把“投敌叛变”作为全案的“突破口”。康生说：“文化大革命就是共产党同国民党长期斗争的继续。贺龙不但是国民党，而且是土匪，过去他和我们打过仗的，一直斗争的。”“湘鄂西肃反，他杀了许多共产党，到底是肃反扩大化，还是贺龙有意杀共产党，向蒋介石投案，扫清投降的道路？”1968年4月22日，贺龙专案组一位副组长的工作日记上记着康生这样的指示：“我提醒你们：体委是贺龙反革命活动的重要地点。他给体委发了枪炮，炮安在什刹海，炮口对准中南海。海空军都有他的国防俱乐部，有无线电俱乐部。”林彪一伙还提出要把“贺龙私自调动军队搞兵变”的事查清楚。

林彪一伙控制的专案组不仅大整贺龙夫妇，而且强迫他们站在“金像”前“早请示，晚汇报”，深刻反省，交待“罪行”。同时，对贺龙的一些部下和与贺龙有“重大”关系的人也分别立案审查，扩大材料来源。1967年春，贺龙在夫人帮助下，向中央递交了一份《关于洪湖地区肃反扩大化的报告》。显然，他是在呼吁全党引起警觉，别让扩大化的历史悲剧重演。在西山，生活上，贺龙夫妇受尽了折磨。1969年5月，即党的九大开过不久，贺龙病重被送往301医院14病室抢救。在邱会作“医疗要为专案服务”的指示下，贺龙得不到及时的恰当的诊治，于6月9日下午3时零4分逝世。

李德生安置了薛明，心里觉得这也算是有慰于地下的贺老总了。

1973年12月21日，毛泽东在接见军委会议成员时说，“我看贺龙同志搞错了”，“要翻案呢，不然少了贺龙不好呢？”1974年9月4日，毛泽东又问，贺龙恢复名誉搞好了没有？不要核对材料了。毛泽东还对邓小平讲过，要为贺龙恢复名誉。

在周恩来、叶剑英、邓小平、聂荣臻等同志的努力下，排除了江青等人的干扰，中共中央于1974年9月29日发出25号文件，为贺龙恢复名誉。《通知》说：“‘九一三’以后，中央直接对贺龙同志的问题进行了审查。毛主席多次指示，要抓紧给贺龙同志作出结论，予以平反，恢复名誉。”并说，经中央查证甄别，林彪等人所说的“通敌”问题完全是颠倒历史，“篡夺军权”的问题，“并无此事”，“二月兵变”问题纯属讹传。《通知》宣布，贺龙同志是一个好同志。但《通知》仍留有尾巴，说审查是必要的。

1975年6月9日，贺龙逝世6周年，经中共中央批准，在八宝山革命公墓礼堂一室举行了贺龙骨灰安放仪式。由邓小平主持，周恩来致悼词。周恩来含泪向贺龙遗像鞠了七个躬。1982年10月16日，中共中央发出《关于为贺龙同志彻底平反的通知》，高度评价了贺龙的一生，推翻对贺龙的一切不实之词，并为所有受贺龙案株连的人彻底平反。

“四人帮”被粉碎后，薛明给中央写了一份报告，详细记叙了贺龙病危时的经历。李德生说，我虽没看过那份报告，但听说写得是很令人凄然的。

这里要说明一个情况，在“文革”开始以后，中央专案组设有三个办公室：第一办公室主任是汪东兴，主要负责刘少奇专案组等七个专案组；第二办公室主任先是杨成武、后为黄永胜，副主任是吴法宪，主要负责彭德怀专案组等军队的三个专案组；第三办公室主任是谢富治，主要负责“五一六”专案组等四个专案组。以上共14个中央专案组，每个专案组还牵扯到的一些人则作为附案处理。在“九一三”以前，军队被打倒的一些高级干部，一直是由中央“二办”负责审理的，上面由林彪、黄永胜等人直接控制，总政治部无权过问。李德生虽然在1970年就被任命为总政治部主任，但对彭德怀、贺龙等一批军队高级干部的专案并不了解。即使在“九一三”之后，这些专案也没有交给总政。黄永胜等人后来被收审，再没法控制“二办”了，而且这时毛泽东、周恩来往往又直接将军队干部受迫害的问题批给李德生处理，这样“二办”就不能不执行总政的指示了。但是有些思想极左的工作人员，也存在着抗命的情况。例如，肖华的夫人王新兰几次写信给李德生，要求见肖华，李德生每次都批同意，却遇到了阻力。“二办”有人打电话找李德生的秘书，问为什么同意王新兰见面那么多。秘书顶回他们的质问后，他们才不得不执行李德生的批示。

安排老同志“住院”

在陈毅同志追悼会开过不久，1972年3月18日，李德生与汪东兴、纪登奎一起接受了周恩来布置的一项任务：全面检查一次被拘留、关押、监护、隔离人员的身体情况。周恩来强调指出：中央精神要落实，有病的治疗，病重的住院，身体不好的加点营养，全面检查一下，不要等人病危再送医院治疗。

周恩来之所以要找李德生等人谈话，要求办好这件事，是他在看了阜外医院关于对原中共中央统战部长徐冰治疗情况和逝世的报告后决定的。

李德生知道，徐冰是一位建党初期就入党的老党员，是在长期的革命斗争和党的工作中作出过重大贡献的老革命。徐冰1923年赴德国留学，1924年3月在德国加入中国共产党。1925年入莫斯科中山大学学习。1928年回国后，在上海、北平、太原等地长期从事党的地下工作。抗日战争时期，在周恩来的领导下从事文化界和爱国民主党派的抗日民族统一战线工作。1946年在北平任军事调处执行部中共方面顾问。北平解放前夕，徐冰参加了和平解放北平的接管谈判工作。中华人民共和国成立后，任北京市副市长，中共中央统战部副部长、部长等职。

在"文化大革命"中，就是这样一位作出过重大贡献的老革命，却惨遭林彪、江青反革命集团的迫害，身患多种疾病，得不到及时治疗。1972年3月，徐冰病情恶化，周恩来得知后立即批准将他送阜外医院住院，并指示全力抢救，随时将病情报总理办公室。徐冰入院后，在医院组织医护人员精心治疗和抢救下，开始病情有点好转，但终因过去耽误太久，还是不幸于3月18日去世了。1979年8月，中共中央批准了中央统战部呈报的《关于徐冰同志的复查结论》，为其平反昭雪。

周恩来看了徐冰逝世的报告后，想到了还有更多遭遇不幸的老同志们的艰难处境。由于当时"文化大革命"还在继续，江青集团又在从中作梗，周恩来一时无回天之力来"解放"这些被扣以"莫须有"罪名的老同志，因此，他提出了让一些老同志"住院"的好办法。

在周恩来的亲切关怀和亲自批示下，李德生和汪东兴、纪登奎一起，组织军地有关部门，积极协调，将许多老同志先后安排住进阜外医院、301医院等医院，检查身体，治疗疾病，恢复健康。显而易见，周恩来的这一举措，也是为了把这些老干部保护起来，免遭江青集团的继续迫害。为了不被江青集团所发现，有的老同志还改了名换了姓。因为这时江青集团仍然在千方百计地打击所谓“走资派”。在共产党执政的条件下，一批当年为革命出生入死的老共产党员，居然要像当年做地下工作一样东躲西藏，说起来真是令人啼笑皆非！

在报请“病人”住院治疗的一些批件中，在“报首长呈阅”一栏，通常都写有“总理、剑英、江青、德生、登奎、国锋”等名字。周恩来阅后都要用铅笔在“总理”两字上面画一个圈，表示看后同意。李德生等人也学周恩来的办法，在自己的名字上画上一个圈。然而大家也特别注意到，周恩来往往在“江青”的名字上画上一个圈，并在旁边写上“不送江青同志”或“暂不送江青同志”。[①]李德生这时到中央工作已有两年多，对上层矛盾和斗争的情况也了解一些，对江青等人搞阴谋诡计的本领也略有所闻。看了周恩来的上述批示，则进一步明白了：老同志们住院的事，是不能让江青等人知道的，否则他们就要干扰、破坏，让“病人”住不成院或住了院也得不到安宁。从此以后，李德生对本来就有某些看法的江青等人更是抱着“敬而远之”的态度了。

与此同时，鉴于国务院有的部级干部在被审查中因病得不到及时治疗而去世，周恩来既悲痛，又震惊。他与国务院其他领导同志商量后，通知在“五七干校”劳动的、疏散到其他地方劳动的国务院副部级以上干部尽快回京，普遍进行一次身体检查，并改善他们的医疗条件。周恩来还指示统战部、全国政协机关，对上层爱国民主人士的医疗、生活状况进行检查，对存在的困难要及时加以解决。正是在周恩来的关怀下，一大批高级干部的医疗条件和健康状况有了改善，为他们重新出来工作奠定了良好的身体基础。

① 汤聿文：《周恩来亲自批准的一项重要任务》，《党的文献》2006年第2期。

艰难的“解放”

“九一三”事件后，“文革”中被林彪迫害的老同志，纷纷向中央写信，揭发林彪的罪行，申诉自己的冤案。毛泽东十分重视这些老同志的来信，不断地有批示。凡是军队系统的，一般的都批给李德生办理，有的明确批示“李德生同志办理”，有的要求“李德生同志酌处”。李德生遵照毛泽东的批示，根据政策规定，慎重而稳妥地一一进行了处理，并且将处理结果向上作了报告，有的是直接呈送毛泽东的，有的是经过叶剑英或周恩来转呈毛泽东的。在李德生上送的报告上，毛泽东有的划了圈，有的批示同意后，还特别注明退还“李德生存”。

还在林彪叛逃之前，庐山会议以后不久，李德生就注意到一些被“打倒”的干部，其“罪名”并不能成立，认为应予“解放”。

1970年11月17日，浙江省军区原司令员张秀龙给毛泽东等写信，反映自己的情况。张秀龙是湖北沔阳人，1930年15岁参加中国工农红军。同年加入中国共产党。土地革命战争时期，曾任贺龙警卫班班长、连长、营长、团长等职。参加了湘鄂西、湘鄂川黔苏区反“围剿”和长征。1936年入陕北红军大学学习。抗日战争时期，参加了百团大战，从八路军转战到新四军。解放战争时期，任旅长、军参谋长、副军长等职，参加了淮海、渡江等战役。新中国成立后，任军长、舟嵊要塞区政委、司令员，浙江省军区司令员等职。1952年毕业于军事学院。1955年被授予少将军衔。张秀龙身经数百战，因作战勇敢，本为铁匠出身的他更被人们戏称为“铁匠”。“文革”期间，中共中央于1967年7月决定改组浙江省军管会和浙江省军区，张秀龙被免去浙江省军区司令员职务，下放农场锻炼。

张秀龙在给毛泽东的信中说，您1967年9月视察浙江时讲：张秀龙犯了错误应帮助他站出来。可是数年来我都在靠边站，现在湖北省军队农场锻炼已有年余。我认为自己在“文化大革命”中犯错误，主客观原因很多，主要是自己跟不上您的思想，路线觉悟不高，世界观改造不好，有私心杂念，一切由自己负责。但我认为自己是好人犯错误，是人民内部矛盾。可是将我长期靠边站，不让过问政治，不准夫妻双方来往（我爱人有病，不准我请假去探望），我想不通，所以写信，请您要军委办事组了解一下我在此地锻炼的情况，指出我的努力方向，并允许我能在一定的时间里探家走动。

张秀龙的这封信，李德生看过以后，对他的情况作了一些了解，并于1971年1月12日将其来信转呈毛泽东，以便得到他的批示。毛泽东批示：“交军委一议”。根据毛泽东的批示，军委办事组提出了如下处理意见：应住院治疗，准许与家人团聚，恢复组织生活并待分配工作。周恩来当即批示同意这一处理意见。经总政治部承办，张秀龙后来复出被任命为湖北省军区副司令员，1975年以后任湖北省军区司令员、武汉军区副司令员等职。①

在批林整风运动中，解放干部的工作，在毛泽东、周恩来、叶剑英的重视下，虽然开展起来，但却遭到江青一伙的严重干扰，仍然是步履维艰。

1971年11月，被林彪打倒的原政治学院院长莫文骅写信给叶剑英，要求听林彪叛逃事件的传达，信中没有讲他自己的事。叶剑英将他的来信批给李德生，李德生看后提出了“建议准允听传达”的意见。当时，李德生调阅了莫文骅的材料，觉得林彪一伙给他罗列的很多“罪名”都不能成立。所以建议先向他传达文件，将来再谈“解放”问题。即使这样，在当时也是个很敏感的事。因为在“文化大革命”中，莫文骅和肖华、吴克华一起，被定为“三华反三军”（所谓三军指的是林彪支持的“三军无产阶级革命派”），并因此被关押，被劳改。还写报告要开除莫的党籍、军籍。

① 《建国以来毛泽东文稿》第13册，第205页。

1969年10月，毛泽东在关于莫文骅是坏人，拟开除党籍、军籍的一个报告上批示："莫文骅似乎不是坏人，由于不会团结人，所以得罪人不少。我不熟悉此人底细，因此，请军委处理。"但是，由于莫文骅在50年代曾批评过江青搞的电影《宋景诗》，江青一直记恨在心。在她的阻挠和纠缠下，莫文骅的平反问题被搁置起来，直到1975年邓小平主持军委工作以后，莫文骅才得到彻底平反，并被任命为中国人民解放军装甲兵政治委员。

如果说莫文骅的解放阻力重重的话，那么苏振华问题的处理则更为艰难。苏振华，原任中央军委常委兼副秘书长、海军政治委员，被林彪打成了"三反分子"。他于1971年12月13日从湖南一个偏僻的地区给毛泽东写申诉信，表示自己有决心"回到主席的革命路线上来，争取晚年为人民做一点有益的工作"。此信由萧劲光转给叶剑英副主席。叶剑英批给李德生处理。李德生了解情况后，写报告呈送毛泽东、周恩来，建议解放苏振华。

1972年3月5日，毛泽东批示："此人似可解放了。如果海军不能用他，似可改回陆军（或在地方）让他做一些工作。可否，请中央酌定。"①李德生等看到这个批示都很高兴，因为林彪一伙为打倒苏振华而给他罗列的"罪状"很吓人，帽子很大，很有代表性。苏振华如果解放了，被林彪打倒的一大批干部的解放，也就有标杆了。于是，李德生先派人到医院去看望他，后来又把他接到自己的办公室来交谈，并与海军商量他的工作安排问题。但是，批林整风时分工负责海军工作的张春桥却从中作梗，拖着不办。隔了一个月，海军给军委写了一个报告，提出让苏振华到基层蹲点，避而不谈分配工作问题，这显然是给刚主持军委办公会议工作的叶剑英出难题。这个报告在叶剑英手里放了9天后才转给李德生。他说："我犹豫了几天，还是请你考虑"，他让李德生与张春桥商量。李德生数次找张春桥交涉，张春桥要么阴阳怪气地根本不表态，要么提出一些根本不是理

① 《建国以来毛泽东文稿》第13册，第290页。

由的“理由”，一直拖着不解决。后来又经过诸多周折，苏振华才恢复了工作。1973年1月，他被任命为海军第一政委。8月，在党的十大当选为中央委员，十届一中全会上当选为中央政治局候补委员。

按照周恩来的指示，李德生布置将被关押在湖南省军区农场的原昆明军区司令员秦基伟、政委李成芳、副政委胡荣贵、副政委张子民，南京军区原参谋长王蕴瑞等同志先后接回北京或昆明，予以“解放”，分配工作。据时任总政干部部第二任免处（后“处”改为“局”）副处长刘岩著文回忆，1972年国庆后不久，李德生向他和另一位同志当面交待，要他们马上出发到湖南省军区了解一下胡荣贵、张子民、王蕴瑞、张力雄等6个人的情况；并明确他们的任务，一是代表组织看望他们，二是听取他们的意见。刘岩等返京后，向李德生写了书面报告，李德生又以自己的名义将报告上送周恩来。1973年4月，解放6位将军的准备工作基本完成。经总政治部研究决定，两位大军区正职先来北京，其余4人，凡是与原单位两派群众无瓜葛的回原单位，否则也来北京待命。4月下旬，总政治部通知广州军区责成湖南省军区派人，将秦基伟、李成芳、王蕴瑞、张力雄护送来京，通知昆明军区派人将胡荣贵、张子民接回昆明等待分配。不久以后，秦基伟被任命为成都军区司令员，李成芳为国务院第五机械工业部部长，张子民为铁道兵副政委，王蕴瑞为军事科学院副院长、张力雄为江西省军区政治委员，胡荣贵仍为昆明军区副政委。①

解放干部遇到的阻力，不仅仅来自江青一伙的干扰，而且还有群众中的极左思潮和派性的严重影响。

原炮兵司令员吴克华，1972年5月写信申诉，朱德、叶剑英收到后都批给了李德生。周恩来也在政治局会议上询问，吴克华哪里去了。李德生派人几次查找，炮兵机关竟然说不知道，后来才打听到他被造反派关在一个密室里。为了防止造反派把他转移到别处，难以再查清他的下落，李

---

① 刘岩:《我接六位将军出“牛棚”》，《党史博览》2008年第1期。

德生灵机一动，写下了一纸手令："提审吴克华"，这样才将他从造反派手中要了出来，然后安全地送到京西宾馆。吴克华刚到宾馆时还以为真的是要"提审"他，直到李德生请他坐下，转达了周恩来的指示，并请他吃了夜餐，他才心中释然。

原高等军事学院政委李志民，"文革"期间被"打倒"，准备解放他的时候，又因他的家乡有一封给中央的揭发信，说他有重大历史问题，从而拖延了一些时间。当时，明知有的事情可能性不大，但是也不能不查一下。所谓"花上八分钱（平信邮票钱），够你查半年"，就是指的这种情况。李德生专门派人调查了李志民的情况，直到1972年五一国际劳动节前夕才查清，否定了不实的指控。在向中央报告后，李志民被安排参加了五一节日活动，上了见报名单。

杨、余、傅事件的平反

1972年3月18日，原中央军委常委兼副秘书长、全军文革小组副组长、中国人民解放军代总参谋长杨成武的女儿杨俊生给毛泽东写信说，杨成武是忠于毛主席的，他受了林彪、陈伯达、叶群的政治陷害，请求让杨成武到阶级斗争的实际中去经受考验。毛泽东对此信极为重视，于3月25日批示："请汪（东兴）印发政治局同志研究。此案处理可能有错，当时听了林彪一面之词。"[①]

毛泽东这里提到的"此案"，指的是"文化大革命"中发生的又一起大冤案杨、余、傅事件（余，即余立金，原任空军政委；傅，即傅崇碧，原任北京军区副司令员兼北京卫戍区司令员）。

这个冤案发生在1968年3月。当时，李德生还在安徽工作，很快地就听了有关文件和讲话的传达，得知了所谓杨、余、傅事件的一些情况。

---

① 《建国以来毛泽东文稿》第13册，第294页。

1968年3月22日，根据毛泽东和林彪的决定，以中共中央、国务院、中央军委、中央文革的名义，发布了两个命令。一个是关于撤销杨成武、余立金、傅崇碧职务的命令；一个是关于黄永胜、温玉成任职的命令。

第一个命令：

（一）杨成武犯有极严重错误，决定撤销其中国人民解放军代总参谋长职务，并撤销其中共中央军委常委、军委副秘书长、总参党委第一书记职务。

（二）余立金犯有极严重错误，又是叛徒，决定撤销其空军政治委员、空军党委第二书记职务。

（三）傅崇碧犯有严重错误，决定撤销其北京卫戍区司令员职务。

第二个命令：

（一）任命黄永胜为中国人民解放军总参谋长；

（二）任命温玉成兼北京卫戍区司令员。

这两个命令都发到团，传达到全体指战员。①

当时李德生听的传达内容，除这两个命令外，还有林彪3月24日在驻京部队干部大会上关于所谓杨、余、傅事件的讲话。林彪在这个讲话中，煞有介事地说："最近我们党的生活中间又出现了新的问题，发生了新的矛盾，发生了阶级斗争中间新的情况"，"这就是说最近从空军里面发生了杨成武同余立金勾结要篡夺空军的领导权，要打倒吴法宪。杨成武同傅崇碧勾结要打倒谢富治。杨成武的个人野心，还想排挤许世友，排挤韩先楚，排挤黄永胜以及比他的地位不相上下的人。"他还别有用心地说："杨成武的错误主要是山头主义、两面派和曲解马克思主义。"②林彪在讲话中还捏造了一件骇人听闻的事：说什么傅崇碧带着几辆满载全副武装的汽车冲进"中央文革"驻地去抓人。

在这个会上，周恩来、江青、陈伯达、康生、姚文元先后都讲了话，一

① 国防大学：《"文化大革命"研究资料》中册，第28、第85页。
② 国防大学：《"文化大革命"研究资料》中册，第87页。

致表示拥护林彪宣布的“毛主席的英明决定和命令”。会议快结束时，毛泽东从休息室走上主席台，接见了与会同志，意在表明他是支持对杨、余、傅事件的处理的。这时，全场欢声雷动，高呼“毛主席万岁”的口号。

当时，李德生听了关于所谓杨、余、傅事件的传达后，感到很吃惊，但疑惑也很多，不知这里面到底还有什么背景和内幕。说不相信吧，有毛泽东、林彪批发的中央文件为证；说相信吧，揭露出来的许多材料很难令人置信。就拿傅崇碧带人冲“中央文革”这件事来说吧，这样一位久经考验的老同志，按常理来说，他会这样吗？他敢这样吗？拿杨成武、余立金来说，毛泽东1967年夏天巡视大江南北时，他们俩还是陪同者，怎么突然又被打倒了呢？！

等李德生调到中央工作以后，特别是林彪叛逃和批林整风以后，杨、余、傅事件是一个冤案问题，已逐渐提到日程上来。李德生看了毛泽东的批示以后，认为解决这个问题是时候了。但是，事情并不那么简单。因为这起冤案是林彪、江青两个反革命集团联手制造的，而且当时毛泽东是点了头的。从林彪1968年3月24日那个讲话中，就可以明显地看出这一点。在林彪讲话的过程中，江青、姚文元、谢富治、叶群、吴法宪等人，除了不断地高呼打倒这个、打倒那个的口号外，他们还通过露骨的互相吹捧，表明两个反党集团的“团结一致”。林彪吹捧说，江青是我们党内的女同志中间很杰出的同志，也是我们党内干部中间很杰出的一个干部，她的思想很革命，她有非常热烈的革命情感，同时，又很有思想，对事物很敏感，很能看出问题、能发现问题并采取措施。她在“文化大革命”中起了伟大的作用，树立了许多丰功伟绩。①当林彪讲到这里时，叶群紧密配合，马上高呼：“江青同志是坚定的无产阶级革命家！谁整江青同志的材料罪责难逃！誓死保卫江青同志！”当江青高呼“谁反对毛主席、林副主席就打倒谁”时，吴法宪也立即紧跟高呼：“谁反对江青同志就打倒谁！”叶群、谢

① 国防大学：《“文化大革命”研究资料》中册，第90页。

富治还喊出了“誓死保卫中央文革”的口号。江青、姚文元也投桃报李，鲜明地喊出了“谁反对林副主席就打倒谁”的口号！

在1971年初的华北会议上，江青也是与林彪一伙一个腔调，大放厥词，大讲所谓的“华北山头主义”，说什么“华北山头主义有其历史性”，“从聂荣臻、杨成武到郑维山、傅崇碧，一个班底接着一个班底”，“是坏人当道”。李德生从他们的表演中，再一次地感受到杨、余、傅事件与林彪、江青集团都是有瓜葛的。

林彪集团覆灭以后，“四人帮”一伙仍然身居高位，掌握着很大的权力。要想克服他们的干扰、破坏，完全解决杨、余、傅的冤案，仍然不是一件容易的事。好在毛泽东对杨成武女儿的来信已有批示，表明他对这件事情已经有了新的看法，这就为杨成武等人的平反定下了基调。

到了1973年12月21日，李德生参加军委会议时再一次听到毛泽东说，杨、余、傅都要翻案。这些人的问题都是林彪搞的，我听了一面之词，就是不好，所以犯了错误。毛泽东还讲到错整了罗瑞卿。并表示，有许多问题听了一面之词，就是不好，向同志们作自我批评。毛泽东这次讲话距他对杨成武女儿的批示已经一年九个月了，杨、余、傅事件的冤案仍然挂在那里，可见解决问题之难。1974年7月，毛泽东亲自批准为杨成武、余立金、傅崇碧平反恢复名誉，接着又先后重新安排了他们的工作，问题才算得到解决。

据后来有的材料披露，1974年7月31日，周恩来在接见杨成武等人时，曾对杨说：你出来工作的事，我写了三次报告都不行，最后一次，主席发了脾气，才让你出来的。①

1974年杨、余、傅三人重新分配工作时，李德生已对调到沈阳军区半年有余。这时正是江青借“批林批孔”之机在军内“放火烧荒”，把矛头指向李德生，使其处境越来越困难的时候，李德生得知杨、余、傅三人已得

① 《周恩来年谱》（1949—1976）下卷，第673页。

到平反，他既为他们终于获得了“解放”而感到高兴，同时也想到江青等人给他制造的“冤屈”迟早也是会得到申诉和处理的。

党的十一届三中全会以后，中共中央于1979年3月28日正式发出《关于为“杨、余、傅事件”公开平反的通知》。《通知》指出：1968年3月，林彪、“四人帮”反党集团出于反军乱军，篡党夺权，推行反革命修正主义路线的需要，设下圈套，捏造罪名，突然袭击，制造了所谓杨、余、傅事件，即“三二四事件”。诬陷杨成武、余立金、傅崇碧同志为“二月逆流”翻案，是“二月逆流”新反扑。捏造杨成武同志搞“山头主义、宗派主义”，“同余立金勾结要夺空军的领导权，要打倒吴法宪”，“同傅崇碧勾结要夺北京市的权”，“整了江青的黑专案黑材料”，“杨成武三次下命令给傅崇碧冲钓鱼台到中央文革去抓人”，“还打了江青”，说杨成武等同志有“黑后台”。诬陷余立金同志是“叛徒”。其后，又诬陷“杨成武、余立金、傅崇碧是‘五一六’的黑后台”等。林彪、“四人帮”对杨成武、余立金、傅崇碧等同志进行了残酷的迫害，并在全国范围内株连了一大批同志，有的致残、致死，造成严重恶果和影响。《通知》说：“中央已经查明，所谓‘杨、余、傅事件’，纯系林彪、‘四人帮’反党集团制造的冤案；他们强加的罪名，纯属捏造”。中央决定，“为‘杨、余、傅事件’公开平反。对杨成武、余立金、傅崇碧同志的一切诬蔑不实之词，都应予以推倒。”

邓小平复出

解放受迫害干部中，最大的一件事是邓小平的复出。邓小平的复出，是历史的必然。但这种必然的实现，离不开毛泽东对邓小平问题的表态，也离不开周恩来、叶剑英等同志的积极努力。李德生也一直是支持邓小平复出的。

李德生对邓小平有着特殊的感情和印象。在革命战争年代，李德生长期在邓小平领导的部队工作，直接聆听了他许多次的讲话和指示，阅读了他签发的大量电报和文件，参加了他指挥的无数次战役和战斗。从革命战争实践中，李德生深深感到，邓小平是一位大智大勇、出类拔萃的卓越领导人，是党中央、毛泽东正确领导的代表，是久经考验的卓越的革命家。邓小平和中华民族的胜败兴亡、千百万将士的喜怒哀乐是紧紧地连在一起的。

新中国成立以后，邓小平到中央工作，李德生仍在野战部队，互相接触的机会少了。后来，在“文革”后期与“文革”之后，邓小平第二、第三次复出，李德生又与邓小平有了较多的接触。除了一起开会，李德生曾多次到邓小平的家里拜谒；李德生调沈阳军区工作后，邓小平五次到东北，每次都和李德生亲切谈话。在这些交往过程中，李德生受到了一次又一次深刻的教育和强烈的震撼。李德生说，其中有两次给他留下的印象最为深刻。

一次是1974年冬，李德生从沈阳到北京参加政治局会议，专门去邓小平住地拜访，向他反映原2野6纵司令员王近山工作的事。在革命战争年代，王近山是一位全军闻名的战功赫赫的将领，“文革”中受到冲击，如何将他“解放”出来，安排好工作，在全军是会产生积极影响的。早在1970年，李德生就任总政治部主任后，就曾向毛泽东、周恩来直接反映过王近山的工作安排问题。在毛泽东表示对王近山同志应予重新分配工作后，李德生与许世友商议，将王近山安排到南京军区，担任了军一级职务。但许多老同志都希望能为王近山安排一个更合适的职务。这次，李德生又当面向邓小平提出了这个问题。邓小平从2野的历史谈起，对王近山的工作问题表示应该考虑，强调任何时候都不能忘记在革命战争年代作出过贡献的同志，并提出了安置王近山的具体意见。后来，王近山又被任命为大军区副职，并被选为全国政协常委。这件事使李德生联想起，邓小平无论在革命战争年代，还是社会主义建设时期，总是从党和人民的事业出发，关心干部、爱护干部，对干部知人善任，爱才如宝，使人尽其才。刘伯承、邓小平爱才惜才的佳话曾在部队中广为流传，影响深远。

再一次是1977年春，李德生从沈阳赴北京参加讨论1977年国民经济计划的中共中央工作会议时，特地到西山军委驻地15号楼叶剑英那里汇报工作。谈完工作后，叶剑英对他说：你们的老政委回来了，住在9号楼，你去看看他吧。邓小平是从解放军总医院被叶剑英接出来住在西山的。叶剑英之所以说邓小平是李德生的老政委，那是因为李德生虽然原来是红四方面军的，但在抗日战争、解放战争漫长的岁月里，他一直在刘伯承、邓小平领导下工作。他们对李德生是熟悉的、了解的，李德生对两位老首长也怀有深厚的感情，对他们是信任、尊重和敬佩的。李德生满怀兴奋激动之情来到了9号楼，见到了又分别几年的老政委。此时，邓小平尚处于第三次“被打倒”还未平反的境地，但他依然精神饱满，自信达观，目光炯炯，全身充满活力。李德生的造访，显然令他十分高兴。邓小平一边和李德生握手，一边让座，并询问他这次因何到北京来。李德生作了回答后，也询问了邓小平的身体和饮食起居情况，希望他保重身体。在近一个小时的会面中，邓小平用那浓厚的四川口音侃侃而谈。他说，历史是人民创造的，群众运动力量很大，个人是微不足道的。他指出，人民的革命潮流是不可抗拒的，没有全国亿万人民的力量，就不会有“四·五”天安门的悼念活动，就不会有粉碎“四人帮”的伟大胜利。邓小平还从“文化大革命”对人是有“锻炼”的、可以促使人们思考的角度，强调了必须正确对待群众，特别是怎样对待群众发动起来以后的过火行为。

1986年9月2日，邓小平在接见美国记者华莱士的电视采访，谈到在“文化大革命”中的遭遇时，曾说过这样一段话：对那件事情，看起来是坏事，但是归根到底也是好事，促使人们思考，促使人们认识我们的弊端在哪里。毛主席经常讲坏事转化为好事，就是善于总结“文化大革命”的经验，提出一些改革的措施，从政治上、经济上改变我们的面貌。

邓小平是这样要求自己的，也是这样教育别人的。1977年11月18日，邓小平在江西泰和接见老红军池龙（空军通信部原副部长，曾受吴法宪迫害），听完他的悲愤控诉后说：“文化大革命是‘左’了，被坏人钻了空子。”“林彪这个人不能说没有本事，就是伪君子，利用毛主席抬高自己。”“林彪垮台了，我们党的日子会好点。”邓小平针对池龙的怨气，教育他要正确对待个人遭遇，不要纠缠个人的恩怨，要振作精神，把眼光看远点。

李德生从邓小平的谈话中深深感受到他具有的一代伟人的气度和风范。邓小平在“文革”中几经曲折，但他并没有考虑个人的得失、恩怨，而是面对现实，思索如何协助重病的周恩来，力挽危局，振兴百业，重整国民经济。这是邓小平广阔胸怀和崇高精神境界的表现，令人可尊可敬。

在邓小平第二次复出过程中，李德生曾多次在参加政治局讨论恢复邓小平工作的会议上和在一些非正式场合，听到毛泽东、周恩来、叶剑英对邓小平的很高的评价。李德生从切身的感受中完全赞同这些评价，并在有关的会议上明确表示支持邓小平复出。

毛泽东过去对邓小平一直是很器重的，即使在“文化大革命”初期批判刘少奇、邓小平的时候，他也说过，刘、邓两人是有区别的。毛泽东说，在干部问题上，我们要强调“打击一小撮”，反对“打击一大片，保护一小撮”的资产阶级反动路线。要允许犯错误，也要允许改正错误。

在陈毅追悼会上，毛泽东对陈毅亲属表示邓小平的问题属于人民内部矛盾后，周恩来立即授意他们将此谈话内容传出去，目的就是要通过他们造点舆论，以便于适当时候解决邓小平的问题。

李德生说，周恩来对邓小平的复出，是作了极大的努力的。只要有适当机会，他都会传达毛泽东对邓小平的看法。1972年1月24日，周恩来和部分在京政治局成员在接见来京出席新疆工作会议的代表时，他就当着江青、姚文元等人的面，谈到邓小平的问题。他说：林彪就是要把邓搞成敌我矛盾，而毛主席讲邓还是人民内部矛盾，两类不同性质的矛盾不能混淆。

叶剑英对邓小平的复出也非常关注。他不只一次地向李德生谈起，小平同志具有安邦治国的才能，表示要向党中央、毛主席提议，尽快让小平同志出来担任党和国家的领导职务。

“文化大革命”初期，邓小平被打成“党内第二号走资本主义道路当权派”。在党的八届十二中全会上，邓小平差一点被开除党籍，只是由于毛泽东为邓小平说了几句好话，才得以避免了这种结局。林彪反革命集团的覆灭，给邓小平带来了摆脱逆境的希望。对于这一点，邓小平自己也是十分清楚的。因此，在林彪事件传达后，他即向毛泽东和党中央写信，表示坚决拥护中共中央关于林彪反党集团的决议。他还对家人说过：林彪不死，天理难容。

1972年8月3日，在江西南昌附近“下放”劳动的邓小平，给毛泽东和党中央写信，在揭发批判林彪的同时，对有些问题进行了自我批评，对有些事情承担了责任，对有些情况作了解释，并且向党中央提出要求，说自己的身体还好，愿为党、为国家、为人民再做一点工作。8月14日，毛泽东在这封信上写了以下批语：“请总理阅后，交汪（东兴）主任印发中央各同志。邓小平同志所犯错误是严重的。但应与刘少奇加以区别。（一）他在中央苏区是挨整的，即邓、毛、谢、古（作者注：即邓小平、毛泽覃、谢维俊、古柏）四个罪人之一，是所谓毛派的头子。整他的材料见《两条路线》、《“六大”以来》两书。出面整他的人是张闻天。（二）他没有历史问题，即没有投降过敌人。（三）他协助刘伯承同志打仗是得力的，有战功。除此之外，进城以后，也不是一件好事都没有做的，例如率领代表团到莫斯科谈判，他没有屈服于苏修。这些事我过去讲过多次，现在再说一遍。”①毛泽东将此信批给了周恩来。周恩来当天收到后，即批告汪东兴“立即照办”。当晚，周恩来又主持中共中央政治局会议，传达毛泽东的批示。在李德生看来，毛泽东的批示，尽管还有“邓小平同志所犯错误是严重的”这样一句话作为前提，但从整个批示的精神来看，还是充分肯定了邓小平的历史功绩的，这就预示着邓小平将要“第二次复出”了。

---

① 《建国以来毛泽东文稿》第13册，第308页。

邓小平是1969年10月20日，根据中央战备疏散的统一部署，偕夫人卓琳和继母夏伯根乘坐一架军用飞机秘密离开北京前往江西的，1973年2月20日从江西回到北京时，时间已过去了3年零4个月。

从1973年2月下旬到3月上旬，在周恩来主持下，中共中央政治局多次讨论邓小平复出的有关问题。1973年3月9日，周恩来将讨论情况写信报告毛泽东，并提出：政治局认为需要中央作出一个决定，一直发到县、团级党委，以便各级党委向党内外群众解释，并报告说邓小平已回到北京。经毛泽东同意后，第二天，中共中央即发出《关于恢复邓小平同志的党的组织生活和国务院副总理的职务的决定》。《决定》说：中央政治局认真讨论了毛主席的批示和邓小平同志的问题。毛主席的批示，充分体现了我们党对犯错误的同志总是严格区分两类不同性质的矛盾，全面地、历史地评价他们的历史功过，认真实行"惩前毖后，治病救人"的方针。遵照毛主席批示的精神，中央决定：恢复邓小平的党的组织生活，恢复他的国务院副总理的职务，由国务院分配他担任适当工作。各级党组织要认真学习毛主席有关正确对待犯错误干部的一系列指示，对犯错误的同志实事求是地作出结论，进一步落实党的干部政策。

尽管这个《决定》是根据毛泽东的前述批示而作出的，尽管邓小平还是被作为"犯错误"的干部而落实政策的。但是，这个《决定》却传出了这样一个信息：既然"党内第二号走资本主义道路当权派"都可以"解放"，何况其他的所谓"犯错误"的老干部呢？邓小平复出的重大意义，不仅在于我们党恢复了一个精英的工作，而且还在于它促进了在"文化大革命"中遭受迫害和打击的广大老干部的"解放"。李德生在主持解放军队的众多老干部工作中，深深地感受到这一点。

后来中央政治局又决定，邓小平参加国务院业务组工作，并以副总理身份参加外事活动，遇有重要政策问题，列席政治局会议参加讨论。于是，李德生跟邓小平接触和学习的机会又多了起来。

4月12日晚7时30分，周恩来在人民大会堂一楼宴会厅，主持盛大宴会，欢迎视察柬埔寨解放区后到达北京的诺罗敦·西哈努克亲王和夫人。被错误打倒6年之久的邓小平，以国务院副总理的身份出席了这个宴会。他的出现，使在场的众多的中外来宾惊讶不已，立即在全国和国际上引起了强烈反响。

5月下旬，邓小平出席了为筹备党的十大而召开的中央工作会议。8月，邓小平作为主席团成员出席了党的十大，并被选为中央委员。

邓小平复出后所分管的工作，很快就出现了新的起色。他的许多建议得到毛泽东、周恩来的肯定。他的工作成效，毛泽东是满意的。与此同时，广大干部和群众对王洪文、张春桥等人的反感却是越来越多而且越来越强烈。

在这种情况下，毛泽东接受了叶剑英的提议，决心对邓小平委以重任，同意邓小平参加和主持军委工作，并参加政治局的工作。

在12月召开的几次中共中央政治局会议上，毛泽东多次谈到邓小平的工作问题。

12月12日，毛泽东在讲八大军区司令员对调的那次政治局会议上说，我和叶剑英同志请邓小平同志参加军委，当委员。“是不是当政治局委员以后开二中全会追认”。

12月14日，毛泽东同政治局有关同志谈话时又说：“现在请了一个军师，叫邓小平。发了通知，当政治局委员、军委委员。政治局是管全部的，党政军民学，东西南北中。我想政治局添一个秘书长吧。”毛泽东又对邓小平说：“你不要这个名义，那就当个参谋长吧。”

12月15日，毛泽东在有部分中央政治局成员和北京、沈阳、济南、武汉军区负责人参加的会议上说：“我们现在请了一位总参谋长。他呢，有些人怕他，他是办事比较果断。他一生大概是三七开。你们的老上司，我请回来了，政治局请回来了，不是我一个人请回来的。”接着，毛泽东转向邓小平说：“你呢，人家有点怕你，我送你两句话：柔中寓刚，绵里藏针。

外面和气一点，内部是钢铁公司。过去的缺点，慢慢地改一改吧。”①

李德生在这几次政治局会议上，直接听了毛泽东要请邓小平参加军委和中央领导工作的谈话后，心里十分高兴。他感到，我们的党，我们的国家，我们的军队摆脱困境有望了。

12月22日，中共中央发出关于邓小平任职的通知：遵照毛主席的提议，中央决定，邓小平同志为中央政治局委员，参加中央领导工作，待十届二中全会开会时请予追认；邓小平同志为中央军事委员会委员，参加军委领导工作。通知规定邓小平的任职可以传达到党内外群众。

1975年1月5日，中共中央发出一号文件，任命邓小平为中央军委副主席兼中国人民解放军总参谋长，同时任命张春桥为总政治部主任。1月8日至10日，中共十届二中全会在北京举行。会议追认邓小平为中共中央政治局委员，选举邓小平为中共中央副主席、中央政治局常委。1月13日至17日，在北京举行的第四届全国人民代表大会第一次会议，根据中共中央的提议，任命邓小平为国务院副总理。2月1日，周恩来主持国务院常务会议，审定国务院副总理分工问题。会议确定第一副总理邓小平“主管外事，在周恩来治病疗养期间，代总理主持会议和呈批主要文件”。周恩来说：“我身体不行了，今后国务院的工作由小平同志主持。”第二天，周恩来写信给毛泽东，汇报会议情况，毛泽东圈阅了此信。

在这以后，邓小平实际上同时担负着我们党、政府和军队的日常工作。在他的领导下，开始了一场关系到党和国家前途和命运的全面整顿。然而不幸的是，邓小平再一次被打倒了，他所主持的各项整顿工作也中断了。

加快解放干部的步伐

由于江青集团的干扰破坏，解放干部的工作进行得相当费劲，速度

① 《毛泽东传》(1949—1976)（下），第1672—1674页。

非常缓慢。正如叶剑英讽喻的那样："一匹复一匹，过桥真费力，多谢牵骡人，驱骡赴前敌。"据称，毛泽东很欣赏这首打油诗，当时还交给一些中央领导同志传看。

与江青集团的做法相反，周恩来、叶剑英、李先念等同志，积极贯彻毛泽东关于解放干部的一系列指示，因势利导，有步骤地、稳妥地大力推动解放干部的工作。特别是从1972年开始的批判极左思潮中，解放干部的工作取得了明显的成效。

1972年周恩来主持办理的两件大事，对解放干部工作起了很好的指导作用。

一件事是周恩来指示人民日报社起草了一篇题为《惩前毖后，治病救人》的社论。这篇社论经他亲自修改、审定后，于1972年4月24日在《人民日报》发表。社论阐述了党的干部政策和优良传统，强调要严格区分两类不同性质的矛盾，对一切犯错误同志，都要坚持"团结——批评——团结"的方针，并且指出："经过长期革命斗争锻炼的老干部"，"是党的宝贵财富"，"干部还是老中青，老的都靠边站，都是年轻的不行"。

另一件事是周恩来严肃认真地贯彻了毛泽东对铁道部原副部长刘建章家属来信的批语。1972年10月20日，刘建章的妻子刘淑清给毛泽东写信，反映刘建章在监狱中受虐待的情况，请求改变目前这种审查方式，允许家属经常探望，或准许其回家等待审查结论并治病。12月18日，毛泽东在这封信上气愤地批示："请总理办。这种法西斯式的审查方式，是谁人规定的？应一律废除。"[①]当日，周恩来即批告李震、杨杰、吴庆彤办三件事：(一)将刘建章保外就医，并通知其家属子女前去看望。(二)将刘建章全案结论抽出送国务院李先念、纪登奎批。(三)请公安部会同卫戍区将他在国务院当面提出过的要清查北京监狱待遇问题，再在年内作一次彻底清查。凡属法西斯式的审查方式和虐待、殴打都需列举出来，再一次宣布

① 《建国以来毛泽东文稿》第13册，第334页。

废除；如有犯者，当依法惩治，并容许犯人控诉。批示要求各事办好后，分别报来。①

上述社论的发表和毛泽东批语的传达贯彻，在全国、全党、全军产生了很大的影响，大大推动了全国、全党、全军解放干部的步伐。

叶剑英在筹备军委扩大会议过程中，就同办公会议的成员一起，把解放干部、整顿领导班子，作为对部队进行整顿的重点。叶剑英认为，军队的领导班子，特别是大单位的领导班子，是军队的“上层建筑”，而基层部队可以看作是军队的“基础”。“上层建筑”的作用能够巩固、促进基础，也能破坏、衰变基础。军队必须坚持党指挥枪的原则，军队的领导权必须掌握在可靠的人手里。加强领导班子建设，主要从两个方面着手：一是狠抓政治思想教育，提高班子成员的马列主义水平；二是进行组织调整。他布置总政治部派出工作组，到各军区了解领导班子的情况，同时要求大军区负责摸清军、师领导班子的情况，做到心中有数，及时调整。

在周恩来、叶剑英的领导下，李德生十分重视解放军队受迫害干部的工作。1972年年初，李德生主持总政治部召开了干部工作座谈会。会议批判了林彪对干部队伍建设的破坏，郑重地提出了落实政策问题。全军认真贯彻了这次会议精神。各部队积极平反冤假错案，解放被“打倒”的干部，分配他们的工作。

1972年6月17日，在政治局会议上，毛泽东在谈到空军的批林整风时，问到空军副司令员刘震、成钧被迫害的问题，提出可以派人去访问，了解林彪对空军破坏的历史情况。这意味着原来由吴法宪控制的对象，总政现在也可以过问了。于是，李德生立即派人找到刘震，了解到他在1967年被吴法宪立案停职审查，下放到农场劳动，到1972年6月才回京治病。李德生把了解的情况向周恩来、叶剑英写了报告，并建议应当让他穿上军装，戴上帽徽、领章。叶剑英阅后呈周恩来。周恩来批上“拟同意，呈主席

① 《周恩来年谱》（1949—1976）下卷，第567页。

批示”。第二天，即8月21日，毛泽东圈阅后，用红铅笔批示：“退李德生照办”。退字下面还画了一个圈。当天李德生很高兴地当面请周恩来、叶剑英、汪东兴看了毛泽东的批示。

与此同时，李德生还派人查询了成钧的情况。成钧受林彪、江青一伙的残酷迫害，已在秦城监狱被关押近5年之久。1967年1月13日，江青在京西宾馆召开的造反派大会上，给成钧的头上加了许多莫须有的罪名，说他是贺龙伸向空军的黑手，企图夺空军大权搞政变，是埋在空军的定时炸弹，“二月兵变”的黑干将。后来又将他升级为“三反”分子，要彻底打倒。专案组对他进行了七八个月的折磨后，仍然一无所获。于是，他们就抓住他的“活思想”，颠倒是非，混淆黑白，设法置他于死地。从吴法宪给林彪的一封信中就可以清楚地看到这一点。吴法宪在给林彪的信中说：“成钧于10月13日借口交代文化大革命以来的思想活动，大肆恶毒攻击我们伟大领袖毛泽东和毛泽东最亲密战友林副主席以及敬爱的江青同志，内容反动透顶，完全暴露他是一个死心塌地的刘少奇、邓小平、贺龙死党，是一个地地道道的反革命分子。”① 于是，1967年10月27日深夜，成钧被他们投进了秦城监狱。

根据毛泽东、周恩来、叶剑英的指示，李德生布置总政机关并通知空军将成钧从秦城监狱接出。成钧的妻子周月茜向笔者介绍说，1972年9月，由总政保卫部长和空政保卫部长一同前往，用成钧原来乘坐的吉姆车将他从监狱接出。在途中，他们向他传达了周恩来的话：成钧受苦了。成钧听了极为感动。在这以前，在李德生的安排下，周月茜及家人是7月由贵阳五七干校返回北京的。这样，成钧一家人终于重新团聚了。为表示对总政治部的感谢之情，周月茜还托笔者向李德生转交了她亲笔签名的《百战将星——成钧》一书。

原国防部副部长、北京军区政治委员廖汉生的平反，也是李德生具

---

① 谢雪畴、郭晓华：《百战将星：成钧》，解放军文艺出版社2000年版，第393—394页。

体负责承办的。1972年7月1日，廖汉生的子女给毛泽东写信说，廖汉生自1967年1月8日被隔离审查，至今已经5年多了。“我们听到主席曾几次提到要让父亲出来工作，我们非常高兴，都盼望父亲能尽早的出来为党和人民重新工作。但是，至今不见有任何动静。我们请求让父亲回到北京，回到家里，在外面等待组织结论，以便让他了解形势，熟悉情况，检查身体，治疗休养，好更早地回到为党和人民工作的岗位上。”毛泽东于7月7日批示：“送总理阅处。我看廖汉生和杨勇一样是无罪的，都是未经中央讨论，被林彪指使个别人整下去的。此件你阅后请交剑英、德生一阅。”①周恩来阅后，于8日派专人将此信送给叶剑英和李德生，以及李先念、纪登奎和康生、江青、张春桥、姚文元等传阅。李德生按照毛泽东的批示，将廖汉生从石家庄接回北京，解除监护，住在京西宾馆，等待分配工作。

周恩来常常把一些重大节日当成解放干部的好时机。办法是让一些受迫害的老同志参加节日活动，并在报刊、广播上公布他们的名字。叶剑英指示李德生也采取这种办法。1972年八一建军节，总政治部负责安排了许多被“打倒”的同志，其中包括廖汉生，参加了节日活动。1973年12月，廖汉生出任军事科学院政治委员。原任副总参谋长的杨勇，亦于1972年5月出任沈阳军区副司令员。

1972年国庆节，一大批党政军高级领导干部参加了国庆招待会，一个大名单见了报。陈再道的名字也在其中。受迫害干部的名单见报在当时就意味着得到了解放。

1973年1月1日，军委炮兵副司令员苏进写信给叶剑英副主席，说：“林彪自我爆炸以后，我在中央、军委的关怀下，获得了解放。”他要求面见叶剑英，反映情况。叶剑英立即派秘书去看望了他，并在秘书整理的谈话纪要上批示：“德生同志，苏进同志是1931年参加宁都暴动的同志，请分配他的工作。”李德生接到这个批示后，立即与总政干部部研究，按照组织

① 《建国以来毛泽东文稿》第13册，第302页。

程序和手续，尽快地分配了他的工作。

1973年年初，周恩来指示总政治部，派人调查原武汉军区司令员陈再道、第二政委钟汉华的问题。他们是因“文革”初期武汉发生的“七二〇”事件而被打倒的。所谓“七二〇”事件，完全是林彪、江青一伙阴谋制造出来的。由于他们支一派压一派，使两派群众之间产生了严重的对立情绪。1967年7月20日，一些群众涌进王力等人的住所进行责问，以后又用汽车把王力拉到军区大院进行说理斗争。这件事被江青等人说成是陈再道搞的所谓“反革命兵变”。在李德生主持下，经过总政甄别，这完全是莫须有的罪名，因此提出要为他们两人恢复名誉并安排工作。在中央政治局讨论总政对他们的审查报告时，江青一伙从中作梗，说什么：“陈再道和钟汉华的问题可以讨论，但不能忽略了陈再道搞兵变的罪行，更不能一风吹了。”叶剑英和李德生都在会上对有关情况作了说明，用以批驳江青一伙的不实之词。经过激烈的争论，周恩来作结论说：“根据多数同志同意通过总政审查报告的意见，陈再道和钟汉华同志的事就这样了。”

提出300多名高级将领的大名单

1973年，毛泽东又批阅了一些受迫害老同志或其家属的来信，指示要抓紧解放他们，分配工作。根据毛泽东的意图，周恩来在与中央有关负责同志谈话时提出，现在还有很多省部级干部没有解放，而各方情况又很需要这些有经验的干部出来工作，要抓紧时间解放一批干部，并重新安排他们的工作。与此同时，周恩来还把总政治部副主任田维新和总政干部部部长魏伯亭找去，了解军队被打倒的干部的情况，他说，解放干部的问题，“这件事不能再迟延了”。周恩来提出的问题，正是李德生等总政领导和业务部门经常在思考的问题。现在周恩来亲自过问，李德生等同志的兴奋之情真是无以言表。

1972年5月，周恩来被确诊患有膀胱癌，到1973年3月，他的身体越来越不好。根据毛泽东的意见，周恩来向政治局请假治疗，以防止病情继续恶化。3月9日，周恩来主持政治局会议，提出在他请假治病期间政治局成员分工的意见：政治局会议和报告由叶剑英主持和签署；组织宣传工作由江青、张春桥批办或上报；中央军委事务由叶剑英处理或上报；国务院事务由李先念和国务院业务组处理或上报。关于落实干部政策及干部处理问题，由纪登奎、李德生和汪东兴等提出先易后难的方案，送交政治局会议讨论后报毛泽东批准。第二天，毛泽东对所议各项批示"同意"。为了更好地落实干部政策，加快解放干部的步伐，10月7日，周恩来召集纪登奎等人，再次商谈解放一批高级领导干部并重新安排他们的工作问题。

周恩来在政治局会议上传达了毛泽东一次谈话中的指示：看来贺龙同志的案子假了。怎么打倒了那么多干部？我也无意把他们都打倒嘛！我主要是想教育他们。毛泽东指定周恩来负责落实干部政策问题。接着，周恩来提出了解放干部要"从上到下，先易后难"的两个原则。他说，落实干部政策，上头的解放了，政策就明确了，标杆也有了，下边也就会跟着落实了。难度大的，先从容易的入手。容易的解决了，难的也就会变得容易了。

在李德生等领导研究落实干部政策的过程中，周恩来适时地提出了一个具体办法：由中央组织部、国务院业务组政工组、总政治部分别将党、政、军被专案审查的所有高级干部，列出名册，说明情况，提出意见，形成文件，由政治局一批一批地加以审议后报毛泽东批准执行。

李德生认为，一个一个解决，是"手工业"的办法，太慢了；成批解决，是"工业化"的办法，这就可以大大加快解放干部的进度。他立即将政治局会议精神，向总政治部党委作了传达，并且在叶剑英的直接领导下，由总政治部领导抓好这一工作。

周恩来的指示和采取的种种措施，有力地保护了老干部，推动了解放干部工作的进程。

根据政治局会议的决定和周恩来的要求，中央组织部、国务院业务组和总政治部，提出了一份300多名需要解放的干部名单，主要是省、市、自治区党委、政府的原负责人，中直和国务院各部委的原负责人，军队的正军以上领导干部。这个名单是由各个系统分头研究提出来的，既有材料，又有处理意见。其中，总政治部列出的曾经授予少将以上军衔的军队高级干部就有175名。

后来，在周恩来主持下，中共中央政治局多次夜以继日地开会讨论解放这些领导干部的问题。在政治局讨论时，江青、张春桥等人屡屡从中作梗，无端生事，挑毛病，找茬子，千方百计地阻挠他们出来工作。这时，他们已在暗中酝酿用林彪的思想是极右与批林彪的极左对着干了。周恩来、叶剑英等领导同志与他们进行了巧妙的但却是针锋相对的斗争。周恩来有时请叶剑英提供情况，解答问题，有时则以反问江青的口气，明确表示：这样的事扣这样的帽子不合适吧。李德生在政治局会议上，对于凡涉及军队干部的，也多次作了反驳性的说明。

例如，原武汉军区政治部主任颜金生，“文革”前调到国家文化部当副部长，不久，“文革”开始，就靠边站了。颜金生，湖南省茶陵人。1918年出生，1930年3月参加红军，1932年6月由共青团员转为中共党员，参加了长征。土地革命战争、抗日战争和解放战争时期，曾分别任过红6军连指导员、八路军358旅716团政委、1军2师政委等职。新中国成立后，先后任第1军政委、武汉军区政治部主任、文化部副部长、陕西省军区政委、新疆军区副政委、总政治部副主任兼干部部部长等职。1955年，被授予少将军衔。1965年，由周恩来点将，调颜金生任文化部副部长兼政治部主任。不久，他受到“文化大革命”冲击，被江青点名批判。但颜金生在逆境中不表功，不诿过，关心部属，爱惜人才，保护同志，表现出了共产党人的良好风范。

就是这样一位老革命、好党员，在政治局讨论他的解放时，江青却指责他执行了资产阶级文艺路线。李德生和总政治部列席会议的同志委婉地说：他是工农干部，文化程度不高，很难提出文艺路线。况且他到文化部工作没几天就开始“文化大革命”了。朱德参加了这次会议，有力地支持了李德生等同志的观点。他说，颜金生是不识几个大字。江青见她的指责没有人附和，才不得不同意大家的意见。

经过这样一次一次的讨论，终于使许多在“文革”期间被打倒的干部解放了出来。

解放干部，是“文革”中后期的一项特殊工作。因为如果没有“文革”初期“打倒一切”的极左思潮的泛滥，那些干部根本就不可能被打倒，也就不应该有一个所谓“解放”和重新安排工作的问题。在“文化大革命”搞了五六年之后，林彪一伙虽然不在了，但是江青集团却依然存在，他们把“打倒”看作是“文革”的成果，给解放干部的工作不断设置障碍。幸好周恩来、叶剑英及时抓住粉碎林彪反革命集团后毛泽东重提解放干部的有利时机，做了大量工作，使大批被“打倒”的老干部得到“解放”，恢复名誉，逐步重新走上工作岗位。

按照中央政治局的分工，李德生在叶剑英的直接领导下，和总政治部的同志一起，做了大量解放干部的具体工作。但由于江青等人的百般阻挠，这项工作很难达到应有的效果。有时为了应付江青还不得不把应当解决的问题压在那里。例如1968年解放军报社的所谓“阴谋绑架肖力同志的反革命案”，牵涉到数十人，都是“莫须有”的罪名，但该案是江青亲自定的，如果对这些同志都落实政策，在江青那里肯定通不过。李德生和负责落实干部政策的田维新副主任商量后，决定先绕过江青“解放”相关同志再说。但后来有人告状，江青还是知道了，并作了许多上纲上线的“指示”，于是总政又采取“拖”的办法来进行“软对抗”，只要江青一问就说还在查。

据总政机关落实政策办公室的徐厚田向笔者介绍说，“九一三”事件后，李德生指示，要组织一个班子，搞好总政机关的落实政策工作。这个班子是由他负责的。从实际工作中，徐厚田深深感到，李德生在处理落实政策、解放干部的工作中非常慎重。每次讲话都要有录音。他特别强调，总政机关干部都是从四面八方调来的优秀干部，“砸烂总政阎王殿”后遗留的问题相当复杂，一定要实事求是地查清楚、作结论。李德生为人正直，不带偏见。对于一时定不下来的人和事，他总是既不肯定，也不否定，表示等等看。“六十一人叛徒集团案”牵扯到总政几位同志，“四人帮”对此已有定论。但李德生却冒着风险表示，这个问题不好解决，拖一拖再说。当时总政机关需要复查作结论的有部、处长103人，多数集中在广安门一处，一人一间房。李德生指示，有困难要帮助解决，要人要车都给。

实践证明，李德生采取“拖”和“等”的办法，也是不得已而为之。在当时的历史条件下，“欲速则不达”啊！真正较为彻底地落实干部政策，实际上是到“四人帮”被粉碎之后才得以逐步解决的。

第八章

当选为党中央副主席

林彪反革命集团被粉碎后，根据毛泽东的安排，李德生参加了叶剑英主持的军委办公会议和周恩来牵头的清查林彪集团问题的中央专案组。经过三年多的努力，与林彪反革命集团有牵连的人和事大体上查清了，包括邓小平在内的一批老干部被解放出来并重新安排了工作，纠正“文化大革命”所带来的负面影响的整顿工作也取得了一定的成效。党的十大期间，李德生又当选为党中央副主席。然而就在党的十大前后，江青集团加紧了把斗争矛头指向周恩来等中央领导同志的阴谋活动。李德生的工作也受到了他们的刁难和干扰。

参加党的十大筹备工作

到了1973年春，清查林彪反革命集团罪行、批林整风、军队的初步整顿等工作都取得了明显进展。同时，工农业生产得到了回升，社会秩序也有了好转。正是在这种形势下，毛泽东中断了周恩来纠正“左”倾的努力，并提出要提前召开党的十大。这时，党的九大开过虽已四年，但按照党章每五年举行一次党的全国代表大会的规定，召开新的党代表大会，尚需等待一年。根据毛泽东提前召开党的十大的意见，中共中央政治局积极筹划大会的各项准备工作。

为什么要提前召开党的十大呢？

李德生解释说，因为当时毛泽东考虑有两个问题急需得到解决：一是要尽快给林彪问题在政治上做个结论。九大党章给林彪戴了许多桂冠，并把他法定为接班人。但是，没过多久，他却叛逃了。为什么会有这么大的变故？这个问题在林彪摔死后就成了人们普遍关注的问题，需要作出一个明确的交待。二是要健全党的领导机构。九届一中全会选出的21名政治局委员中，已经有7名（占三分之一）因是林彪反党集团的骨干而受到审查，长期缺额不利于党的领导。从更深层次来说，毛泽东是想通过召开党的十大，肯定他一生中干的两件大事之一——“文化大革命”的正确，肯定九大路线，防止再发生影响“文革”形象的事情。他始终认为“文化大革命”是必要的，成绩是主要的。

3月29日，周恩来主持召开中共中央政治局会议。会议的主要议题是两个：一是邓小平的工作问题。会议议定，邓小平“正式参加国务院业务组工作，并以国务院副总理身份参加对外活动；有关重要政策问题，小平同志列席政治局会议参加讨论”。二是关于党的十大筹备问题。会议提出，在5月先召开中央工作会议，研究党的十大筹备问题和其他政治、经济问题。为此，中央政治局成立政治报告起草小组、党章修改小组、林彪专案报告和决议起草小组、党的十大代表名额和产生方案起草小组四个工作机构。第二天，周恩来写信向毛泽东报告了上述事项，毛泽东阅批“同意”。

3月29日，政治局会议议定的两件大事，都是令人鼓舞的。特别是邓小平的复出，真是人心所向，众望所归。作为在刘伯承、邓小平麾下长期战斗过的一名老兵的李德生，更是情不自禁，激动不已。在周恩来已经生病的情况下，李德生期盼他的老首长能及时参与中央工作，继续与“四人帮”的倒行逆施进行斗争。

5月20日至31日，在周恩来主持下，召开了中共中央工作会议，参加会议的有中央政治局委员、候补委员和各省、市、自治区党委负责人等246人。中央工作会议于5月20日、23日、26日、31日，先后召开了四次全体会议。会议的重要议程之一就是讨论党的十大筹备问题。

会议一致同意《中共中央关于党的第十次全国代表大会代表产生的决定草案（修改稿）》和《中央政治局关于修改党章问题的请示》。

《决定》草案关于党的十大代表的条件提出的要求是：“坚决贯彻执行毛主席的无产阶级革命路线，在无产阶级文化大革命中，特别是在第十次路线斗争中，经过考验锻炼表现好的，联系群众，为群众信任的；也要包括一部分犯了严重错误，作了检讨，愿意改正，并取得群众谅解的。”所谓在第十次路线斗争中“表现好的”，无非是那些造反派，而“犯了严重错误”的，当然就是那些受迫害的老干部了。这样条件的规定，虽然排除了林彪集团的成员和追随林彪犯了严重错误的人，但在党的十大代表中，仍然还是那些在“文化大革命”中靠造反起家的造反派为主，当然也还有一些在“文化大革命”中受到冲击和批斗的老干部。同时，这也预示着，党的十大将选出的中央委员会的成员，也离不开这两部分人，而这两部分人之间是存在着矛盾的。

关于代表名额和比例的分配，《决定》规定“革命的知识分子”代表名额仅占总数的5%左右，明显地反映出“文化大革命”期间对知识分子歧视和排斥的“左”倾观点。但是，与党的九大相比，党的十大代表的条件，从一定意义上说也可视为是人事工作上的一个政策性的调整。

《请示》主要是确定了党章修改的重点是总纲部分，其他条文的个别地方也需要改动。

按照预定议程，中央工作会议还讨论了1973年的国民经济计划问题，结论是：要继续深入批林整风，坚持两个积极性，实行党的各级一元化领导，做好企业、事业下放的准备和协助工作，分批建立大区协作区(先东北、华北，次华东、中南，后西北、西南)，推广“鞍钢宪法”，依靠地方和群众有重点地调整和落实“四五”计划后两年半的生产指标和基建项目，争取最大可能完成和超额完成。

根据毛泽东的意见，会议宣布解放谭震林、李井泉、乌兰夫、李葆华、廖志高、江华、江渭清、王稼祥、秦基伟、李成芳、方强、陶鲁笳、曾希圣13名老干部；王洪文、华国锋、吴德列席中央政治局会议并参加政治局的工作。这也就为党的十大的召开和新的中央领导机构的产生作了一些组织准备。

5月的中央工作会议以后，各省、市、自治区党委，各大军区党委和中央直属单位的党组织，积极进行了党的十大的筹备工作。6月，各地区、各单位党委分别通过召开扩大会议选出了党的十大代表，并向中央报送了41份党章修改稿。

从7月上旬起，中央政治局连续召开会议，讨论、修改和通过由张春桥、姚文元、王洪文负责起草的政治报告草稿、关于修改党章的报告草稿、中国共产党党章修改草案，以及关于林彪反党集团反革命罪行的审查报告稿。会议情况都及时向毛泽东作了汇报。8月2日，中央政治局召开会议，继续讨论党的十大准备工作问题。根据毛泽东的意见，会议决定，党的十大代表分省、市、自治区在各地集中，召开不公开的预备会议，讨论党的十大文件草稿；同时决定，中央十大选举准备委员会可先开预备会议，草拟各项人选名单，此事拟由王洪文为主，张春桥、纪登奎和李德生为副进行工作。

8月8日，周恩来主持中共中央政治局会议，讨论、通过中共中央关于党的十大准备工作的通知。《通知》要求各地代表按所在地区、单位分为34个组，于8月12日至19日分别就地举行预备会议，讨论党的十大文件草稿，为党的十大做好准备。中央规定，预备会议一律以办“学习班”的名义秘密进行。在各地分别进行的预备会议上，大多数代表对中央认可的各个文件草稿，除在文字上提出个别修改意见外，一致表示同意。

8月13日，中共中央政治局召开会议，讨论中央十大筹备小组提出的党的十大选举准备委员会名单和党的十大主席团名单。当日，周恩来与王洪文联名写信给毛泽东，报告几天来政治局会议的讨论情况，并提出，为使筹备和准备工作衔接得好，选举准备委员会主任仍由王洪文担任，副主任增加到7人，即周恩来、康生、叶剑英、江青、张春桥、纪登奎和李德生，这些同志都是在北京工作的政治局委员。[①]这个委员会由104名委员组成。

8月19日，周恩来主持中央政治局会议，讨论已列出的第十届中央委员会委员、候补委员、中央政治局名额及其成员名单，并作了增补。8月20日，毛泽东亲自主持政治局会议，听取了情况汇报，并最后议定了名单。

为了更好地进行党的十大的组织准备工作，根据中央的决定，在中央政治局内早已成立了一个筹备小组，由王洪文任组长。按照毛泽东的意见，后来成立的选举准备委员会由王洪文任主任，周恩来、康生、叶剑英、江青、张春桥、李德生为副主任，其主要任务是协商党的十大主席团名单和中央领导机构人选。8月20日晚，在周恩来的主持下，党中央召开了选举准备委员会第一次全体会议，王洪文在会上讲了党的十大主席团名单草案和十届中委、候补中委名单草案产生的过程。然后，选举准备委员会分组讨论，同意了这些名单草案。8月22日周恩来向毛泽东汇报了有关党的十大组织人事安排的酝酿结果。

8月23日，中共中央政治局召集各省、市、自治区和中央党政军机关负责人协商中央领导机构成员的会议。会议通过新一届中央委员会委员、候补委员，以及中央领导机构成员名单。在会上，周恩来传达、解释了毛泽东关于老、中、青“三结合”的组织路线，同时说明自1971年林彪事件后，毛泽东多次表示要培养工人出身的王洪文做中央领导的意

① 《周恩来年谱》(1949—1976)下卷，第611页。

愿。他强调：根据毛泽东的指示精神，应重视选拔青年干部，不能看不起“儿童团”。他表示：我年纪大了，但我还是要为党鞠躬尽瘁的；我们是立党为公，不是立党为私。周恩来的表态，再一次显示了他的伟大的人格魅力，令李德生和参加会议的许多同志敬佩不已。当天，党的十大选举准备委员会各小组协商通过党的十大主席团主席、副主席、秘书长及主席团全体成员名单。

同日，周恩来主持中共中央政治局会议，宣读并解释了经毛泽东圈阅的中共十大主席团成员名单、中共十届中央委员会委员（预选）名单和中共十届中央政治局委员、常委（预选）名单。

至此，党的十大的准备工作全部完成。

李德生既是选举准备委员会的副主任，又是中央组织宣传组的成员，他在积极参加党的十大的筹备工作中，也感到按照我们党的传统，有一些做法似有违组织原则，不太正常。例如，召开党的代表大会应由党的最高领导机关中央委员会全体会议（即九届三中全会）来讨论决定，但这次却是由中央工作会议来代替的。又如，党的十大代表，不是经过充分酝酿，逐级召开党的代表大会选举出来的，而是通过所谓“民主协商”，由省、市、自治区和有关选举单位，召开党委扩大会议选举产生的。对于上述某些不正常的做法，李德生的答案是，在当时还存在派性和无政府主义思潮的情况下，也许只能采取这种方式，否则难以选出党的十大代表。

毛泽东提议增加一名副主席

在筹备党的十大期间，在关于党的副主席的人选问题上，有两件事给李德生留下了难忘的印象：

一是许世友提出只设一名副主席。在讨论党的副主席的候选人过程中，按照毛泽东的意见，议定了周恩来、王洪文、康生、叶剑英四人。许世友提出，我看有一个副主席就行了（指周恩来），最多也不能超过三个

（即周恩来、康生、叶剑英），这实际上是对王洪文作为副主席候选人表示异议。张春桥当即指责许世友这是“反对毛主席”，许世友毫不留情地予以反击说：你有什么了不起。

二是毛泽东主张设五名副主席。在向毛泽东汇报党的副主席人选已选定四名时，一直在专心聆听的毛泽东问道：“是否还要增加一个啊？”毛泽东的这个提问，一下把参加筹备十大会议的人的目光都吸引到了他的身上。

毛泽东看了看大家希望他提出答案的目光，继续说：“现在的候选人里面，有老的，有青的，还没有中的啊！我们不是讲老、中、青三结合吗？我们也应当老、中、青三结合啊！”这个中年人出自哪里呢？毛泽东建议：“这个‘中’，我的意见是从军队里面选。”毛泽东当时的想法是，中央的领导班子，包括中央常委，都要搞老、中、青，而常委里面老的就是毛泽东、周恩来，青的就是王洪文，中的却没有。

当时规定，39岁以下为青年，60岁以上为老年，而在政治局委员中，符合中年年龄条件的人虽然不少，但在军队中工作的并不多，于是最好的人选历史地落在了李德生头上。这也很可能是，毛泽东是针对李德生的情况设定条件的，是在不点名地要他担负中央的领导职务。

周恩来在听完毛泽东的发言后，当即提出：“建议李德生同志作为一个候选人。”周恩来的话音刚一落地，毛泽东立即说：“可以。”毛泽东表了态，政治局其他委员也都没有提出异议。许世友也没有再坚持他提出的只设一名或三名副主席的意见了。

从当时我们党的领导机构的成员来看，应当说，比李德生资历长、贡献大的老同志还有不少，一贯谦虚谨慎、有自知之明的李德生心里是非常清楚的。他当即表态说：“我不合适，我的水平和能力，都不合适。”接着他提议李先念作为党的副主席的候选人。坐在李德生旁边的李先念，用手拉了拉他的衣服，轻声地说：“主席已经表过态了，大家也都通过了，你不要再说了。”

出席党的十大

中国共产党第十次全国代表大会于1973年8月24日至28日在北京人民大会堂召开，李德生作为1249名代表中的一分子，出席了党的十大。

8月24日，大会举行第一次会议，选出由148名代表组成的主席团和主席团的正副主席。主席团主席是毛泽东，副主席为周恩来、王洪文、康生、叶剑英，李德生也进入了副主席之列。秘书长是张春桥。

党的十大成立主席团并选出主席团领导成员，具有特别的含义。因为党的九大没有设主席团，也没有设秘书长，秘书长的工作实际上是周恩来代劳了。而党的十大选出的主席团的主席、副主席，同后来产生的中央委员会主席、副主席的人选是一致的。因此，谁被选为大会主席团的副主席，就表明他将要被选为中央委员会的副主席。对李德生来说，当然也是这样。

大会主席团选出后，毛泽东宣布由周恩来作政治报告。李德生告诉我们，政治报告是张春桥、姚文元起草，最后经毛泽东审定的。当然，周恩来对毛泽东关于政治报告写些什么内容也是了解的。6月16日，毛泽东就对周恩来布置说：政治报告中要指出时代的特点，现在仍处于帝国主义和无产阶级革命时代；这个时代的马克思主义与列宁所处的时代相同，要引用列宁在《帝国主义论》中所说过的话为证。毛泽东还说，报告中要指出注意一种倾向常常掩盖另一种倾向，此外，应多引用一些马、列的话。[①]由此可以看出，毛泽东对林彪一伙到处都用他的语录这种庸俗的做法，是下决心要来个根本纠正。张春桥、姚文元在起草政治报告中贯彻了毛泽东的这些指示精神。

---

① 《周恩来年谱》(1949—1976)下卷，第600页。

这个政治报告由谁来作呢?在一次政治局会议上,张春桥提出,由王洪文作政治报告,但未获定论。8月20日,毛泽东在十大政治报告稿上批示“原则同意”,并确定由周恩来作这个报告。毛泽东发话了,张春桥等人也不好再说什么,就这样定了下来。周恩来在8月23日中央政治局召集的各省、市、自治区和中央党政军机关负责人协商中央领导人机构成员的会议上,专门就此事表态说:政治报告署了我的名字,但不是我写的,是张春桥按照毛主席的思想、路线起草的,经毛主席看过。报告是毛主席的思想,主席要我作报告。[①]李德生听了周恩来的这番话,深为周恩来的人格魅力所感动。

周恩来宣读的政治报告分为三个部分:一是关于党的九大路线;二是关于粉碎林彪反党集团的胜利;三是关于形势和任务。报告认为党的九大路线是正确的,林彪事件的发生是阶级斗争尖锐的表现。报告的主旨仍然是肯定“文化大革命”,肯定“左”的政治路线、思想路线。

王洪文作了关于修改党章的报告,并宣读了党章修改草案的总纲。修改过的党章草案,删除了有关林彪的文字,但仍然延续了九大党章“左”的特征,保留了九大党章中关于党的性质、指导思想、基本纲领、基本路线等规定。王洪文说,党章“修改草案和九大党章比较,主要是充实了两条路线斗争经验的内容”,强调“全党同志都要十分注意路线问题,坚持无产阶级专政下的继续革命,加强党的建设,保证党在社会主义历史阶段的基本路线的实现”。王洪文对上述内容作了具体的阐释和肯定的说明。这说明,这个党章总纲基本内容仍然是错误的。

大会通过了政治报告、修改党章报告和《中国共产党章程》,选举了第十届中央委员会。有195人当选为中央委员,124人当选为候补中央委员。与党的九大不同的是,在这些委员中包括了在“文化大革命”中受迫害而被打倒的邓小平、王稼祥、乌兰夫、李井泉、谭震林、廖承志等一批

① 《周恩来年谱》(1949—1976)下卷,第614页。

老干部，但一些靠造反起家的人如王洪文、江青、张春桥、姚文元等在党的九大即已进入中央委员会的基础上，进一步巩固了其地位，王洪文还被选为党中央副主席。

8月25日至27日，大会通过决议：永远开除林彪、陈伯达的党籍，撤销其党内外一切职务；坚决拥护中共中央对林彪反党集团其他主要成员的处理和所采取的措施。

党的十大，对林彪反革命集团进行了组织处理，一批老干部重新回到了党的领导机构，无论是从政治上还是从组织上说，还是解决了若干问题的。但是，从总的来说，党的十大不仅没有纠正党的九大的“左”倾错误，反而继续了党的九大的“左”倾错误。

8月30日，中国共产党第十届中央委员会第一次全会召开，选举了新的中央领导机构，李德生名列其中。全会选举毛泽东为中共中央主席，周恩来、王洪文、康生、叶剑英、李德生为中共中央副主席。中央政治局常委9名，他们是（以姓氏笔画为序）：毛泽东、王洪文、叶剑英、朱德、李德生、张春桥、周恩来、康生、董必武。中央政治局委员21名（按姓氏笔画为序）：毛泽东、王洪文、韦国清、叶剑英、刘伯承、江青、朱德、许世友、华国锋、纪登奎、吴德、汪东兴、陈永贵、陈锡联、李先念、李德生、张春桥、周恩来、姚文元、康生、董必武。政治局候补委员4名：吴桂贤、苏振华、倪志福、赛福鼎。从这个名单中可以看出，“文革”开始参政的江青，此时已走向党的权力中心。江青集团在政治局虽为少数，但一个是党的副主席，一个是政治局常委，两个是政治局委员，其中一个以其特殊身份而发号施令，一个握有宣传工具，能量都很大。

全会还部署了军事方面的工作，批准了中央军委提出的新军委组成人员名单。新军委由63人组成，其中保留原军委成员28人，增补了35人。

李德生一直铭记着周恩来在全会上的讲话。他强调说：毛泽东过去多次指出，当选中央委员和中央领导机构成员者，不一定水平比未当选的人要高，只是当选者加重了为人民服务的责任。又说：我们应该兢兢业业为党、为人民服务，按照毛泽东的指示，鞠躬尽瘁，尤其是我们老一辈的同志。

李德生说，周恩来这个讲话对我具有极强的指导意义。我在1969年召开的党的九大被选为中央委员，在九届一中全会上被选为中央政治局候补委员。同年7月，从安徽调到中央，参加中央政治局、国务院业务组、军委办事组的活动和工作，并担任总政治部主任。这次党的十大又当选为党的副主席和政治局常委。党内职务的不断提高，是毛主席和同志们不断在给我加重为人民服务的责任。只有采取周恩来讲的那种态度，才能不辜负党和人民的期望。

所谓“第十一次路线斗争”

通过党的十大，江青、张春桥、姚文元、王洪文等在“文化大革命”中发迹的人，在中央高层领导中取得了更大的权力，特别是王洪文已被选为接班人，并被指定主持中央日常工作。周恩来从大局出发，按照毛泽东的意图，对王洪文进行传帮带。在筹备党的十大期间，凡是要向毛泽东请示的，都是由周恩来、王洪文共同署名。但江青一伙的野心急剧膨胀，他们结成帮派，制造动乱，大搞阴谋活动，变本加厉地攻击周恩来、叶剑英等中央领导同志，妄图全面篡夺党和国家最高权力。

其实，江青集团对周恩来、叶剑英的攻击，早在“九一三”事件后就日益加温升级了。

10月3日，中共中央发出通知，决定成立由周恩来主持的专案组审查林彪陈伯达反党集团，由叶剑英主持军委办公会议，领导全军的工作。对周恩来、叶剑英分别主持中央和军委的日常工作，江青一伙是耿耿于怀的。同时，在周恩来、叶剑英领导下所进行的各项消除林彪影响的实际工作，如解放受迫害的干部，努力扭转国民经济下滑的局面，继承、恢复和健全一些合理的规章制度，调整农民收益分配上的平均主义等，又都在实际上起了纠正“文革”错误的作用。这对依靠“文革”起家的江青、张春桥一伙来说，无疑是触到了他们的痛处。于是就形成了这样的情况：一方面周恩来、叶剑英为改变林彪造成的混乱局面，为恢复正常的工作秩序和生产，作出了巨大的努力；另一方面江青一伙又极力进行抵制阻挠，伺机发难，不断挑起事端，力图把否定“文革”的罪名扣在周恩来等人的头上。对立双方展开了尖锐的斗争。江青依仗她的特殊身份，以“文化大革命”的卫道者自居，用颠倒是非的手段，把许多问题搞得扑朔迷离。

毛泽东是不允许任何人对他发动的“文化大革命”有所怀疑的。在党的十大前后，毛泽东的政治天平，更多地偏向了江青一伙那边。

1973年7月，即在党的十大召开前不久，毛泽东对周恩来主持的外交部的工作有过一次批评。江青集团利用此事向周恩来发起了一场猛烈进攻。

事情的经过大体上是这样的：外交部的内部刊物《新情况》第153期，刊登了一篇题为《对尼克松——勃列日涅夫会谈的初步看法》。该文分析、评论了美苏签订防止核战争协定以后的世界形势，认为美苏会谈“欺骗性更大”、“美苏主宰世界的气氛更浓”。毛泽东看了以后不同意这篇文章的观点，并提出了批评。7月3日，周恩来从王海容处得知毛泽东的批评后，立即写信给外交部党的核心小组成员及美大组负责人，要求撤回该期《新情况》，并且主动作自我批评说：“这个错误主要责任在我。”7月4日，毛泽东约负责主持起草十大文件的王洪文、张春桥谈话，再次就此事提出批评说：近来外交部有若干问题不大令人满意，我常吹大动荡、大分化、大改组，而外交部忽然来一个什么大欺骗、大主宰。在思想方法上是看表面，不看实质。他说：“结论是四句话：大事不讨论，小事天天送，此调不改动，势必搞修正。将来搞修正主义，莫说我事先没讲。”①

谈话中，毛泽东还把批林和批孔联系起来，表示不赞成骂秦始皇，认

① 《周恩来年谱》(1949—1976)下卷，第604页。

为郭沫若等人，还有林彪同国民党一样，都是“尊孔反法”的。在这次谈话中，毛泽东把外交部称为“你们贵部”，似乎把王洪文、张春桥也看成是外交部的领导人了。

张春桥听了毛泽东对外交部的批评，得知毛泽东认为林彪也是“尊孔反法”的观点后，立即向周恩来发难。在毛泽东谈话的当天晚上，张春桥就向周恩来提出，要召开中央政治局会议，传达毛泽东谈话的内容。

7月5日，周恩来主持中共中央政治局会议，听取了张春桥的传达，并在会上详述了6月下旬以来毛泽东对外交部工作的批评、批示内容，主动作了检讨，承担了责任。

李德生听了张春桥传达的毛泽东对外交部的批评后，意识到毛泽东在信赖、倚重周恩来的同时，对他又不完全满意。应当说，毛泽东对外交部的批评，是不公正的，其上纲上线之高是令人难以理解的。事实上，周恩来在处理外交工作中，所有的大事都请示过毛泽东，而“外交无小事”又是我们党和国家的传统观点和做法。同时，那几年的外交工作也是取得了很大成绩的。我们仅从以下几件事就可看出：如1971年10月25日，联合国大会以压倒多数恢复了我国在联合国的合法权利，驱逐了长期窃据中国席位的台湾代表；1972年2月21日，美国总统尼克松访问中国，28日中美在上海发表了《联合公报》，打开了中断20多年的中美两国人民友好往来的大门；同年9月，日本内阁总理大臣田中角荣访问中国，29日发表《中日两国政府联合声明》，宣布即日起建立外交关系；等等。这些都是有目共睹的。在这种情况下，毛泽东突然提出批评，并归结为“四句话”，显然是违背了他所倡导的实事求是原则的。

张春桥为什么敢于向周恩来发难呢？因为他们认为形势对他们有利了。据一些材料披露，1972年2月12日，周恩来去看望患病的毛泽东时，毛泽东对周恩来说：今后中央的事你全面负责，统一领导。但是，过了几个月，毛泽东的看法又发生了变化。他对汪东兴、江青、张春桥、姚文元等人表示过，中央的领导，看来是实行老、中、青三结合的集体为好。总理也老了，你们都已成熟了，都可以参加重大问题的决策了。在毛泽东看来，关于林彪路线实质的讨论，张春桥起了很大作用，说明他在理论上是成熟的。总理实际经验丰富，但理论上不如张、姚。毛泽东直接向张春桥等人讲他对外交部的批评，原因可能就是他认为张春桥“理论上是成熟的”。张春桥之所以要周恩来召开政治局会议传达毛泽东对外交部的批评，原因也可能是他认为自己在“理论上”比周恩来强，有资格去“帮助”周恩来，有能力去负责中央的工作。显然，在毛泽东看来，周恩来和张春桥、姚文元相比，是各有所长，相差无多的。这就大大地鼓励了张春桥等人。

李德生说，周恩来对毛泽东的指示和批评，历来是十分重视的，坚决执行的。一旦发现自己的认识与毛泽东的想法不相符合，便立即收回自己的想法，执行毛泽东的指示。他十分尊重毛泽东，十分顾全大局。

7月5日，周恩来将他3日写给外交部的信和外交部核心小组就153期《新情况》写的检讨报告，一并送毛泽东，附信说：“这些错误与我的政治认识和工作方式有关。”毛泽东在周恩来3日信上批道：“此种顽症，各处都有，非个别人所独有，宜研究改正方法。”15日，周恩来将外交部起草的《〈新情况〉153号错误何在？》一文再报毛泽东审定，附信说：“关于错误的检讨，我当另写报告。”毛泽东批道：“检讨不要写了。”根据毛泽东的意见，周恩来批告外交部：将《〈新情况〉153号错误何在？》一文及《新情况》153号除发原单位外，加发各驻外使馆，中央和各省、市、自治区党政军各部门。至此，这一事件暂时告一段落。

然而一波刚平，一波又起。毛泽东听了不可靠的汇报，认为周恩来在与基辛格会谈中讲了错话，在对外形势的估计和判断上犯了错误。11月17日，周恩来和外交部负责人及其他有关人员到毛泽东处开会，毛泽东谈了对不久前中美会谈的一些看法，提议中央政治局开会，讨论他的意见，实际上是要批评周恩来。当晚，在周恩来主持下，召开了政治局会议。周恩来传达了毛泽东对中美会谈的意见，并汇报了同基辛格会谈的情况。

江青乘机再次对周恩来发难，语气激烈地说：“我对恩来同志的批评，也可以说这是第十一次路线的斗争。你周恩来是趁主席身体不好的时候，迫不及待地要跳出来夺主席的权呀。”按照江青的这个指责，周恩来就难逃被打倒的命运了。周恩来听了江青这些无限上纲的话，感到了事情的严重性。他在检查自己错误的同时，对一些问题也作了必要的解释。周恩来强调说：“我周恩来在任何时候、任何情况下也没有要和我们伟大领袖毛泽东抗衡的表示和想法。这次批林整风不仅对全党是一次很好的教育，就是对我也是一个很好的教育。我对我的错误可以在任何情况下进行检查和批评，我可以在任何情况下去检查和解释。”周恩来在讲这些话的时候十分伤心，已经明显地老病交加了。

事情到此并未结束。11月21日至12月初，根据毛泽东的意见，中央政治局在十多天的时间里又连续召开了几次会议，分成两个组，批评周恩来和叶剑英在与基辛格谈判时所犯的“右倾错误”。会议一开始，江青带头发难。她说，周恩来、叶剑英在中美会谈问题上有错误，要做检查。[①]本来这完全是造谣诬蔑，颠倒是非，变功为过。但在江青的率领下，张春桥、姚文元、王洪文等人向周恩来发起又一轮围攻，斥责中美会谈是“丧权辱国”、“投降主义”，甚至说周恩来是“右倾机会主义”，是“错误路线的头子”，是“迫不及待”地要代替毛泽东。“四人帮”一伙以正确路线的代表自居，逼着周恩来作检讨，周恩来再次违心地作了检查。

作为新当选的党中央副主席、政治局常委、政治局委员的李德生，参加了这次会议，他看过中美会谈的相关文件，但并不认为周恩来、叶剑英在与基辛格谈判时犯了什么“右”的错误。然而在毛泽东支持召开的这次会议的高压下，他也不得不表个态，作了一般性的发言。不仅李德生，参加会议的诸多政治局的成员，包括刚返回北京只具有中央委员身份的邓小平，在被毛泽东指定参加这次会议后，也都不得不作了表态性的发言。

江青自以为批周有功，形势对他们有利，在这以后不久竟然直接向毛

① 《叶剑英传》，第619页。

泽东提出，要求增补她本人和姚文元为政治局常委。江青还让王洪文把他们围攻周恩来的会议记录抄成大字本，报送毛泽东。

然而，江青的愿望落了空，因为毛泽东对江青一伙也有自己的看法。12月9日，毛泽东先后同周恩来、王洪文等谈话，对政治局会议批周恩来一事表了态。毛泽东首先肯定批评周恩来的会议开得好。但是接着他又批评江青讲错了两句话。江青讲错了哪两句话呢？毛泽东说：一个是讲"十一次路线斗争"，不应该那么讲，实际上也不是；一个是讲总理"迫不及待"，总理不是迫不及待，讲这话的人才是迫不及待。毛泽东对江青的这两点批评，推倒了江青一伙硬加在周恩来身上的不实之词，点出了江青的野心。关于增补政治局常委问题，毛泽东明确表示："增补常委，不要。"[①]限制了江青一伙权力的扩张。毛泽东的这次表态，使得围绕外交工作的又一场斗争，有了个了结。江青一伙对周恩来的猖狂进攻和乘机扩权的野心才不得不有所收敛。

江青夜闯三座门

在批判周恩来、叶剑英之前，江青还导演了一场夜闯三座门的闹剧。三座门是位于北海公园和景山公园之间的一座有青砖墙围拱起的院落，是中共中央军委办公厅所在地。

这出闹剧的矛头是针对李德生的。

李德生主持总政工作后，就一直在考虑如何改变八一厂的混乱状况。

"文化大革命"开始后，在林彪的支持下，江青直接插手军队的文艺工作。她别有用心地说，八一厂是文艺黑线专政，坏人掌权，"水浅王八多"，叫嚷要改组八一厂的领导。1967年9月，在林彪、江青的支持下，一些

① 《周恩来年谱》（1949—1976）下卷，第634—635页。

人夺了八一厂的权，把领导干部都打倒了，把许多经过党的长期培养和战争考验的、很有造诣的编、导、演和专业技术人员都下放或靠边站，剥夺了他们工作的机会。1968年4月，八一厂成立了造反派参加的革委会，到12月，全厂1200余人，竟然揪出“专案对象”110人。厂主要领导和艺术骨干陈播、冯毅夫、严寄洲、王冰、张加毅等同志都被诬陷为反革命集团，说他们在1967年8月16日晚上开黑会，阴谋杀人夺权。全厂被专政、被下放、被复员的人员几乎占了一半。由于江青一伙直接控制着八一厂的大权，“革命”搞得乌烟瘴气，“生产”也是一蹶不振。

鉴于上述情况，李德生认为，必须用“掺沙子”的办法首先解决领导问题。他在征得许世友同意后，于1969年年底从南京军区调来彭勃，担任八一厂革委会主任。

对彭勃，李德生是了解的。从抗日战争开始，他们都在刘、邓手下带兵打仗，抗美援朝战争结束后，又一起在南京军区共事多年。“文革”期间，彭勃任南京军区第60军政治部主任和南京市委、市革委主要负责人。无论是在部队还是在地方，彭勃的工作都是很有成绩的。特别是他在南京市参加过“三结合”，处理群众组织的矛盾很有经验。所以李德生认为，像彭勃这样的干部调到八一厂来工作，是再合适不过的了。然而从彭勃个人来讲，他本来是不愿调到八一厂来的。但当他得知是总政治部主任李德生点的名，而且李德生在重新组建新总政的工作中困难很多、很需要他这样的干部后，深感知遇之恩，表态坚决服从命令，立即北上。

在军区为彭勃举行的送别宴会上，许世友对他提出了三条忠告：一是不要乱串门，二是不要乱说话，三是先摸情况，再插手工作。彭勃听了这些话后，既有茅塞顿开之感，又意识到今后面临的斗争将是艰巨而复杂的，作了一定的思想准备。

彭勃到八一厂后，深入到群众中去，抓团结工作，抓落实政策，抓影片摄制，做得很有成绩。可是这就不能不涉及对一些人的看法和使用问题，于是在革委会内部出现了意见分歧。造反派自恃有江青这个大后台的支持，猖狂地与彭勃对着干，使他困难重重，举步维艰。

一天，彭勃带着许多疑惑不解的问题到总政去找领导，适逢李德生主任不在，副主任黄志勇、田维新接待了他。这两位领导听了汇报后，出乎彭勃意料的是，他们居然也表示无能为力，这使得彭勃大感失望，一肚子的不高兴。后来还是田维新副主任向他交了底，道出了个中缘由。他表示，在京的军队搞四大的一些单位，都是一派掌权，而且得到上头支持，个个单位都通天，一片树叶落下来也能打破头。“我们也没办法呀”!彭勃听了田维新的这一番话后，虽然感到意外，但也不好再讲什么了，于是请他将八一厂的情况向李德生主任作详细汇报，并尽快从部队再抽调几名干部到八一厂协助他开展工作。

李德生听了两位副主任的汇报后，十分同情彭勃的处境，关心他的工作，但一时亦无回天之力。他指示，对彭勃提出的工作上的任何要求，只要能解决的一律解决。在李德生的过问下，很快就从南京军区调来了四名师、团职干部，增强了彭勃的“后援”力量。

李德生原以为，经过林彪事件之后，又经过批林整风，“文化大革命”初期的许多问题，应该重新认识了。于是他和总政的一些领导，都肯定和支持彭勃等同志恢复八一厂正常秩序的一些措施和做法。江青得知这些情况后极为不满。

众所周知，江青成为政治“明星”，是从1966年上半年开始的。当年4月10日中央批发了《林彪同志委托江青同志召开的部队文艺工作座谈会纪要》，使江青一时声名鹊起；5月28日中共中央下发的《关于中央文化革命小组成员的通知》中，江青又被任命为“副组长”，一下跻身于“中央领导人”的行列之中。在这以后，江青即空前活跃，大露峥嵘。她以“毛主席的代表”自居，到处接见造反派，扯着腔调，发表讲话，点名批判这个，打倒那个。

江青十分看重军队的文艺工作、特别是电影工作，并且力图控制八一电影制片厂。恰巧1971年年底八一电影制片厂《红灯记》摄制组有人给江青写信，说是厂里有人“揭发《红灯记》”。于是，江青借此大做文章，大发雷霆，掀起了一股恶风黑浪。

1971年12月27日晚，取代林彪控制的军委办事组的军委办公会议，正在三座门开会。军委办公会议成立刚两个多月，需要讨论的大事很多。这天会议开到10点多钟时，江青突然气势汹汹地闯进会场，一进门来就大叫大嚷道：“叶帅啊，不得了了啊，八一厂竟然有人揭发《红灯记》！我求你支持我，要把这个反革命事件查清楚。”江青一贯擅长把对她有意见的人称为“反革命”。

叶剑英当时正在主持会议，他出于礼貌站了起来，冷静地说：“江青同志，请你坐下来慢慢地说。”

江青站着不动，表示马上就得到八一厂去。

“天太晚了，八一厂有的干部住在城里，马上找人来不及，是不是明天上午去？”李德生以商量的口气说。

“不行，不行！”江青不加思索地否定了李德生的劝说，气急败坏地嚷道：“就是要马上去，就是要奔袭！”

大家看到，江青根本不依，便不再说什么。她皮帽子不摘，黑披风不脱，僵在那里对峙着。

叶剑英深知江青其人，也懂得对付其人之道。他当即表示愿意陪同她一起去八一厂。同时又邀上参加会议的李先念、纪登奎、华国锋和李德生，说：“八一厂是总政管的单位，军委也要管，我们一起去。”

江青如愿以偿，洋洋自得，扭头冲出会议室，向她的轿车奔去。

李德生也只好跟了出去。

当领导同志的车队穿过寂静寒冷的半个北京城来到八一厂时，已是半夜时分。大家进了厂办公室，坐下来等着找人。

江青带来的警卫人员立即对办公楼进行了警戒和封锁，一切人员只准进，不准出。搞得气氛很是紧张。

八一厂革委会主任彭勃得到通知后，不知出了什么事，心急火燎地赶到办公室。他刚一进门，江青就劈头盖脑地训斥说：

“彭勃，你真是胆大包天！说轻一点，你是宗派主义，说重一点，你是反革命。好家伙，你们敢揭发《红灯记》。《红灯记》是我搞的，你揭发《红灯记》，就是揭发我，揭发我就是反对毛主席，就是反革命。”江青的头脑中装的就是这样一套逻辑。任何一件小事，只要不合她的意，她都可以无限上纲，得出“反革命”的结论。

彭勃当时并不知道有这样一件事，一时被训斥得莫名其妙，只好暂不吭声。这时，给江青写信的那个人也在场。他是因为被定为地主成分心怀不满，才给当时控制文艺界势大权重的江青写信，说八一厂有人揭发《红灯记》的。

江青转向这个人，问他：“你说说，是谁揭发的？”

这个写信的人当初可能也不曾想到，江青会利用他的那封信，要他当面对质，把事态闹得如此严重，场面搞得如此紧张。开始，他急得满头冒汗，后来脱下棉衣又冷得全身打战。

李先念见此情况，幽默地对他说：“不要脱了，天气冷，小心受凉。”

叶剑英和李德生也看着那个写信的人，等待他对江青提出的问题作回答。然而写信的人显得越来越窘迫，嘴唇嗫嚅，一句话也说不出来。

江青见写信的人紧张得说不出话，她不好下台，于是就转了话题另找岔子，埋怨屋子里太冷。她对彭勃发脾气说：“这房子又大又冷，连暖气都不烧热，你们是不是想把我冻死！”

李德生告诉彭勃马上换了一间暖和一点的房子。当大家进入这间房子后，江青余怒未消，大声叫嚷道：“今天我斗胆停止军委会，把叶帅、先念等同志请到八一厂和你们算账，就是要清查揭发《红灯记》的问题。”江青转向叶剑英，以一种不容置疑的口吻说：“叶帅，你一定要说说。”

在这种情况下，叶剑英、李先念都对《红灯记》从正面作了肯定。他们表示：《红灯记》是个好戏；八一厂拍摄《红灯记》，做了许多工作，拍得不错，大家一定要爱护，成绩来之不易呀!叶剑英还强调：“八一厂是受林彪反党集团破坏和迫害的重灾区，你们要吐苦水，大胆地揭发批判，我们支持你们。”这无疑是对江青的有力回击。

江青一看，她要以所谓揭发《红灯记》问题来整人的目的没有达到，便强行宣布：“今后，八一电影制片厂归文化组狄福才（系8341部队副政委）和总政李德生两人领导。明天请文化组狄福才来讲话。”江青说罢就出门钻进汽车走了。这时李德生已经意识到：江青把文化组的人放在他这个总政主任、中央政治局委员之上，从地方直接伸手到军队所属单位来抓领导权，其意图已是再清楚不过的了。看来在八一厂领导权的争夺上，同江青的斗争将是艰苦的。

李德生认为，自己作为总政主任，肩上的责任很大，但无论如何要先把事情搞清楚。对于江青所说的揭发《红灯记》的问题，后来经过李德生组织力量反复调查，终于弄清了事实真相。无论是所谓揭发《红灯记》，还是所谓不给摄制组好的摄影机，这些问题根本都不存在，只不过是江青强加的一些莫须有的罪名。1972年4月20日，周恩来在总政陈述事情经过的专题报告上作出公正批示后，此事才算平息。但是，直到1974年“批林批孔”运动时，八一厂紧跟江青的一些人又旧事重提，质问彭勃是怎样“在李德生的指挥下有预谋地揭发《红灯记》的”。

在江青离开八一厂后，李德生把八一厂的一些同志召集到一起，让大家议论议论怎么办。会上人们七嘴八舌，但都不明就里。

为了解决八一厂的问题，李德生亲自到八一厂，召开座谈会，找有关人员个别谈话，并派出总政文化处长张铭法带领工作组进厂调查。然而当时由江青集团控制的中央文化组却指责说，总政无权派人调查，江青同志既然已经讲了，还调查什么？这是否定江青同志的指示嘛！在强大的压力下，李德生迫不得已只好指示工作组暂时撤了出来。

撤销八一厂革委会引起的风波

到了1973年8月，中共十大刚刚开过后，李德生决定趁贯彻会议精神的机会，加大力度，逐个整顿总政直属单位。

在此之前的两年时间里，李德生的主要精力是放在指导全军批林整风上的。按照军委办公会议的指示，他组织总政机关派出大批干部到军委各总部和军兵种，了解掌握批林整风运动的情况。后来，李德生又着重抓了北京军区的战备训练，完成了中央交给他的任务以及安徽的工作。因此，他还没有来得及抓总政直属单位的学习和整顿。而总政各直属单位，如解放军报社、八一电影制片厂、文工团等都是搞意识形态的，不仅在全军，而且在全国也是有很大影响的。“文革”开始以后，林彪一伙把总政机关搞瘫痪了，并且直接插手总政各直属单位，不少单位“灾情”严重。李德生和总政党委的同志商量后，准备在深入批林整风中对这些直属单位好好地抓一下，帮助它们解决一些问题。

从了解的实际情况出发，李德生决定首先抓八一电影制片厂的整顿。这是因为他通过调查研究得出了这样的看法：八一厂不仅是在全军、全国都有影响的重要单位，而且在“文革”中几经反复，也是个老大难单位，是受林彪、江青两个反革命集团严重破坏的“重灾区”。

9月，李德生经过与李先念商量，抽调了《人民日报》副总编辑张沛、新华社张广友，以及总政办公室副主任于重英和总政机关的一些同志，组成工作组，进驻八一厂，开展调查和整顿工作。李德生给工作组规定的任务是：通过深入批林整风，分清是非，统一思想，解决组织问题，提高电影工作的质量。他要求工作组的同志，一定要从八一厂的实际出发，不要带框框，不要受派性干扰，要把情况搞清楚，搞准确，要把工作做细，一步一步地解决问题。

李德生和总政其他领导同志这么做，是符合当时中央的指示精神的，是完全正常的工作。但是，李德生没有想到的是，这却深深惹恼了江青，被江青视为大逆不道，因而导致了同江青一伙的直接交锋。

在李德生的直接领导下，工作组积极开展了多方面的工作，主要是否定了所谓“陈（播）、冯（毅夫）、严（寄洲）、王（冰）、张（加毅）反革命集团”和恢复党委领导下的首长分工负责制两大问题。

李德生指示工作组首先抓了“反革命集团”是否存在的问题。这个所谓“反革命集团”涉及32人，包括八一厂原主要领导和部分重要艺术骨干。这个问题如不查证清楚，作出正确结论，其他“专案对象”政治上的大是大非问题就难以得到澄清，各级干部和艺术骨干的定位和使用也就无法落实，解决组织问题就只能是一句空话。

彭勃完全同意工作组的部署。他认为，现在总政主任李德生亲自带领工作组来，是解决这个重大原则问题的时候了。彭勃暗自下了决心：如不把这一冤案翻过来，就愧当这个军委正式任命的正军职干部。

关于“陈、冯、严、王、张反革命集团”的认定与否，关键是要查清“八一六黑会”是否真实。其实，这个问题早就有结论，那是1971年年底总政张铭法处长来厂进行调查，以及林彪事件后彭勃再次组织调查，都证明：“八一六黑会”是不存在的。这次工作组又确定以进一步查清这个“黑会”为突破口，对所谓“反革命集团”做最后结论。

当工作组刚一提出重新审查“陈、冯、严、王、张反革命集团”时，进入革委会领导层的“震派”人物、此案的制造者们，就竭力反对。他们打出“王牌”说：“陈、冯、严、王、张反革命集团”是江青同志定的，这已是不容改变的历史铁案，不是一般的是非问题，工作组应该警惕右倾翻案风，谨防有人把矛头指向中央文革，造成自身被动。这一招是很厉害的，它不仅把彭勃，而且把工作组，以及任何企图查清这个案子的人都置于江青的对立面。

工作组迎难而上，决心把事实搞清楚，让事实来说话。

原材料中唯一的证人所提供的是在一棵树上看到陈播等人在宿舍楼内开会。工作组首先到现场勘察，找到那棵树，树干很细、很滑，晚上很难爬上去，而且树离房子有20多米远，从哪个角度也看不清室内的活动。接着，工作组又找了唯一的证人了解情况。这位证人表示当初他只是怀疑领导是不是在那里开什么会，并没有提供什么细节。他还从自己旧自行车座的钢管中拿出一份揭发材料，说这是造反派某某写好后交给他的，让他照着说。事实充分表明，“八一六黑会”根本不存在。它像一片乌云一样，被驱赶出了八一厂的天空。

工作组还翻阅了江青1967年的讲话记录。在她的“讲话”中，除了政治帽子以外，也没有任何一件事实可以作为“反革命集团”定罪的依据。江青是按照她一贯无限上纲的逻辑推理出来的。工作组还同很多人个别交谈，又看了一些涉及许多编、导、演人员罪名的影片，事实证明那些专案材料是没有任何根据的。既然黑会不存在，又无任何其他“罪证”材料，那个“反革命集团”理所当然地就被否定了。

在李德生的领导下，工作组决定因势利导，做消除派性、增强团结的工作。他们按照毛主席在批林整风中多次指示过的“重点在批林，人民内部矛盾要讲团结，要严于解剖自己，别人的缺点让人家自己讲，要求大家识大体，顾大局”的精神召开各种会议，深入广大群众，做好各方面人员的工作。经过这些工作，人为的矛盾逐渐缓和了，群众之间的关系也比较融洽了。

正是在这样的基础上，李德生适时地提出：撤销八一厂革委会，恢复党委领导下的首长分工负责制。并征求各方面的意见，酝酿党委领导人选，从而统一了思想认识，得到了八一厂绝大多数同志的支持，顺利完成了组织建设任务。这样做是完全符合当时军委的指示精神和军队的历史传统的。

“革命委员会”是“文革”中夺权后的产物，带有派性、片面性。而部队绝大多数单位不开展“四大”，以正面教育为主，即使开展“四大”，成立革委会的也很少，因为这和整个部队需要是大相径庭的。所以，叶剑英主持军委日常工作后，经和李德生等同志反复研究，并报请周恩来同意，决定在军队撤销革委会，按照老传统，恢复党委领导下的首长分工负责制，并且把八一厂作为先行试点单位。

八一厂的革委会，是江青派人、经林彪控制下的军委办事组认同后产生的。江青不但一直插手八一厂的运动和工作，而且早已明确把领导权交给了中央文革小组。所以这次改制，实际上就是军队收回了对八一厂的领导权。这是一次重大的较量，要处理好这项工作，是相当复杂和微妙的。

李德生几次听工作组汇报情况，心中有数了，决定在10月召开八一厂的领导干部，各艺术、技术科室代表近50人参加的会议。会议期间，李德生多次找人座谈，还找了很多人个别谈话，听不同观点的同志充分发表意见，按照毛泽东在批林整风中多次讲过的重点在批林，人民内部矛盾要讲团结，要严于解剖自己，别人的缺点要让人家自己讲，要认真落实党的各项政策的精神，耐心细致地做思想工作。会议开了20多天，终于使大家的认识比较统一，矛盾解决得比较好。应当说，这次会议开得是比较成功的。

从当时的政治氛围考虑，李德生认为，八一厂的新领导班子既要考虑到江青能够通得过，但又绝不能是跟着江青集团跑的人；既不能全是造反派，又不能还原成“文革”前的旧班子。新班子应该由那些能团结全厂干部和群众、又熟悉业务工作、作风正派、纪律严明的人组成。新班子应该是自觉服从中央军委的领导，有威信，能成为全厂的核心。按照这些要求，党委书记、政委当然是彭勃了，至于厂长人选就需要再三斟酌了，经过反复商讨，最后决定由王心刚出任厂长。王心刚是全国著名演员，既有名望、熟悉电影业务，又是具有一定组织能力的老同志。他不出风头，不打派仗，与各方关系还算协调，能得到群众拥护。估计也能得到江青的认可。为了照顾到各方面各部门，也把江青器重的搞摄影的张冬凉选定为副厂长，全厂领导班子由11人组成。

这个新班子经过总政党委讨论通过后，上报党中央、中央军委。总政在报告中建议军委正式任命王心刚为厂长，彭勃为政委，并提出了副厂长、副政委的任命名单。

李德生按组织原则办事，与江青集团的拉帮结伙自然是格格不入的。总政这个合理合法的报告竟然惹出了麻烦。江青看到以后暴跳如雷，在报告上批道：革委会是“文化大革命”的新生事物，为什么撤销八一厂革委会，我不同意，政治局中我们四个人坚决不同意。张春桥、姚文元、王洪文都同意江青的意见。这是李德生第一次看到江青在文字上表明他们四个人的“与众不同”，也是江青等人与李德生直接交锋的开始。

但是，江青集团的这种阻挠，并未挡住叶剑英、李德生的决心。

李德生看到中办秘书处退回来的这个报告后，立即请总政党委的同志研究。大家认为，八一厂的整顿和领导班子配备的意见，都是经过总政党委集体讨论决定的，没有什么问题。李德生又让秘书找来《政治工作条例》和《毛泽东选集》，查找有关规定和原则，总政党委的同志学习后，一致认为，军队实行的是党委统一的集体领导下的首长分工负责制，八一厂是军队系统的建制单位，编制内的成员都是现役军人，实行厂长、政委制，符合军队的领导制度和组织原则，没有什么不妥之处。于是，当即以总政党委的名义就八一厂的领导体制问题，再次向中央、军委写了报告。周恩来、叶剑英坚定地支持八一电影制片厂取消“革委会”，恢复党委制，政治局的多数同志也都表示同意。叶剑英再次明确表示，八一厂是属于军队的建制，应当实行党委领导下的首长分工负责制。在这种情况下，江青等人再无法作梗，只好以圈阅的形式表示认可。

11月，总政正式向八一电影制片厂宣布了经党中央、中央军委批准的厂领导班子名单，受到了全厂广大干部和群众的热烈欢迎和坚决拥护。

尽管如此，江青等人仍然念念不忘要把八一厂这个重要舆论阵地牢牢地控制在自己的手里。他们对八一厂的改变领导体制怀恨在心，伺机闹事。

1973年11月11日，她又一次兴师问罪，带着一班人来到了八一厂。已经领教过江青胡搅蛮缠那一套的彭勃，不敢怠慢，立即迎接，同时布置工作人员打电话报告李德生。江青对彭勃软硬兼施，又打又拉。彭勃与江青巧妙周旋，机智应对。正在这时，李德生赶到了。江青面孔一变，立即指令召开全场人员大会，说她要讲话。江青在大会上大放厥词，大批了一通资产阶级反动路线、死不改悔的走资派之后，马上联系“实际”点名说：“你们厂陈播是坏人。还有个严寄洲，是反革命，抓了没有？”当她得知彭勃没有按她的意图把人抓起来的时候，立即气势汹汹地布置说：“他是反革命，要抓起来，专他的政，不能让他有好日子过!”

严寄洲，江苏常熟人，1917年8月生，1938年8月赴延安入抗日军政大学学习。战争年代长期从事文化艺术工作，颇有建树。1953年6月调八一电影制片厂后，曾导演《战斗里成长》、《英雄虎胆》、《哥俩好》、《野火春风斗古城》、《万水千山》、《二泉映月》等数十部脍炙人口的故事片，是一个在全国较有影响的著名导演。

江青为何要如此仇恨这位老八路严寄洲呢？

本来在1965年开始拍摄的《南海长城》影片中，江青与严寄洲接触较多，也曾想利用这个名导演和八一厂的影响来为她捞取政治资本。但在实际工作中，由于江青违背艺术规律，大贴政治标签，态度反复无常，动辄训人骂人，严寄洲与之也发生过一些争论。然而，当时严寄洲考虑到江青的特殊身份，从思想上说对她还是尊重的，而且尽可能地按她的意见办。即使这样，严寄洲还是给江青留下了“很坏”的印象。不过，江青要收拾严寄洲，更主要的原因可能还是20世纪30年代严寄洲在上海工作过，江青担心他知道自己那一段丑恶历史而影响其声誉。为此，江青曾盘问过严寄洲，严寄洲介绍了自己在上海的情况，并表明当年他并不知道江青的事，但这仍然很难让生性多疑的江青释然于怀。所以，“文化大革命”开始后不久，江青有一次在人民大会堂接见文艺界造反派的讲话中，就借题发挥叫嚷：“八一厂那个反革命导演严寄洲抓起来没有？

他很坏，他在拍《南海长城》时，在我病中折磨了我整整三个月，我指示一次，他反对一次。”

江青随意整人，草菅人命，李德生是早就领教过的。他还在安徽工作时，江青就在一次会议上点名说，安徽省文联副主席刘秀山的夫人马野林，是一个“反革命”，而实际上根本就没有那么回事。当时，李德生就感到江青怎么能这样信口开河、视同志的政治生命为儿戏呢！？

李德生调到北京后，由于分工不同，与江青在工作上没有什么关系，只是在会议上见见面，平时从无个别接触，开始倒也相安无事。因为江青是毛泽东的夫人，又是政治局委员，所以李德生对她一直还保持着尊重。随着时间的推移，李德生了解到江青是一个翻云覆雨、为所欲为的人，哪怕是一件小事，谁要是违背了她的意愿，肯定要倒霉的。因此，在政治局中，大家都对她躲让三分。有一件小事引起了李德生对江青的反感，那是1971年，埃塞俄比亚海尔塞拉西一世皇帝访问中国时，带着一只珍贵的宠物狗，江青看见后欣喜万分，硬是想要，后来工作人员只好给她弄来了一条同样的狗，供她赏玩。没有想到的是，江青竟然在政治局会议的时候也要将狗带上。这次李德生又近距离地观看了江青在八一厂的表演，她那副胡乱上纲、蛮不讲理的面孔，使人印象越来越深了，因此李德生对江青的所言所行已由反感变成了警惕。

李德生认为，对一些问题、哪怕是原则问题，党内有分歧是完全正常的，最后按组织原则统一起来，那就算是问题解决了。但是，江青等人却不是这样，中央已经讨论决定的事，只要不合她的意，她还要伺机再闹，没完没了。

江青走后，彭勃请示李德生说：“林彪事件后，从中央到地方，清查落实干部政策，我们也抓紧了对严寄洲同志的审查，他只是说过江青同志30年代在上海演电影的一般情况，根本够不上反革命，所以，基本上是解放了，怎么能凭哪个人一句话就抓起来呢？”江青虽然是信口开河，胡说八道，但她权高势重，不理她也是不行的，这一点彭勃很清楚，所以他忧心忡忡地接着说，“刚才江青同志要我给她写信，我回绝了；如再不按她的指令抓人，那就真会被她打成反对‘文化大革命’的罪人啰!主任，你想点高招吧!”

李德生想出了一个应对江青的点子说：“这样吧，你们找间房子，让严寄洲先住进去，江青要过问，就说我们已经把他给看起来了，她不问，慢慢也就算了。”彭勃执行了李德生的指示，但经过长期关押刚放回家的严寄洲，并不知道这一内幕。他愤怒地指责彭勃说：“你执行的什么政策，我跟你没完!”好心遭到曲解，彭勃颇感委屈，但也不便于向严寄洲作任何解释。

考虑到彭勃的困难处境，为舒解他的压力，李德生还和田维新副主任一起，专门把他找来谈话，要他正确对待批评和困难。

李德生对彭勃说，你到八一厂后，克服重重困难，做了不少工作，是有成绩的。但彭勃对江青几次到八一厂发难，无中生有，妄加指责，怎么也想不通。他对李德生等总政领导说：在南京我曾主持过全市的工作，没有想到来到这个一千来人的厂子，竟然遇到如此大的麻烦。为了搞好八一厂的工作，儿子在部队遇车祸牺牲了，母亲病故了，我都没有回家，想不到八一厂竟会出现这样的局面。彭勃受不了江青的无端指责，认为八一厂的工作难搞，要求调回原部队工作。

八一厂的情况确实特殊，江青又是个特殊人物。对于这位三八式、饱经战火锻炼的老同志所面临的新问题，李德生不仅十分体谅他，也很同情他。他推心置腹地对彭勃说：“你的处境很困难我不是不知道。可是你走了，就是调一个大军区的司令、政委来，也未必能马上应付得了八一厂的现状。”“我们都是当兵的出身，说得不好听的话，你死也要死在八一厂。我们要用党性来工作，要顶得住，要有这种气概，我就不信你领导不好八一厂。”

经过交谈，彭勃冷静了下来，表示要坚定地面对种种困难，努力排除各种干扰，好好地干下去。一定要按照李德生交给的任务走下去：把八一厂整顿成为一个在军委、总政直接领导下，能适应战备需要的军队单位。他相信这个目标也是一定能实现的。

整顿解放军报社

李德生在解决八一电影制片厂问题的同时，还抓了解放军报社的整顿。

解放军报社是林彪、江青相互勾结又相互争夺的一块舆论阵地。“文革”中的重要言论，都是以两报一刊（《人民日报》、《解放军报》、《红旗》杂志）的名义发表的。

正因为如此，解放军报社在“文化大革命”中受到了江青一伙的特殊“关心”，经历的灾难也特别深重。

1967年1月，发端于上海的“一月革命风暴”，迅速波及全国，解放军报社也未能幸免。在江青的支持和策划下，军报以肖力为首的“革命造反突击队”，于1月13日贴出了《解放军报向何处去》的大字报。大字报点名批判时任总政治部副主任的刘志坚，背离毛泽东革命路线，推行资产阶级反动路线，使军报走上了歧途，号召大家“学习《文汇报》、《解放日报》闯将的革命精神，自己解放自己，自己起来闹革命。”这就是当时发生在解放军报社的轰动一时的“一·一三”事件。

肖力即李讷，是毛泽东和江青结婚后生下的唯一女儿，时年26岁，毕业于北京大学历史系，到解放军报社当记者还不满三个月。

那是1966年9月下旬，在钓鱼台15号楼陈伯达住处，江青和陈伯达向时任代总长的杨成武和解放军报社代总编辑的胡痴交代任务，要把李讷安排到解放军报社去工作。据胡痴回忆，江青当时讲话的大意是：请你们来，是想把我女儿李讷送到军队去，交给你们负责，让她到军报锻炼锻炼，并说主席也同意（据后来披露的材料称，毛泽东并未同意）。她还说：这孩子刚出大学门不久，她学的是历史，肯用脑子，也能写点东西，我看比林豆豆（林彪的女儿——作者注）要强些。你们放心，她在政治上是跟我们走的。她的缺点是看问题有些片面，有点固执，要多帮助她。但江青又说，对她不要抓得太紧、管得太严，要发挥她的主动性。她还叮嘱，为了保密，给她改名肖力，你俩知道就行啦，否则，她的活动和安全都会有问题。[①]接着，陈伯达也要求杨成武、胡痴一定要照顾好肖力，并说这表明了毛主席和江青对军队和军报的信任才作出了这样的安排。杨成武、胡痴对李讷到军队来也都表示欢迎，后来他们又向总政肖华主任、刘志坚副主任作了汇报。并商定，从军事博物馆调来一位各方面条件较好的年轻女同志，以记者身份陪伴着肖力，从生活上、安全上照顾她。肖力来到军报后，胡痴把她分配到“快报组”，并交代主持《快报》工作的宋琼直接管肖力的工作。《快报》是根据毛泽东的指示创办的一种“绝密”等级的内部刊物，专门刊登“文化大革命”中的重要情况，仅供当时被称作“无产阶级司令部”的高层领导阅看。

开始，解放军报社的同志并不知道肖力是何许人也，“一·一三”事件后不久，才逐渐了解到她的真实身份。在个人崇拜盛行的年月里，当人们一旦得知肖力是毛泽东的女儿，立即把她视为伟大领袖的代表，她的话似乎也成了“最高指示”，一句顶一万句了。再加上林彪于1月17日写信给报社，表示支持由肖力等组成的“革命造反突击队”在报社内部点燃了革命火焰。赞扬说：“你们贯彻执行毛主席的无产阶级革命路线，坚决批判资产阶级反动路线。你们的行动好得很！我坚决地支持你们。”还指出：“解放军报，非常需要革命。只有搞好无产阶级文化大革命，报纸才能更高地举起毛泽东思想伟大红旗。”在这种背景下，这张《解放军报向何处去》的大字报，其影响就远远超出了报社的范围，它对总政治部，乃至对全军的“文化大革命”，都产生了极其重大的影响。

在这场“狂风暴雨”的摧残下，解放军报社的原领导干部被当成“走

---

① 园丁：《“肖力”是怎样走上神坛的？》，《南方周末》1999年2月12日。

资本主义道路的当权派”先后打倒，造反派夺了权，成立了领导小组，长期处于很不正常的状况。1968年，肖力奉毛泽东之命，离开解放军报社下放锻炼。由从部队中调来的一名学习毛泽东著作积极分子、连指导员廖初江(系沈阳军区16军“红九连”的指导员)当领导小组组长，后来，又调来几位军职干部参加领导小组。这样的领导体制很不顺畅，难以正常运转和有效开展工作，更谈不上形成坚强的领导去驾驭复杂的政治局面。

还在1971年粉碎林彪反革命集团之后，总政治部就开始酝酿，准备解决解放军报社的问题。当时，本着先易后难的次序，解放了“文化大革命”前报社领导班子中的一些同志。有的参加了总政机关的工作，主要是让他们到各地看看，熟悉一下批林整风期间部队的形势。同时，还将解放军报社原社长华楠任命为总政副秘书长。

这次整顿解放军报社，李德生首先派出工作组，进行了认真的深入的调查，在摸清情况的基础上，再从报社的实际出发，提出了调整配备报社新的领导班子的方案，建议任命华楠兼任社长。

华楠，山东省牟平县人，1936年15岁时就加入中华民族解放先锋队，1937年入华北公学学习，同年加入中国共产党。抗日战争、解放战争时期，长期从事部队宣传教育工作。中华人民共和国成立后，一直在总政治部机关工作，被认为是一支很得力的“笔杆子”，先后任八一杂志社副社长兼总编辑，中国人民解放军总政治部副秘书长，解放军报社总编辑、社长。1980年1月起，任中国人民解放军总政治部副主任。

这个方案上报后，遭到了江青集团的反对，他们批上“此人我不了解”等否定性的话。在中央政治局多数成员圈阅、周恩来最后批示同意后，江青又另找事端，说解放军报社社长是正军职，当时规定任命副军职干部由周恩来最后审阅批准，任命正军职以上干部需报毛泽东审阅批准。江青的这一招是很厉害的。它一箭双雕，既要否定解放军报社领导班子的任命，又妄图加给周恩来越权的罪名。于是，总政治部再次报告，申述华楠任副秘书长的职务，已经中央批准过了，此次任命，是副秘书长的兼职。这样，江青集团就无法再作什么文章了。然而，他们仍然是捣乱之心不死，到1974年批林批孔时，他们又把那股仇恨猛烈地发泄了出来。

1973年12月，总政治部又开始整顿军事博物馆。但不久之后，因李德生调到沈阳军区工作，江青又大搞“放火烧荒”，军事博物馆的整顿不但被迫停了下来，而且还出现了不小的反复。

对调到沈阳军区

李德生对调到沈阳军区是1973年年底由毛泽东提出、党中央决定的。

为什么要把李德生对调到沈阳军区？毛泽东说是“陪绑”。是陪那些“在一个地方呆久了不好”的司令员的调动而调动的。

毛泽东特别重视这次包括李德生在内的八大军区司令员的调动。

1973年12月12日至15日，毛泽东在他的住地中南海游泳池，连续主持召开中共中央政治局会议，开了4天。从13日至21日，毛泽东又连续地同中央政治局有关人员和各大军区领导干部进行谈话，历时9天。

从李德生当时的记录可以看出：这几次会议和毛泽东谈话的主要内容，一是邓小平的工作安排问题，二是各大军区司令员对调问题。

这几次会议李德生都参加了，并且认真作了记录。

关于邓小平的工作问题，毛泽东在12月12日的政治局会议上说，我和叶剑英同志请邓小平同志参加军委，当委员。是否当政治局委员，请政治局讨论一下。如同意，十届二中全会上再追认。此后，他又多次谈到邓小平，称赞他“办事比较果断”，“柔中寓刚，绵里藏针。外面和气一点，内部是钢铁公司”。[①]

当李德生听到毛泽东要请邓小平参加军委和中央领导工作的话后，

① 《周恩来年谱》（1949—1976）下卷，第637页。

心里不知道有多么的高兴。刘伯承、邓小平是李德生的老上级。抗日战争、解放战争时期，李德生一直在他们的领导下工作，参加了许多由他们指挥的战役战斗。李德生对他们是信任、尊重和敬佩的。他深信，邓小平的复出，一定会给党、国家和军队作出新的贡献，带来新的希望。

关于各大军区司令员对调问题，毛泽东在12月12日的政治局会议上说：我提议全国大军区司令员对调一下。他把脸转向叶剑英说，我知道你（叶剑英）是赞成大军区司令员对调的，我代表你说话。军委要开个会。关于大军区司令员对调这件事，我找总理谈过。新疆、昆明、成都军区司令员才去不久，可以不动了。

毛泽东说他代表叶剑英说话，这是因为叶剑英在主持军委工作后，一直在根据毛泽东的指示，大力整顿军队。他认为，根据建军原则和建军传统，军队必须坚持党指挥枪的原则，军队的领导权和指挥权必须掌握在可靠的人手里，为此必须进行组织调整。毛泽东是赞成叶剑英的这一想法和做法的。

毛泽东所以要采取这样的行动，也是因为邓小平提出了这样的建议。当年的秋天，毛泽东派邓小平和王洪文一起离京到外地视察。他俩回来后，毛泽东问他们："我死后，中国将会发生什么情况？"王洪文毕恭毕敬地回答说："主席，您放心，中国一定会继续沿着您制定的革命路线前进。"邓小平则不以为然，他说："主席百年以后，中国将会发生军阀割据和混战。"毛泽东对邓小平的见解点头称是，于是决定对大军区司令员进行调动。①童小鹏曾回忆说：1973年12月，毛泽东接受邓小平的建议，采取八大军区司令员对调的重大措施。这样重大的决策，毛泽东居然采纳邓小平的建议，说明邓小平在毛泽东心目中的位置举足轻重。②

在四天的政治局会议上，毛泽东几乎每天都讲到了司令员工作对调

① 徐良文：《红祸——彭勃结怨江青始末》，《大众文学》2008年，第2期。
② 童小鹏：《风雨四十年》（第二部），中央文献出版社1996年版，第472页。

的重要性。他一再强调：一个人在一个地方呆久了不好，不容易接受新鲜事物，换个地方照样革命，又不开除你中央委员、政治局委员。他要求，讨论大军区司令对调的军委会，要在三五天内开起来。他说，对这个问题，他也想了好几年了。

至于邓小平为什么要向毛泽东提出这个建议呢？李德生对此虽然不能作出肯定的解释，但他认为从邓小平后来在1975年军委扩大会议上讲到部队存在着“肿、散、骄、奢、惰”以及领导班子存在着“软、懒、散”而需要整顿的思路中，是可以找到答案的。

在几次会议上，毛泽东还谈到了中央的工作，批评“政治局不议政，军委不议军”[①]，表露了他对周恩来在“九一三”事件之后主持中央工作的看法，以及对叶剑英主持军委工作的看法。毛泽东提出要求说：政治局要议政，军委要议军，不仅要议军，还要议政。不议政，军队工作就提不起纲来。虽然当时李德生还不大了解毛泽东这些话的真实意义，但李德生感觉到，毛泽东对周恩来、叶剑英的工作已经不满意了。

在政治局会议上，毛泽东还几次讲到了关于李德生的工作调动问题。他说：李德生在北京军区搞的倒是不那么久。他同李德生开玩笑说：“你家出了个李铁梅，你就是‘李铁梅’，你是陪绑的。”他还风趣地说：“李德生活到九十九，上帝请你喝烧酒。”毛泽东高兴得一连说了两遍。

李铁梅是京剧《红灯记》中塑造的一个人物，她很小年纪就参加了革命工作，立场坚定，斗志昂扬，不惧艰险，勇挑重担。毛泽东说李铁梅是李家的，说李德生就是李铁梅。李德生认为这是毛泽东对他革命经历的了解和革命精神的肯定。毛泽东说八大司令员对调李德生是“陪绑”的，李德生认为这是告诉他，他当北京军区司令员时间不长，不存在“在一个地方呆久了”的问题。

毛泽东还说，李德生走了，就不兼总政治部主任了。李德生心想，沈阳

① 《周恩来年谱》（1949—1976）下卷，第285页。

离北京那么远，要他兼他也会提出不兼的。不兼，可以集中精力搞好军区的工作。

毛泽东在讲了东北边境的紧张局势和东北“两派”的派性问题后转向李德生问道：你这个李司令，到沈阳去有什么困难，会不会顺利？李德生满有信心地回答说：会顺利的。

没有想到，毛泽东马上用带有批评的口吻说：靠不住！你这个人光想顺利，就是不看到困难的方面。

李德生听了毛泽东的批评，马上意识到，这几句话也算不上什么批评，而是在教导他和大家，要有辩证唯物主义的世界观，要有科学的思想方法和工作方法，这样才能把工作做好。

事实上，李德生调到沈阳军区后不久，就赶上“四人帮”一伙别有用心地搞起“批林批孔”运动来。李德生就是“批林批孔”运动所要打倒的主要对象之一，特别是在东北地区，运动的矛头就是集中指向李德生的。在一段时间内，李德生处于极为困难的境地，确实不大顺利。后来李德生想到毛泽东的“批评”，由衷地感到，毛泽东的话真“灵”啊！

关于军委会议，毛泽东交待叶剑英，要把各大军区司令员、政治委员都找来。并对调动的时间、迎送方法、注意些什么事，都提出了具体意见。他要求：对这件事各省都要做工作，都要打招呼，要开欢迎会、见面会。

在这以后，周恩来也同叶剑英一起，积极部署各大军区司令员的对调工作。他主持政治局会议进行研究，安排各大军区负责人到京开会，组织政治局成员分别与对调人员谈话，付出了心血。

12月18日，中央军委召开了有各大单位司令员、政委参加的会议，学习讨论毛泽东的讲话。在开幕式上，叶剑英要求大家一定要把这次会议开好，落实毛泽东的重要指示。会议传达了毛泽东12月12日至15日的指示，进行了认真的学习和讨论。大家认为，各大军区司令员对调，对于加强党对军队的绝对领导，加强地方党政建设，加强军政军民团结，都是很必要的。一致表示赞同和拥护。

12月22日，毛泽东在中南海自己的书房里接见了参加军委扩大会议的高级将领。李德生说，这次接见，毛泽东和大家一一握手，对每个同志都问长问短，作了指示，真是关怀备至，令人终生难忘。

等大家坐定以后，毛泽东风趣地说：你们都是些好人。我昨天没有睡好，就是今天要看看你们这些人。

毛泽东的"开场白"出人意料，寓意深刻。他念了这样几句戏的台词："送君送到阳关路，你也苦，我也苦，手中的锣儿敲得苦。""这一班五虎将俱都伤了，只剩下赵子龙老迈年高。"毛泽东接着说，我年老了，也要去"卖年糕"（"迈年高"的谐音），要到福州去"卖年糕"，南京不去了，南京太热了。

书归正传后，毛泽东侃侃而谈，涉及的内容十分广泛。他指示：你们调动的大军区司令员，要交好班，有困难无非是人生地不熟，还有些人批你们，大多数舍不得你们走。我以前讲过，世界上的事情就是这么些。心里要放宽一些，胆子要放大一些，无非是革命做官嘛！一个不降，一个不撤，世界上的事就是这样嘛！他要求大家：自己也要想一想，总是有些缺点的。成绩和缺点，是九个指头和一个指头的问题。你们有缺点、错误，这些都归我。他认为司令员们的对调很有意义，指出：你们对调，可以带动全国，带出一个好风气。

在军委会上，毛泽东又一次赞扬了邓小平。他说：邓小平同志从现在起是政治局委员、中央军委成员。此人能打仗，办事果断，我喜欢他。这个人过去有些人怕他，打起仗来，敌人也害怕他。

毛泽东强调将军们要读点文学书。他说：你们要搞点文，文武结合嘛!你们只讲武，爱打仗，还是要讲点文才行啊!文官务武，武官务文，文武官员都要读点文学。他询问许世友看过《红楼梦》没有？要求大家看看《红楼梦》，说是要看五遍才有发言权。毛泽东认为中国古典小说写得最好的是《红楼梦》，《红楼梦》是中国封建社会的百科全书。他说，你要不读一读《红楼梦》，怎么知道什么叫封建社会？他还提到，《水浒传》不可不读，历史人物传记如《贾谊传》，以及李白、杜甫的作品，也都可以看一看，读一读。

毛泽东在谈到“常鄙随陆无武，绛灌无文”的典故时，特地把许世友从后排叫到前排，对他说，汉朝有个周勃，是苏北沛县人，他厚重少文。汉书有《周勃传》，你们看看嘛！毛泽东还表达了希望许世友“做周勃”的意愿。

据《汉书》记载，“随陆”指的是汉高祖手下能言善辩的谋士随何、贾陆，“绛灌”指的是汉高祖手下功勋卓著的武将绛侯周勃和灌婴。周勃跟随刘邦打天下，建立了汉王朝。刘邦死后，其妻吕后勾结吕氏私党图谋篡政，周勃等人翦除诸吕，维系了汉家一统江山。

毛泽东谈古论今，引经据典，不仅许世友当时不太了解，就是在座的其他将军们也难知其详。后来通过传达毛泽东的指示，进行反复学习和讨论，大家才逐渐了解毛泽东指示的深刻含义。多年后，许世友回忆道：“1974年‘批林批孔’中，‘四人帮’借题发挥，把矛头指向周总理和其他老一辈革命家。这就擦亮了我的眼睛。毛主席讲周勃，而江青大讲吕后，分明是同毛主席唱反调嘛！充分暴露了‘四人帮’一伙篡党夺权的野心。这就不能不引起我对他们的警惕。后来毛主席一再批评‘四人帮’，我更加心中有数了。”①

毛泽东还谈到了党的历史、国际形势、思想方法和工作方法等方面的问题。

在政治局会议上，在军委会议上，毛泽东多次指挥大家唱《三大纪律八项注意》歌，并解释说：三大纪律就是第一条最要紧。要一切行动听指挥，步调一致才能得胜利；步调不一致，就不能得胜利。八项注意的第一项、第五项也很重要。第一项说话要和气，第五项不打人骂人。他告诫

① 李文卿著：《近看许世友》（1967—1985），第253页。

说，到一个新地方会有很多困难，不能只看顺利的一面。他鼓励大家慢慢来，熟悉了就会顺手。

令李德生印象特别深刻的一件事是，毛泽东在接见参加中央军委会议的同志时，还作了自我批评。他说，他是听了林彪一面之词，错整了贺龙、罗瑞卿和杨成武、余立金、傅崇碧。毛泽东再次说朱德是“红司令”。

毛泽东的接见和谈话，充分体现了他对军队建设的重视与关切。大家表示，一定要以实际行动，坚决服从命令听指挥，到新地方去好好工作。

12月22日军委会议结束时，叶剑英作了总结。他说，军委会议开了五天，今天结束。会议讨论了对调问题，回去后，元旦前做好交接工作。为加强军队的工作，军委明确规定，对调后的大军区司令员不再兼任地方职务。听了这一规定，许世友风趣地说，两只手抓两条鱼不好办，抓一条就好多了。李德生认为，地方的党与政府系统都已建立健全了，本来也就没有必要再去“兼”地方职务了。

就在会议结束的当天，中共中央根据毛泽东的提议发出通知，决定邓小平为中央政治局委员、中央军委委员，参加党中央和中央军委的领导工作。同时，中央军委也发布了八大军区司令员对调的命令。命令指出，为了加强军队建设和反侵略战争准备，使军区主要领导干部交流经验，熟悉更多地区的情况，决定北京军区司令员李德生与沈阳军区司令员陈锡联对调；济南军区司令员杨得志与武汉军区司令员曾思玉对调；南京军区司令员许世友与广州军区司令员丁盛对调；福州军区司令员韩先楚与兰州军区司令员皮定钧对调。

毛泽东要求命令下达后的10天内各军区司令员到职视事，每人可以带10名以内的工作人员。司令员们按照毛泽东的要求，不到10天，在12月底就提前到任了。

李德生的行动也很迅速。会议结束后，他立即向总政治部其他领导同志交待了工作，又到叶剑英副主席处辞行。12月25日，李德生和陈锡联参加了北京军区干部大会，传达了毛泽东讲话和军委会议精神，宣读了中央军委命令。12月26日中午，已有多日没有回家的李德生，好不容易抽了点时间回家看看。妻子曹云莲见他回来了，十分高兴，关切地问他为什么开了这么长时间的会议。李德生来不及向她解释，只是告诉她他要调到沈阳军区去了，准备马上赴任。曹云莲对笔者说，她当时感到很奇怪，就问李德生为什么突然要调走呢？为什么不早告诉她？当她得知毛泽东讲话的有关内容后，对李德生说：你在北京军区搞得并不久啊！接着又问，什么时候走？李德生回答说：就是这几天。两口子没有讲上几句话，李德生接了个电话就走了。离家不久，李德生给曹云莲打来电话说，今天就走。曹云莲深知李德生在组织面前是从来不讲价钱的，虽然有点情绪，也就不再说什么了。

叶剑英副主席专门为李德生饯了行。12月26日下午，在纪登奎、吴德陪同下，李德生乘飞机前往沈阳，奔赴新的工作岗位。

在京畿重地——北京军区司令员任上

李德生从1971年1月担任北京军区司令员，到1973年12月对调到沈阳军区，将近三年的时间。在此期间，李德生由于经常参加中央和中央军委的活动，再加上北京军区的特殊战略地位，使他经常有机会见到毛泽东，并听取毛泽东的指示。

李德生担任北京军区司令员不久，毛泽东就对北京军区的工作和李德生的学习问题作过重要指示，提出过明确要求。

为了做好北京军区的工作，毛泽东要求李德生要学点地理、历史知识。

有一次，毛泽东问李德生北京为什么叫燕京，北京最早居民点在哪里？从毛泽东的解释和查阅的资料，李德生得知：据《资治通鉴》221卷记载，唐肃宗乾元2年（即公元759年）4月，史称“安史之乱”的唐朝叛将史思明在范阳建大燕国，自称大燕皇帝，改年号为顺天，并将都城范阳改称燕京。据记载，范阳即古幽州，具体位置应为现北京城西南部。

毛泽东对李德生特别强调，要读读顾祖禹的《读史方舆纪要》这部书。说实在的，这本书李德生不仅没有读过，而且过去也没有听说过。于是，李德生让工作人员把这部书找来，大致翻阅了一下，以后又请人讲解了有关部分，方知学习这本书，对于加强华北地区的战备工作，有着极其重要的参考作用。

《读史方舆纪要》是一部军事地理名著，是研究中国军事史、历史地理的重要文献。该书共130卷，280多万字，其中有舆地要览图36幅，沿革表35份。作者顾祖禹（1631—1692），江苏无锡人，是明末清初的地理学家。明朝灭亡后，他隐居民间，花了20多年的时间，依据正史、地志，参考野史和对山川的考察资料，写就了这部“史其方舆之向导，方舆其史之图籍”的史地结合的巨著。这部书综合记录了“山川险易，古今用兵战守攻取之宜，兴亡成败得失之迹”，既描述了地形特点，又介绍了历史战例，具有浓厚的军事地理学特色。它的核心思想是：战守攻取应以分析地理形势为基础，从而讲明了地理地势在军事上的战略价值。

毛泽东要李德生先读读这部书中有关华北地区的部分，熟悉华北地区的情况。李德生读了以后，深感毛泽东的指示多么重要，对他当好北京军区司令员的工作帮助很大。这部书认为，拱卫首都是军事建设的重心，并举了明代在其首都北京设防的例子。明代拱卫首都的部署是，多层设防，近畿三辅；内三关；三点（蓟州即今天津市蓟县、宣府即今河北省宣化、保定）相互支援；九边（辽东、宣府、大同、延绥、宁夏、甘肃、蓟州、太原、固原）与三卫（今河北东北部、长城外及辽宁西部一带），以及三齐（今山东淄博、平度、泰安一带）、秦晋之地，皆需驻兵，构成多层藩篱。当李德生了解了这些内容后，感到很有启发，觉得上述设防的指导思想和具体部署，对今天保卫首都北京也还是有借鉴意义的。

这部书历来为兵家所重视，给予了很高的评价。有人誉其为“千古绝作”，有人说它是“古今之龟鉴、治平之药石”。李德生认为这些评论是恰如其分的。

当时，中苏关系相当紧张，苏联在我国北部边境线的当面陈兵百万。如何防御外敌入侵，加强我国北部国防建设，保卫首都安全，是毛泽东、党中央特别关注的大事。

毛泽东在政治局议论国际局势时，多次同李德生谈到华北地区的战略方针和部队建设。这些指示在李德生脑子里印得最深的是这样几点：一是要深挖洞，广积粮，不称霸；二是要贯彻积极防御的战略思想；三是要加强战备，有备无患，有备少患；四是要建立堡垒区，重点对付敌人的乌龟壳。毛泽东还提出了一些要李德生思考的问题：如果敌人在华北空降几个师，我们应该怎么办？敌人要摔原子弹，城市人口如何疏散？

毛泽东的指示，使李德生清醒地认识到，北京军区的战备工作意义重大，它关系到全国，特别是关系到首都的安危，这是军区党委必须认真对待，并且要下大力抓好的大事。

李德生上任后，同北京军区党委的同志一道，通过听取汇报、集体研究、组织落实，对战备和部队训练工作给予了高度关注。他首先和军区的领导以及司令部机关的同志，反复学习研究了如何结合北京军区的实际，贯彻落实毛泽东关于人民战争的思想和积极防御的战略方针。李德生率领有关人员在空中和地面对周边和纵深的地形作了全面勘察。对华北地区的战场建设，包括人防工事，进行了新的安排。

在李德生一行乘飞机看地形时，周恩来亲自过问，派出力量做好空中和地面的保卫、安全保障工作。这不仅使李德生感到了党中央对自己的亲切关怀，而且也充分意识到北京军区的战略地位是多么重要啊！

为了使更多的人从中受益，搞好工作，李德生指示机关将毛泽东推荐的《读史方舆记要》有关华北部分译注，并结合现代战争形势，作了必要的阐述，印发部队学习参考。

在这个基础上，他主持北京军区重新研究如何落实毛泽东的积极防御战略方针，调整了兵力部署，组织了要地设防，加强了部队训练，批判和纠正了林彪在战略问题上提出的所谓“镶边防御”的错误方针。

在李德生出任北京军区司令员的这段时间里，他肩负数职，参加中央政治局和军委办公会议的日常活动比较多，总政治部和安徽的工作，又占用了他不少的时间。北京军区的全面工作，是在军区党委集体领导下，李德生与纪登奎分工负责组织实施的。李德生主管党委的重大工作和军事工作。日常工作则由陈先瑞政委主持，各位副司令员、副政委具体抓落实。如“三打三防”训练就是由马卫华副司令员具体指导进行的。

陈先瑞，河南省商城县大阎家湾（今属安徽省金寨县）人，1929年15岁时就参加了中国工农红军，1930年6月加入中国共产党。1934年11月参加长征。陈先瑞是中国人民解放军杰出的政治工作领导者和军事指挥员，他四次转战陕南，为创建鄂豫陕革命根据地作出了重要贡献，曾被毛泽东誉为红军的“陕南王”。抗美援朝战争爆发后，他任中国人民志愿军19兵团政治部主任、副政治委员，五次赴朝参战，荣获朝鲜民主主义人民共和国一级勋章。1955年被授予中将军衔。从20世纪60年代起一直任北京军区政治委员。

马卫华，1919年生，河北省唐县人。长期担任军事主官，历任营长、团长、师长、军长，北京军区副参谋长、参谋长、副司令员等职。他作战勇猛顽强，擅长打恶仗险仗，曾负伤多次。在1944年保卫麦收战斗中，马卫华率部遭日军重兵包围，经浴血奋战，在万分危机时刻毅然跳下悬崖，身负重伤。1955年被授予少将军衔，是少有的几个在抗战时期入伍而被授予少将军衔的干部。

李德生说，陈先瑞、马卫华等军区领导同志，无论是指挥作战，还是部队建设，都有着丰富的经验，他们工作都很认真，对他都很支持，也是他学习的榜样。

在这一时期，按照中共中央和中央军委的统一部署，北京军区进行了批陈整风，参加了华北会议和进行了华北会议精神的传达贯彻，组织了

1971年7月全军作战部长会议关于增加训练时间的落实，开展了揭批林彪反革命集团的罪行，平反了一些冤假错案，恢复了被打倒的干部的工作，进行了批林整风，举行了北京军区第23次党委扩大会议，等等。这些工作的具体实施情况，在本书其他有关章节中都有所涉及，就不再多说了。

这里需要强调的是，李德生在任北京军区司令员期间，正是林彪反革命集团走向破灭、江青反革命集团日益猖獗之时。在林彪自我爆炸后，面对"四人帮"兴风作浪、祸国殃民的残酷现实，叶剑英高瞻远瞩地把全副精力投入到军队建设之中，为提高部队战斗力、增强凝聚力花费了大量心血。他对担负拱卫首都重任的北京军区的工作，更是格外重视和关注。那时，北京军区只要有重大活动，李德生都要向他报告，请他参加指导。而他只要有机会，也都要来向官兵讲形势、谈问题、作指示，要求部队加强军事训练，整顿管理教育。叶剑英多次严肃地对李德生指出：不管怎么样，首先要抓好军队，军队巩固了，不管什么时候敌人进攻，我们都可以对付，野心家搞阴谋我们也不怕。他的这些意味深长的话语，在许多高级干部的心里产生了共鸣，使广大指战员受到了深刻的教育和极大的鼓舞。

第九章

被江青扣上“大军阀”的帽子

李德生刚调到沈阳军区，江青一伙就于1974年初紧锣密鼓地导演了一出“批林批孔”的闹剧。说它是闹剧，是因为他们要借批孔之名打倒周恩来等一大批老干部，特别是刚刚解放出来的老干部，再制造一次新的地震。在这场闹剧中，刚在党的十大被选为党的副主席的李德生也成为他们重点攻击的对象之一。江青一伙为了清除他们通向最高权力的障碍——周恩来、叶剑英和邓小平，不顾毛泽东在批评林彪控制的军委办事组的错误时，多次讲过“李德生除外”的话，歪曲事实，硬说李德生及其他一些大军区司令员上了林彪的贼船，图谋实现他们夺取更多权力的目的。

江青一伙歪曲“批孔”

批孔是毛泽东讲的，讲的时间也比较早。把批孔与批林联系起来，则是在批林整风深入发展之后。而在批林整风中他讲的关于批孔的那些话，却被江青一伙用来攻击周恩来了。

毛泽东在革命战争年代，就善于从中国历史文化中汲取营养，为现实服务。对历史人物的评价，他往往不囿于定论而要作出自己的新的分析。孔子是儒家的鼻祖，在许多朝代都是被皇家推崇的。毛泽东却反其道而行之，对孔子采取了否定的态度，并且常常把这一态度贯穿到现实政治斗争中。毛泽东认为，孔子作为封建文化的代名词，在“文革”初期就被打倒的刘少奇身上是有体现的。1967年3月，毛泽东在批判刘少奇的《论共产党员的修养》时，就把它与孔子联系起来，说它宣传了孔孟之道。

1968年10月，在党的八届十二中全会闭幕式上，毛泽东又讲到了他对孔子的态度。这是李德生第一次直接听到毛泽东谈论孔子。当时，毛泽东在讲到知识分子政策问题时说，我这个人比较有点偏向，就不那么高兴孔夫子。说孔夫子是代表奴隶主、旧贵族的，我偏向这一方面。我不赞成孔夫子是代表那个时候的新兴地主阶级的。因此，我跟郭老在这一点上不那么对，他那个《十批判书》崇儒反法，在这一点上我也不那么赞成。毛泽东还列举了一些学术界的名人，说某某某是崇孔的，说某某某是赞成法家的。李德生是工农干部，对这些并不太感兴趣，也不太懂。好在毛泽东当时也说了“这些古董，我也不劝同志们回去研究这一套啊”。因此，李德生在贯彻会议精神时着重考虑的是政策问题，特别是对知识分子的政策问题，对孔夫子问题则没有给予更多的注意。

“九一三”事件以后，全国开展了批林整风运动。在清查林彪的材料时，发现他藏有一些孔孟语录，床头上还挂有“克己复礼”的条幅。在这种背景之下，毛泽东又多次谈到过批判孔子的问题。

1973年5月25日，在中共中央政治局会议上，毛泽东听取了周恩来关于中央工作会议各项议程进展情况的汇报后讲了一番话，提出要注意抓路线、抓上层建筑、抓意识形态。他还指出，不能只注意抓生产，并要求学一点历史和批判孔子。7月4日，毛泽东找王洪文、张春桥等谈话，从批评外交部的一份文件谈到几位文化人，说他赞成郭老的历史分期，但反对他尊孔、骂秦始皇。还说林彪和国民党一样，都是“尊孔反法”。8月6日，江青在周恩来主持的中共中央政治局会议上，传达了头一天毛泽东有关儒法斗争的谈话和他写的两首诗。

毛泽东在谈到中国历史上儒法斗争的情况时，提出：历代有作为、有成就的政治家都是法家，他们都主张法治，厚今薄古；而儒家则满口仁义道德，主张厚古薄今，开历史倒车。[①]

江青传达的毛泽东写的两首诗，一首是1973年5月毛泽东在召见江青时顺口念的批郭老的“五言绝句”，实际上类似顺口溜：

郭老从柳退，不及柳宗元。
名曰共产党，崇拜孔二先。

第二首是8月5日毛泽东再次召见江青时令其手记的诗，即《读〈封建论〉呈郭老》（七律）：

劝君少骂秦始皇，焚坑事业要商量。
祖龙魂死秦犹在，孔学名高实秕糠。
百代都行秦政法，十批不是好文章。
熟读唐人封建论，莫从子厚返文王。[②]

毛泽东的这两首诗都是批评郭老即郭沫若尊儒反法的。郭沫若是中国科学院院长，是个大学者，大知识分子。抗战时期，他写了《十批判书》。书中讲过，焚书坑儒打击了思想自由。毛泽东认为，现在是对这种论点进行批判的时候了。他指着为他排印的大字本《十批判书》说：这是供批判用的。在毛泽东看来，共产党人是不能“崇拜孔二先”的，否则，连唐代的柳宗元也不如。他认为，对法家秦始皇应该充分肯定，即使对他的焚书坑儒也应重新“商量”，不能一概否定；而名声很大的孔子学说，只不过是一些“秕糠”而已。

1973年9月23日，毛泽东在同埃及副总统沙非的谈话中，再次讲到了

---

①《周恩来年谱》（1949—1976）下卷，第609页。

② 席宣、金春明著：《“文化大革命”简史》，中共党史出版社1996年版，第268页。

秦始皇。他说：“秦始皇是中国封建社会第一个有名的皇帝，我也是秦始皇，林彪骂我是秦始皇。中国历来分两派，一派讲秦始皇好，一派讲秦始皇坏，我赞成秦始皇，不赞成孔夫子。”毛泽东强调要“熟读唐人《封建论》”，也正是因为这篇文章是肯定了秦始皇推行的中央集权统一国家的郡县制，肯定了秦始皇推动历史前进的功绩。

毛泽东对江青、王洪文、张春桥等人谈论批孔，自然有相信他们能担负起批孔任务的意思。有了毛泽东的这种信任，江青等人也就开始忘乎所以、胡作非为起来了。1974年1月下旬，江青以传达毛泽东的指示为名，两次召开“批林批孔”动员大会，并指定要疾病缠身的郭沫若参加。在这次大会上，江青当众点名批判了郭沫若。说他的《十批判书》不是好文章，他和林彪一样都是尊孔的。1月31日，周恩来在主持讨论“批林批孔”的政治局会议后，与张春桥一起将毛泽东所写七律、柳宗元的《封建论》及注释等材料送给郭沫若。周恩来对他说：你那些书要清理清理，但到底有什么问题，我还说不清楚：你们大家都读书，我回去也读你的书，读完后再说，不要急于写批判文章。[①]张春桥锋芒毕露，指责郭沫若：你在重庆写的那些书，攻击秦始皇。张春桥的这话，显然是在搞“一箭双雕”。因为他知道，郭沫若抗战时期在重庆的活动都是得到周恩来支持的。他这样向郭沫若提问题，既是把矛头指向郭沫若，更是把矛头指向周恩来。对张春桥的发难，郭沫若当场回答说：这是针对秦始皇的！这样，张春桥也就不好再说什么了。

郭沫若是很尊崇毛泽东的。他在“文革”开始前夕，就表示自己写的几百万字的东西，“没有一点价值”，应该烧掉。表示要做毛泽东的老学生、好学生。面对毛泽东亲自发动的批孔，郭沫若立即抱病提笔向毛泽东表明自己的心迹。2月7日，他写了一首《七律·春雷》：

春雷动地布昭苏，沧海群龙竞吐珠。

---

① 《周恩来年谱》（1949—1976）下卷，第648页。

肯定秦皇功百代，判宣孔二有余辜。

十批大错明如火，柳论高瞻灿若朱。

愿与工农齐步伐，涤除污浊绘新图。

过了三天，江青又亲自窜到郭沫若家，纠缠了两小时之久，露骨地要郭写批判秦始皇的“那个宰相”的文章。郭沫若对毛泽东十分崇拜，但对江青的颐指气使却看不惯。他以沉默相抗争，未予置理。在这种氛围下，气愤和担忧两种心情的交集，使郭沫若的病情加重了。

在此前后，毛泽东在1972年12月31日，即他肯定林彪思想是极右之后不久，还提出过高级干部要好好读点书，不要只武不文。他举例说，三国时吴国的武将吕蒙，文化不高，后来下决心学习，结果很快就能武能文。“其所览见，旧儒不胜”，他读书之多，见识之广，超过了那些老的知识分子。在前面提到的毛泽东找张春桥、王洪文批评外交部工作、提出要批孔的时候，他还在给高级干部、特别是军队高级干部的讲话中，经常引用《晋书·刘元海载记》所讲的“随、陆无武，绛、灌无文”这句话，并布置人把《史记》中陆贾、灌英、黥布（内讲了随何的事）、周勃等人的传记注释出来，供有关人员阅读，以便做到文武双全，防止上知识分子的当，受知识分子的骗。

毛泽东对批孔问题如此看重，自然引起了李德生的认真思考。他意识到，毛泽东关于儒法斗争的谈话和他所写的两首诗，并非只是从学术上探讨对某些历史人物的评价，而是从政治上考虑问题的，是古为今用、为现实斗争服务的，意在强调要从思想根源上深入揭批林彪反党集团，并借宣传法家重变革、儒家反变革来维护“文化大革命”。

但是，江青一伙不这么看。他们在听了毛泽东关于批孔的谈话和毛泽东批评郭沫若的两首诗以后，他们在得知毛泽东在某些问题上对周恩来有些不满以后，欣喜若狂，自以为攻击周恩来等中央领导同志和打倒一批老干部的机会又来了。因此，江青在1973年8月6日那次政治局会议上就别有用心地提出，要将毛泽东讲的这些内容写入十大政治报告，意在使他们妄图清除对手的反党夺权活动合法化。周恩来识破了江青一伙的险恶用心，巧妙地表示：对此需理解、消化一段时间，不必马上公布。[①]江青的意见得不到政治局多数人的支持，也只好暂时不吭声了。

党的十大使江青一伙取得了更高的政治地位和更大的权力。于是，他们便对纠左进行疯狂反扑，大张旗鼓地批孔批儒。9月，江青指使国务院科教组负责人迟群，擅自召开教育战线上批判孔子的座谈会，公开打出“批孔”的旗帜。迟群在会上提出：要把批孔作为贯彻党的十大精神、深入批林整风的一项大事来抓。又说：“哪些地方不重视批孔”，那些地方就属于“针插不进，水泼不进”。这样，在批林的同时，他们又加上了一个批孔。把原来的批林整风变成了“批林批孔”。而他们的“批孔”又是有特定含义的。对迟群的这一番话，周恩来进行了批评。但“四人帮”并未因周恩来的批评而有所收敛，因为他们本来就是要通过“批林批孔”运动打倒周恩来等老一辈无产阶级革命家的。

由此可见，在“批林批孔”运动正式开展之前，在批孔问题上便存在着这样的分歧：有的认为批孔是为了进一步批判林彪；有的则认为批孔是要再打倒一些人。而后者是以极左面目出现的，竟一时占了上风。其主要表现是“四人帮”利用他们手中控制的舆论工具，大量登载所谓批孔的文章。1973年8月7日，《人民日报》发表了杨荣国的《孔子——顽固地维护奴隶制的思想家》，8月13日又发表了《西汉时代唯物论反对唯心论先验论的斗争》的文章。此后，其他一些报刊开始登载有关批孔、批儒的文章，使“批林批孔”愈演愈烈。

李德生在听了毛泽东关于批孔的一些谈话，特别是军队干部要武也要文的指示后，十分注意学“文”的问题。在“批林批孔”运动中，他认真读了不少书。凡是毛泽东讲到的历史上的一些典故，他都要“打破砂锅问到底”，叫工作人员查清楚历史事实，反复琢磨毛泽东为什么要引用这个

---

① 《周恩来年谱》(1949—1976)下卷，第285页。

典故，从中汲取丰富营养。曾在李德生身边工作多年的同志向笔者介绍说：爱学习是李德生突出的优点和特点。他不会下象棋，不会打扑克，有一点空闲时间就学习，就看书，看新闻片。他不看故事片，因为工作、学习都忙不过来，哪有时间看电影。通过学习，李德生对毛泽东所讲的批孔有了进一步的认识。他认为，在批林中联系批孔，是符合毛泽东的思想逻辑的。但把批孔歪曲为攻击周恩来总理和叶剑英副主席，那只是江青一伙的逻辑。

总政的两个“批林批孔”通知

“四人帮”利用他们掌握的舆论工具，大肆鼓吹批孔、批宰相、批周公，引起了许多老同志的不安，在部队中也引起了强烈反映。军队的各大单位纷纷向总政请示，到底如何认识开展“批孔”。

当时，李德生觉得，江青一伙的许多说法与毛泽东的本意并不完全一样。他想：林彪与孔子相隔两千多年，无论从职业上，还是从思想体系上，都是水火不同炉的，硬把他们扯到一起，说“批孔是批林的一个组成部分”，这是为了什么？他感到，在批林中加进批孔，批林的味道就变了。对党内高层斗争有所体验的李德生，已经意识到，江青一伙是要假毛泽东之手发动新的运动了。

作为中央政治局的成员之一，李德生清楚，毛泽东在批林的过程中虽然讲过批孔的话，但并未说过要在全国发动一场“批林批孔”运动。中共十大及十大之后的中央政治局也确实从未正式讨论过批林批孔这个问题。这些都足以表明搞大规模的“批林批孔”不是毛泽东的本意。“批林批孔”只是江青一伙煽动起来的。有一次李德生外出工作，部队一个基层同志问他，听说批林批孔是毛主席的伟大战略部署，是这样吗？李德生回答说，毛主席有这个战略部署，我怎么不知道啊！那位同志点点头，表示明白了。

“九一三”事件之后，通过批林整风，部队面貌确实有了很大变化，大家也敢抓教育、抓训练了。在这种情况下，如果按照江青一伙的想法再搞一个运动，已经取得的大好局面必然受到破坏。因此，李德生和总政其他的领导同志都认为，即使要搞批孔，部队也应放在政治教育中去解决，而不能再搞大轰大嗡，这样才能更好地从思想上巩固批林的成果。报纸上发表的一些批孔文章并不能代表中央，如果是代表中央的，一般都是以“两报一刊”的名义发表，而以“两报一刊”的名义发表的文章，通常都要经过政治局讨论，李德生作为中央政治局成员、党的副主席是会知道的。李德生的态度非常明确：不管怎么样，军队一定要稳定，不能人云亦云，不能随便提口号，更不能随意点名。

按照这个想法，1973年10月24日，由总政宣传部起草了《关于在部队中批判孔子的意见》。内容如下：

(一)最近报刊上发表了许多批判孔子的文章。批判孔子，不只是历史界、哲学界的事情，而是深入进行上层建筑的社会主义革命，搞好意识形态领域阶级斗争的一个重要问题。各级党委、政治机关要认真学习五月中央工作会议传达的毛主席关于批孔的教导，注意阅读中央报刊发表的文章，充分认识批孔的重要意义。

（二）当前，要认真学习十大文件，继续把批林整风放在首位。在深入批林中联系批孔，要重视揭露批判林彪一类骗子吹捧孔子的极右实质，清除孔子的反动思想的影响。

（三）各部队可组织干部参加地方党委举办的批孔报告会、座谈会，了解和学习地方批判孔子的好经验。军以上政治机关和各院校可组织专人结合部队实际认真研究批孔问题，以利于指导和帮助部队进行批孔。根据需要和可能，编一些批孔资料或写批孔文章。团以上干部经过学习后，应有组织地向基层指战员讲清孔子是什么人和批孔的重要意义。连队组织读报，要引导基层干部和有阅读能力的战士学习、讨论中央报刊上关于批孔的文章。

这个文件经李德生和总政副主任田维新审定后，于10月27日，由总政宣传部主持工作的副部长栗光祥，在七个大单位战备思想教育座谈会上作了传达。

根据这个通知和总政党委讨论过的意见，栗光祥在这个会上还强调了以下几点：

一是批孔的口径、意义、怎样提法，一定要按中央报刊。中央报刊主要指两报一刊，不是地方报刊。宣传中不要乱提口号，更不要乱点名。批孔意义要很好学习《红旗》第十期尊儒反法一文，特别是尊儒反法思潮说明什么一段。

二是批孔的位置和声势要适当，一定要把批林整风放在首位，在批林中联系批孔，揭露林彪修正主义路线的实质。连队要讲一讲孔子是什么人，他的反动思想是什么，不要把批林与批孔并提，更不要单提批孔运动。

三是小报不要报道批孔的动态，可发表些批孔文章，但在数量上也要适当控制，文章内容和宣传口径都要很好掌握。

上述文件和会议精神很快传达到了全军。

不久，部队再次反映，有些问题，比如批孔的意义，林彪反动思想和孔子反动思想的关系，批孔宣传的形式等，口径不一，提法甚多，缺乏统一依据，需要很好研究。于是，李德生等总政领导同志又批准了总政宣传部拟定的电话稿，于11月13日传达给各军区、军兵种报社。

电话稿说：

近来，各军区、军兵种报纸都在批孔，有两个问题给你们说一下：

一、报上可以转载和发表一些批孔文章。对于批孔的意义，批林和批孔的关系等重大提法，要按照中央两报一刊的口径，批判文章要注意科学性、准确性。

二、中央报刊和新华社目前都没有发过关于批孔方面动态性的报道，请你们也不要发这类报道。

总政下达的这两个“批林批孔”通知，是根据当时部队的实际情况，对运动提出的要求和作出的规定。“九一三”事件后，许多被林彪一伙打倒的老同志重新走上了工作岗位，他们不希望继续动乱。军队的广大干部战士，普遍希望军队走向正规，尽快肃清林彪一伙用政治冲击军事的流毒。也就是说，部队的广大干部战士不希望在批林时再搞个批孔。但是，由于“四人帮”是打着毛泽东的旗号鼓吹要“批林批孔”的，所以总政治部的通知不可能否定“批林批孔”，就是对“四人帮”搞的那些批孔文章也没有触及。

没有想到的是，通知一发出，马上就有人向江青一伙作了汇报。于是一连串的“大帽子”向李德生扣了来：“这不是在唱对台戏吗”，“军队不批孔批什么，不批孔就是不批林”，“李德生反对批林批孔就是上了林彪的贼船”，等等。这样，李德生的“问题”一下子就上到了大是大非的高度，以后对他的“放火烧荒”就在所难免了。

“四人帮”插手军队

历史进入1974年，江青一伙更加起劲地推行他们的“批林批孔”运动。1月1日，他们利用手中掌握的宣传大权，指令《人民日报》、《红旗》、《解放军报》联合发表《元旦献词》，提出：“要继续开展对尊孔反法思想的批判”，说“中外反动派和历次机会主义的头子都是尊孔的，批孔是批林的一个组成部分”。1月12日，他们将从林彪住地收集到的孔子言论摘录，交由他们在北京大学、清华大学的御用班子，汇集为《林彪与孔孟之道》（材料之一）。1月12日，江青、王洪文给毛泽东写信，要求将这个材料转发全国。信中说：“这份材料对当前继续深入批林、批孔会有很大帮助，各地迫切需要这种简明扼要的材料。”毛泽东批示“同意转发”。1月18日，中共中央发出通知，印发《林彪与孔孟之道》，作为“批林批孔”时的参考。《通知》说，林彪“是一个地地道道的孔老二的信徒”，“他和历代行将灭亡的反动派一样，尊孔反法，攻击秦始皇，把孔孟之道作为阴谋篡党夺权、复辟资本主义的反动思想武器”。《通知》强调，“这个材料，对于继续深入批林，批判林彪路线的极右实质，对于继续开展对尊孔反法思想的批判，对于加强思想和政治路线方面的教育，会有很大帮助”。这份文件是作为1974年中央一号文件下发的。江青一伙搞的“批林批孔”从此合法化。

需要特别指出的是，江青在中央文件还没有正式印发之前，就背着中共中央，于1月13日、22日，以个人名义给空军、海军领导人和驻浙江的陆军第20军防化连写信，要求部队讨论她的御用文人们整理的《林彪与孔孟之道》等材料，开展批林批孔。在此先后，江青还给中央党政机关、科研单位、大专院校和下乡知识青年写信，送批林批孔材料，俨然以运动的发起者和领导者自居。她说：希望“批林批孔运动能够开展、深入下去，开花结果”。江青把这种做法，称为“点火放炮”。她还向迟群等散布了许多攻击周恩来的言论，并说“你们都是我的炮队”。

1月13日，江青看了解放军报社编的《内部参考》上刊登的南京军区陆军第20军防化连对“批林批孔”的反映后，撇开中央军委、南京军区，直接给该连写信，并派他们的帮派骨干迟群、谢静宜前往防化连，送去《林彪与孔孟之道》及其附件。江青一伙煽风点火，公然提出要解决南京军区的问题。他们还策动军区的一些单位去“揭发上级领导机关的阶级斗争、路线斗争大是大非问题”，并指使他们的亲信到南京军区去送大字报。

江青一伙为什么如此重视南京军区呢？

李德生告诉笔者：许世友司令对张春桥那些人从无好感，早把他们看透了。他曾对人说：“别看张春桥是南京军区第一政委，但是他什么都不懂，一个兵也调不动。”许世友经常与张春桥来点针锋相对。李德生不止一次听到许司令讽刺张春桥：戴眼镜，夹皮包，能总结，会提高，打起仗来往后跑。有一次，许世友还开玩笑地说：“春桥同志：给你一个连，你能指挥吗？”因此，张春桥等人早就对许世友恨之入骨了。

事实表明，“四人帮”很看重南京军区的战略地位，这是“倒许”搞得很厉害的根本原因。张春桥说得很清楚：“江浙是上海的两翼，沪、苏、浙连成一片，上海就没问题了。”意思是只要控制了南京军区，他们在上海搞篡党夺权就心里踏实了。王洪文诬陷说，“许世友想搞三省压上海，搞独立王国”。“四人帮”为了扳倒许世友，还动用了“重型起重机”，派马天水参加南京军区党委、江苏省委联席会议。马天水说，林彪“571工程纪要”中说要“争取南京中立”，可见庐山会议上许不是上当受骗，而是早就有底。丁盛从广州对调到南京后也马上跑到上海找马天水，向“四人帮”交底说，宁沪线上那个军，我指挥不了，对上海威胁很大。

就在江青一伙“倒许”的同时，江青居然以居高临下的姿态，于1月24日给叶剑英和中央军委领导人写信称：“相当长的时间了，从许多材料看来，全国范围内的批林整风运动的发展是很不平衡的，批孔则更是深入不下去，而林彪的思想体系和孔老二的关系，更是不清楚。北京大学、清华大学搞的《林彪与孔孟之道》和《名词简释》是可以帮助全体同志们解决这个问题的。因此，我特请谢静宜、迟群二位同志向全军指战员宣读中央的通知。她（他）们已下过连队蹲点，取得经验，可能对全军有所帮助。”“有什么问题报中央，我们也要和同志们一起学习，我们将努力解答同志们提出的问题。”“毛主席说要能文能武，常恨随陆无武，绛灌无文。中国人民解放军是我国无产阶级专政的柱石，学得文武全才，方能完成毛泽东、党中央交给我们的战斗任务。”同日，已经成为军委成员的张春桥将这封口气极大的信批转叶剑英，“建议军委议一议如何抓好批林批孔，并商量一下江青同志的信如何落实”。

叶剑英接到信后，对于在军队没有任何职务的江青，凌驾于中央之上，以个人名义插手军队，指手画脚，感到极不正常，十分气愤。但他考虑到，江青一伙打的是毛主席的旗号，江青的信和报告又是以“中共中央文件”的形式向全党转发的，如果进行公开抵制，显然是不策略的。于是，总政治部只好于1月24日在首都体育馆召开了驻京部队“批林批孔”动员大会。参加大会的有军队驻京14个大单位的干部战士1.8万人。在这个会上，迟群、谢静宜宣读了江青给全军指战员的信，并发表了煽动性的讲话。江青等人还一再指责总政宣传部发出的关于“批林批孔”的通知，没有按党的十大精神办。江青连声说那两个通知讲的都是“屁话、屁话”，矛头直指李德生、叶剑英。江青如此“重视军队”，首先在军队系统召开“批林批孔”动员大会，是想通过搞乱军队、夺取军权而后达到全面篡党夺权的目的。会上，叶剑英除了宣布“开会”和“散会”以外，其他的话一句也不讲。工作人员会前给他准备的简短讲话稿，根本就没有用。[①]叶剑英以这种方式和态度对江青一伙的阴谋活动表示抵制和反对。

1月25日，江青又用同样手法，对周恩来搞突然袭击，迫使他主持召开党中央和国务院系统的“批林批孔”动员大会。

江青指令迟群、谢静宜在会上发表长篇讲话。他们则借介绍《林彪与孔孟之道（材料之一）》的产生过程，大肆宣传江青，将江青与毛泽东相提并论。谢静宜介绍说：“这个材料，是在我们主席、江青同志直接关怀下编写的，是在江青同志直接的具体的指导下编写的。”“这个过程是这样的，就是当我们向毛主席汇报林彪也有孔孟之道的言论的时候，主席说，凡是反动的阶级，主张历史倒退的，都是尊孔反法的，都是反秦始皇的。问到林彪有哪些孔孟的言论或者类似的语言，主席让我们，就是让我和迟群同志搞一个材料送主席看一看。所以我和迟群同志就召集了几个同志议了一下，整理了一个初稿，这个稿子只有两三页”，送给了主席，也送给了江青同志。她感到东西不多，让我们到毛家湾去找资料。我们在那里翻箱倒柜，这样材料就丰富了。后来，“就编了一本，送给主席和江青同志。主席、江青同志看得非常细，连封皮标题，就是封面那个标题，前言、内容，一字一句地、不漏地看完，特别是在内容方面。”“后来江青同志再让我们去毛家湾，看林贼大批的一些卡片，几十箱子，好多。就在这个基础上，我们又改动了……最后，编写完了之后，送给主席、江青同志看了，最

① 《叶剑英传》，第622页。

后定了稿，同意转发……”

接着，迟群讲了他们下部队宣讲材料的情况。他说，我们拿着江青同志给一个连队的信到了部队，军队的领导和我们一起商量，当天晚上就和部队见了面，读了江青同志的信，并且把材料发给大家。迟群吹嘘说，江青同志那封信，绝不是一个单纯批孔的问题，而是关系到上层建筑领域里一场革命的问题，是贯彻党的十大、执行主席关于抓大事、抓路线的问题，是一个全局性的问题。他还说什么“修正主义仍然是当前的主要危险”，不抓“大事”而埋头“小事”，就要变修。

在谢静宜、迟群讲话的过程中，江青、姚文元也不断插话，别有用心地提出：“不准批孔就是不准批林”，“凡是主张中庸之道的人，其实是很毒辣的”。①

于是，一场声势浩大的“批林批孔”运动，按照江青一伙的意图在全国展开了。

江青一伙得意妄为，把“批林批孔”说成是毛泽东的“伟大战略部署”，鼓吹所谓批宰相、批周公、批大儒。强调“批林批孔”要联系的现实之一，就是批“走后门”（指一些领导干部子女，为了不上山下乡，不通过正常渠道参军、上大学）。江青还点名批评了叶剑英。他们大搞“三箭齐发”(指“批林批孔”又夹着批“走后门”)。他们的矛头所指是非常明显的。他们就是要打倒周恩来、叶剑英等老一辈无产阶级革命家，要打倒一大批党和国家的各级领导干部，特别是军队里的一些领导骨干，李德生当然是重要目标。

擅长搞阴谋活动的“四人帮”往往采用的是突然袭击的手法，召开这两个大会以及会议的有关内容，他们事先都没有与周恩来、叶剑英商量，甚至连通气也没有，只是到了快开会时才临时通知他们的。

1月27日，由江青主持，在人民大会堂又召开了一个所谓“培养接班人

① 国防大学：《“文化大革命”研究资料》下册，第90页。

（实为造反派）”的大会，有六七百人参加，周恩来、叶剑英以及总政副主任田维新、解放军报社社长华楠等同志也参加了会议。江青在会上俨然以“中央代表”自居，气焰嚣张地质问周恩来为什么不批郭老，指责叶剑英走后门让子女当兵，胡说华楠当军报社长没有经过“我们中央”。周恩来、叶剑英看到江青一伙已经疯狂至极，便以沉默抗议，不再理睬他们。

这时，已对调到沈阳军区的李德生，通过各种渠道，对“四人帮”的这些异乎寻常的活动有所了解。对此，他不能不给予极大的关注和思考。他思想上已经明确，在江青等人搞的这场运动中，他是“在劫难逃”。

为了改变“四人帮”插手军队的严重局面，周恩来于2月6日写信给毛泽东，就一些地方和机关批“走后门”一事提出，如果“只研究‘走后门’一个问题，这又太狭窄了，不正之风决不止此。而‘走后门’又要进行分析，区别处理，才能收效”。毛泽东圈阅了这封信。[①]

在此之前，1月30日，叶剑英已经给毛泽东写了一封信，对江青一伙实施了巧妙的反击，就“走后门”等问题，表示接受江青等人对他的“帮助”。毛泽东、周恩来从叶剑英的信中意识到，江青一伙要在“批林批孔”中批走后门，再打击一大片军队领导，便于2月15日，在叶剑英的信上对“走后门”问题作了如下批示：“此事甚大，从支部到北京牵涉几百万人。开后门来的也有好人，从前门来的也有坏人。现在，形而上学猖獗，片面性。批林批孔，又夹着走后门，有可能冲淡批林批孔。”不仅如此，毛泽东还批示说：迟群、谢静宜在“一·二五”大会上的讲话“有缺点，不宜向下发”。[②]

根据毛泽东的批示精神，中共中央于2月20日发出通知，指出：对“走后门”问题应进行调查研究，确定政策，放在运动后期妥善处理。

毛泽东的批示和中央文件的下发，给江青一伙插手军队的活动踩了一下刹车，无异于给了“四人帮”当头一棒。

---

① 《周恩来年谱》（1949—1976）下卷，第285页。

② 《建国以来毛泽东文稿》第13册，第377页；《叶剑英传》，第622页。

毛泽东批示的第二天下午，周恩来又约迟群、谢静宜谈话，警告他们不要狐假虎威，为虎作伥。他明确指出：毛泽东讲的“形而上学猖獗”，是批评江青的。这就进一步地打击了江青一伙的气焰。

“四人帮”虽然气急败坏，但也无可奈何。老谋深算的张春桥不得不承认叶剑英斗争策略的高明。他恶狠狠地说：“用检讨的办法来告状，这也是一大发明。”[①]这表明，叶剑英给毛泽东写信并使毛泽东作出批示的方法，确实使打着毛泽东旗号贩卖自己私货的“四人帮”陷于被动了。

叶剑英在接到毛泽东批评“四人帮”“形而上学猖獗”的指示后，当即打电话到沈阳告诉了李德生。这不仅使李德生明确了应当怎样看待和处理“走后门”的问题，而且也了解到毛泽东虽然赞同“批林批孔”，但并不同意“四人帮”在“批林批孔”中搞“三箭齐发”。

毛泽东批评的“形而上学猖獗”，并未能减弱江青等人篡夺军权的劲头，他们仍然我行我素，为所欲为，继续组织火力攻击军队。从2月间到3月间，江青、王洪文、张春桥等相继在军队系统“批林批孔”汇报会议、军队文艺单位负责人会议上，指责军队领导机关对“批林批孔”消极应付，说总参领导“右倾手软，右得不能再右了”，要揭“盖子”；对总政“可以夺权”；总后“垮得越彻底越好”。他们扬言，“就是要整一整军队”，“该夺权的还是要夺”，摆出了一副非要控制军队不可的架式。

事实非常明显，江青一伙已经把“批林批孔”当作他们实现篡党夺权阴谋所需要的“一场新的阶级斗争”来进行了。

江青“放火烧荒”

在江青等人打着毛泽东的旗号召开了驻京部队“批林批孔”动员大会之后，军队驻京各大单位顿时起火，总政机关也贴出了许多大字报。一些

① 《叶剑英传》，第623页。

人揭发说，1973年在李德生主持下总政发出的关于批林批孔的通知，是对“批林批孔”的压制，问题很大。因为李德生当时已调沈阳任职，所以总政宣传部部长栗光祥首当其冲，遭到了批判。

在江青看来，她的权力原来没有扩展到军队，军队还是她权力的“荒地”，趁“批林批孔”之机，她要放火烧烧军队这片荒地上的草木，准备播撒自己的权力的种子。

江青听说总政已有人起来造反，得意扬扬。为了给造反派打气，她亲自出马，于3月5日晚10时半，在人民大会堂东大厅，与张春桥、吴德以及文化部核心小组成员于会泳、浩亮、刘庆棠等人一起，召见了在京的文艺界知名人士。总政文化部原副部长陈亚丁和八一电影制片厂的同志参加了会议。那晚，唱主角的是江青。她发表了那篇臭名昭著的“放火烧荒”讲话，声称“要整一整军队”。她阴阳怪气地说：“今天我斗胆，我不敢得罪军队。今天把你陈亚丁也请来了，就是要整一整军队。”[①]江青念念不忘李德生在任总政治部主任期间取消八一厂革委会、恢复“两长制”的事，说什么这是公然扼杀“文化大革命”的成果。她按照自己的逻辑——不和她一个鼻孔出气的就是坏人，对八一厂的同志说：“八一厂是遭了孽，倒了霉啦！军阀在管你们。”“你们八一厂是没有娘的孩子，多么可怜啊！”

江青所说的“军阀”，就是指的李德生，“军阀”这顶大帽子就是江青奉送给李德生的。一个红军老战士，一位刚刚任党中央副主席的老党员，一夜之间让江青一伙诬为“大军阀”了。从此以后，一些大字报上就说李德生是“大军阀”，开始按照江青定的调子打倒李德生了。

实际上，八一厂的许多老同志都清楚，李德生并不是什么“大军阀”，八一厂也不是“没有娘的孩子”，而是李德生对八一厂太关心了，到八一厂去得太多，对八一厂的事管得太多，尤其是不听江青他们的“话”，不按他们的旨意办事，冒犯了江青一伙。有的同志说，“文革”中，八一厂已成为

① 国防大学:《“文化大革命”研究资料》下册，第111页。

江青的“领地”，谁也“靠近”不得，否则就要倒霉。这才是问题的要害。

接着，江青把矛头指向了被她封为的“李德生在八一厂的代理人”——彭勃。她说：彭勃这个人见了我就不亲切。前些时候我只是去讲了两句话，彭勃就跳起来了。我们批评彭勃一句，李德生就要为他辩护。彭勃这个人很不老实。你们要放火烧荒，你们去放火嘛！要贴大字报，要彭勃亮相，彭勃不是个好人，我不是武断，我是从观察得来的。彭勃来了以后，八一厂就是针插不进，水泼不进。我不是怕八一厂的群众，我是怕彭勃，惹不得，一批评他就跳。江青越说越激动，指称“彭勃就是林彪的黑手”，欲置他于死地。

江青对张春桥交待说：“春桥同志，看来要夺权，军队的文化工作还是让陈亚丁管起来，你在军委提一下。”

在这个会上，江青给李德生扣了“军阀”的帽子还不解气，于是又挥舞大棒，朝刘永寿打去。她指责说：“军队执行的不是毛泽东的文艺路线，他们不许普及样板戏，有坏作品批评不得，我们的话根本不听。刘永寿不是个好人。”

江青为什么与刘永寿过不去呢？

刘永寿当时担任总政宣传部副部长，分管文化工作。在工作中与江青把持的国务院文化组发生过矛盾，被人告到了江青那里。

江青讲的所谓“有坏作品批评不得”，指的是新疆军区创作的一个反映维吾尔族生活的舞蹈《葡萄架下》，在审查时，国务院文化组的人批评没有什么政治意义，而刘永寿说了一句也不能一花独放嘛！这就得罪了搞样板戏的那几个人。他们就把这件事说成是“有坏作品批评不得”。

江青指责“刘永寿不是个好人”是由1973年9月发生的一件事引起的。当时，中央领导同志在京西宾馆观看文艺演出，并接见了各单位的领队。接见时，江青为了突出自己，硬是挤在两位党的副主席的前面。刘永寿在介绍中央领导同志时，先介绍了朱德、叶剑英等领导同志，然后才介绍江青。但是，江青硬说没有介绍她，并由此得出结论说：刘永寿“这个人怎么对我那么刻骨仇恨！”因此，她决定利用“批林批孔”之机，“叫刘永寿也亮亮相。”

江青点了刘永寿的名，把他说成是坏人，接着又把矛头指向了总政治部领导，说：“他们都是做坏事的，他们抓这方面抓的很紧。他们选来的人都是不简单的。”

上面讲的这几件工作上的事情，无论是在当时还是现在来看，都不存在任何问题。但是，“四人帮”有他们自己的逻辑，硬是把这些正常的事情加以歪曲，作为批判刘永寿等总政一些部门领导同志、作为批判总政领导李德生等人的“炮弹”。

张春桥对李德生在主持配备八一厂领导班子时否定了他们的意见，也一直耿耿于怀。这一次，他旧事重提，故意发问：“八一厂的领导班子有没有经过群众讨论？”群众不说话。江青马上说：“他们的领导班子我们不承认，政治局没有批准。”她拉拢王心刚等人说：“倒不是不同意你王心刚和张冬凉（二人被任命为八一厂正副厂长），已经是革委会了嘛，为什么要改厂长制？改厂长制我们不同意，政治局有四个人坚决不同意。”她还挑拨说：“我不是反对你王心刚当厂长，给你下不来台的是李德生，他们是打掉革委会、打掉文化大革命的成果，拿你来当挡箭牌。其实呢，是李德生在整你，叫你作难。”她小题大做，说：“还是叫革委会，这是个原则问题。是不是要革委会，这是对文化大革命新生事物的态度问题。”林彪事件后，江青到处洗刷她和林彪的关系；与此相反，却把对她的胡作非为有抵制的同志，往林彪那里挂。她说：在八一厂，“谁是黑手？我看彭勃就是林彪的黑手。”“我们批评彭勃一句，李德生就要为他辩护。”

还有一件事，八一厂曾经组织过批判几个群众组织的头头。在批判中，有的人把他们说成是“小爪牙”。当时，田维新副主任听了汇报后，明确表示不同意这种不准确的提法。他的这个意见本来是完全正确的，但江青在谈到这个问题时，却蛮不讲理地指责田维新说：“他是个大爪牙。”

江青对以李德生为主任的总政治部领导班子进行一番诬蔑后，气急败坏地煽动大家：“你们要放火烧荒！”

他们对总政治部“放火烧荒”后，又把火引向总参谋部。在“四人帮”抛出“三·五”讲话的第二天，3月6日，王洪文来到总参，气势汹汹地叫嚷要揭开总参的“盖子”，“揭不开就砸，砸不开，就用炸弹炸！”[①]人们不禁要问：总参谋部有他们所说的“盖子”吗？这个“盖子”又盖了什么？3月15日，王洪文露骨地把矛头直接指向叶剑英，诬蔑他兼管的总参谋部是“维持会”，胡说什么：“真的打起仗来，会有维持会长、副会长，一套班子齐全。”[②]原来他们是朝着叶剑英来的。叶剑英坚持军队要听党的话，听毛泽东的话，不买他们的账，所以他们恨之入骨。

3月26日，王洪文窜到浙江，召开省全委会、省革委会、省军区党委会，公然鼓动“涉及军区以上领导人的问题也可以揭发”。4月27日，王洪文又背着党中央、毛泽东给浙江的造反派头头打电话，要他们继续揭批“军以上领导”，并点了许司令的名，说“许世友想搞三省压上海，搞独立王国。浙江的问题在南京，夏琦在前台表演，后台有指挥棒，要挖夏琦的黑后台。”

夏琦时任浙江省军区副政委、党委副书记。“文革”初期，他在南京军事外语学院任政委，就因不肯讲违心的话，遭到造反派的残酷迫害。因查不出他有什么问题被分配到浙江省军区任副政委，实际上降了职，他毫无怨言。这次“倒许”，王洪文及其党羽特别想从他身上弄到一批打击许司令的“炮弹”，但无论怎么威逼利诱，他始终没有违心讲一个字。

在沈阳军区，1974年2月刚被任命为军区政治委员、军区党委第三书记的毛远新，秉承“四人帮”的旨意，利用他的特殊身份，借“批林批孔”之机，把矛头指向军区领导，特别是指向李德生，使军区部队建设受到了严重的干扰和损害。

---

① 国防大学：《“文化大革命”研究资料》下册，第111页。

② 国防大学：《“文化大革命”研究资料》下册，第111页。

3月，不点名批判韩先楚的中央九号文件下发后，福州军区揪出了一批“韩先楚的黑干将”。身在兰州的韩先楚，虽然仍是司令员，但军区首长原有的生活待遇没有了，而且去看望他的人来往情况都被监视起来。

至此，“四人帮”“放火烧荒”的真正目的，已经昭然若揭，那就是要打倒一大批忠于党、忠于人民的我军的高级领导干部，篡夺党对军队的领导权。他们把不听他们歪理邪说的单位，不按他们指挥棒转的人，称为“荒地”，就要放火“烧一烧”。

联想到后来在“四人帮”发动的所谓“批邓、反击右倾翻案风”中，王洪文等人曾说过的这样一段话：“现在的革命对象就是旧社会里吃过糠，抗日战争负过伤，解放战争扛过枪，抗美援朝渡过江的民主派。现在要打倒的，就是爬雪山、过草地的走资派，戴红领章、红帽徽的走资派，就是勤勤恳恳、清清白白、不是叛徒特务、不搞贪污腐化的走资派。”这就更不难看出，“四人帮”的一切阴谋活动，其主要锋芒，不仅是指向周恩来、叶剑英、邓小平等一大批老一辈无产阶级革命家的，也是指向担负党政军各级主要领导职务的广大老干部的。他们的险恶用心是必欲取而代之，达到篡夺军权、全面篡权的目的。

《解放军报》被勒令变相停刊

江青的“放火烧荒”，不仅使李德生组织力量整顿过的八一厂再次动荡，而且使解放军报社也同样难逃厄运。

为了“火烧”解放军报社这一块“四人帮”眼中的“荒地”，“四人帮”派人给一些连队送“批林批孔”材料，并鼓动他们以连队战士的名义给解放军报社贴大字报，挑报纸文章的毛病，造《解放军报》的反。

1974年1月17日，在《解放军报》第三版《党的生活》专版中，刊登了一篇不足1500字的短文，题目是《既要讲批评又要讲谅解》，介绍了空军某厂党委，按照毛泽东在《党委会的工作方法》中的有关教导，搞好党委团结的经验。[①]这篇文章是根据周恩来、叶剑英1973年5月在空军党委扩大会议上的讲话精神写的。他们的讲话指出：党委要按照毛主席提出的三项基本原则办事，要讲团结，不要搞一言堂，不要称霸；“要大事不含糊，小事不纠缠”。李德生听过这些讲话，认为讲得很好，是符合毛泽东思想的，对加强党的建设和党委团结具有重要指导意义。对上述情况，江青、张春桥等人也是知道的。

但是，“四人帮”在1月28日召集的有关新闻单位会议上，却对《解放军报》根据周恩来、叶剑英讲话精神写的这篇文章大加指责，说这篇文章是“折衷主义”，“宣扬了中庸之道，阻碍了批林批孔”。江青叫嚷：“要到《解放军报》去几个人，我气得很！”张春桥紧跟着说出了江青还没有说出的话：“《解放军报》1月17日有篇文章，怪得很，你们可以写文章批评。”王洪文则下结论似地说：“这篇文章很坏”。“四人帮”这一招是很恶毒的。因为毛泽东当时强调的是批儒扬法、进行思想政治路线方面的教育，以肯定“文化大革命”的重要性和必要性。而江青等人把军报的一篇文章说成是宣扬了“中庸之道”，是宣传儒家的东西，这就把军报放在了反对毛泽东评法批儒的位置上。

江青为了“出气”，为了批这篇文章，为了整解放军报社，经过一番密谋策划之后，派人来到北京卫戍区某部6连。

这个连队，是江青在南京军区某部防化连搞“试点”以后，在军队搞的又一个“试点”连队。两个“试点”，一南一北。江青一伙企图通过南北呼应，推波助澜，搞乱军队，达到乱中夺权的目的。据后来揭发的材料来看，从1974年1月18日江青派人到6连搞“批林批孔”试点起，到1975年9月止，在1年零8个月的时间中，她以个人名义多次向6连发“指示”，搞接见，先后10次给连队送材料、文件和书籍70多种，9069份。其中有吹捧江青的信件和简报，也有搞“三箭齐发”、批“走后门”的。在受到毛泽东的严厉

① 国防大学：《“文化大革命”研究资料》下册，第66—67页。

批评后，江青还叫人给6连送批“走后门”的材料。6月，江青又提出要研究儒法军事斗争史，要6连马上拿出“经验”推广。直到1975年年初，毛泽东提出学习无产阶级专政理论，江青还布置6连批判经验主义。

江青等人在6连的“试点”是怎样进行的呢？他们采取的手法是以“点”打人，攻军报，整军队。

江青派出的人员来到6连后，组织几个战士座谈，要他们按照“四人帮”规定的内容和基调，给《解放军报》写“批评信”。本来，军报那篇文章发表的时间已经过去半个多月，战士们并没有留意这篇报导。于是，派来的人员要战士们重新阅读，启发他们“联系当前的‘批林批孔’来找问题”，实际上就是要他们在鸡蛋里挑骨头。战士们并不了解他们的真实意图，写了一封“批评信”，并提出按组织系统上送。但江青派去的人不同意，反而要大家保密，不准泄露给任何人。后来，“四人帮”派去的人员，又撇开连队的干部战士，对这封信大加“修改”、“加工”，定名为《这样介绍“体会”对吗？》，登载在《人民日报》的《情况汇编》上。这封信指责“体会”一文离开了“批林批孔”斗争大方向，不讲党委在两条路线斗争中坚持原则，敢于斗争，而是宣扬以讲谅解来达到所谓团结，实质上是在宣扬中庸之道。江青等人看了这封以战士的名义反映他们意图的信件，纷纷作出“批示”。江青故作姿态说：“这几个战士是勇敢的，对的”。“请你们把这篇文章仔细推敲一下，使它变成一把更加锋利的匕首。我看可以发表。”姚文元建议先发《人民日报》内参《情况汇编》，而后再在《解放军报》发表，并批道：“告军报加一个有自我批评的按语在《解放军报》发表。”他还要求“把文字改得更加锋利些”。王洪文勒令：“请解放军报社组织群众认真讨论一下这封战士的来信，要发动群众揭开报社阶级斗争的盖子”。3月7日，江青又派人向6连传达说：“军报的斗争比较复杂”，“在关键时刻和中央唱对台戏”，要6连到解放军报社去看大字报，并要他们连夜写出大字报，第二天一早贴到解放军报社的办公楼内。3月10日，江青又派人到6连说：“给你们一个任务，要经常看军报，就是要找它的毛病”，“军报内部路线不明，可能有坏人，以后继续看，如不行再攻他们”。

按理说，“四人帮”既然在“试点”中发现军报工作中有如此“严重”的问题，那么他们起码应该把情况告诉主管军报的军委和总政。但是，对这样一件关系到《解放军报》声誉的大事，“四人帮”一伙却不这样做，他们既不报告军委，也不通知总政，而是让人民日报社的人打电话通知解放军报社发表那封所谓的战士的来信，并加按语作自我批评。显然，这是一种极不正常的做法。在强大的压力下，军报被迫写了按语，“四人帮”又亲自作了修改。按语说，1月17日军报第三版发表的《既要讲批评又要讲谅解》那一篇文章，“在讲团结的时候，离开了马克思主义的斗争哲学，歪曲了毛主席的教导，大讲谅解，貌似全面，实际上宣扬了折衷主义、中庸之道。”在全国展开批林批孔斗争的时候，作这样的宣传，“是一个原则性的错误”。2月15日，几位战士的所谓“批评信”和这篇按语在《解放军报》第一版上刊出来了。

“批林批孔”运动开始以后，王洪文的秘书肖木曾经专门跑到军报进行煽动说：“中央首长非常重视你们这个地方，一再地点名，就是要把盖子揭开。你们有什么意见都可以提问。我们反映。”“四人帮”还让人在军报散布说：新公布的军报领导班子是“复辟”的班子，是修正主义回潮的产物。“四人帮”一伙给军报领导班子扣了如此之大的帽子，其意图不用说，就是要把这个班子推倒，换成“听他们话的人”。

3月11日，军委办公会议成员召集解放军报社的领导和群众代表，听取报社关于批林批孔情况的汇报。王洪文、张春桥等人再一次兴风作浪，肆意刁难。他们责问在李德生走后为什么军报还要登他的照片；指责军报文章否定“文革”，同上海针锋相对；指责军报有人造谣，不支持连队贴报社的大字报；指责批极左是批真正的“左”派、批毛泽东；指责报社为什么要登林彪的照片，等等。

说到登林彪的照片问题，江青、张春桥等人真是贼喊捉贼，倒打一耙。事实是，庐山会议以后，江青同林彪之间并未决绝，她专门让林彪装模作样地拿一本《毛泽东选集》，拍了一张"林副统帅读毛选"的头像，1971年八一建军节，同时登载在《人民画报》和《解放军画报》的封面上，《解放军报》也转载了。此事是通过当时中央主持宣传工作的张春桥同意的。而在3月11日的接见会上，张春桥不仅矢口否认他同意过登江青拍的那张照片，而且颠倒黑白，说成是李德生对他的陷害。

接着，张春桥盗用中央政治局的名义，擅自决定《解放军报》从即日起，不编稿子，不写社论评论，只登新华社播发的稿子，实际上是不停刊的停刊。就这样，从1974年3月12日起，直到9月止，《解放军报》被变相停刊了近半年时间，达178天之久。李德生在总政工作时配备的、经中央批准的军报领导班子实际上被停止了工作。在"四人帮"的拼凑下，一个以造反派为主体的、名为"临时领导小组"的新的军报领导班子很快宣布成立。仅仅一年左右的时间，在邓小平复出之后的1975年8月，这个"临时领导小组"就寿终正寝了，而为新的领导班子所取代。

在《解放军报》变相停刊期间，军报内参《情况简报》继续编辑发行，但王洪文指示改变原来的发行范围，军委会议的一些人暂不送，总政不送，社领导不看。在"四人帮"的指使下，由军报造反派把持的内参《情况简报》，积极反映"批林批孔"中的所谓"阻力"、"障碍"，要"揭盖子"。在1974年4月12日付印的一期《情况简报》增刊上，涉及李德生同志。本来在标题和文章中都有"同志"二字，但负责此项工作的一位军报"造反派"，却大笔一挥，将"同志"二字勾掉。他对编辑说："江青同志讲李是大军阀，军委领导同志讲话中也没有讲同志，这些情况应引起我们注意。"

1975年1月，张春桥就任总政治部主任后，更是利用职权，大整解放军报社。2月8日，他在总政办公大楼召集解放军报理论宣传处的全体编辑座谈理论学习问题。当他听了理论宣传处处长的汇报后，别有用心地指责说："军报现在没有生气，实在没看头！"在他了解了军报理论宣传处的人员编制以及尚未写出宣传毛泽东关于理论学习指示的文章等情况后，十分不满地批评说：“编辑只编稿不写稿，这是谁规定的？15个人不少了，其实20几个人就可以办军报了。不能人浮于事。只要有一个人干就可以。列宁写《国家与革命》，也没人给他收集材料，没人给打印，而且有被捕的危险。”他还自我吹嘘地说：“还是要有股劲才行。1958年我写那篇文章（关于资产阶级法权问题），只花了一天时间，并没改来改去。是早憋了一股气，听到主席的讲话，早上就开始写，中午不吃饭，写出来就去打印。”从这件事不难看出，“四人帮”是想通过“批评”、“整顿”，使解放军报社完全听命于他们，以便为其篡党夺权的阴谋活动制造舆论。

张春桥在任总政治部主任一年零九个月的时间中，没有向军报传达过一句毛泽东和党中央的指示，对军报的工作没有做过半个字的指示，对军报的请示报告一律置之不理，对军报起草的一些社论扣住不发，但对军报的正确报道反而大加指责。张春桥硬说军报宣传长征是“宣传邓小平”，“是为那些老家伙评功摆好”；宣传“条令”是“不妥”的；宣传军民英勇抗震救灾的英雄事迹是“冲淡了批邓”，如此等等。“四人帮”真是对《解放军报》必欲置之死地而后快。

江青等人这一套乱军的鬼把戏，给广大干部战士、全国人民造成了军队问题很大、军队领导问题很多的错觉。这样，就便于他们进一步“放火烧荒”，实现篡夺军权的阴谋了。

江青欲盖弥彰

江青3月5日“放火烧荒”的讲话，从3月11日起，由总政文化部一位担任过领导职务的干部陈亚丁，先后在八一厂、驻京部队文艺团体和总政机关作了传达。

江青的讲话传达后，不仅在总政机关，而且在驻京许多单位，大字报铺天盖地而来。许多不明真相的人，按照江青等人定下的调子，点名说李德生是“大军阀”；说田维新是“大爪牙”；说栗光祥是“屁话”部长；说刘永寿是“反革命坏人”。从此以后，总政党委几乎瘫痪。王洪文嫌乱得还不够，又火上浇油，授意总政一些人写报告，要将李德生由沈阳揪回北京批斗。

在北京，军队各总部又陷入一片动乱中。

3月28日，叶剑英、邓小平、陈锡联、苏振华等军委领导同志，听取总政汇报当前运动情况，王洪文、张春桥因是军委办公会议成员也参加了。针对要把李德生揪回北京的问题，叶剑英尖锐地指出：“德生同志是前线的司令，你们要把他揪回来斗，这不是要搞乱军队吗？”军委其他领导同志也严肃地批评说，你们不想一想，你们谁有那么大的权力把李德生同志从沈阳调回来？第一他现在不是总政的人，而是沈阳军区司令员；第二他是中央副主席，谁能作这个决定，这个结论是要主席来做的。要李德生同志回来，根本不是广大群众的意见。你们这样做，实际上是逼中央表态，把责任推给中央，表示你们的事情了啦，剩下的就是中央的事了，把中央推到群众的对立面。这个行动太恶劣了。

在叶剑英等军委领导同志的坚决抵制下，“四人帮”想把李德生由沈阳揪回北京批斗的图谋没有实现。但是他们并不死心，揪斗不成，就大搞株连，强行把李德生带到沈阳军区的两名工作人员调回北京，妄图从他们的身上寻找攻击李德生、进而攻击周恩来、叶剑英的“炮弹”。

对总政文化部陈亚丁的事先不请示、事后不报告，就向下传达江青“放火烧荒”的讲话，从而给全国全军造成了恶劣影响一事，军委领导同志也进行了严肃的批评。由于叶剑英等军委领导人义正词严，“四人帮”没有空子可钻，害怕背上毁我长城的罪名，只好暂时退却，伺机反扑。

这次中央军委首长接见总政领导和机关干部的情况，第二天叶剑英就打电话告诉了李德生。对于军委领导秉公仗义处理运动中的问题，李德生十分感动。他心中有了这个“底”，也就更能沉着应对“批林批孔”运动中出现的各种复杂情况了。

江青一伙虽然作了“退却”，但是这把烧荒之火，已经在全国许多地方烧了起来。在火车车厢上，在西南边疆的县城，都刷有“打倒大军阀李德生”的大标语。有的地方还准备召开大会“批判”李德生、“声讨”李德生，以致党中央不得不表态干预。特别是在李德生工作过的安徽省，省总工会和合肥市总工会，曾擅自决定要召开批判李德生及其他省委领导人的“誓师大会”。3月31日，党中央就此事复电安徽省委指出：“未经党中央的同意，就否定省市委的领导作用是不妥的，（此事）望与省委常委协商进行，最好先不开这样的大会。”[①]并指示将此电转告安徽省和合肥市总工会。4月8日，周恩来以中央名义对安徽省委召开三届七次全会扩大会议问题批示指出：同意“在安徽省委领导下召开这样的会议”，“凡中央未表态和同意的中央和省的负责同志，会议中可以揭发，但应缩小范围或直接上报中央，不应外传下达或写大字报上街”。此后，福州等地街头也出现针对李德生的大字报，这些情况反映到周恩来那里后，他于4月14日批示：应劝阻群众，此类大字报“不要贴到街上去”。

党中央和军委领导同志的批评和干预，使江青感到事情不妙。于是，她便来了个自己打自己的嘴巴，否认了“三·五”讲话中那些“放火烧荒”的内容。江青授意总政文化部陈亚丁把这件事兜起来，并暗示将来不会亏待他。于是，陈亚丁先于3月20日在总政排演场召集总后勤部、海军、空军、第二炮兵、铁道兵、工程兵和北京军区宣传部或宣传队的负责同志开会，说明他传达的江青讲话，是根据个人的记录，有些地方不准确，而且江青谈的是文艺方面的问题，只在文艺单位传达，不要向机关干部传达，也不要再向下传达了。后来，他又于5月21日召集上述各单位的同志开会检讨说，他的传达，“事先没有向江青同志请示报告，传达稿也没有报请江青同志审阅，对这样重大问题，极不谨慎；向驻京文艺单位传达，也没有经过各单位领导机关，我这样做，是完全错误的。产生的一切不良后果，

① 《周恩来年谱》（1949—1976）下卷，第659页。

我应负完全责任”。并且声明他的传达中有六处错误和不准确的地方:

一是江青谈的是有关部队文艺工作方面的问题,没有涉及总政领导的问题,在这方面有些话是我的理解,个人的解释,不是江青的原话。

二是江青在讲了刘永寿不少错误之后指出:刘永寿在军队文艺工作中执行的不是毛主席的文艺路线。江青讲的是刘永寿个人,而不是讲的全军。

三是由于我对刘永寿去年中央首长接见几个军区宣传队代表时,故意不介绍江青,非常气愤,所以我说:刘永寿对江青有刻骨的仇恨。这不是江青的原话。刘永寿决不是对江青个人的仇恨,而是对党、对伟大领袖毛主席、对毛泽东的革命文艺路线,对革命样板戏,有刻骨的仇恨。

四是江青是解放军,一向热爱和关怀毛主席亲手缔造和领导的解放军。我在传达中,错误地说:江青又要穿军装了,就是要整一整军队。江青的原意是要整一整林彪死党和像刘永寿这样的坏人,决没说要整一整军队。

五是关于八一厂的领导班子问题,江青说:你们的领导班子我们不承认,政治局没有批准,打掉革委会,改厂长制,我们不同意,不是讲“政治局有四个人坚决不同意”。我是把接见时在座的几位政治局首长都说不同意,错误地说成“政治局有四个人坚决不同意”。

六是江青在谈到我们的工作安排问题时,只是说让我先在八一厂协助王心刚、张冬凉同志工作,当一当顾问,抓一抓“万水千山”的修改,没有说叫我现在去夺文化工作的权。

六点声明一出笼,江青满意了。5月23日,江青在天桥剧场接见了陈亚丁,当着许多人的面,亲热地握着他的手说:“你写的检查我看到了,行了,以后不要再胡说八道了,打起精神好好干!”

这真是此地无银三百两,画虎不成反类犬。实际上,这六点声明不仅没有起到为江青开脱罪责的作用,反而成了江青一伙不打自招的“自供状”和她“放火烧荒”的罪证材料。[①]

毛泽东批评“上海帮”

江青等人利用“批林批孔”把矛头指向周恩来、叶剑英和大整军队的行为，引起了毛泽东的关注和警觉。他对江青一伙进行了严厉的批评，并警告他们不要搞“上海帮”。

毛泽东对江青等人的批评，经历了一个从不点名到点名的过程。其中有一些情况，李德生在未离开北京前是知道的。如1973年12月9日，毛泽东批评江青在开周恩来会时讲的所谓“十一次路线斗争”和“迫不及待”两句错话时，就没有点江青的名，而是用“有人”来代替的。然而江青却错误地把毛泽东对她不点名的批评，视为是毛泽东的一种“斗争策略”，根本没有当一回事。

1973年年底，邓小平复出，参加了中央和中央军委的领导工作。江青等人认为这是周恩来对毛泽东做工作的结果，因此，对周恩来更加不满。于是，他们竭力寻找机会，进一步借题发挥，恶毒地攻击周恩来。他们搞的批孔，就是攻击周恩来的一个例证。

对于江青的种种倒行逆施，毛泽东从1974年2月起，就多次写信或在政治局会上提出批评。2月6日，江青给毛泽东写信，并将迟群、谢静宜给她的一封信及反映“批林批孔”问题的材料一并送上，请求审阅。2月9日，毛泽东在江青来信的信封上批示：“除少数外大都未看。近日体温升高两度，是一场大病！一切人不见，现在恢复中，你有事应找政治局。”3月20日，毛泽东复江青求见信再次说：“不见还好些。过去多年同你谈的，你有好些不执行，多见何益？有马列书在，有我的书在，你就是不研究。我看你有特权，我死了，看你怎么办？你也是个大事不讨论，小事天天送的

① 国防大学《“文化大革命”研究资料》下册，第109—113页。

人。"①

3月下旬，根据毛泽东的提议，周恩来主持政治局会议，讨论确定由邓小平担任出席联大特别会议代表团团长。对此，江青一再表示反对，甚至在政治局会议上吵闹。周恩来要王海容、唐闻生将政治局会议情况报告给毛泽东。毛泽东于3月27日写信给江青说："邓小平出国是我的意见，你不要反对为好。小心谨慎，不要反对我的提议。"②

只是到了这种情况，江青才不得不有所收敛，但仍然坚持搞他们的那个"批林批孔"。1974年3月至7月间，毛泽东布置点校注释东汉思想家王充所著的《论衡》中的《问孔》和《刺孟》（内容是批判孔子和孟子的），及《韩非子》中的《说难》（内容是讲韩国旧贵族占优势的情况下，法家陈述自己的观点和主张很困难）、《孤愤》（内容是讲韩非对"重人"——旧贵族檀权的愤怒）等。此外，还有一些荀子和商鞅的文章。对这些评法批儒文章的注释，客观上给江青一伙搞"批林批孔"起了推波助澜的作用。1974年6月，大讲反对尊儒反法的江青等人又刮起一股"评法批儒"之风，把中国几千年的历史简单地归结为儒家要复辟、法家反复辟的儒法斗争史，为"四人帮"篡党夺权大造舆论。6月15日，江青等人召集"梁效"写作班子成员开会，提出要批"除了林彪、陈伯达以外"的"现代的儒"。江青说："现在还有人要复辟，不能说没有。要复辟必然要抬出儒家。""不要以为到社会主义就没有儒了，我们党内就出了不少儒。"江青叫嚷要"揪现代大儒"、"批党内大儒"，赤裸裸地将矛头指向身患重病的周恩来。

为了给江青的脸上抹脂贴金，"四人帮"一伙还大肆颂扬吕后、武则天的政绩。1974年第4期《红旗》上有篇文章，说孔子"七十一岁病重在床"，"还拼命挣扎着爬起来摇摇晃晃地去朝见鲁君"，他是一个开历史倒车的复辟狂。1974年5月17日《北京日报》发表文章说，"端起胳膊"的孔子，极端虚伪奸诈。为骗取到正人君子的名声，善于装模作样。一听到

① 《建国以来毛泽东文稿》第13册，第372页。
② 《建国以来毛泽东文稿》第13册，第373页。

国君召唤，动身就走。在国君面前，小心翼翼，举止恭顺，丑态百出，令人作呕。

江青一伙的表演太拙劣了。7月17日，毛泽东在中南海召集中央政治局会议。在会上，他严厉批评了江青、张春桥、姚文元、王洪文自“批林批孔”以来所进行的一系列帮派活动，指出：你们四个人要和政治局的大多数同志团结起来，团结问题我已经强调了多少次了，有些人就是听不进去。有些人总是要在下面搞一些团团伙伙，好像不这样就不能工作似的，这样不好。这里，我主要是批评江青同志，因为她是我的老婆。这次批林批孔她是对的，反刘少奇、反林彪是两大功劳。但是，不能说你一切都对。你要注意呢，别人对你有意见，又不好当面对你讲，你也不知道。但是，我是知道的。我听别人说，江青开了两个工厂，一个是钢铁工厂，总是倚势压人，另一个是帽子工厂，动不动就给人扣帽子。这样不好。江青呀，你这些问题也是难改呢。有人怕江青，因为她是我的老婆，这里我给大家说清楚，江青并不代表我；她只能代表她自己。她和上海的同志联系比较多，但是不要搞成上海帮，不能搞成四人小集团。江青呀，人家有人说你们了。再不注意可不行哪。不过，他们的问题也不大。宗派问题，在座的人里或多或少都有一点，你们要注意克服。

这是毛泽东第一次在党内高层会议上指出“上海帮”“四人小集团”的问题。这对全党认识江青一伙的真面目起到了积极作用。但是，毛泽东在批评江青开了钢铁工厂和帽子工厂时，又说这次“批林批孔”她是对的，反刘少奇和林彪是两大功劳；在批评江青在下面搞团团伙伙时，又说他们“问题也不大”，这就为“四人帮”继续搞阴谋活动留下了一面可作大旗的“虎皮”。

会后，毛泽东离开北京去了南方，中央的工作仍由周恩来、邓小平、叶剑英等同志具体负责。到10月4日，由于周恩来病重住在医院，在武汉的毛泽东电话告诉当时主持中央工作的王洪文，并要他告诉周恩来，由邓小平出任国务院第一副总理。王洪文却先将此事告诉了江青、张春桥、姚文元，但他们也无可奈何。

这些情况表明，江青一伙的肆无忌惮，使毛泽东对他们的信任度大为降低。他们忙活了一阵，只是为周恩来及军队中的一些司令员泼了一身污水，并未达到他们预期的目的。

在“批林批孔”后期，“四人帮”已经无法一意孤行。中共中央先后于4月10日、5月18日就“批林批孔”运动中的政策问题发出通知，强调“批林批孔”运动在党委统一领导下进行，不要成立战斗队一类群众组织，也不要搞跨行业、跨地区一类的串连；在运动中要注意掌握党的政策，区别和处理两类不同性质的矛盾，防止扩大化；要抓革命、促生产、促工作、促战备。在中央的通知中，还明确规定野战军的军和军以下领导机关和部队，一律坚持正面教育；已经回部队的三支两军人员，不要回支左单位参加批林批孔。在10月11日中共中央关于召开四届人大的通知中，还传达了毛泽东这样一段话：“无产阶级文化大革命已经八年。现在，以安定为好，全党全军要团结。”中共中央和毛泽东的上述指示，具有很强的针对性，有利于保持军队的稳定，消除“四人帮”“放火烧荒”所造成的恶劣影响。

李德生成了“重点的重点”

在江青“放火烧荒”、“整整军队”的蛊惑下，军队中的一些“勇敢分子”，对军队各大单位领导，包括对调不久的八大军区司令员，进行了所谓的“揭发”，贴出了一批大字报。李德生工作过的总政机关、北京军区、沈阳军区也相继起火，贴出了大字报，矛头直指李德生，揭发他的所谓“问题”。毛泽东了解到这些情况后，说了这样两句话：几位军区司令员或多或少有点问题，但“批林批孔”中贴出来的大字报没有什么新内容。对于他们的问题，分别找他们个别谈谈就行了。但是，毛泽东很快又改变了主意，让开个会。也就是说，要通过会议解决司令员们的所谓“问题”。但在会议期间，毛泽东在接见大家时，又一一握手说：“你们都是好人啦！”还对有的同志说：“你是个好人，不要把困难看得太重。”由此可见，毛泽东并未把“批林批孔”中“揭发”的这些军区司令员的“问题”看得很重，似乎是要通过会议给他们“一个台阶下”。

然而，毛泽东这个看来不经意的改变，却给了“四人帮”以可乘之机，也使李德生第一次尝到了在高层受批判的滋味。在1974年8月至9月间，中央政治局在北京京西宾馆召开各大军区负责同志会议，对司令员们进行帮助，重点“解决”李德生和许世友、韩先楚等同志的问题。会议由王洪文主持，叶剑英、邓小平、李先念都参加了。会议开了20天。

这个会议主要是对着李德生来的，他成了“重点的重点”。为什么会这样呢？王洪文作了一个十分奇特的解释。他说：毛主席讲“几位军区司令员或多或少有点问题”，其中的“或多”就是指的李德生。有了这个尚方宝剑，李德生成为会议中“重点的重点”，也就实属必然的了。

会议将政治局成员和军区负责同志编成几个组，每个组“批判”一个人。李德生因为是帮助的“重点的重点”，所以得到了“特殊待遇”：除了参加小组会接受“批判”外，有时还在政治局全体会议上接受“批判”。不仅如此，会议还限制了李德生的自由，不准离开会场，不准回自己在北京的家里去住，不准会见客人(包括家属)。

“四人帮”的目的很明确：要利用这次会议，发动强大的攻势，摆出不整倒整垮决不收兵的架势。他们硬说李德生是林彪的人，强迫他做检查，要他承认自己“上了林彪的贼船，陷得很深。”

江青等人向李德生提出了一连串的问题，其中，最突出的问题，是林彪1970年5月19日接见总政副部长以上干部这件事。再有，就是九届二中全会上的问题，如对“天才论”的态度问题。此外，还有李德生与军委办事组成员黄永胜、吴法宪的交往及其他有关工作上的一些问题。李德生认真地进行了检查，一次不行再来一次。但不承认“上了林彪贼船”就得不到会议的通过。

当年，林彪主持军委日常工作。在总政治部恢复工作时，林彪接见了总政副部长以上的干部并讲了一篇话。从组织关系上说，作为总政主任的李德生，没有任何理由拒绝林彪的接见和听他的讲话；在听了他的讲话之后，按照工作的惯例，他也必须有回音，说些表示受到教育、鼓舞、鞭策之类的话。即使现在看来，下级对上级表示尊重，也应当说是题中应有之义。何况李德生这样的老红军、老党员，长期以来一直是很注意组织原则的，是很尊重领导的。在林彪接见的第二天，他即把机关整理的林彪讲话记录稿批报林办主任叶群核定。5月21日，总政治部向军委办事组上报了《学习林副主席接见总政治部副部长以上同志时的重要指示的报告》。7月3日，总政治部又向军委办事组上报了《关于落实林副主席“五·一九”重要指示的几项措施的报告》。为了控制传达范围，总政治部于6月15日通知全军：林彪的讲话“口头传达给军、省军区和相当于军级单位的主要负责同志，并组织大家进行学习，贯彻执行。学习和贯彻情况不要出简报，可用电话和写信的方法向总政反映。”6月26日，根据军委办事组的指示，总政治部又向全军重申了上述通知内容。李德生的这些行动，都是干工作不可缺少的，都是公开的，都是按组织原则办的。

但是，总政治部上送军委办事组的这两份报告，到了1974年3月江青等人大搞“放火烧荒”时，却变成了“火烧”李德生的材料。他们拿着这两个报告大做文章，通过批示，歪曲事实，制造罪证。江青说，这是“两份反面教材”；姚文元说，两份材料“说明了总政执行的路线及其根据”；王洪文说对此要“充分发动群众组织批判”；张春桥说“这对弄清路线是必要的”。特别是文痞姚文元还舞文弄墨，作了批注。他咬文嚼字，在鸡蛋里面挑骨头。在第一份报告中“一针见血，穿透九霄”旁边，姚文元批道：“‘九霄’者，宇宙也。宇宙无限，你‘一针’就能‘穿透’吗？吹得没有边了。”意思很明显，“四人帮”是想以此证明李德生与叛逃的林彪是一伙的。

需要指出的是，这时，四人帮将总政的这两份报告和林彪的“五·一九”讲话报送中央时，信封上写的是：

呈：

请总理、春桥、江青、文元、王洪文副主席、国锋、东兴同志阅，退王洪文同志。

3月6日

然而，周恩来和华国锋对这些材料并没有作任何批示，只是在自己的名字上画了一个圈。这充分说明周恩来、华国锋对这件事的态度与“四人帮”是完全不一样的。

到了这次政治局召开的各大军区负责同志会议上，“四人帮”一伙又拿出总政的两个报告，追查李德生与林彪的关系，硬说李德生上了“林彪的贼船”，态度蛮横，捕风捉影，上纲上线，没完没了，摆出一副非要查出有什么阴谋活动不可的架式。

为达到这个目的，他们还追查李德生在庐山到哪里串连过，对“天才论”的态度如何。实际情况是，李德生在庐山会议期间，并未同军委办事组成员住在一起，而是住在国务院业务组负责人的住地。与黄永胜等人只是工作关系。在九届二中全会上，李德生也是紧跟毛泽东的。他们还追问批林为什么批极左？这也是政治局成员人所共知的事，李德生是赞同并按照周恩来提出要批极左的精神办事的。还有就是要李德生回答党的十大后为什么向部队进行工业学大庆、农业学大寨的教育？这些事情李德生都是请示过周恩来、叶剑英，得到他们同意的。

很明显，“四人帮”这么搞，不仅是要找到李德生“上了林彪贼船”的证据，而且想从李德生这里打开一个突破口，找到攻击周恩来、叶剑英的“炮弹”。李德生看穿了他们的诡计，谨慎应对，只是检查自己，不给“四人帮”以任何口实，以维护周恩来、叶剑英。李德生不按“四人帮”的要求表明态度，他们就不断地对他进行批判，拖着会议不让收场。

会议在剑拔弩张的气氛中进行着。每天休会后，李德生回到京西宾馆自己住的房间，心情怎么也无法平静，夜晚，吃了安眠药也难以入睡。他想，时至今日，党内斗争怎么还这样搞呢？事无大小，无限上纲，残酷斗争，无情打击，这种恶劣做法，在我们党的历史上也曾经有过。张国焘在红四方面军时，我这个战士党员不是就被错误地开除过党籍吗？“文革”初期，那种恶劣做法又死灰复燃，许多领导干部也遭到了过火的斗争。现在运动已搞了八年，毛泽东再三提出要制止错误的斗争方法，怎么有的人还这样搞呢？江青、张春桥等人在会上的那副极左的嘴脸，那种盛气凌人的架势，那种荒唐的推理，实在令人难以忍受。他们的言行，根本反映不出一个政治局委员应有的水平，却充满着刀笔吏的可恶。

李德生的思绪又回到三年前，也是在京西宾馆，开会查处林彪事件，那时，在毛泽东、周恩来、叶剑英的领导下，既把问题查得比较彻底，又严格区分两类矛盾，政策界限掌握得比较稳妥，后来又在这里开过几个比较好的解决问题的会。而现在开李德生等几个司令员的会，江青等人阴阳怪气、强词夺理、杀气腾腾，非要置人于死地不可。一些同志不了解详情，有些事情李德生等也不便多说。会议处于胶着状态，明显地拖着不能收场。

李德生想，我的事情眼前弄不清楚，将来历史总会还事物以本来面目的。如果再拖下去，可能有人还要节外生枝，引出新的事端，那样对党的事业更是不利。只有违心地作“检查”，才能改变这个局面。毛泽东讲过他曾违心地做过事，我李德生为什么不能违心一次呢？“九一三”事件后，一贯被林彪打击的海军司令员萧劲光，不是也被张春桥强迫承认上了林彪的贼船吗？

有了这样的想法之后，李德生决定干一件违心的事情。于是，他按着他们定的调子，违心地作了一个“检查”，承认“上了林彪的贼船”。

军委办公会议的负责人叶剑英，时刻关注着会议的进展情况，关心着司令员们的“检查”。

在“四人帮”借“批林批孔”批判李德生的那些日子里，叶剑英常通过电话，向李德生传达毛泽东、周恩来的指示，并了解沈阳军区部队的情况，鼓励他以大局为重，振作精神，排除干扰，大胆工作，保重身体。叶剑英说，你还是军区司令员，要把东北方向把握住，没有事。当李德生在各大军区负责人会议上受到批判以后，叶剑英还专门到京西宾馆来看望他，嘱咐他要保重身体。1975年，李德生身边的工作人员前去看望叶剑英时，叶剑英再次表示了对李德生的关怀。

恢复工作后的邓小平对李德生曾经明确表态说，你既是军委办事组的，又是国务院的，两边的工作都要说清楚。李德生认为，这是要他坚持原则，“实话实说”。

李德生作了违心的“检查”，付出了一定的“牺牲”，但这遏制了“四人帮”对周恩来、叶剑英的攻击，也避免了他们无休止的纠缠。

这次会议尽管已经过去二十几年了，但李德生在给我们谈到这些情况时，仍然显得有些激动。我们由此意识到，“四人帮”的借题发挥，对这位久经沙场的老将军的伤害是很深的。

许、韩、杨三上将同时受批

在1974年中央政治局召开的各大军区负责同志会议上，李德生是批判的“重点的重点”，与李德生同命运的还有许世友、韩先楚等同志，他们也是批判的重点。在这次会议之前，杨得志也受过不公正的批判。此次会议，许世友、韩先楚、杨得志同编在华东组内，他们之间的接触自然也就多了一些。由于都是挨批对象，所以李德生对他们的情况也十分关注。

许世友挨批主要是由九届二中全会上他签发的一封信引起的。

在九届二中全会期间，毛泽东严厉批评了天才论和设国家主席的主张后，许世友在江苏和南京军区小组进行了传达。在讨论中，大家提出：应该写封信表示拥护毛主席的讲话。许世友审阅签发这封信时，正好在福州军区司令员韩先楚那里聊天。许世友签发时，韩先楚也看了这封信，并表示赞赏。韩先楚认为许世友是政治局委员，了解中央的意图。因此，也让秘书写了一封表态信。济南军区司令员杨得志住在韩先楚的隔壁，看了韩先楚写的信后，也照样写了一封。由于当时毛泽东尚未点林彪的名，而林彪又是九大法定的唯一的“副统帅”，所以写给毛泽东的信上也写上了林彪的名字。

当初，这三封信是分头写的，信写好后，都交给了中央办公厅在华东组的工作人员。周恩来看后批示将信转给了林彪。林彪看后，不知为什么将信压了下来，没有报送毛泽东。

“九一三”事件后，在林彪的住处发现了这几封信。尽管信件的成文和上送程序，都符合党的生活原则，其内容也没有什么可指责的。但江青一伙却像发现了什么秘密。在清查与林彪有牵连的人和事的时候，据此认定许世友等上了林彪的“贼船”，并强迫他们承认。

早在这次会议前一年多，“四人帮”即以“青岛问题”为由整过杨得志。

1972年11月17日，中央决定，请山东省委和青岛各四名同志来京解决青岛市委组建问题。杨得志（山东省委第一书记）和有关同志到京后，姚文元自称“中央委派解决山东问题的组长”主持会议，要求大家揭批杨得志和袁升平（山东省委第二书记、济南军区政委），特别是九届二中全会山东小组7人联名写的那封“表态信”。目的是想证明杨得志、袁升平“上了林彪贼船”，是“林彪死党”。同时，“四人帮”又抛出了一个“重型炮弹”，说林彪叛逃前的9月12日，毛主席南巡返京路过济南时，“杨得志擅离岗位，借故不见毛主席”；“袁升平带着保卫干部携枪进入车站，企图谋害毛主席”。

江青一伙还抓住山东小组在庐山会议时，饭前饭后，经常在杨得志住所（离华东组会场很近）门前的一棵大树下，谈论张、姚和上海的情况这个问题，逼杨得志等人承认那就是“参与了一些阴谋活动”。还说，在讨论设国家主席问题时，杨得志没有发言，“那就是没表态支持江青，实际上站到了林彪反党集团一边”。同时，还说杨得志“九一三”后在山东“捂了盖子”，“清查工作不力，林彪反党集团的隐患没有挖出来”，等等。杨得志司令员等对他们提的问题都作了申述，但“四人帮”根本不信，说他们“不老实”。

“山东青岛汇报会议”气氛紧张地开到第45天，已到1973年的元旦前夕。12月31日下午，周恩来意外地来到开会的京西宾馆，宣布姚文元布置的大会不开了。要大家在北京过个年。随后他又接见了山东省委在京的五常委，江青一伙也在场。周恩来讲：“庐山的错误改了就好，林彪搞武装政变，没有你们的事。主席9月12日路过济南，袁升平同志给我打的电话，我亲自接的，他没有给林彪通风报信。”还说：“今天晚上请江青同志准备一点便饭，大家在一起团圆团圆。”会议自此有了转折。

江青不仅与杨得志等“共进晚餐”，而且次日还给他们发来“新年祝词”：“祝杨得志同志和山东来京开会的全体同志新年好……”会议结束前夕，元月8日，江青又邀请杨得志等省委常委到她的家中做客，作了一番表演。

最后，周恩来主持政治局会议，集体接见与会者。说：“杨得志、袁升平同志的检查报告，政治局通过了，还要送主席。是不是在你们这个范围24位谈一下（原25位，刘文欣被江青取消参加会议资格），回去向两个常委谈一下，就不再传了。”“回去向下传达以中央文件为准。”叶剑英说：“杨得志、袁升平同志不要顾虑威信会受到影响，不好工作了，经过这次会，威信可能更高了。”江青、姚文元则强调说，“你们的邻省有什么谣言不要受影响，不要动摇”，“以后不要听邻省的话”，“你们那些邻居的话可是听不得啊！”江青在钓鱼台家里接见他们时指着一叠材料说：“我这里有南边那两位的‘重型炮弹’！”江青一伙讲的“南边那两位邻居”，不言而喻指的是许世友、韩先楚两位司令。

在这次会之后，杨得志虽然保留下来了，但他的政委袁升平却被“四人帮”隔离审查了，并被取消了党的十大代表资格。

就在江青一伙整杨得志司令员的时候，1972年12月25日，许世友也被召到北京，党中央、中央文革派代表（王洪文是代表之一）找他谈话，向他提出三个问题：一是庐山会议上那封信中写的“犯错误的人”指的是谁？二是为什么信会落到林彪手里？三是为什么三大军区司令写的信内容相同？许世友和秘书一起回忆两年零三个月之前写信的事，确认写信是收回华北组简报之后，当时毛泽东已给许世友讲过陈伯达是坏人，信中写的“犯错误的人”就是指的陈伯达。信的内容为什么一个样，可以去问韩先楚、杨得志两位司令。信为什么落到林彪手中，可以问中央办公厅。但王洪文不听解释，认定这里边有问题。许世友看到他故意整人，精神压力一大，心绞痛病又犯了。在周恩来的关怀下，许世友住进了301医院。躺在病床上让秘书执笔给毛泽东写检讨。周恩来、叶剑英、李先念、汪东兴先后来探望，劝他不要急，慢慢想，说清楚就行了。江青、张春桥也来看过他一次。许世友在北京七天，住了五天医院。1973年元旦前夕，在中央同意下，他飞回南京休息。

由于没有查出三位司令的非组织活动，韩先楚、杨得志先行解脱。但对许世友的“问题”仍未了结。李德生很快意识到了这一点。

1973年5月4日，毛泽东找李德生、韩先楚谈话，周恩来、叶剑英、张春桥也在场。毛泽东说，路线出感情，你（指韩先楚）和许世友对我还是有感情的。过去的事算了。以《国际歌》为界。你们俩大老粗，不民主。民主集中制还要不要了？还是要讲团结，要多团结些人。

毛泽东要韩先楚、李德生去南京继续做许世友的工作，让他做个检讨。并问：你们两人谁的资格老？李德生回答说，韩司令的资格老。不仅如此，韩先楚与许世友还有着良好的同志关系，许能听得进韩的话。曾有人问许世友，在中国众多将领中，你最钦佩谁？许世友说：韩先楚。再问为什么，回答是：他有勇有谋。可能是由于这个原因，毛泽东才让韩先楚、李德生两人一起去做许世友的工作。

在这次谈话中，韩先楚还向毛泽东反映他想调动一下的思想。毛泽东当时表示不同意，并鼓励他好好工作。但时隔半年多以后，毛泽东决策八大司令对调，韩先楚亦在对调之列，这也许和这次谈话多少有点关系。

韩先楚、李德生南京之行的结果如何呢？李德生5月11日给周恩来的信中是这样表述的：遵照毛主席的指示，我和韩先楚同志5月5日同机飞到南京，晚上向许世友同志传达了毛主席5月4日的指示，韩先作检讨，许世友不通。

5月17日，中央在北京召开批林整风汇报会时，许世友亲自把他自己5月14日写的一封信，交给李德生转呈毛泽东。这封信中说，毛主席派李德生、韩先楚到南京，对他帮助很大；他与林彪是一般的工作关系；庐山那封信是为拥护毛主席批天才论和不设国家主席的指示而写的。毛泽东看了这封信后面对许世友说，你的信只写给我，要不要给政治局看？毛泽东这话，明显地是告诉许世友要注意民主集中制，尊重政治局其他成员。后来许世友将信的抬头改为“呈送毛主席并政治局”。李德生原以为此事已了结，但事实并非如此。到了1974年中央政治局召开的各大军区负责同志会议上，李德生与许世友、韩先楚、杨得志一起再次都成了批斗对象。在各方面的压力下，许世友不得不违心地又作了“检查”。

韩先楚呢？他认为对庐山的事，早已作过检查。现在又旧事重提，思想不通，不愿再作检查。王洪文拿出茅台酒请他到冼恒汉(时任兰州军区政委、甘肃省委第一书记)住的房间去喝，他也拒绝了。后来还是叶剑英要求他在会上作一个比较好的自我批评的发言，他才勉强接受了。9月5日，韩先楚在会议上作检查说：“我在党的第十次路线斗争中犯了路线错误”。

杨得志因为毛泽东发了话未再作检讨。毛泽东说：杨检讨过了就不要再检讨了。

李德生是会议的“重点的重点”，不得不又一次违心地作了“检查”。

李德生、许世友、韩先楚等军区司令和一大批解放军的高级将领，一直是“四人帮”一伙篡军反党的障碍，他们千方百计地必欲除之而后安。粉碎“四人帮”以后，发现江青在摹仿毛泽东的笔迹伪造的一份文件中，还点了李德生、许世友、韩先楚的名，足见他们对这几位军权在握的司令是多么的恨之入骨。

在中央政治局召开各大军区负责同志会议期间，周恩来因为癌症转移而住院，但他仍然关注着会议的进行。8月16日，周恩来约王海容、唐闻生谈话，了解王洪文借“批林批孔”煽动打倒军内一批老干部而主持召开中央军委会议的情况。过了两天，他又交待秘书说：凡有中央军委和中央送来的亲启件，均直接送阅。这充分反映了周恩来对“四人帮”一伙篡夺军权阴谋活动的警惕和关注。

辞去党的副主席

1975年年初，李德生决定辞去党的副主席、政治局常委等党内职务。这个决定是李德生从当时的政治形势的实际出发而作出的。

1973年12月李德生调任沈阳军区司令员后，即按照毛泽东的指示，积极履行职责，开展工作。但是，江青一伙却不断向他发动攻击。1974年2月、3月，江青“点火放炮”，总政机关“起火”，蔓延到了沈阳军区。正在勘察地形的李德生顶着压力，坚持勘察完边防的地形才回到机关。这时沈阳军区“批林批孔”运动的矛头早已明确地指向李德生，他一下子成了“大军阀”，成了“火烧”的对象。在那种情况下，他再要组织进行战略研究和抓部队建设的工作，已经是非常困难的事了。李德生清楚，这局面是江青一伙造成的。但这时，毛泽东对江青等人的批评，只在小范围内传达过，不但广大群众不知道，就是一些领导干部也不了解，李德生也不便将这些内容告诉大家。

于是，形成了这样一种奇特的局面：毛泽东在批评江青一伙，江青一伙却在用劲攻击周恩来及军队的一些老干部。在沈阳军区，江青烧荒之火在不断升温，批判李德生的调子也越来越高。随之，李德生这个军区司令员的发言权也越来越小。他在向笔者介绍这一阶段的情况时，曾笑着说，他虽是军区党委第一书记，但有时召开军区党委常委会，他竟然不知道。为了避开他，这样的常委会往往不在党委会议室开，而是轮流在一些军区领导同志家里开。有几次给李德生碰上了，主持会议的军区领导同志无法解释清楚，只好搪塞过去，弄得大家都很尴尬。一些领导都这样子，军区机关的一些干部也对李德生保持着相当大的距离。有一段时间，除了军区党委办公室和保卫部的少数同志外，很少有人到李德生的住处来。

在这种处境下，李德生总是提醒自己，东北是国防战略要地，只要自己还是军区司令员，就要担负起自己的职责。党委有事不找他，他就到机关去，到干部宿舍去，走走看看，了解情况。在这一段时间里，李德生几乎跑遍了每一个机关干部的家里。机关事情少了，他就跑边防，下基层，搞调查研究。他觉得，作为一个指挥员，离开了基层，离开了战士，本领再大，也打不了胜仗，做不好工作。只是在这个时候，李德生下去蹲点的时间才可以更长一点，想得也更多一点。

工作少了，李德生就抓紧时间学习，读《马克思恩格斯选集》、《列宁选集》、《毛泽东选集》，提高自身素养，积累各方面的知识。总之，他是绝不虚度时光的。

在李德生被“火烧”的同时，军队和地方的不少领导同志，都受到了“四人帮”支持的造反派头头的攻击。这一切，都是在“批林批孔”名义下进行的。

李德生这个放牛娃出身的人，这个身经百战从战士成长为军长的人，这个曾被毛泽东掺沙子掺到林彪控制的军委办事组的人，曾几何时，竟然由武而文，与林彪、孔子有了不同寻常的“联系”，需要在批孔中也把他“批一批”了。

特别是1974年10月，沈阳军区召开党委扩大会议，传达中央政治局召开的王洪文主持的各大军区负责同志会议内容，毛远新竟然违背中央的规定，将传达范围由军区常委扩大到正军职，并且改变议程，组织对李德生的批判。

在中央政治局主持召开的各大军区负责同志会议上，李德生在思想上就萌生了去意。当毛远新在沈阳军区扩大范围传达了中央会议精神后，李德生便下决心辞去中央职务。原因：一是他在中央工作四年，越来越感到形势复杂，难以完全把握驾驭；二是他从北京调到沈阳工作后，中央的许多活动实际上已经不参加了；三是江青一伙千方百计地诬陷、逼迫他承认上了林彪的贼船，这就使他失去了再在中央工作的前提条件。更重要的是，据李德生的警卫参谋倪瑞峰回忆说，这次会议期间，他亲自听到王洪文向李德生传达了毛主席的指示。王洪文说，毛主席指示，你到沈阳工作了，就不要再当副主席、常委了。你给毛主席写封信，主动提出辞去职务。因此，李德生觉得还是主动辞去政治局委员、常委、副主席的职务为好。

当李德生向中央提出上述请求后，周恩来找他谈了话，纪登奎也与他交换了看法。毛泽东表示，同意李德生辞去政治局常委、副主席的职务，但要保留政治局委员的职务。后来，1975年1月上旬，在党的十届二中全会上，中央批准了李德生辞去中共中央副主席、政治局常委的请求。最后，毛泽东在李德生写的一封短信上批示同意。

参加四届人大

四届人大是1974年10月决定召开的。

10月11日，中共中央在发出的关于准备召开四届人大的通知中，传达了毛泽东的一个最新指示："无产阶级文化大革命，已经八年。现在，以安定为好。全党全军要团结。"李德生说，毛主席这个指示，针对性是很强的。因为"四人帮"当时就是不肯安定，不愿团结，他们还想借召开四届人大之机大闹一场。

为什么呢？因为"四人帮"在党的十大取得重要权力后，胃口更大，妄图在开四届人大时取得组阁权。要实现这一点，就必须排除由他们组阁的种种障碍。而当时最大的障碍，他们认为就是周恩来和刚刚复出的邓小平，以及那些重新工作的老同志。为此，他们一方面坚持“批林批孔”，批周公，攻击周恩来，另一方面制造风庆轮事件，打击邓小平。他们认为，国产万吨轮风庆号制造者与使用者在质量问题上的不同看法，反映了在国家建设方针上两条路线的斗争。于是，他们便罗列了“刁难国产船，依靠进口船”，“崇洋媚外”，“洋奴哲学”等罪名，朝使用者的头上扣，并由下往上追，以期达到打倒政敌、取得组阁权的目的。

毛泽东对江青一伙的权力贪欲也是有所戒备的。正当江青一伙把手伸向“组阁权”时，1974年10月4日，毛泽东提议邓小平为国务院第一副总理，让他作周恩来的副手。“四人帮”一看，大事不好，急寻对策。他们在一份马天水等人搞的、新华社发的诬告交通部工作人员的稿件上纷纷批示，说交通部存在路线问题，崇洋媚外，必须严肃处理。10月17日，在政治局会议上，江青质问邓小平：“你对风庆轮是什么意见！”邓小平回答：“我已经圈阅了。”江青以命令的口气说：“你要表态。”邓小平气愤地说：“那我还要调查。”邓小平与江青的直接交锋，使江青如鲠在喉。当晚，“四人帮”密谋后，决定让王洪文抢在10月20日毛泽东会见外宾（邓小平陪同）前，先到长沙去告状，争取毛泽东改变对邓小平工作安排的提议。

于是，围绕召开四届人大，在江青一伙挑动下，展开了一场激烈的斗争。10月18日，王洪文背着中共中央政治局和周恩来悄悄飞抵长沙，向毛泽东汇报北京的工作和人事问题。江青一伙大概以为，当时毛泽东很器重王洪文，让王洪文去向毛泽东汇报，作用会大一些。

据后来披露的材料说，王洪文这次到长沙向毛泽东告了周恩来、邓小平的状。他说：北京现在大有庐山会议的味道。我们和江青同志商量了一夜，认为江青和邓小平关于风庆轮的争吵不是个人问题，看来邓小平还是搞过去那种“造船不如买船，买船不如租船”那一套修正主义的东西。邓小平对我们有情绪，因为在讨论他当总参谋长的时候，江青和我们都不是太同意的，所以他就怀恨在心。王洪文在汇报中给张春桥、姚文元说了不少好话，对江青进行了吹捧。

在攻邓吹江以后，又开始诬蔑周恩来。王洪文还汇报说，总理现在虽然有重病，但昼夜都忙着找人谈话，经常去总理那里的有邓小平、叶剑英、李先念等。他们来往这样频繁，是和四届人大的人事安排有关。

“四人帮”没想到在这个问题上毛泽东已经胸有成竹。他听了王洪文的汇报后，当即批评了王洪文：有意见要当面谈，这么搞不好，要跟小平同志搞好团结。并要王回京后多找周恩来、叶剑英谈谈，不要跟江青搞在一起，提醒王要注意江青。

江青将王洪文派往长沙，向毛泽东当面诬告周恩来、邓小平，唯恐给毛泽东印象不深，又两次召见王海容、唐闻生到钓鱼台，要她们陪同丹麦首相哈特林和夫人前往长沙去见毛泽东后，再次向毛泽东反映国务院“崇洋媚外”的问题，并攻击邓小平7月17日在中央政治局会议上是又一次“二月逆流”。后来，在审判“四人帮”的特别法庭上，王海容、唐闻生作证时也谈到了这一点。江青等人的这一举动，说明他们不把周恩来、邓小平搞倒是不甘心的。

与此同时，在305医院住院的周恩来，也把王海容、唐闻生找去，向她们讲了政治局会议的真实情况。指出：“风庆轮”事件并不像江青他们所说的那样，而是他们预先计划好了要整小平同志，小平同志已经忍耐很久了。他表示，还要继续做些工作，慢慢解决问题。

10月20日，在长沙的毛泽东听取王海容、唐闻生的反映后，对江青等人的做法表示不满。指出：“风庆轮”的问题本来是一件小事，且李先念已在解决，但江青还这么闹。他让王、唐回京后向周恩来、王洪文转达他的意见：总理还是总理，四届人大的筹备工作和人事安排由总理和王洪文主持，同各方面商量办理。毛泽东还要王、唐转告王洪文、张春桥、姚文元，不要跟在江青后面批东西。谈话中，毛泽东赞扬了邓小平，并再次建议邓小平任国务院第一副总理兼中国人民解放军总参谋长。

在毛泽东的支持下，周恩来带病为开好四届人大紧张地工作着。12月23日，周恩来飞赴长沙，向毛泽东汇报四届人大各项工作筹备情况。王洪文另机前往。周恩来、王洪文飞抵长沙后，一起去见毛泽东。

从12月23日至27日，毛泽东在听取周恩来、王洪文的汇报过程中，多次同他们谈话。12月26日，周恩来又与毛泽东单独长谈。

据《周恩来年谱》记载，毛泽东几次谈话的要点是：

（一）批评以江青为首的“四人帮”。毛泽东对王洪文说：“不要搞‘四人帮’，“不要搞宗派，搞宗派要摔跤的。”又说：“江青有野心。你们看有没有？我看是有。我在做江青的工作，劝她‘三不要’：一不要乱批东西，二不要出风头，三不要参加组织政府(内阁)。”但又说对江青要“一分为二”，责成江青等人作自我批评，要求王洪文在长沙即写出书面检查。

（二）高度评价了邓小平。毛泽东强调：“邓小平政治思想强，人才难得。”并重申由邓小平出任国务院第一副总理、中央军委副主席兼总参谋长的建议，提出周、王留长沙期间，由邓小平在北京主持工作。

（三）指出“总理还是我们的总理”。在了解了周恩来的病情后，对周恩来说：你身体不好，四届人大之后，你安心养病，国务院的工作让小平同志去顶。

（四）关于召开四届人大及其人事安排问题。毛泽东说，在开四届人大会议前先召开中共十届二中全会。在周恩来建议补邓小平为中央政治局常委或中央副主席时，毛泽东提出以邓小平为中央副主席兼政治局常委。毛泽东还就四届人大常委会委员长、副委员长和国务院副总理、各部部长的具体人选问题提出一些意见，并提议由张春桥兼任总政治部主任职务。

（五）关于国际形势问题。毛泽东表示，当前仍要继续强调备战。并问：如果苏联领导人勃列日涅夫要来谈，应如何做？周恩来答：如苏联领导人真想来谈，可作考虑，但我方不主动去请他。毛泽东表示赞同。[①]

12月26日，毛泽东同周恩来单独谈话，谈到理论问题时说：“列宁为

---

① 《周恩来年谱》(1949—1976)下卷，第686—687页。

什么说对资产阶级专政，这个问题要搞清楚。这个问题不搞清楚，就会变修正主义。要使全国知道。”毛泽东还提出要安定团结，要把国民经济搞上去。在最终确定了中共十届二中全会和四届人大会议上的人事安排方案后，毛泽东还表示，他已经知道有关江青、张春桥有严重政治历史问题的情况。

中共十届二中全会的人事安排，也涉及李德生。1975年1月5日，中共中央发出第一号文件，任命邓小平为中共中央军委副主席兼中国人民解放军总参谋长；任命张春桥为中国人民解放军总政治部主任。从此时起，李德生正式离开了总政治部主任这一岗位，不再过问总政治部的工作了。

1月8日至10日，在北京召开了由周恩来带病主持的十届二中全会。会议主要是讨论四届人大的召开问题。会议通过了提请四届人大讨论的《政府工作报告》等重要文件和全国人民代表大会常务委员会、国务院成员的候选人名单。会议追认邓小平为中共中央政治局委员，选举邓小平为中共中央副主席、中央政治局常委；批准李德生提出的关于免除他所担任的中共中央副主席、中央政治局常委的请求。周恩来在闭幕会上讲话时说：二中全会闭幕前，请示毛主席有什么话要说，主席讲了八个字“还是安定团结为好”。最后，我还是说主席的话“还是安定团结为好”。周恩来希望中央政治局的工作，各省、市、自治区的工作，解放军的工作，各级革命委员会一直到人民公社的工作，都要遵照毛泽东的指示做好。1975年是安定团结的一年，是争取跃进胜利的一年。“我相信，在毛主席的谆谆教导下，安定团结，一定会把各项工作做得更好。”①

李德生听了周恩来的讲话和他传达的毛泽东指示的八个字，思想认识更为明确。他警示自己，只要是有利于贯彻毛泽东指示的，自己就应坚决执行。尽管后来李德生在沈阳军区的领导工作中，遇到了来自各个方面

① 《周恩来年谱》（1949—1976）下卷，第690—691页。

的重重阻挠和困难，但他的这一信念和态度是没有改变过的。

周恩来继续当总理，邓小平职务的再次上升，意味着“四人帮”的组阁梦破灭了。在十届二中全会闭幕的当天晚上，也就是1975年1月10日的深夜，江青跑到北京卫戍区一个连队去看望指战员，对西汉开国皇帝刘邦的皇后吕雉大加赞扬，说什么“吕后又是一个了不起的法家代表人物，她在刘邦重病时期和刘邦死后，执行了刘邦的法家路线，粉碎了潜伏在汉朝皇室里的反动政变，巩固了西汉的正确路线。”她要求指战员们“好好研究一下这一段历史”，以便准确了解现实的阶级斗争。谈话中，她还吟诵了唐人李商隐的一首诗：

宣室求贤访逐臣，
贾生才调更无伦。
可怜夜半虚前席，
不问苍生问鬼神。

这首诗讲的是：汉代的孝文帝把被贬官的贾谊从长沙召回，在未央宫前殿一个名叫“宣室”的房间，向他咨询一些他所关注的问题，贾谊一一作答，表现出无与伦比的才能和风韵。孝文帝听得出神，在坐席上移膝靠近贾谊。可惜，孝文帝如此求贤礼士，并不是寻求治国安民之道，而是询问的鬼神之事。

李德生说，江青之所以要念这首诗，显然是在表示她对二中全会结果的不满，认为以邓小平为代表的刚恢复工作的老同志虽然很有才学，但他们那一套并不是真正的治国安民之道，只有以“吕后”自居的她才真正维护毛泽东的路线。

1975年1月13日至17日，李德生参加了在北京举行的第四届全国人民代表大会第一次会议。这次大会的议程是：（一）修改宪法；（二）讨论《政府工作报告》；（三）选举和任命国家领导工作人员。周恩来虽然重病在身，但仍代表国务院作了政府工作报告。报告重申了1964年三届人大《政府工作报告》中提出的“两步设想”，即：“第一步，用十五年时间，即在1980年以前，建成一个独立的比较完整的工业体系和国民经济体系；第二步，在本世纪内，全面实现农业、工业、国防和科学技术的现代化，使我国国民经济走在世界前列。”17日，李德生和代表们一起一致通过了关于政府工作报告的决议，批准周恩来所作的《政府工作报告》。大会通过了宪法，选出了以朱德为委员长的全国人大常务委员会组成人员。根据中共中央的提议，任命周恩来为国务院总理，邓小平、张春桥、李先念、陈锡联、纪登奎、华国锋、陈永贵、吴桂贤、王震、余秋里、谷牧、孙健12人为国务院副总理。会议还任命叶剑英为国防部部长。这就完全挫败了“四人帮”由他们组阁的阴谋。

四届人大以后，周恩来病情越来越恶化。在毛泽东的支持下，邓小平实际上开始主持中央日常工作。

李德生最后一次见到敬爱的周总理，是在参加四届人大会议时。上了主席台，周恩来见到李德生，转过身来走到他的面前，紧紧地握着他的手，好几分钟没有放开。当时，李德生激动得热泪盈眶，哽咽无言。这种情景，引起在场的代表们的注意和感动。

第十章

粉碎“四人帮”

1975年至1976年间，中国的政治生活充满着惊涛骇浪。复出后的邓小平，以毛泽东的“三项指示”为纲，对铁路交通等各行业进行整顿，并和叶剑英一起对军队也进行了整顿。李德生作为大军区的负责人、政治局委员，根据中央军委的指示，抓紧对沈阳军区所属部队进行了整顿。邓小平发起的全面整顿，有力地冲击了极左思潮，严重地打击了“四人帮”篡夺军队领导权的企图。正当人们为整顿不断取得新成果而欢欣鼓舞之际，接二连三地发生了许多重大事变：批判邓小平的“反击右倾翻案风”开始了；反对“四人帮”、悼念周总理的四五运动爆发了；邓小平再次被打倒，叶剑英也靠边站了；特别是当代中国政坛上的三位“巨星”周恩来、朱德、毛泽东先后逝世；等等。但时过不久，天从人愿，“四人帮”一举被粉碎。李德生全力支持了粉碎“四人帮”的正义行动。邓小平再次复出后，“四人帮”对李德生的诬蔑不实之词也随之被推倒。

组成新的军委常委会

1975年1月，邓小平先后被任命为中央军委副主席兼中国人民解放军总参谋长、国务院副总理，并在中共十届二中全会上被选为中央政治局常委和中央委员会副主席。后因周恩来病重，经毛泽东同意，由邓小平代理周恩来主持中央和国务院的工作。

与此同时，中央军委的领导成员和大军区主要领导也作了调整。2月5日，中共中央发出通知，决定取消中共中央军委办公会议，成立由叶剑英、王洪文、邓小平、张春桥、刘伯承、陈锡联、汪东兴、苏振华、徐向前、聂荣臻、粟裕11人为常务委员的中共中央军委常委会。在党中央、毛泽东领导下，由叶剑英负责主持军委日常工作。

显而易见，这次组成的军委常委会有着以下特点：一是一些被林彪排挤的老同志参加了进来；二是"文革"中升起来的"新秀"王洪文、张春桥也成了军委常委。张春桥还当上了总政主任、南京军区和上海警备区的政委。老同志与"文革""新秀"在新的军委常委会里汇集在一起，相互碰撞当然也就不可避免了。

在这个新的军委常委会正式成立的时候，李德生在沈阳军区司令员的任上刚好度过了艰难的一年。李德生说，当他看到许多老同志特别是他熟悉的一些老领导参加了新的军委常委会之后，心中燃起了希望之光。他想到的并不只是他个人的尴尬处境将会有所改变，而是今后军队的建设和战备工作，一定会减少江青一伙的干扰，许多矛盾将会缓和一些。

2月9日，新成立的军委常委会召开第一次会议，讨论召开军委扩大会议的问题。

李德生在军委办事组工作时就知道，早在1971年毛泽东就有召开军委扩大会议的批示："要开好一次军委扩大会。""军委扩大会议（1972

年）3月召开，问题不要多，解决一两个问题。”[1]根据毛泽东的指示，叶剑英牵头的军委办公会议，从1971年年底开始，就着手筹备召开一次军委扩大会议。时任军委办公会议成员、总政治部主任的李德生，组织总政机关力量，紧紧围绕贯彻毛泽东“军队要整顿”的指示，积极投入到会议的筹备工作中去。但由于种种原因，特别是由于“四人帮”的干扰破坏，拟议中的军委扩大会议没能如期召开。

在新的军委常委会召开的第一次会议上，讨论了毛泽东提出的要召开军委扩大会议的问题。叶剑英提出，军委扩大会议要解决的问题很多，但一次会议解决不了。中心是解决人的问题，也就是编制问题、压缩军队定额问题、干部问题，目的是要进一步把军队整顿好。[2]邓小平也强调军委扩大会议应集中解决军队的编制问题，以此达到整顿军队、加强战备、实现安定团结的目的。王洪文、张春桥则在会上唱另一种调子。王洪文提出，军委扩大会议第一项议程应是政治思想工作。张春桥则以理论家自居，大谈商品、货币的关系问题。他俩讲的显然是与多数军委常委们的意见对立的。

接着，这种对立又在其他场合表现出来。1975年3月1日，张春桥在全军各大单位政治部主任会议上讲话，借用毛泽东1959年在庐山会议上关于“现在，主要危险是经验主义”一语，说：“据我看，主席的话现在仍然有效。”他提出要以反对经验主义为“纲”，并且不点名地攻击周恩来等老同志。同日，姚文元在《红旗》杂志第3期发表的《论林彪反党集团的社会基础》一文中说：“现在，主要危险是经验主义。”4月4日，江青在一次讲话中声称：“现在我们的主要危险不是教条主义，而是经验主义”，“经验主义是修正主义的帮凶，是当前的大敌”。[3]4月20日，经姚文元审阅修改的新华社《关于报道学习无产阶级理论问题的请示报告》，提出把“反经

① 李可、郝生章：《“文化大革命”中的人民解放军》，第143页。

② 《叶剑英传》，第627页。

③ 国防大学：《“文化大革命”研究资料》下册，第263页。

验主义”作为学习专政理论的一项内容，要求各级干部要认识和批判经验主义的危害，自觉克服经验主义。4月中旬，江青又正式要求中央政治局会议讨论“反经验主义”问题，并就此问题进行思想“交锋”。①在“四人帮”的操纵下，一时间，反“经验主义”的鼓噪一阵紧似一阵，大有“黑云压城城欲摧”之势，使刚开始的整顿遇到了严重阻力。

对于“四人帮”搞的这一套，周恩来、叶剑英、邓小平等进行了坚决抵制。

周恩来专门给张春桥写信表明了自己的态度，并且说，如果你对我的信的内容不同意的话，希望你以同志式的态度提出来。他还对身边的工作人员说，怎么能那样，老同志有打仗的经验，有工作的经验，这能当经验主义来批吗!

4月18日，邓小平利用陪同毛泽东会见外宾的机会，向毛泽东明确表示他不同意江青等人关于“经验主义是当前主要危险”的提法，毛泽东表示同意邓小平的看法。4月23日，毛泽东在新华社上送的请示报告上批示：“提法似应提反对修正主义，包括反对经验主义和教条主义，二者都是修正马列主义的，不要只提一项，放过另一项。各地情况不同，都是由于马列水平不高而来的。”并且尖锐指出：“我党真懂马列的不多，有些人自以为懂了，其实不大懂，自以为是，动不动就训人，这也是不懂马列的一种表现。”② 5月3日，毛泽东亲自召集在京中央政治局委员谈话时，对江青等人又批评说，“你们只恨经验主义，不恨教条主义”，“我看批判经验主义的人，自己就是经验主义，马列主义不多”。还说：“我看江青就是一个小小的经验主义者，教条主义谈不上”③。毛泽东的上述指示无异于给了“四人帮”以当头棒喝，有力地支持了周恩来、叶剑英、邓小平等人主持的整顿。

---

① 《周恩来传》（下）中央文献出版社1998年版，第2127—2128页。

② 《建国以来毛泽东文稿》第13册，第426页。

③ 毛毛：《我的父亲邓小平“文革”岁月》，中央文献出版社2000年版，第306页。

5月27日、6月3日，根据毛泽东的指示，邓小平主持政治局会议，对江青等人搞“四人帮”，以个人名义送材料等行径进行了严肃批评，强调要安定团结，要“三要三不要”。江青、王洪文被迫作了自我批评。毛泽东听了汇报后对这两次会议作了充分肯定，说是在政治局“风向快要转了”。

正是在毛泽东批评“四人帮”、支持叶剑英、邓小平等老一辈革命家的工作的这样的大背景下，克服了“四人帮”的干扰，很快地完成了召开军委扩大会议的准备工作。

参加1975年军委扩大会议

1975年6月中旬，李德生接到通知到北京参加专门研究军队整顿问题的军委扩大会议。这是李德生调任沈阳军区司令员之后去北京参加的重要会议之一。李德生感到，能够直接聆听邓小平、叶剑英等老一辈军事家的真知灼见，和总部、军区的领导同志共同研究军队整顿问题，是很难得的机会。

邓小平复出后，他的基本思路就是要在全党全军和全国范围内进行整顿，而把对军队的整顿作为全面整顿的切入点和突破口。李德生认为，当时的形势还是非常严重的，邓小平下定了决心，要对“文革”以来造成的严重混乱局面进行大刀阔斧的整顿，同“四人帮”进行针锋相对的斗争。①

1974年冬，李德生从沈阳到北京参加政治局会议，专门去看望了邓小平。在谈话中，邓小平除了谈到二野的历史外，还对当时的形势和今后的工作发表了看法。他不无忧虑地说，现在，各方面的问题不少，要抓，要解决，军队也一样，要克服派性，加强团结，增强组织纪律性。

叶剑英和邓小平一样，对军队当时的状况也是不满意的，特别是对

① 李德生：《伟人的胆识和胸怀》，《回忆邓小平》，中央文献出版社1998年版。

军队有一些人跟着“四人帮”跑感到很担忧。早在1967年2月就同“四人帮”进行过面对面斗争的叶剑英，在听了毛泽东多次对“四人帮”的批评后，更加感到“四人帮”对党、国家和军队具有极大的危害性。他时刻警惕地注视着他们的动向，关注着党对军队的绝对领导和军队建设的方向。

李德生从部队的实际和自身的体会意识到，这次军委扩大会议很可能就军队整顿问题作出重大决策。他在去北京的路上就开始思考如何贯彻毛泽东的指示搞好整顿军区部队的工作了。

这次军委扩大会议，从1975年6月24日至7月15日，一共开了22天。李德生作为沈阳军区司令员、军区党委第一书记，怀着兴奋的心情参加了这次会议。参加会议的有中央军委常委、军委各总部、各军兵种、各大军区、国防科委、国防工办、军事科学院和军委直属军事院校的负责人，以及国家计委、国家建委的领导同志，共70余人。

会议遵照毛泽东“军队要统一”、“军队要整顿”、“要准备打仗”的指示，针对国际形势和林彪干扰破坏军队建设所造成的严重恶果，在叶剑英、邓小平主持下，集中讨论研究了军队为什么要整顿和怎样进行整顿的问题，提出了许多措施。但重点是研究压缩军队定额、调整编制体制、安排超编干部和纠正军队不正之风等问题。

这次会议正气旺盛，邪气衰败，与会人员心情舒畅。

会议给李德生印象最深的是，7月14日邓小平就军队整顿和“消肿”问题所作的讲话，以及15日叶剑英所作的会议总结。历史已经证明，邓小平、叶剑英的这两个讲话，是人民军队建设史上的经典之作，具有长远的指导意义。

会上，徐向前、聂荣臻也都就肃清林彪流毒和加强军队建设问题讲了话，一致赞成邓小平、叶剑英的意见。

王洪文、张春桥虽然参加了这次会议，但慑于毛泽东对“四人帮”的批评与会议的形势和气氛，未敢轻举妄动。他们几乎是一言未发。他们的这种表现也给李德生留下了深刻的印象。

7月14日，邓小平在题为《军队整顿的任务》的讲话中，强调指出，我们军队的传统是好的，是英勇善战的，是经得起考验的。但是，他同时也尖锐地指出，由于林彪一伙的破坏，军队存在着“肿、散、骄、奢、惰”五个字的严重问题。还说：现在确实有些值得注意的现象，我们都担忧啊！

邓小平明确指出：“军队整顿什么？就是整上面讲的那五个字。这次会议我们搞编制，就是整肿字。但不只是整肿，同时还要注意散、骄、奢、惰，要联系起来解决。”①

邓小平强调说，总之，这次整顿，是要解决编制体制问题，解决“软、懒、散”班子问题，要加强党性，克服派性，提高纪律性，发扬艰苦奋斗的传统作风，要认真落实党的政策，加强党的建设和政治工作，提高政治机关的威信，搞好军政军民关系。

为了把军队整顿好，邓小平对老同志提出要求说：“现在军队一些不好的现象能不能克服，几十年的优良传统能不能继承和发扬，主要靠我们这些老同志的传帮带。只要大家带头努力，做到毛泽东同志说的八个字，团结、紧张、严肃、活泼，我看，军队的问题是不难解决的，党的路线、方针、政策是可以贯彻好的。”②

“文化大革命”以来，一直响彻着这样一种声音：“‘文化大革命’就是好，就是好！”到了1975年，“文化大革命”仍在进行中，林彪虽然摔死了，社会各方面虽然已显露出不少弊端，但是以阶级斗争为纲的“左”倾思潮并未有什么实质性的改变，以卫道者自居的“四人帮”手里仍然不断挥舞着帽子和棒子。在这种情况下，邓小平明确指出军队“文革”以来产生的新问题，并把它们归结为是与优良传统格格不入、背道而驰的东西，其间显然含有批判极左思潮、否定“文化大革命”、“拨乱反正”之意。

7月15日，叶剑英对会议作了总结讲话。他首先分析了美苏争霸的国

---

① 《邓小平文选》第2卷，第20页。

② 《邓小平文选》第2卷，第24页。

际形势，重申了毛泽东关于“三个世界划分”的战略思想；对如何解决邓小平提出的军队存在的问题作了全面阐述，强调了整顿军队、加强战备的重要性；重点讲述了部队精简整编和安排超编干部的问题，提出了做好这些工作的基本原则、方针和要求。

叶剑英指出，粉碎林彪反革命集团以来，军队建设取得了很大成绩，但也存在不少问题。我们必须从各方面采取有力措施，抓住重点，有计划有步骤地解决军队建设上存在的问题。当前首先要解决精简整编和安排超编干部问题。他说：“这次精简整编的原则，主要是精简机关，裁减重叠机构，减少保障部队和普通兵员，保留政治工作骨干和技术骨干，有重点地加强特种兵部队。通过精简整编，把部队搞得比较精干，进一步提高部队质量，提高作战能力。小打，现有部队就可以；中打，稍加充实也能对付；大打，能保证部队迅速扩编。”

关于安排超编干部问题，叶剑英说，“总的精神是，既要精干现有的领导班子，又使超编干部各得其所；既有利于部队平时建设，又适应战时部队发展的需要；既能发挥老干部的作用，又有利于中、青年干部的成长。”他严肃指出：“搞好精简整编和军队的建设，关键是调整和配备好各级领导班子。必须遵照毛主席关于接班人的五个条件，按照‘五湖四海’和老、中、青三结合的原则，建立一个精干的、强有力的领导班子，形成坚强的领导核心。要采取上下结合的办法，一个一个地进行研究。要调整和改组那些怕字当头的软班子、干劲不足的懒班子、闹不团结的散班子。对那些搞资产阶级派性的要限期改正；不改的，要坚决调离。今年下半年，首先配好各大军区、各总部、各军兵种的领导班子和军以上的军、政一把手，然后再配备师以下的领导班子。”①

叶剑英强调，要教育干部树立共产主义远大理想，保持艰苦奋斗、与人民群众同甘共苦的光荣传统，做到能上能下，能官能民，能东能西，能

① 叶剑英在军委扩大会议上的总结讲话，1975年7月15日。

城能乡。

对于邓小平、叶剑英两位军委领导人的讲话，李德生打心眼里拥护。他一边听着，一边在想，他们的讲话多么言简意赅、求真务实啊！他们不是抽象地去批判林彪的错误路线，而是提出要消除林彪路线对部队所造成的恶劣影响。他们指出的这些问题，李德生在北京军区、沈阳军区两任司令员的职位上，都是感受很深的。现在好了，解决这些问题有了方向，有了办法，李德生的心里踏实多了。

不允许野心家插手军队

在这次军委扩大会议上，令李德生特别难忘的，是叶剑英在讲话中，离开了讲稿，慷慨激昂地不指名地揭露了“四人帮”妄图篡夺军权的阴谋。他向与会人员大声疾呼：“你们要注意，现在有的人到处送书、送材料、写信，把部队思想搞乱了。以后没有军委的同意，任何人不得这么做！不允许任何野心家插手军队，搞阴谋活动。”[①]与会的这些高级将领都心照不宣地知道，叶剑英的矛头是指向江青及其同伙的。

叶剑英显然是给大家在思想上打“防疫针”。李德生像与会的其他高级将领一样，瞪大了眼睛，全神贯注地看着叶剑英，用心地听着他的讲话，生怕漏掉了一个字。

李德生在中央工作过一段时间，了解党内、军内高层一些情况，对叶剑英的讲话所指及其分量，他是清楚的。李德生认为，叶剑英的讲话太重要了，太及时了。让这些与会的掌握军权的将领，了解高层斗争的一些真实情况，今后无论是谁要想篡党夺权就不那么容易了，后来的事实证明正是这样。李德生也深知，叶剑英当时讲这些话不是没有风险的，没有足够的气魄和胆略，是讲不出来的。李德生在军委、总政工作期间，与叶剑英

① 叶剑英在军委扩大会议上的总结讲话，1975年7月15日。

接触较多，得到他不少指点，留下了深刻印象。本来就对叶剑英十分敬重的李德生，这时不禁对他又增添了更深的敬意。

不仅如此，在会前、会中，叶剑英还亲自与大多数与会的高级干部谈话，个别打招呼，向他们传达毛泽东对“四人帮”的批评，说明自己对“四人帮”的看法。

叶剑英向与会者介绍了有关情况，强调，毛主席说现在有个“上海帮”，你们要注意警惕，稳定部队，把部队掌握好。他强调军队要坚决执行三大纪律，一切行动听指挥。要求高级干部要听从毛主席、中共中央和中央军委的指挥，要注意形势，掌握动向，站稳立场，看清方向。平时要注意策略，行事谨慎，少说话，不授人以柄。①

除个别谈话外，叶剑英还出席了一些小组会。他不止一次地在小组会上打招呼：有个别中央领导人，不通过组织，自己发指示搞运动，这是不正常的。他说，中央军委是毛主席领导的。今后，不论是谁，凡不经过军委直接向部队发指示、送材料的，你们都有权抵制，都可以不执行。我们一定要听毛主席的话。②

军委扩大会议结束后，叶剑英又留下各大军区的负责人，一一进行了个别谈话。谈话的中心内容集中到一点，就是不允许任何野心家插手军队，搞阴谋活动。

经过叶剑英在军委扩大会议期间的一系列工作，李德生和其他大军区的领导同志一样，心中有了数。这就使军队高级干部在思想上筑起了一道抵制歪风邪气的防线，为最终解决“四人帮”反革命集团的问题，在军队内部作了最重要的思想准备。

根据邓小平、叶剑英的讲话精神，会议提出军队的主要任务是：第一抓编制，压缩军队定额，解决“肿”的问题，调整配备好各级领导班子；第二抓装备，把定额压下来后节省的军费用于加强军工生产；第三抓战略，

---

① 《叶剑英传》，第629页。

② 《叶剑英传》，第629页。

研究战场建设、作战、训练等问题，提高干部的管理和指挥水平。这些提法，与“四人帮”所搞的“批林批孔”是完全不同的。

这次会议开得很成功，真正体现了毛泽东思想。会后不久，经毛泽东批准，中共中央于7月19日转发了中央军委《关于压缩军队定额、调整编制体制和安排超编干部的报告》，以及叶剑英、邓小平两位副主席在会上的讲话。7月25日，中共中央通知将这两个讲话转发全党学习。历史表明，叶剑英、邓小平两位副主席的讲话，是拨乱反正的先声，是人民解放军建设史上的纲领性文献，其基本精神对军队建设至今仍然具有指导意义。

9月，总参谋部制定的《压缩军队定额、调整编制体制方案》，经中央军委批准，在全军贯彻。根据这个方案，精简整编完成后，全军机关、保障部队比例将减小，战斗部队、院校和科研单位的比例将增大；陆军所占比例将减小，海、空军比例将增大，人民解放军的编组状况将有较大改善，全军总人数将精26.2%。[①]从陆军各兵种精简方案来说，方案规定，除装甲兵、通信兵分别增编0.05%和0.06%，防化兵保持原编制人数以外，步兵压缩27.3%，炮兵压缩10%，工程兵压缩61.5%。按此方案实施，陆军的编组状况将会得到一定的程度的改善。这次会议明确了加强军队建设的指导思想、方针、原则，有效地清除了林彪极左思潮对军队的影响，沉重地打击了江青反革命集团反党乱军的阴谋活动，受到了全军指战员的热烈拥护。经过初步贯彻以后，全军各大单位的班子得到了迅速调整，落实干部政策有了很大进展，从而有效地稳定和巩固了军队。1977年，叶剑英在谈到这段历史时指出，正是这两方面的成果对于我们后来顶住“四人帮”的篡权阴谋起了重大作用。

为了贯彻落实这次会议精神，调整配备军队高层领导班子，中央军委提请毛泽东批准，组成了以叶剑英、聂荣臻、粟裕、陈锡联等为成员的领导小组。8月7日，中共中央军委转发总政治部《关于安排超编干部的方

---

① 《当代中国军队的军事工作》下册，当代中国出版社1989年版，第14页。

案》。8月30日，经毛泽东和中共中央批准，中央军委发出通知，调整配备军队各大单位主官。从8月至年底，这个领导小组对军委各总部、各军兵种、各大军区等25个单位的领导班子进行了全面调整，把一些追随林彪、"四人帮"搞派性的人调整了下去，把一些相对年轻的干部选进领导班子，增添了领导班子的活力，组织更加纯洁。一大批在"文革"中受到迫害和不公正待遇的军队高级将领重新担任了重要领导职务。这一组织上的调整，对于后来粉碎"四人帮"、稳定全国形势，有着不可估量的作用。

这次军委扩大会议以后，虽然还由张春桥担任总政治部主任，虽然林彪集团多年把持的余毒还未完全肃清，但是，从总体上来说，我们的军队又重新回到了党的绝对领导之下，由忠诚于共产党的将领所掌握。在此之前，江青对"我们手中只有笔杆子，没有枪杆子"表示着急。王洪文则说，"我最担心的是军队不在我们手里，军队里没有我们的人。"① 并为此而挖空心思在军队中培养亲信。但经过这次军队领导层的更新，进一步有效地阻止了"四人帮"夺取军权的阴谋，为在未来激烈尖锐的斗争中取得决定性胜利奠定了极其重要的组织基础。

在李德生看来，把1975年军委扩大会议说成是一场维护还是反对毛泽东的军事思想和军事路线的斗争，是坚持把我军建设成为无产阶级专政柱石还是演变成为资产阶级野心家篡党夺权工具的斗争，那是一点也不为过的。

在沈阳军区主持整顿

军委扩大会议结束以后，李德生很快回到沈阳，向军区党委常委汇报了会议情况和精神。并于7月22日至31日，主持召开了军区党委常委扩大会议，传达学习军委扩大会议精神。会议结合军区部队的实际，讨论研究贯

① 范硕：《叶剑英在非常时期》，华文出版社2006年版，第512页。

彻落实措施。接着，从8月3日至17日，军区机关和各军级单位先后召开党委扩大会（扩大到团以上单位军政一把手），进行传达贯彻。然后，各单位又迅速把军委扩大会义精神传达到全体干部和战士。

军委扩大会议精神的传达贯彻，受到了广大指战员的热烈拥护，在部队中引起了广泛而强烈的反响。1975年8月27日，军区党委向中央军委、总政治部报告说："军委扩大会议精神在部队传达学习以后，普遍反映，受到了很大的教育和鼓舞，都说这次军委扩大会议开得好，解决了我军建设上急需解决的重大问题，对于进一步贯彻执行毛主席的无产阶级军事路线，做好反侵略战争的准备，加强我军革命化、现代化建设，具有重大的战略意义。一致表示，坚决拥护，坚决贯彻执行。"

这个报告还写道："叶副主席指出的部队建设上存在的问题，邓副主席指出的'五个字'、'三种班子'的问题，在我们各级领导班子和部队中是确实存在的，而且有的十分严重。有的省军区领导班子和人数，打麻将可以开几桌，机关人员在这几年增加三分之二，服务人员增加很多，仅水暖工就增加六倍，而边防连队却不满员。"大家感到，这种情况如不进行精简整编来解决，怎能适应打仗的需要。

在整顿的基础上，中央军委于8月30日发出通知说，经中共中央、毛泽东主席批准，各总部、各军兵种及各大军区的领导班子进行了调整。沈阳军区的领导班子亦在调整之列，李德生仍然留任军区司令员，并担任军区党委第一书记。由于这个任命，"四人帮"给李德生在政治上、工作上造成的困难局面有了缓解。

军区领导班子的其他成员是：政治委员曾绍山(第二书记)，政治委员毛远新(第三书记)；副司令员江拥辉(常委)、刘震、肖全夫(常委)、邓岳(常委)、曾雍雅、刘德才(兼旅大警备区司令员)、孙玉国(常委)；副政治委员邹衍(常委)，张午(常委)、李少元、傅奎清、李伯秋（在辽宁省革委会工作）、甘渭汉(兼旅大警备区政治委员)、刘光涛(在黑龙江省革委会工作)、王淮湘(在吉林省革委会工作)；参谋长杨迪、政治部主任裴光、军区副司令员兼后勤部长吴习智。在这次调整中增设了军区顾问的职务。顾问组长王辉球，顾问唐子安、罗舜初、刘转连、刘永源、汪家道、游好扬。

在新的领导班子中，毛远新虽然也被任命为政治委员，但因他是辽宁省革命委员会副主任，所以军区的事主要还是由李德生和曾绍山负责。

在军区党委统一领导和部署下，沈阳军区各部队贯彻落实军委扩大会议精神，取得了明显成效。

从1975年9月至1976年2月，军区部队团以上党委先后集中10至20天的时间，普遍进行思想整顿，收到了较好的效果。在思想整顿的同时还进行了组织整顿，调整了部分军、师领导班子。通过整顿，团以上党委“软、懒、散”的班子大为减少，作风好、团结好、干劲大、敢字当头、能打仗的班子明显增多。

与此同时，军区司令部结合实际提出了军区部队精简整编的实施方案，并于1975年10月22日上报总参谋部。12月31日，总参谋部作了批复。按照这个批复的方案，军区部队的精简整编，从1976年1月展开，到6月底告一段落。所属野战军、军区机关和军政干部学校均按新的编制整编完毕。炮兵、装甲兵、工程兵和守备部队，按新编制方案进行了精简调整，地方部队、通信部队和各级机关的直属单位整编了一部分，还改变了边防部队的番号。整编后，干部、兵员和装备作了相应调整，装备有新改善，机动能力有新提高，部队的建设和战斗力有新加强。

在精简整编中，还妥善地安排了大批超编干部。军区安排超编干部的任务是十分艰巨的。据统计，截至1975年6月底，超编干部占新编制数竟达65%（含参加“三支两军”干部）。经过各级党委和机关进行细致的思想工作和组织工作以后，安排超编干部的工作进展比较顺利。无论是在职还是不在职，无论是走还是留，绝大多数干部都能听从组织决定，个人不讲价钱。

这次会议精神的传达贯彻，有力地打击了极左思潮，纠正了林彪“主管（军队）的后期”即“文化大革命”中制造的混乱，分配了一些被解放出来的老干部的工作，加强了党对军队的领导，推动了军队各方面的工作，这对抵制“四人帮”反军乱军的阴谋活动发挥了重要作用。

为邓小平处境担忧

李德生虽然身在沈阳，但对邓小平主持党中央和国务院的日常工作后，紧紧抓住毛泽东关于学习理论、反修防修，安定团结，把国民经济搞上去这三项指示，对国家和军队各个方面的工作进行整顿，并取得的显著的成绩而倍感振奋。与此同时，李德生对野心勃勃的江青一伙，挖空心思地对邓小平的复出进行的疯狂抵制和破坏，深感担忧。

1975年8月，王洪文在上海多次召开会议，叫嚷：“要警惕修正主义上台”，“要准备打游击”、“打巷战”，并亲自视察民兵装备，带领民兵训练。10月，他又与上海市革委会负责人及刘庆棠等多次密谈，强调“要密切注意清华、北大动向，那里有大事”；“要讲究策略”，“振奋精神，准备斗争”。[①]

1975年8月28日，“四人帮”掌握的宣传机器《红旗》发表了《重视对〈水浒〉的评论》，散布宋江修正了晁盖的革命路线。8月31日《人民日报》发表的《评水浒》一文，也大批投降主义。9月12日，江青在大寨讲话，说什么宋江把晁盖架空了。明眼人一看便知，这是江青等人在借古讽今，影射攻击周恩来、特别是邓小平架空了毛泽东，执行了修正主义路线，向资产阶级投降。

他们还到处制造谣言，散布流言蜚语，抓邓小平的所谓“小辫子”。比如：

——邓小平现在是利用毛主席的指示来贯彻他自己的意见，“文革”

① 《周恩来年谱》（1949—1976）下卷，第719、723页。

中所有的进步和改革方案，基本上都被他否定了。

——邓小平大概是听说毛主席的身体不行了，最近讲话和活动频繁，把“文革”以来的好多东西都骂得一钱不值。

——邓小平动不动就骂别人是林彪一伙，对刘少奇几乎不提。

如此等等。

“四人帮”一伙制造的这些谣言，通过各种渠道不断地反映到毛泽东那里，毛泽东开始不信。但因为江青他们讲邓小平的坏话讲多了，这就使毛泽东对邓小平是否如此，有点半信半疑。

这时，正好毛泽东建议将他的侄子毛远新调来担任他与中央政治局之间的联络员。毛远新是毛泽民之子，在哈尔滨军事工程学院上学，“文化大革命”开始后，成了造反派头头，以后又成为辽宁省革命委员会负责人、中共辽宁省委书记、沈阳军区政治委员。毛泽东此举，正合江青之意。因为毛远新与江青的关系很好，在政治上是紧跟她的，遇事也“左”得出奇。由这样的人当“联络员”，“文革”情况通过他向毛泽东汇报，“最高指示”通过他向外发布，江青当然是满意的。

与此相反，李德生和许多老同志一样，总感觉到不太正常。他们不仅不放心，而且担心，并有所警惕。李德生调沈阳军区工作后，与毛远新共事已近两年，通过耳闻目睹其所作所为，可以说已是“深知其人”了。

李德生所担心的事情真的发生了，毛远新“上任”伊始，就秉承江青的意志，不断编造情况，向毛泽东告邓小平的状。1975年9月28日、11月2日，毛远新两次向毛泽东汇报说，现在有一股风，比1972年批极左还厉害，基本上他们是要否定“文化大革命”的。我很注意小平同志的讲话，感到有一个问题，他很少讲“文化大革命”的成绩，很少批判刘少奇的修正主义路线。现在，阴暗面讲了一大堆，那对“文化大革命”怎么看！我担心中央的情况会有反复。

毛泽东是绝对不允许有谁来否定他一生中所干的两件大事之一——“文化大革命”的。毛远新深知这一点，于是就把邓小平说成是“文革”的否定者。他的歪曲性的情况反映，渐渐使毛泽东相信了邓小平的全面整顿有否定“文革”之嫌，从而动摇了对邓小平的信任。

于是，毛泽东于11月2日让毛远新通知汪东兴、陈锡联和邓小平三人到中南海开一个会议。毛泽东让毛远新把他对邓小平的那些意见全讲出来。

邓小平听了毛远新传达的毛泽东的指示后说：“这个问题还可以再想一下，你的描述，中央整个是执行了修正主义路线，而且是在所有领域里都没有执行主席的路线。说毛主席为首的中央搞了个修正主义路线，这个话不好说。”他在回顾抓工作的情况后又说：“昨天（1日）晚上，我问了主席，这一段工作的方针政策是怎样？主席说对。”①

此后，根据毛泽东的要求，又召开了有邓小平、陈锡联、汪东兴、李先念、纪登奎、华国锋、张春桥和毛远新参加的八人会议，但仍无结果。

11月20日，毛泽东指示中央政治局召开会议（即17人会议），专门讨论对“文化大革命”的评价问题。会前，毛泽东提出让邓小平主持，作一个肯定“文化大革命”的决议。但是，邓小平在会上明确而巧妙地拒绝了毛泽东的要求。他说，由我主持写这个决议不适宜，多年来“我是桃花源中人，不知有汉，无论魏晋”。②显然，邓小平不同意毛远新的说法。

毛泽东了解到邓小平对作“文革”决议的态度后说，邓小平“还是对文化大革命不满意”，并认为已经“很难统一思想”。于是，他决定召开政治局会议，把邓小平的问题端出来。

在政治局会议上，张春桥把毛泽东对清华大学的批示拿出来念：“清华大学刘冰等人来信告迟群和小谢。我看信的动机不纯，想打倒迟群和小谢，他们信中的矛头是对着我的。我在北京，写信为什么不直接写给我，还要经小平转。小平偏袒刘冰。清华大学所涉及的问题不是孤立的，是当前两条路线斗争的反映。”毛泽东对邓小平的这种指责，引发了

① 毛毛：《我的父亲邓小平“文革”岁月》，第361—362页。

② 毛毛：《我的父亲邓小平“文革”岁月》，第371页。

政治局会议对邓小平严厉的批评，许多人甚至提出要停止邓小平的工作，使邓小平再次处于不利境地。“四人帮”又兴奋起来了。

作为在外地的政治局委员李德生，很快地得知了这些情况。这使他一方面加深了对老领导邓小平的崇敬，但同时也加深了对老领导的担心。李德生密切地关注着这种复杂的政治局势将会发生什么变化。

毛泽东“打招呼”

李德生在沈阳军区的整顿工作已经很难进行下去了。北京的“上层建筑”仍处在变动之中。

不久以后，毛泽东就开始“打招呼”了。所谓“打招呼”，就是提醒有关人员，在复杂的路线斗争中，不要跟错了人，实质是要人们警惕邓小平的“翻案”。

1975年11月24日下午，邓小平根据毛泽东的指示，主持了中央召开的“打招呼会”。参加会议的有全体在京的政治局委员、党政军机关一些负责的老同志，共130余人。邓小平首先宣读了经毛泽东批准的《打招呼的讲话要点》（其核心内容是毛泽东对他的批评）。

李德生身在沈阳，没有参加这次打招呼会议。

11月26日，中共中央《关于转发〈打招呼的讲话要点〉的通知》下发了。《通知》指出：遵照毛主席的指示，中央最近在北京召开了一次打招呼的会议。参加这次会议的主要是党、政、军机关一些负责的老同志，也有几位青年负责同志，共130余人。会上宣读了毛主席审阅批准的《打招呼的讲话要点》，会后分组进行座谈讨论。毛主席、党中央决定：将《打招呼的讲话要点》转发给你们，希望你们在省、市、自治区党委常委，大军区党委常委，中央和国家机关各部委党委常委或领导小组、党的核心小组成员，军委各总部、各军兵种党委常委中进行传达讨论，并将讨论的情况报告中央。

《打招呼的讲话》要点如下：

一、清华大学党委副书记刘冰等人，于一九七五年八月、十月两次写信给毛主席，他们用造谣诬蔑、颠倒黑白的手段，诬告于一九六八年七月带领工人宣传队进驻清华、现任清华大学党委书记迟群、副书记谢静宜两同志，他们的矛头实际上是对着毛主席的。根据毛主席指示，清华大学党委自十一月三日起召开常委扩大会议，就刘冰等同志的信展开了大辩论。这个会议逐步扩大，现在已经在全校师生中进行辩论。

二、毛主席指出：“清华大学刘冰等人来信告迟群和小谢。我看信的动机不纯，想打倒迟群和小谢，他们信中的矛头是对着我的。”中央认为，毛主席的指示非常重要。清华大学出现的问题绝不是孤立的，是当前两个阶级、两条道路、两条路线斗争的反映。这是一股右倾翻案风。尽管党的九大、十大对无产阶级“文化大革命”已经作了总结，有些人总是对这次文化大革命不满意，总是要算“文化大革命”的账，总是要翻案，根据惩前毖后、治病救人的方针，通过辩论，弄清思想，团结同志，是完全必要的。

三、清华大学的这场大辩论必然影响全国，毛主席指示，要向一些同志打个招呼，以免这些同志犯新的错误。中央希望大家认真学习无产阶级专政理论，正确对待无产阶级文化大革命，正确对待群众，正确对待自己，同广大干部、广大群众团结在一起，以阶级斗争为纲，把各项工作做好。[①]

李德生认认真真地阅读了中央的这个《通知》和《要点》，反复地进行了思考，文件中的“这是一股右倾翻案风”这句话，使他陷入了沉思。联想到“文革”是从批判所谓为彭德怀“翻案”的《海瑞罢官》开始的，今天再批“翻案”，实在非同小可。这个招呼，不就是在号召“批判邓小平”吗？李德生想着想着，心情陷入极大的压抑和沉重之中。

① 国防大学：《“文化大革命”研究资料》下册，第310页。

“四人帮”恣意妄为

李德生忧心地密切注视着“四人帮”的动向。“四人帮”在得到毛泽东的支持之后，更加剑拔弩张、恣意妄为了。

1976年1月8日，周恩来逝世。他是在“四人帮”“反击右倾翻案风”的鼓噪声中去世的。“四人帮”居然还拿他的丧事做文章，贬低周恩来。开初，他们封锁消息，连李德生这个政治局委员都没有得到任何通知。周恩来逝世的消息广播后，他们又以丧事从简为名，不让外地的政治局委员到北京参加吊唁。李德生虽然被列入治丧委员会名单之中，但也不能前往北京参与治丧工作。无奈，他只好在自己的住所挂上周恩来的遗像，进行沉痛哀悼。李德生在遗像前整整坐了一天，悲痛已极，泪流不止，滴水未饮，粒米未进。

后来，他在电视上看到邓小平在追悼会上致悼词，以及首都军民在十里长街上为周恩来送别的悲壮场面，悲痛心情更是难以抑制。

李德生在中央工作的几年里，与周恩来总理经常见面，聆听教诲，他的音容笑貌宛如就在眼前。李德生亲自耳闻目睹，毛泽东在周恩来的协助下，度过了许多困难和艰险。现在我们党和国家多么需要这样的世纪伟人啊，然而周恩来却就这样地离去了，怎不叫人悲痛呢！

周恩来去世了，毛泽东又作出了不再支持邓小平的指示，“四人帮”认为时来运转，更加肆无忌惮。

在周恩来追悼会前夕，“四人帮”控制的《人民日报》于1月14日刊出了《大辩论带来大变化》一文，说什么全国人民最关心的问题是清华大学的所谓教育革命大辩论。照他们的这种说法，周恩来的逝世似乎都是无所谓的事。李德生看了这篇文章以后再次陷入了沉思：“四人帮”掌握的宣传工具，为什么胆子这么大，竟敢搞这种强奸民意的东西呢？

周恩来是1972年5月检查身体时发现癌症的。1974年6月，他因病重住院手术。1975年1月四届人大后，他的病情再次恶化，每日都便血。在长沙养病的毛泽东，在病床上曾让张玉凤询问周恩来的病情。3月20日，周恩来写信向毛泽东汇报了自己的病况。年老而又有病的毛泽东，意识到了周恩来病情的严重性。4月18日，毛泽东布置注释张元干的《贺新郎》词，词中有这么几句："天意从来高难问，况人情老易悲难诉。更南浦，送君去。""目尽青天怀今古，肯儿曹恩怨相尔汝！举大白，听《金缕》。"毛泽东把"举大白，听《金缕》"改为"君且去，不须顾"。[①]毛泽东的这个字的改动，流露了他对周恩来既离不开又不满意的复杂感情。

1976年2月2日，中共中央发出一号文件。内称："经伟大领袖毛主席提议，中央政治局一致通过，由华国锋担任国务院代总理。"邓小平被停止了中央的领导工作，分工只管外事。与此同时，叶剑英也因"病"休息，被剥夺了对军队工作的领导权，暂由陈锡联主持中央军委的工作。

2月6日，中央军委向毛泽东、党中央报告称：叶剑英、邓小平在"军委扩大会议上的两个讲话是有错误的，建议停止学习和贯彻执行"。并且要求：当前，反击右倾翻案风的斗争正在深入开展，全军应积极参加这场伟大的斗争。2月16日，经毛泽东批示同意，中共中央下达三号文件，批转了上述报告。李德生看了这个通知后，怎么也不认同他亲耳聆听并为全军高度赞赏的叶、邓讲话是错误的，他觉得这件事不会是孤立的，还将会有政治风浪袭来。

2月25日，中共中央召开了各省、市、自治区和各大军区负责人会议。华国锋在会上要求人们好好学习由毛远新整理的《毛主席重要指示》，转好弯子。这个文件汇集的是毛泽东自1975年10月至1976年1月多次关于"批邓、反击右倾翻案风"的谈话。谈话的核心内容是怎样看待"文化大革命"的问题。毛泽东说："一些同志，主要是老同志思想还停止在资产阶

① 张化等主编，《回首文革》上册，中共党史出版社2003年版，第552页。

级民主革命阶段，对社会主义革命不理解、有抵触，甚至反对。对文化大革命两种态度，一是不满意，二是要算账，算文化大革命的账。”

“对文化大革命，总的看法：基本正确，有所不足。现在要研究是在有所不足方面。三七开，七分成绩，三分错误，看法不见得一致。文化大革命犯了两个错误，1.打倒一切，2.全面内战。”①

“小平……他这个人是不抓阶级斗争的，历来不提这个纲。还是‘白猫、黑猫’啊，不管是帝国主义还是马克思主义。小平……他还是人民内部问题，引导得好，可以不走到对抗方面去，如刘少奇、林彪那样。……批是要批的，但不应一棍子打死。”②

李德生看了这个文件后，马上意识到毛泽东的这些谈话，不仅是为邓小平的“问题”作结论的，更是在为“文化大革命”作定论。这两者有着内在的紧密联系。邓小平的所谓“问题”，也正在于他不同意毛泽东对“文化大革命”的看法，实际上是否定了毛泽东一再肯定的“文化大革命”。毛泽东多次说过，“文化大革命”是“三七开，七分成绩，三分错误”，“文化大革命犯了两个错误：打倒一切，全面内战”。李德生从多次参加的军委召开的会议和活动中，感到邓小平并不是这个看法。他的看法后来是这样表述的：“三分错误就是打倒一切、全面内战。这八个字和七分成绩怎么能联系起来呢？”③

周恩来逝世后，李德生对“四人帮”多方限制群众悼念周恩来的活动甚为反感，对“批邓、反击右倾翻案风”颇为忧虑，对年高而又重病缠身的毛泽东的安危十分担心。李德生经常自己问自己：中国的下一步会走向哪里去？我们党还会遇到什么波浪和曲折？李德生通过各种媒体和渠道，密切注视着种种社会动向。

不久，李德生看到了中共中央1976年4月1日发出的关于南京大字报问

① 《建国以来毛泽东文稿》第13册，第486—488页。

② 毛毛：《我的父亲邓小平“文革”岁月》，第395页。

③ 《邓小平文选》第2卷，第301页。

题的《通知》。《通知》说：“最近几天，南京出现了矛头指向中央领导同志的大字报、大标语，这是分裂以毛主席为首的党中央，转移批邓大方向的政治事件。”李德生了解到，在周恩来的诞生地江苏，在他出生入死战斗过的南京，3月28日，成千上万的群众自发到梅园新村去举行悼念周恩来的活动。3月29日，南京大学学生又走上街头刷写“谁反对周恩来就打倒谁”，“警惕赫鲁晓夫式的人物上台”，“揪出《文汇报》的黑后台”等大标语。3月30日，在南京中山路的一幢大楼上，还贴出了“打倒大野心家、大阴谋家张春桥”的大标语，吸引了众多的人前去参观，得到了不少群众的赞赏与敬佩。深受刺激的“四人帮”，利用窃取的权力，先诬南京人民“分裂中央”，后下毒手残酷镇压。

“四人帮”一伙对南京人民的镇压尚未得手，北京天安门广场上反对“四人帮”的烈火更加猛烈地燃烧起来。4月5日清明节，天安门广场爆发了悼念周恩来、反对“四人帮”的四五运动。四五运动被定为“反革命事件”，邓小平被“四人帮”诬蔑为是天安门事件的总后台。

1976年4月7日，邓小平被撤销了一切职务，再次以莫须有的罪名被打倒。眼看“四人帮”要取代周恩来、邓小平的位置了，毛泽东却指定华国锋为他的接班人。中共中央政治局决定华国锋担任中共中央第一副主席和国务院总理。

华国锋的任职，使“四人帮”的野心再次受挫。于是，他们更变本加厉地进行各种阴谋活动，进一步加快篡党夺权的步伐。

沉痛悼念毛泽东

1976年，是我们党和国家历史上重大事件迭出的一年。

继1月8日周恩来逝世之后，朱德又于7月6日与世长辞，9月9日又传来毛泽东离开人世的噩耗。这三颗照耀我们党、我们军队历史征程的巨星在9个月的时间内相继陨落，使李德生一次又一次地陷入巨大的悲痛之中。

毛泽东病危之际，“四人帮”不准在京外工作的政治局委员进京探望，身在沈阳的李德生没能最后再见上毛泽东一面，没能再聆听一次毛泽东的教诲。毛泽东逝世之后，李德生才接到通知到北京参加治丧活动，并告知他是毛泽东治丧委员会的成员之一。

李德生从沈阳立即赶到北京。在灵堂里，他看到毛泽东的遗容，不禁思虑万千，百感交集，悲从中来，泪如雨下。

李德生想到屡受毛泽东批评的江青一伙，前不久还以批判“经验主义”为名，攻击周恩来和邓小平，以评《水浒》中的宋江架空晁盖为名，诬蔑邓小平架空毛泽东等卑劣行径，不禁为党和国家的前途担忧。

李德生想到江青自我标榜她是真正的马克思主义者，是捍卫“文化大革命”的旗手时的大言不惭，想到“四人帮”一伙在政治局会议上互相唱合、制造事端时的狼狈为奸，他在内心深处不禁呼喊：一定要防止野心家篡党夺权啊！

李德生的担心并非过虑。毛泽东一去世，“四人帮”就千方百计地要夺取华国锋已经掌握在手的党和国家大权。王洪文以党的副主席的身份，以中央办公厅的名义，通知各省、市、自治区，在吊唁期间发生的重大问题都要及时向他报告，公然将第一副主席华国锋撂在一边。江青则在中南海无理取闹，要毛泽东的手稿。9月24日，姚文元布置新华社给江青写信，写劝进书，建议她当党的主席。他们还伪造说毛泽东有个“按既定方针办”的临终遗嘱。

1976年9月8日，毛泽东在临终的前一天，把叶剑英叫到床前，用右手握着叶剑英的手，两眼看着他的脸，嘴唇微微张合，呼吸急促，想要说什么，只是说不出来。[①]叶剑英心领神会，毛泽东是要他多多帮助华国锋。因此，叶剑英此后一直对华国锋加以扶持。[②]在讨论毛泽东治丧问题时，

① 范硕：《叶剑英在非常时期》，中共中央党校出版社1995年版，第582页。
② 范硕：《叶剑英在1976》，中共中央党校出版社1995年版，第203页。

“四人帮”提出要继续“批邓”。叶剑英说，现在要办的事情很多，第一位是治丧。毛主席不在了，我们处在最困难最严峻的时刻，在这种时候，最要紧的是要加强团结，要团结在以华国锋同志为首的党中央周围。叶剑英的话，情真意切，这才使江青一伙暂时不好说别的什么。

然而他们实在是不得人心，无论是在全党、全军，还是在政治局内，他们都早已处于孤立地位。许多政治局委员曾多次同他们进行针锋相对的辩论。在中央政治局会议上，李德生就亲耳听到一代战将许世友轻蔑地指责飞扬跋扈的江青说：你这个戏子有什么了不起！毛主席在，我让你三分，现在……说着说着，他举起了拳头，吓得江青不敢再说什么了。席卷全国的四五运动，更加集中地表现出人民群众对极左思潮的代表者——“四人帮”的痛恨，表现出人民群众对党内健康力量的代表者——周恩来、邓小平等人的怀念和呼唤。

“还是抓组织重要”

这时，李德生已经清楚地意识到，我们党与“四人帮”的决定性斗争在所难免。这将是一场不是鱼死就是网破的没有任何调和余地的斗争。李德生正是带着这样的想法去探望了叶剑英。

叶剑英在主持军委办公会议工作时，李德生曾在他的直接领导下工作过。毛泽东去世以后，叶剑英和李德生又都是治丧委员会的成员，因此，李德生决定前去拜访叶剑英乃是情理之中的事。

在毛泽东逝世前，叶剑英已被迫“养病”，处于“半打倒”的境地，但他一直密切地关注着国家和军队的大事。在我们党又一次面临生死存亡的严重关头，叶剑英依然显示了“诸葛一生唯谨慎，吕端大事不糊涂”的风采。他决心按照毛泽东的意图，解决“四人帮”的问题。他认为这是对毛泽东逝世的最好悼念。为此，叶剑英与许多老一辈无产阶级革命家、政治局委员，以及军队的高级将领进行了广泛的接触，听取意见，商讨对策。邓小平、陈云、谭震林、李先念、邓颖超、康克清等老一辈无产阶级革命家，都曾直接找叶剑英谈过，对他抱着殷切的期望。聂荣臻也通过杨成武向叶剑英提出了对“四人帮”“采用党内斗争的正常途径来解决他们的问题是无济于事的”看法。甚至代理叶剑英职务的陈锡联也与他保持联系。叶剑英还与华国锋、汪东兴进行了多次商谈。他们对解决“四人帮”的问题，看法完全一致。汪东兴认为，如果有叶剑英、李先念等老同志的支持，本来在政治局就没有多大威信的“四人帮”解决起来就好办。

李德生驱车来到了军委领导人驻地叶剑英的15号楼，叶剑英热情地接待了他。

坐下之后，话题自然谈到了“四人帮”。叶剑英向李德生介绍了“四人帮”利用窃取的权力打击迫害邓小平的情况，谈到了毛泽东对“四人帮”的多次批评。

在李德生对调到沈阳以后，因为京外的政治局委员，政治局会议参加得较少。所以，毛泽东对“四人帮”的批评，有些李德生原来就知道，但也有一些是不知道的。通过这次交谈，李德生对毛泽东的有关批评指示，有了更多的了解。

叶剑英对李德生说，毛泽东对“四人帮”心中是有数的。毛泽东对他们的批评，特别是去年4月对他们的批评够厉害的了，要不6月我们开军委扩大会议讲整顿，他们怎么会憋着气一言不发呢！

李德生静静地听着叶剑英介绍完有关情况后说，毛泽东生前对他们进行了那么多的批评都不起作用，现在毛泽东去世了，他们会更加肆无忌惮的。

叶剑英说，他们已经野心毕露！千方百计地在争夺最高领袖地位。江青手中已经有不少“劝进书”了，这是她的“嫡系部队”写的。

李德生说，毛主席曾说“四人帮”迫不及待，看来一点也不错。

毛泽东去世后，江青等人拉大旗，作虎皮，伪造并大肆渲染毛泽东“按既定方针办”的所谓临终遗嘱，为篡党夺权制造舆论。在谈话中，叶剑英还询问李德生，有没有听说过毛泽东的这个临终遗嘱。李德生回答说：我从来没有听说过。后来得知，叶剑英不仅向李德生查询了这个情况，而且还向政治局的许多同志做过调查。一次，叶剑英在与江青面对面的对质中说：“我不晓得这个临终遗嘱的来路。”“我问过许多人，先念、徐帅、聂帅，还有陈锡联、李德生、许世友，没有一个清楚的。我们这么多副主席、政治局委员都不晓得，岂不怪哉！”江青虽然像泼妇撒野一样，大闹了一通，但在叶剑英的凛然正气面前还是被镇住了。

这时，叶剑英沉思了片刻，伸手打开了身旁的收音机，看着李德生说：“当前全国形势严峻，到底是抓组织重要，还是抓生产重要？”

为了听清叶剑英的话，李德生把开着的收音机关了。叶剑英随即又将收音机打开，压低声音说：“现在斗争很复杂，开着好。”事实上，“四人帮”对叶剑英等老一辈革命家早已进行监视。叶剑英曾发现他的电话机被电话线绕着，明显地是一种记号，胆大心细的他用完电话后，照原样放好，不露痕迹。

接着，叶剑英自解自答地说：“我看，还是抓组织重要。”

李德生明白，叶剑英是在用这种方式征求自己的意见，向他打招呼，要果断地解决“四人帮”的问题。李德生会意地点了点头，表示了自己的看法：“还是先抓组织”。

李德生告诉笔者，叶剑英除了同驻京部队的各大单位领导人打招呼外，还与京外的一些军队高级将领韩先楚、杨得志、吴克华等同志也谈过话。叶剑英要求这些大军区的主要领导人，要注意形势，掌握好部队，以备万一。

9月18日，李德生参加毛泽东追悼大会后，即回到沈阳。李德生时刻注视着北京的政治动向，观察着江青等人的种种活动：

——9月19日，江青要求政治局召开紧急会议，说是要讨论重大问题，并提出她和姚文元、毛远新要参加常委会；

——9月29日，江青在政治局常委会上提出：“毛主席逝世了，党中央

的领导怎么办?”妄想当党的主席;

——10月1日,江青到清华大学讲话,诬蔑邓小平迫害毛泽东,鼓吹要开除邓小平的党籍;

——10月3日,王洪文到平谷县讲话,说什么:“今后还可能出什么唐小平、王小平之类,要警惕!不只是邓小平搞修正主义。”

——报刊上还发表了一系列“按既定方针办”的文章,硬说毛泽东有个临终遗嘱,似乎应该由“四人帮”来接班。

李德生所听到的、看到的这一切,都不禁使他暗暗替中央的一些领导同志着急、担心。

“四人帮”在上面活动频繁,他们的小伙计们在下面也紧锣密鼓地加以配合。在沈阳部队所在地区也不例外。那位在1973年大学恢复招生时交了白卷而被毛远新封为“反潮流英雄”的张铁生,专程从铁岭跑到了沈阳。

张铁生,本是1968年10月从辽宁省兴城县初中毕业后下乡插队落户的一名知识青年,表现一直较好。1973年6月,经推荐报考大学。在文化考试时,成绩不好。在理化考试时,他在试卷背面写了一封给“领导”的信。在信中诉说了自己不忍心放弃集体生产而专门去复习功课,所以成绩考得不好的情况。毛远新得知此事后,立即调阅这封信,并决定拿张铁生的信做点路线斗争的文章。7月19日《辽宁日报》以《一份发人深省的答卷》为题刊登了张铁生的信,并加了编者按。编者按说:“张铁生的理化这门课的考试,似乎交了白卷,然而对整个大学招生的路线问题,却交了一份颇有见解、发人深省的答卷。”8月20日的《人民日报》以及后来全国各地的报刊都纷纷转载了张铁生的信,一时间张铁生被炒成了名噪全国的勇于交“白卷”的“反潮流英雄”。

李德生说,“四人帮”本来就对国务院1973年批准大学招生时进行文化考试极为不满,认为这是“修正主义教育路线复辟回潮”的信号。张春桥说:“这样搞是复辟,把我们寄于希望的人都卡住了”。毛远新也附和着说：“我们刚刚着手改变资产阶级知识分子统治学校的现象，居然有人千方百计逼迫工农兵去适应旧的教育制度，这实在是大有资产阶级反攻倒算之嫌。”

张铁生被毛远新推上政治舞台后，到处发表文章，到处作报告，为“四人帮”篡党夺权大造舆论。毛泽东去世后，张铁生在辽宁省团委、省知识青年办公室发表谈话，把矛头指向华国锋、邓小平。他说，四届人大，他是以工农兵代表的身份进入常委会的，但却和一些进常委会的走资派坐在一起。去年7月至9月，鼓吹奇谈怪论的不仅是邓小平，“现在，我们的国家好像一个大家庭一样，父亲去世了，家里有老大、老二、老三，只能靠老大领着过日子。现在的问题是，老大是不是可靠？我说的充满担心就在这里。”“华现在是第一号人物，已经是很显赫了，但不知他到底要干什么？”“这样一个思想路线是右的，满脑子旧的东西，大搞唯生产力论的人，是不是在政治局也有一些他这样的人在支持拥护他。”他说：“邓纳吉是不是有人支持他，邓纳吉会不会再上台？”他还为毛远新叫屈，说：“远新政委长期以来，连个中央委员都不是，真叫人不好理解。”

张铁生还跑到沈阳军区某部发表演说，危言耸听地说：“党内资产阶级、军内的资产阶级是当今世界上最腐朽的一个阶级，最堕落的一个阶级，最反动的一个阶级。”“党内的资产阶级呀，在部队尤其厉害。”他煞有介事地宣称：“目前，我对国家的领导人，对国家的命运和前途很担心，尤其是对军队充满担心。”

李德生说，“四人帮”一伙把手伸向军队时，军内也不是平安无事的。有人反映说，毛远新通知孙玉国，要把沈阳部队一个装甲师调来北京。叶剑英得知这个异常情况时，急电沈阳军区，命令那个装甲师返回原地。

毛远新为什么不通知军区而通知孙玉国呢？孙玉国原是珍宝岛边防站副站长。1969年中苏关系紧张时，珍宝岛成了一个军事斗争的焦点。同年3月，苏联边防军连续三次侵犯珍宝岛，我军奋起反击。孙玉国作战有功。三个月后，他当上了党的九大代表，并代表军队在会上发了言。1973年，32岁的他被提升为黑龙江省军区副司令员。第二年，又升任沈阳军区副司令员。从此，他与毛远新交往密切。据称，王洪文还曾向他许诺，将来提升他当解放军副总长。

李德生认为，以上种种迹象表明，“四人帮”要闹一场政治地震。但是，我们的党和人民是不会继续容忍他们倒行逆施了。李德生在稳定部队的同时，静静地等待着来自北京的消息。

捕获“四人帮”

“多行不义必自毙”，逆历史潮流而动的人是不会有好下场的！这是事物发展的合乎逻辑的结论。

1976年10月6日，中央政治局顺应人民的意愿，毅然粉碎了“四人帮”，结束了“文化大革命”这场史无前例的灾难。当晚10时，华国锋、叶剑英在玉泉山9号楼出席政治局会议。会议由华国锋主持，听取了华国锋、叶剑英的报告。会议完全赞同处置“四人帮”反革命集团所采取的果断行动，还一致通过了华国锋为中共中央主席、中央军委主席；决定出版《毛泽东选集》第五卷；永远保存毛泽东的遗体，在北京建立毛主席纪念堂等事项。

当夜不在京未能出席的政治局委员韦国清、许世友、李德生、赛福鼎等，由汪东兴向他们通过电话通报了政治局关于处置“四人帮”的决定，他们一致表示拥护。

李德生说，汪东兴打电话告诉我，说昨天晚上，由华国锋主持，在玉泉山召开了在京政治局委员和候补委员参加的政治局会议。在会上，华国锋首先宣布，为了及时粉碎“四人帮”这个将给中国人民带来严重灾难的反革命集团，10月6日晚8时，党中央不得不采取断然措施，对“四人帮”实行隔离审查。

李德生说，汪东兴还向我介绍了叶剑英在这个会上的讲话。叶帅强调指出：“四人帮”是毛泽东1974年7月17日在政治局会议上讲的。我们清除“四害”，这不是政治局少数人的想法，也不是我们临时的决定，而是毛主席生前想解决而没有来得及解决的问题，我们是继承毛主席的遗志。

李德生听了汪东兴的通告后，得知“四人帮”已被“隔离审查”，心里特别高兴。多年压在他心头上的大石头被掀掉了。他当即在电话中表示完全拥护中央政治局的决定，并请汪东兴向中央政治局的同志汇报自己的态度。

汪东兴在电话中还通知李德生，立即到北京参加中央政治局召开的会议。

李德生赶到北京后，叶剑英在玉泉山接见了他，谈了对“四人帮”采取隔离审查措施的情况。接着，李德生参加了7日至8日召开的中央政治局会议。会上一致通过华国锋任党中央主席、中央军委主席，将来提请中央全会追认。会议还作出了建立毛主席纪念堂等决定。

10月7日至14日，中央政治局在北京分批召开了中央党、政、军机关，各省、市、自治区，各大军区负责人参加的打招呼会议，通报了王洪文、张春桥、江青、姚文元反党集团事件，提出了既要解决问题、又要稳定局势的方针。在中央政治局会议上，华国锋作了报告，与会同志揭发了江青反革命集团篡党夺权的罪行。

“四人帮”被押上历史的审判台之后，报刊上发表了一首郭沫若写的诗，其中有这么一句：大快人心事，粉碎“四人帮”。李德生十分赞赏这诗句，说它表达了自己的情感，说出了全国人民心里的话。

10月18日，中共中央发出了“四人帮”反党集团事件的通知，要求将这一事件传达到全体党员。《通知》列举了王、张、江、姚反党篡权的罪行，宣布了对其进行隔离审查的决定，同时传达了毛泽东自1974年2月以来对“四人帮”的多次批评的讲话内容。中央号召，要深入揭发批判王、张、江、姚反党集团的罪行，要注意政策，要坚定地相信群众的大多数，团结起来，把毛泽东开创的无产阶级革命事业进行到底。

为了庆祝这一大快人心的喜讯，李德生的夫人曹云莲专门弄来几只螃蟹，炊事员多炒了几道菜，全家人和工作人员一起开怀畅饮。李德生家好长时间没有过这样的气氛了。其实，在这期间，举杯共庆除“四害”的何止千家万户呢？一时间，京城名酒“二锅头”都脱销了。

在李德生的主持下，沈阳军区按规定很快把中央的《通知》传达下去，使这个喜讯迅速传遍军区部队。从10月21日到24日，军区部队纷纷举行庆祝大会和参加地方举行的游行大会，欢庆胜利。参加集会活动的指战员达34.7万余人。10月23日，新华社发出的电讯中报道了沈阳部队指战员和驻地群众一起游行的情况。

10月24日，首都百万军民在天安门广场举行集会，隆重庆祝华国锋任中共中央主席、中央军委主席和粉碎“四人帮”斗争的伟大胜利。李德生赶到北京，登上天安门城楼，与党和国家领导人一起参加了庆祝大会。

11月15日至19日，李德生主持召开沈阳军区军级干部会议，学习贯彻中共中央政治局会议和中共中央通知精神，揭发批判“四人帮”的罪行，研究部署部队深入学习、深入揭发、深入批判的问题。李德生在会上强调，军区党委、军区机关和各级领导要先学一步，集中时间认真学习中共中央文件精神。大家对李德生的讲话报以极其热烈的掌声。他感到，这掌声，既是对我们党粉碎“四人帮”取得伟大胜利的兴奋之情的表露，也是对自己没有屈服于“四人帮”的压力而给予他的鼓励和信任。

为了在部队中搞好对“四人帮”的揭发批判，沈阳军区以团为单位共举办学习班达504期，培训骨干4.3万余人。在领导和骨干的带动下，广大指战员很快就发动起来了。

在李德生的主持下，从1976年12月至1978年2月，按照中共中央批准印发的《王洪文、张春桥、江青、姚文元反党集团罪证》材料之一、之二、之三，军区组织部队揭发批判了“四人帮”的罪行。各级领导纷纷下到基层，宣讲文件，与干部战士一起揭发批判。通过三个战役，剥掉了“四人帮”标榜的什么“学生”、“左派”、“理论家”、“正确路线代表”、“文艺革命旗手”等画皮，暴露了他们的反革命原形，使广大官兵对“四人帮”篡党夺权、反军乱军、祸国殃民的罪行，有了全面深入的了解，进一步加深了对这场斗争的性质、意义和严重性的认识，更加坚定了把这场斗争进行到底的决心，为进一步清除“四人帮”的流毒和影响打下了良好的基础。

1977年3月，中共中央发出文件，正式通知全党、全军，军委日常工作仍由军委副主席叶剑英主持。

3月24日，李德生到北京参加中央军委召开的座谈会。叶剑英在会上提出，“思想政治路线是非要澄清”，全军要紧密联系部队实际，用马克思列宁主义、毛泽东思想，把被林彪、江青两个反革命集团颠倒了的路线是非纠正过来，把部队建设好。他提出，必须搞清楚十个“应该不应该”，即：一、应该不应该坚持党对军队的绝对领导？二、应该不应该坚持无产阶级党性，反对资产阶级派性？三、应该不应该继承和发扬我党我军的优良传统？四、应该不应该整顿军队？五、应该不应该严格遵守革命纪律和制度？六、应该不应该按照接班人“五项条件”搞好老中青三结合？七、应该不应该强调军队要稳定？八、应该不应该严格训练、严格要求？九、应该不应该坚持野战军、地方武装、民兵三结合的武装力量体制？十、应该不应该准备打仗？叶剑英提出的这“十个应该不应该”，为深入揭批“四人帮”的罪行，肃清他们的流毒，加强军队建设，提高部队战斗力指明了前进方向。

李德生返回沈阳后，及时向军区常委作了汇报。军区召开电话会议，向各部队传达了叶剑英的讲话和要求，对“十个应该不应该”的学习和讨论，作了具体部署。在各级党委和领导的指导下，从理论和实践的结合上，肯定什么是应该的，否定什么是不应该的，从而分清了是非，对军队建设的一系列重大问题统一了认识。

根据这次会议的要求，军区及时召开电话会议，布置在全区开展恢复和发扬我党我军优良传统的教育和讨论。据不完全统计，全区共抓了近300个先行试点单位，培训了万名骨干，有4000多名领导干部和机关干部深入基层具体指导。这一教育很快就取得了成效，部队建设的各方面开始发生新变化。

1977年11月19日，李德生亲自到军区第一通信总站长途电话连，参加战士们揭批“四人帮”的讨论会。有些战士对“四人帮”搞极左的实质认识不清，李德生深入浅出地谈了自己的认识，作了详细讲解，并要求大家在揭批“四人帮”罪行中，要注意“学理论，扒画皮，明实质，辨是非”。李德生深入连队揭批“四人帮”，受到了基层干部战士的欢迎。

支持邓小平复出

在粉碎“四人帮”以后，因“批邓、反击右倾翻案风”而靠边站的邓小平要不要恢复工作，在政治局出现了两种意见。李德生和其他老同志一样，是主张邓小平出来工作的。他在参加3月10日至22日举行的中共中央工作会议上，明确地表示了这一态度。

但是，华国锋在他的长篇讲话中却表示了另一种想法。他说：“现已查获，有那么一小撮反革命分子，他们的反革命策略是先打着邓小平出来工作的旗号，迫使中央表态，然后攻击我们违背毛主席的遗志，从而煽动推翻党中央，保王洪文上台，为‘四人帮’翻案。”所以，“如果我们急急忙忙让邓小平出来工作，就可能上阶级敌人的当，可能把揭批‘四人帮’的斗争大局搞乱，就可能把我们推向被动地位。”他还表示，“批邓、反击右倾翻案风”，是我们伟大领袖毛主席决定的，批邓是完全必要的，还是要继续批的。凡是毛主席决定的东西，如果我们不执行，那还谈得上是继承毛主席遗志吗?

叶剑英、陈云、王震等许多老同志不同意华国锋的这些看法和做法。

陈云在小组会上发言时指出：“我认为当时绝大多数群众到天安门去是为悼念周恩来总理，需要查一查‘四人帮’在天安门事件上是否插手，是否有诡计。邓小平与天安门事件是无关的。为了中国革命和党的事业的需要，让邓小平重新参加中央领导工作是完全正确的、必要的。”

王震也明确表示：“邓小平政治思想强，人才难得，这是毛主席讲的，周总理传达的。1975年，他主持中共中央和国务院的工作，取得了巨大成绩。他是同‘四人帮’作斗争的先锋，‘四人帮’千方百计地、卑鄙地陷害他。天安门事件是广大人民群众反对‘四人帮’的强大抗议运动，是我们民族的骄傲，谁不承认天安门事件的本质和主流，实际上就是替‘四人帮’辩护。”

李德生和与会同志热烈地支持陈云、王震的意见。李德生认为，成千上万的人到天安门去悼念周恩来，反对“四人帮”，这是人心所向，怎么能说邓小平是他们的黑后台呢！

叶剑英不同意动不动就搞大批判，认为如果还像过去那样斗来斗去，国家非灭亡不可。他认为，现在的关键，是调动一切积极因素，化消极因素为积极因素，团结一切可以团结的力量，使全党全国人民同心同德地为实现四个现代化而奋斗。

当时，政治局的多数同志，对坚持毛泽东原定方针和路线态度是一致的，但对天安门这样的事件，究竟是毛泽东决定的，还是“四人帮”搞的鬼，一直存在着疑问。

一些老同志认为，毛主席当时病重，是“四人帮”谎报情况，迫使毛主席作出了错误决定。“四人帮”垮台了，他们强加在邓小平头上的不实之词，当然应予推倒。

华国锋、汪东兴为了妥善地解决这个问题，特意去拜访了叶剑英这位老帅。

叶剑英与他们进行了开诚布公的交谈，指出：参与天安门事件的人，究竟是反对“四人帮”还是反对毛主席？从吴德他们提供的材料来看，不是直接攻击毛主席的，而是反对“四人帮”的。叶剑英提出，对于这个问题，还应深入研究。天安门事件与邓小平没有任何的关系。“四人帮”说邓小平是天安门事件的后台，其实没有任何根据。他明确表示，应尽快给邓小平同志平反。

汪东兴了解了叶剑英的明确态度后也直率地说，我们粉碎“四人帮”冒了那么大的风险，可不是为了一个邓小平呀！

叶剑英明白，在粉碎“四人帮”的斗争中，汪东兴和华国锋是立了大功的。但是，把“四人帮”打倒，是为了党的事业，不是为了哪一个人。因此，他有针对性地耐心地解释说，你们也应看到，其他同志也不是没有出力。我就别说了，其他同志是要准备动手的。如果不是华主席先动手，军队就要动手了。天安门事件实际上就是为粉碎“四人帮”作了前期准备。我们看问题要全面些，不要忽视了群众的力量，轻视了其他同志的作用。过分夸大自己的力量和作用，就会犯严重的政治错误。

听了叶剑英的谈话，华国锋、汪东兴表示，为邓小平平反的事还可以进一步商量。

叶剑英意味深长地说，现在是需要我们党讲民主的时候，再不讲民主我们这个党就会走向反面了。

1977年4月10日，邓小平给华国锋和中共中央写了一封信，表示坚决拥护华主席的领导，愿意在其领导下进行一些力所能及的工作。这封信还提出了一个具有重要意义的理论观点，那就是不能片面地理解毛泽东思想。他说：“我们必须世世代代地用准确的、完整的毛泽东思想来指导我们全党、全军和全国人民，把党和社会主义事业，把国际共产主义运动的事业，胜利地推向前进。”

华国锋接到邓小平的信后，让汪东兴找他谈一谈。

汪东兴对邓小平说，天安门事件是毛主席决定的，应维护毛主席的权威。只要你作个检查，承认天安门事件是反革命事件，就可以出来工作。

邓小平回答说：我出不出来工作没有关系，不出来也可以给你们当参谋嘛！但是，我可以肯定地说，天安门事件是一个革命事件。悼念总理何罪之有？那么多的群众参加悼念总理，怎么能把他们说成是反革命呢？这样下去，你就不怕群众起来和我们辩论吗？毛主席在的时候，可以镇得住许多人，但是你别忘记了真理毕竟是真理，采取高压政策是不会持久的。

汪东兴解释说：以华主席为首的党中央现在依然是要执行毛主席的革命路线，而在任何时候、任何情况下都不会改变这一原则的。谁如果动摇了这一点，就是背叛！

邓小平回答说：真正维护毛主席的崇高威望并不是维护他老人家的错误，而是要真正继承他的遗志和事业。说悼念总理的群众在天安门打人、打警察、放火……毛主席在病中是怎么知道的？都是“四人帮”那些人给主席灌输的歪曲现实的东西嘛！如果信了“四人帮”和那个联络员的捏造，华主席包括你将来都可能要成为比我还要坏的罪人。现在我们把“四人帮”捏造的东西翻出来，打上毛主席的旗号来贯彻，我们的党和国家会走到什么样的地步哟！这个你想过没有？

华国锋经过多方面的了解，并对各方面的意见进行分析，明确地表示，对邓小平的复出持支持态度。

1977年7月16日至21日，李德生到北京参加了中共第十届三中全会。这次会议是为准备提前召开中共十一大而举行的。出席会议的除了政治局委员、中央委员、候补中央委员以外，还有军队的14个大单位的领导同志参加。

李德生说，这次会议的气氛相当好。当大家看到80高龄的叶剑英等许多老一辈革命家来到时，十分高兴，热烈鼓掌。特别是邓小平的出场，使掌声、欢呼声达到了高潮。

邓小平面带笑容地对大家说：“打倒了‘四人帮’，真高兴啊！我还想活20年。”

华国锋接着说："小平同志身体很好，可以活到一百岁！"

邓小平笑着说："恐怕马克思不批准啊！"

在这次会上，华国锋明确指出：邓小平的问题实际上是"四人帮"对他的陷害和干扰，他们欺骗了毛主席，是他们篡党夺权的一个组成部分。所以在这个问题上必须拨乱反正。他还请汪东兴向大家介绍了毛主席对邓小平的历次评价。

会议正式通过了关于恢复邓小平同志领导职务的决议。这就是说，邓小平的中央政治局委员、政治局常委、党中央副主席、中央军委副主席、国务院副总理和中国人民解放军总参谋长的职务全都恢复了。

党的十届三中全会还通过了关于追认华国锋任中共中央主席和中央军委主席的决议；关于王洪文、张春桥、江青、姚文元反党集团的决议；关于提前召开党的第十一次全国代表大会的决议。

参加党的十一大

1977年8月，李德生出席了在北京召开的党的十一大。

党的十一大于8月11日举行预备会议，12日至18日举行正式会议。华国锋代表中共中央作政治报告，叶剑英作关于修改党章的报告，邓小平致闭幕词。

李德生说，在这次会议上，许多同志对华国锋在政治报告中维护极左的做法、特别是对毛泽东思想的态度表示了异议。特别是聂荣臻根据邓小平的意见，针对政治报告仍然沿袭"文化大革命"的理论、政策和口号的错误，作了系统的书面发言。他强调必须坚持党的实事求是、群众路线和民主集中制的优良传统和作风问题。这个发言代表了与会同志越来越强烈的呼声。

8月19日，党的十一届一中全会选举华国锋为党中央委员会主席，叶剑英、邓小平、李先念、汪东兴为副主席；选出中央政治局委员23人，政治局候补委员3人，主席、副主席5人被选为政治局常委。在这次会议上，李德生被选为第十一届中央委员会委员和中央政治局委员。

由于当时历史条件的限制，党的十一大没有能够纠正“文化大革命”的错误理论和政策，而支持和反对“两个凡是”的意见分歧也日益明显。

到了1978年11月、12月中央工作会议闭幕时，华国锋接受大家的意见，对“两个凡是”问题，作了自我批评。他说：“我在去年三月中央工作会议上的讲话中……讲了‘凡是毛主席作出的决策，都必须拥护；凡是损害毛主席形象的言行，都必须制止’。当时的意图是，在放手发动群众，开展揭批四人帮的伟大斗争中，绝不能损害毛主席的伟大形象……后来发现，第一句话，说得绝对了，第二句话，确实是必须注意的，但如何制止也没有讲清楚。”他在讲到1977年2月7日关于“两个凡是”的社论时说：“这‘两个凡是’的提法就更加绝对，更为不妥。以上两处关于‘两个凡是’的提法虽不尽相同，但在不同程度上束缚了大家的思想。我的讲话和那篇社论虽然分别经过政治局讨论和传阅同意，但责任主要由我来承担。在这个问题上，我应该作自我批评。”正是在这次中央工作会议上，邓小平作了那篇《解放思想，实事求是，团结一致向前看》的讲话，为党的十一届三中全会恢复正确的思想路线，制定正确的政治路线奠定了理论基础。

揭批帮派骨干毛远新

1977年12月2日至8日，李德生主持沈阳军区党委五届三次全会，传达学习贯彻邓小平等中央领导对军区揭批“四人帮”的重要指示。在会上，新上任的第二政委甘渭汉传达了不久前邓小平与他谈话的主要精神。邓小平说：“李德生同志一身清，在‘四人帮’问题上没有牵扯。”又说：“揭、批、查一定要抓紧，一个小螃蟹也不能留。”

在邓小平指示精神的指导下，李德生和军区其他领导同志一起，组织力量抓紧清查了军区领导机关和部队中与“四人帮”有牵连的人和事，重点揭批了“四人帮”的帮派骨干毛远新在东北地区和沈阳军区，配合“四人帮”，阴谋篡党夺权、妄图搞乱军队的罪行。

毛远新，是毛泽东的弟弟毛泽民之子。1941年2月生，1942年9月，即和父亲毛泽民、母亲朱旦华一起，被新疆军阀盛世才关进监狱。毛泽民被秘密杀害，毛远新和其母直到1945年才被营救回延安。新中国成立以后，毛远新留在了毛泽东身边，直到考上大学。1965年，毛远新从哈尔滨军事工程学院毕业后分到连队去当兵。毛泽东对毛远新视若己出，十分关心，曾与他谈论过有关教育革命等方面的问题。1964年11月，高等教育部向全国转发了《毛主席与毛远新谈话纪要》，并指出：这次谈话，是极为重要的，对于培养革命接班人，促进教育革命，都具有十分重大而深远的意义。所有高等学校，都应当认真加以讨论和贯彻。《谈话纪要》中，毛主席在谈到教育问题时说：“阶级斗争是你们的一门主课。”“阶级斗争都不知道，怎么能算大学毕业？”这个《谈话纪要》在“文革”中曾广为传抄，一时间使得毛远新的名声远扬。

“文化大革命”爆发后，毛远新回到哈军工创立“红色造反兵团”，一举斗垮了院党委。1968年辽宁省革命委员会成立，毛远新出任省革委会副主任，后来又被任命为沈阳军区政委。1975年9月，毛泽东病情转重后，他又进京当了毛泽东的“联络员”。在江青等人的支持下，毛远新确实执掌了党政军相当大的权力。他凭借自己的特殊地位，秉承“四人帮”的旨意，大搞阴谋诡计，为所欲为，在“四人帮”篡党夺权、反军乱军中，起了极坏的作用。

毛远新与江青的关系一直较好。当新中国成立初期毛远新来到毛泽东身边时，一贯狭隘自私的江青却对他不错。江青喜欢叫毛选新的小名“小豆子”，毛远新也亲热地称呼江青为“妈妈”。后来毛远新要结婚，江青还送给他一万元办喜事。“文革”开始后，江青出于政治上的需要，对毛远新寄予了厚望，而毛远新也没有辜负江青，把江青称为“文艺革命的旗手”，为她当“女皇”大造舆论。还在1972年，毛远新就露骨地说过：“武则天也有一些进步措施，不是像有人说的那样坏。有些人说她的坏话，主要是看不起女人，对女人当皇帝不服气。”对王洪文、张春桥、姚文元，毛远新也是极尽吹捧之能事。

毛远新对毛泽东对他的告诫则反其道而行之。毛泽东曾告诉他，到北京不要到江青住地钓鱼台，不能在江青那里工作，在那里只能给江青当奴隶。而毛远新出于个人野心，偏要和江青搞在一起，和“四人帮”搞在一起，进行篡党夺权的阴谋活动。毛泽东曾当面告诫他，要少吹多批，他根本不听，反而更加飞扬跋扈，吹自己，训别人。毛泽东圈掉了党的九大代表候选人名单和党的十大中央委员候选人名单上毛远新的名字，他为此心怀不满。

毛远新把周恩来、邓小平等中共中央和地方的一大批党政军负责同志视为他前进的障碍，并与之对着干。周恩来指示，毛远新进北京要报告中央。毛远新则说：“别管他。”周恩来作了党的十大报告，他提出党的十大报告“不用周恩来的名字”。周恩来逝世后，全国各族人民通过各种形式进行悼念，他说“这是拿死人压活人”。毛远新把清华大学按“四人帮”旨意编的《邓小平同志言论摘录初稿》、《邓小平同志言论摘录续集》以及《清华、北大批邓大字报汇编》等邓小平的所谓“材料”大量翻印下发，并发动地方、军队进行批判。

“四人帮”大肆反军乱军，以便乱中夺权。毛远新遥相呼应，违反军委规定，鼓吹在军区师以上单位搞“四大”(大鸣、大放、大字报、大辩论)，并搜集中央军委和总部领导同志的所谓“材料”。他危言耸听地说，“解放军也有个改造的问题”，“军队靠不住，军队不如民兵”，“打起仗来，野战军不知藏到哪个山沟里去了”。他还公然鼓动民兵造军队的反，说“民兵改造，首先改造军分区、省军区、沈阳军区三级领导”，妄图把军队搞乱，让民兵变成“四人帮”篡党夺权的工具。

在沈阳军区，毛远新凌驾于军区党委之上，飞扬跋扈，目空一切，大搞一言堂。他对军区领导任意扣帽子，打棍子，无限上纲，妄图把军区领导同志搞臭打倒，把大权抓到自己手里。他利用批判《辽沈大决战》(草稿)

剧本之机，煽动把矛头指向军区党委。他秉承“四人帮”的旨意，对李德生司令员抓住不放，大肆散布流言蜚语，进行人身攻击。1974年10月，军区党委召开扩大会议，本来主要是通过四届人大代表的人选，传达毛泽东的下述指示：“文化大革命，已经八年。现在，以安定为好。全党全军要团结。”[①]以此来结束“批林批孔”运动。但毛远新未经中央批准，就对时为党中央副主席、政治局常委、委员的李德生，进行了批判。这次会议开得很不正常，走偏了方向，即使从组织原则上说也是不容许的。周恩来逝世后，李德生心里十分悲痛，一天没有吃饭。这也成了李德生的“罪状”，毛远新居然迫不及待地把这件事报告给了江青。

特别是在毛泽东逝世前后，毛远新到北京，当上了毛泽东的“联络员”，在“四人帮”加紧进行篡夺党和国家最高领导权的阴谋活动中，起到了“四人帮”起不到的作用。

1976年10月“四人帮”被粉碎后，毛远新即受到保护审查。在群众对其罪行进行揭发批判的基础上，有关部门又深入调查了毛远新的罪行。军区党委四届十一次全委扩大会议作出决议，报请中共中央永远开除毛远新的党籍，撤销他的党内外一切职务。中共中央于1977年9月27日批准。1986年3月23日，经沈阳市中级人民法院判处其有期徒刑17年，剥夺政治权利3年。

落实邓小平提出的“五条标准”

1978年9月，再次复出的邓小平到东北视察，李德生全程陪同。政治风雨过后，李德生能够与老领导相见，真是不胜感慨。

1973年，在“文革”初期被打倒的邓小平要重新工作时，李德生曾到邓小平的住地去看望过他。1975年年初，李德生到北京参加四届全国人大会议，又去拜访过邓小平。在这次探望中，当谈到王近山的工作问题

① 《建国以来毛泽东文稿》第13册，第402页。

时，邓小平谈起了二野的历史，谈到了几位纵队司令员。他说：王近山很能打仗，敢打硬仗。他还说到陈锡联同志胸襟开阔，并做了手势，比喻他肚量很大。但是，时隔一年，1976年4月7日，邓小平又被撤销了党内外的一切职务，再次被打倒。然而，历史是公正的，终于还了邓小平以清白。

1978年9月17日，邓小平在沈阳接见了军区机关及驻沈阳部队师以上干部，并同大家照了相。尔后，李德生代表军区党委常委向他汇报了揭批“四人帮”运动和战备工作的情况。邓小平对搞好揭批“四人帮”运动提出了五条标准：

一、最大的问题就是恢复我们军队的传统。我们军队的传统就是一切从实际出发，就是老老实实。

二、看思想是不是真正统一了。要清除派性，加强团结，统一思想。

三、看军队在地方、在人民中的观感是不是变了。

四、就是纪律，一切行动听指挥，上下形成一个整体。

五、领导班子整顿好，与“四人帮”有牵连的人和事都搞清楚了。

邓小平还指出：运动不能老这样搞下去。如果搞的好，再有半年就可以结束了。有的单位，差不多了，就可以结束。①

李德生和与会人员认为，邓小平的指示，非常符合军区的实际，针对性很强，为部队搞好揭、批、查工作点出了要害，指明了方向。

军区党委常委在认真学习邓小平的指示后，又于9月27日至30日，召开了军区党委五届三次全会，传达邓小平的指示，分析军区部队两年多来的运动形势，研究以“五条标准”搞好运动的主要措施。

为了贯彻邓小平提出搞好运动的五条标准，李德生和军区顾问罗舜初随即带领工作组，到第40军调查了解情况，并在锦州召开五个师级单位军政主官参加的座谈会。接着，向全军区部队发出电报指示，提出了研究结束运动的意见。

---

① 《沈阳军区史》第2卷，解放军出版社1994年版，第276页。

为了加快运动的步伐，在李德生具体指导下，根据邓小平的指示和军区党委的部署，军区机关和各部队着重抓了以下几个方面的工作：一是掀起揭批"四人帮"联系揭批林彪的新高潮。各单位对照"五条标准"，抓住林彪、"四人帮"在本单位流毒深、影响大的问题集中进行批判。二是加快清查和落实政策工作的进度，对全区同"四人帮"有牵连的人和事尽快查清，对全区在"文化大革命"中受审查的人员分别不同情况予以落实政策。三是抓紧团以上党委的整顿，并注意对"文化大革命"中提起来的干部进行再教育，使他们增强组织观念，继承党的光荣传统。四是认真检查和解决军政军民关系方面存在的问题。

在抓紧上述各项工作中，李德生十分强调一定要注意把握政策。为了搞好清查工作和落实政策，军区还召开了专门会议。李德生提出：对人的问题一定要慎重，在落实政策中，"要勇于纠正错误，该平反的坚决平反，不要怕否定自己。"正是由于落实了政策，平反了冤、假、错案，使受迫害的同志及其家属在政治上得到了解放，党的实事求是的传统得到了恢复，促进了安定团结。在处理军民矛盾中，李德生从人民军队宗旨的高度，强调遵守政策纪律。他提出：凡是军队和地方有了矛盾的，要严于责己，一个一个妥善处理；占了地方房子的，该退的坚决退还，一时退不了的主动和地方协商；与地方有争议的耕地问题，主动解决好，不与民争利；对"三支两军"人员在地方发生的问题，领导要主动带领当事人到地方作检查，争取得到地方的谅解。

1978年10月13日，李德生和甘渭汉政委等五名军区领导同志，带领三个拥政爱民走访组，分赴东北三省和部分地、市、盟，检讨军区部队在"三支两军"中的错误，征求意见，听取批评。地方的同志普遍认为部队的检查认识深刻，态度诚恳，从而消除了隔阂，加强了军队与地方的团结，为尔后部队工作着重点的转移创造了条件。

邓小平在东北视察期间，还对"两个凡是"的错误思想进行了批评。他反复强调，毛泽东思想的基本点就是实事求是，就是把马列主义的普遍真理同中国革命的具体实践相结合。现在党内外、国内外很多人都赞成高举毛泽东思想旗帜。什么叫高举？怎么样高举？大家知道，有一种言论，叫做“两个凡是”，不是很出名吗？我提出完整地、准确地领会毛泽东思想体系，就是针对“两个凡是”来的。“两个凡是”是损害毛泽东思想的。邓小平强调，坚持毛泽东思想，就是要在每一时期，处理各种方针政策问题时，都要坚持从实际出发。现在要搞四个现代化建设，也要坚持从现在的实际出发。毛泽东思想要发展，否则就会僵化。邓小平9月17日在讲话中还指出：我是到处点火，在这里点了一把火，在广州点了一把火，在成都也点了一把火。①

在这次军区党委全会上，李德生还就全国开展的真理标准大讨论，旗帜鲜明地表明了自己的态度。李德生和甘渭汉政委都在会上讲了话。李德生说，现在，有的同志对全国正在讨论的实践是检验真理的唯一标准这样一些重大理论问题、实际问题，感到不好理解。这说明，搞清什么是真高举，什么是假高举这个问题是多么必要。这个问题不解决，思想就得不到解放，各项工作就难以做好，加速实现四个现代化就无从谈起。李德生强调指出，凡是毛主席圈过的、讲过的都不能动，这样的说法，不是高举毛主席的伟大旗帜，搞得不好，是损害毛泽东思想。10月10日《人民日报》报道了李德生等在这次会上的讲话。从军队各大单位来讲，沈阳军区是第一个公开出来表态支持和在军区部队开展真理标准大讨论的。

真理标准的讨论，是由5月11日的《光明日报》刊登的《实践是检验真理的唯一标准》特约评论员文章引起的。6月2日，邓小平在全军政治工作会议（4月27日—6月6日）上讲话，精辟阐述了毛泽东关于实事求是的思想，再次批评了“两个凡是”的错误观点，对真理标准的讨论起到了有力的支持和推动作用。从此，全军指战员积极参加了真理标准问题的讨论。

李德生对我们说：真理标准的大讨论，是我们党和军队继延安整风

① 卢荻：《为人的胆识和胸怀——记任仲夷回忆邓小平》，载《百年潮》2008年第10期。

运动之后的又一次伟大的马克思主义的教育运动和思想解放运动，它具有很强的针对性。坚持实践是检验真理的唯一标准，就是坚持马克思主义的基本原理，就能保证我们的党、我们的国家、我们的军队沿着正确的道路前进。

在揭批林彪、江青两个反革命集团的斗争和教育中，沈阳军区部队比较深入地肃清了"文革"给部队建设造成的不良影响，较好地恢复和发扬了党和军队的优良传统，实事求是地处理了许多棘手的遗留问题，能够全力以赴地投入到新时期的军队建设中去。应当说，这首先是得益于真理标准的大讨论，是这一大讨论促进了思想解放的伟大成果。

中央为李德生平反

1980年8月26日，中共中央、中央军委转发总政治部《关于李德生同志平反的报告》，并以《中共中央文件》[1980]65号发到全党全军。文件对李德生在"批林批孔"中被"四人帮"的诬陷彻底平反，恢复名誉。

在此之前，1979年1月，总政治部撤销"反击右倾翻案风"中发的错误文件和电报。3月，中共中央、中央军委为"总政阎王殿"冤案平反。时隔一年多，"四人帮"在"批林批孔"中对李德生的诬陷，组织上也给予了洗雪。

总政治部在为李德生平反的报告中指出：四人帮为了实现其反军乱军、篡党夺权的罪恶目的，于1974年3月5日由江青伙同张春桥接见陈亚丁等人，抛出了臭名昭著的三五讲话，在军内制造了"放火烧荒"事件。江青一伙疯狂叫嚷"要整一整军队"；诬蔑"军队执行的不是毛主席的文艺路线"；诬蔑李德生同志是"军阀"，"是做坏事的"，为所谓"坏人辩护"；指责李德生同志在八一电影制片厂恢复党委领导下的厂长、政委制，是"打掉革委会"，"打掉文化大革命的成果"。此外，江青在1月25日的讲话中，把经李德生同志批准的关于"批林批孔"运动的通知，当作所谓“屁话”批判。“四人帮”制造的“放火烧荒”事件，不仅是为了整李德生同志，搞垮总政，而且把攻击的主要矛头，指向主持军委工作的叶剑英同志，妄图搞乱全军。这充分暴露了他们反军、乱军、篡军的罪恶阴谋。为了拨乱反正，清算“四人帮”的反革命罪行，根据党的十一届三中全会精神，总政决定，为在“四人帮”制造的“放火烧荒”事件中遭受迫害的李德生同志彻底平反，恢复名誉；“对李德生同志的一切诬蔑不实之词，一律予以推倒；家属子女受到株连的，要做好善后工作，消除影响。1974年9月间各大区负责同志会议上，‘四人帮’强迫李德生同志承认推行‘林彪路线’、‘上林彪贼船’是不合乎事实的，应予以推倒。”

关于李德生个人挨整的情况，前面已作了具体回顾和阐述。至于李德生的家属子女也确实受到了株连。受害最大的是李德生的二儿子李南征，当时他在二炮某基地任副连长，1974年3月，江青“放火烧荒”之后，经王洪文批准，把他从外地秘密押到北京，关在一间三面不透风的小屋子里，严密看守，不准家人探望。夏天没有蚊帐，蚊叮虫咬，冬天一床薄被，整夜冻得瑟瑟打战，关押达一年之久。一伙人时不时地对他逼供、诱供，先是逼他“揭发”在家里听到看到的李德生的问题，后来又强令他交代自己有哪些反对“四人帮”的问题。同时，大搞内查外调，闹得很凶，明显要从他那里找到诬陷李德生的口实。李南征坚持实事求是， 年里什么也没有让他们捞到。

李德生的夫人曹云莲，在总政机关工作，“批林批孔”时，“四人帮”一伙勒令她停职检查，并遭到大会小会批斗。1974年3月24日，他们甚至向军委写报告，指责她“自开展批林批孔运动以来，一直持对抗态度”，“自1月24日以后，她多次向李德生通风报信”，并要求撤掉李德生在北京家里的长途电话和保密电话机。

从以上不难看出，“四人帮”搞的封建主义株连风，真是对他们鼓吹“批林批孔反对封建主义”的极大讽刺。

深刻的经验教训

在揭批“四人帮”罪行的过程中，沈阳军区党委紧密联系实际，总结经验教训，检查了在“四人帮”特别是毛远新这个有“特殊身份”人物影响下所犯的错误。

本来，在李德生调到沈阳军区后相当一段时间里，“四人帮”仍在北京有组织地收集他的材料，说他上了林彪贼船，使他身处逆境，工作困难，“坐冷板凳”，发言权不多，实际上主持不了军区和党委的工作。就是说，在“四人帮”被粉碎前那段时间中，沈阳军区的许多事情与李德生没有多大关系。但由于当时李德生的党委第一书记的职务并没有免去，所以对于那时运动和工作中存在的问题和错误，从组织关系来说，他觉得自己也应承担领导责任。何况李德生向来严于律己，绝不争功诿过，因此，他认为从严于解剖自己来说，在那样复杂多变的斗争中，对有些问题自己也不是一下子都认识清楚的。李德生按照毛泽东的教导，出以公心，捐弃前嫌，与党委的同志们一起认真总结了经验教训，并以党委的名义向中共中央、中央军委写了检查报告。

李德生还在1977年3月29日至4月7日召开的军区师以上干部会上，1977年9月21日军区党委四届十二次扩大会议第二次全体会议上，以及1979年1月21日军区党委五届四次全体扩大会议上，代表军区党委常委，先后检查了军区党委常委在对待“四人帮”问题上的错误。

在检查对待毛远新问题上的错误时，李德生说，军区党委常委认为：由于毛远新特殊身份，我们对他盲目相信，没有警惕，对他歪曲篡改毛主席指示，贩卖黑货，没有识破，有的照着传了、做了，造成了极大的危害，造成了很坏的影响。特别是1976年2月，毛远新篡改当时还没有发表的毛主席指示，诬陷打击邓小平。像这样重大的问题，我们没有向党中央和中央军委请示报告，就擅自向军区党委常委扩大会传了，流毒甚广，造成了思想混乱。这不仅在政治上是极其错误的，在组织原则上也是极其错误的。1976年2、3月，我们还两次从地方要来清华大学搞的黑材料《邓小平同志言论摘录》，分别发到军和师，4月又翻印发到团。1976年6月，毛远新叫喊‘纳吉还有可能上台’，‘现在已经感觉出一些味道了’的反革命黑话，我们并没有直接听到，但地方传了，我们也就在军级干部会议上传了。1976年9月初，我们根据《人民日报》社论、文章和上面关于印发三本书的通知，在军级干部会议上批判所谓三株大毒草，并部署部队也要批判。以后因毛主席逝世，‘四人帮’被揭露，才没搞下去。1976年9月，张春桥指使亲信×××在军区召开学习小靳庄现场会，大肆吹捧江青。现场会中汇编了报刊上发表的19篇小靳庄经验报导下发，这实质上是替江青涂脂抹粉，造成了极坏的影响。在民兵工作、干部工作和理论工作上，我们也有很多错误。对他们大抓民兵的阴谋，我们没有认清，在1973年和1975年曾两次派人到上海学习所谓民兵工作经验和所谓选拔青年干部经验。1975年3月，在军政治部主任会议上，传达了张春桥鼓吹的“反经验主义”的黑话，印发到团，严重干扰了部队的学习。1976年5月至8月，军区召开了三次“理论讨论会”，宣传了一些形而上学的东西。军区报刊上刊登一些错误文章，对内对外都造成了很坏的影响。

军区党委常委还认为：我们所犯的错误是严重的，教训是深刻的。毛远新当了军区政委以后，为了篡党夺权，采取种种恶劣手法整军区党委，我们虽然也有意见，但总是逆来顺受，没有同他斗争。他到北京以后，用毛主席联络员的牌子迷惑人，我们对他传的、讲的深信不疑，照着办了，犯了严重错误。特别是1976年2月在党中央点名之前，点名批邓小平，错误是极为严重的。这说明我们的马列主义水平很低，被毛远新唬住了。我们私心重，党性差，怕毛远新“通天”，怕自己挨整，不敢同他斗。在对待毛远新这个问题上，军区党委常委的教训是十分深刻的，要永远吸取。

据当时沈阳军区听了传达的党员反映，李德生代表沈阳军区党委常委总结的这些经验教训，对如何在波涛汹涌的政治风浪中把握正确航向，是很有启迪意义的。

后　记

《曾经沧海——李德生调中央工作前后》这本记述李德生调中央工作前后的书，历经十多个春秋的辛勤劳动，反复讨论，不断增补，数易其稿，现在终于出版了。套用文艺界"十年磨一戏"之说，我们也称得上是"十年撰一书"啊!不管怎么说，工夫是花了不少的。

粉碎"四人帮"以来，特别是党的十一届三中全会以来，李德生对自己在担任党中央副主席后所经历的事情作过若干回忆，发表后受到读者的广泛注意。后来，中共党史出版社曾建议李德生将自己这一段"特殊"经历比较完整地写出来，以便人们了解他的不平凡的经历，从中吸取教益。李德生与出版社的有关领导商定，由我们两人共同担任写作任务。我们都是军队退休的科研人员。李德生对我们说，请你们参加写作组是分别征求了你们所在单位国防大学、军事科学院的领导同意的。我们的态度是，既然参与，便当尽力，绝不可逢场作戏，更不能沽名钓誉，应该以科学的精神，去追求、记述历史的真实。从1998年起，李德生就开始陆续讲述他在此期间亲历、亲见、亲闻的史实，同时，我们也着手收集、查阅有关历史档案资料。在掌握了一定资料后，拟出了书的纲目。纲目经李德生同意后，即开始了写作。我们的写作方法是你写我补，我补你改，最后共同推敲，词斟句酌，定稿付梓。总之，一切以写好为目的。初稿写出后，又继续发掘新材料，一有所得，便及时充实稿中。写作的进程和遇到的问题，都向出版社的领导和相关同志汇报过，一直得到了他们的关心和指导。

在撰写本书过程中，我们先后采访了汪东兴、钱正英、华楠、徐心德，以及李德生的夫人曹云莲等同志，得到了许多珍贵的第一手资料；中共中央文献研究室、中共中央党史研究室、总政治部、沈阳军区、军事科学院、国防大学等有关单位，对本书的写作给予了大力帮助和支持；郑谦同志审阅了书稿，提出了宝贵的修改意见；张琦、肖淮苏、李禄明、陈海平等同志，从组稿、采访、查阅资料到书稿设计、编辑，更是鼎力相助。在本书出版前，李和平、李南征同志认真阅读了全部书稿，提出了许多好的意见，为提高书稿质量付出了辛劳。

在此，谨向以上单位和同志表示最诚挚的谢意！

由于时过境迁，资料散失，记忆差错，加上我们阅历不广，见识有限，所以虽经反复斟酌，书中不妥和错误之处，仍在所难免，敬请读者批评指正。

瞿定国
刘先廷
2012年3月